Los años del miedo

Historia

Juan Eslava Galán

Los años del miedo

La nueva España (1939-1952)

Nueva edición actualizada

Planeta

PEFC Certificado

Este libro procede de bosques gestionados de forma sostenible

PEFC

PEFC/14-38-00305 www.pefc.es

Avda. Diagonal, 662-664, 08034 Barcelona (España)
www.planetadelibros.com

Diseño de la cubierta: Booket / Área Editorial Grupo Planeta
Fotografía de la cubierta: EFE
Primera edición en Colección Booket: mayo de 2009
Primera edición en esta presentación: octubre de 2024
Segunda impresión: marzo de 2025
Tercera impresión: noviembre de 2025

Depósito legal: B. 14.323-2024
ISBN: 978-84-08-29360-6
Composición: Víctor Igual, S. L.
Impreso en España

Biografía

Juan Eslava Galán es doctor en Letras. Entre sus ensayos históricos destaca la serie «contada para escépticos»: *Historia de España* (actualizado en 2024), *Historia del mundo* (2012), *La primera guerra mundial* (2014), *La segunda guerra mundial* (2015), *La Revolución rusa* (2017), *La conquista de América* (2019), *La Reconquista* (2022), *La Biblia* (2020), *La Revolución francesa* (2023) e *Historia de Roma* (2024). Entre sus otros ensayos destacan *Una historia de la guerra civil que no va a gustar a nadie* (2005), *Los años del miedo* (2008), *El catolicismo explicado a las ovejas* (2009), *De la alpargata al seiscientos* (2010), *Homo erectus* (2011), *La década que nos dejó sin aliento* (2011), *La madre del cordero* (2016), *La familia del Prado* (2018), *Enciclopedia nazi* (2021) y *Viaje a Tierra Santa* (2022), junto con Antonio Piñero. Es autor de las novelas *En busca del unicornio* (Premio Planeta 1987), *El comedido hidalgo* (Premio Ateneo de Sevilla 1991), *Señorita* (Premio de Novela Fernando Lara 1998), *La mula* (2003), *Rey lobo* (2009), *Últimas pasiones del caballero Almafiera* (2011) y *La tentación del Caudillo* (2020), entre otras.

Más información en su página web: www.juaneslavagalan.com

Índice

El miedo que tienes —dijo don Quijote— te hace, Sancho, que ni veas ni oigas a derechas, porque uno de los efectos del miedo es perturbar los sentidos.

Cervantes, *El Quijote*, Parte I,
Capítulo XVIII

La pobreza del pueblo es la defensa de la monarquía. La indigencia y la miseria privan de todo valor, embrutecen las almas, las acomodan al sufrimiento y a la esclavitud y las oprimen hasta el punto de privarlas de toda energía para sacudir el yugo.

Santo Tomás Moro

—Seguiremos adelante a cualquier precio —dijo Franco.

—Tendrá usted que fusilar a media España —objeté yo.

Él asintió con la cabeza, sonrió y mirándome fijamente respondió:

—He dicho al precio que sea.

Entrevista a Franco de Jay Allen,
corresponsal del *Chicago Tribune*,
publicado el 28 de julio de 1936

Acabaron los días fáciles y frívolos en que sólo se vivía para el presente.

Francisco Franco en el discurso
del Desfile de la Victoria (19 mayo 1939)

CAPÍTULO 1

En España empieza a amanecer

Jaén, 22 de mayo de 1939. Los retortijones del hambre despiertan a Teófilo González en su buhardilla de la calle Hurtado, número 1. Está amaneciendo. Por la ventana, apenas un tragaluz, los patriarcas de piedra que adornan la cornisa de la iglesia del Sagrario se recortan en la claridad difusa del cielo. La campana de San Ildefonso da las seis. A esta hora hay en la ciudad muchos oídos atentos en espera de la primera descarga del pelotón que cumple las sentencias en las tapias del cementerio. Algunos días re-

Españoles aguardan a que comience la capea en las fiestas patronales de un pueblo, mientras un aguador ofrece su mercancía.

suenan dos o tres descargas; otros, hasta media docena, con intervalos de unos minutos. Los que viven cerca del cementerio oyen después los tiros de gracia.

Es un sonido familiar en las capitales de provincia y ciudades importantes. Los vencedores pasan factura a los vencidos.[1]

Con las manos trenzadas bajo la nuca, Teófilo González remolonea en espera de que el sol dore los muros de la catedral y el tejado de la mercería La Verdadera. En la sábana que lo cubre puede leerse todavía «Saludo a Franco, Arriba España». Sirvió de pancarta en un acto patriótico y, aunque su madre la ha lavado dos veces, la pintura no acaba de irse.

Con la Victoria ha llegado la hora de la revancha, del ajuste de cuentas.

La mitad de los españoles, los que apoyaron a la República,

Españolas laboriosas sonríen a la cámara con un montón de ladrillos reutilizables al fondo. En España empieza a amanecer.

1. «Entre 1939 y 1942 las auditorías de guerra no dieron abasto y los juicios sumarísimos se sucedieron a velocidad de vértigo. El número de fusilados en Jaén a principios de 1941, con *sacas* de hasta cincuenta ejecutados por día, supuso el mayor nivel de represión.» (Luis Miguel Sánchez Tostado, *La guerra civil en Jaén*, Gráficas Catena, Jaén, 2006, p. 455.)

viven en continua zozobra, angustiados cada vez que escuchan el frenazo de un coche, cada vez que perciben pasos en la escalera, cada vez que unos nudillos golpean la puerta. «El miedo a la denuncia resultó en muchos casos obsesivo. Podían hacerse anónimas y no requerían ningún fundamento, ni someterse al peso de la prueba. Bastaba con acusar a cualquiera de "masón" o de "rojo" para verle expulsado del trabajo o marginado en las relaciones sociales.»[2]

Teófilo tiene diecisiete años. Se libró de ir a la guerra por los pelos, pero no se va a librar de la posguerra. Su padre, empleado de ferrocarriles y afiliado a Izquierda Republicana, está en la cárcel. Le han caído veinte años y un día por dirigir el tránsito de trenes, muchos de ellos militares, en la estación de Espeluy.

Teófilo presta atención a la radio del vecino, perfectamente audible a través del débil tabique de cañizo y yeso que lo separa de la buhardilla paredaña. Radio Nacional emite varias veces al día la consigna oficial, que ya se sabe de memoria: «¡Españoles, alerta! —avisa la voz vibrante del *speaker* Fernando Fernández de Córdoba—. ¡La paz no es un reposo cómodo y cobarde frente a la Historia! ¡La sangre de los que cayeron por la Patria no consiente el olvido, la esterilidad ni la traición! ¡Españoles, alerta! ¡España sigue en pie de guerra contra todo enemigo del interior o del exterior!»

Tras la proclama patriótica suena el *Cara al Sol,* el bello himno de Falange que la media España derrotada ha tenido que aprender. Antes de un discurso, conferencia, reparto de diplomas, sesión de cine o de circo, corrida de toros o partido de fútbol los asistentes entonan el *Cara al Sol* en posición de firmes, brazo en alto, mano extendida, en saludo fascista.[3] Después del himno, la perso-

2. Reig Tapia, Alberto, *Franco: el césar superlativo,* Ed. Tecnos, Madrid, 2005, p. 276.

3. Obligatorio desde el 4 de agosto de 1937. En el Madrid recién *liberado,* al término de la guerra, la Asociación de Sordomudos informó a sus afiliados de la conveniencia de cambiar el saludo anterior, del brazo izquierdo flexionado y puño en alto, por el del brazo derecho en ángulo de 45 grados y mano extendida. Debido al aislamiento al que los condenaba su defecto físico muchos no se habían enterado del cambio de régimen.

na de más autoridad vocea los *gritos de rigor* que los espectadores deben corear con viril entusiasmo:

—¡España!

—*¡Una!*

—¡España!

—*¡Grande!*

—¡España!

—*¡Libre!*

—¡Arriba España!

—*¡Arriba España!*

—¡Viva Franco!

—*¡Viva Franco!*[4]

Algunos españoles visten camisa azul para hacerse perdonar pasadas tibiezas; otros, para rentabilizar su contribución a la Victoria. El abuso adquiere tales proporciones que la propia Falange prohibirá la venta del tejido azul marino y el uso de la camisa, salvo en los actos oficiales.

Desde el término de la guerra, un carnet de Falange es el mejor pasaporte para gozar de los privilegios de los vencedores. Casi un millón de personas de toda clase y condición ha solicitado su ingreso en el partido de José Antonio. Las delegaciones provinciales nombran comisiones para cribar la avalancha de arribistas que aspiran al carnet.

A Teófilo González le da la impresión de que la posguerra puede ser tan mala como la guerra. No hace falta ser economista para advertir que la capacidad adquisitiva de los españoles está por los suelos. El coste de la vida ha crecido un 247 por ciento respecto a los niveles anteriores a la guerra, mientras que los salarios sólo han aumentado un 150 por ciento.[5] Por el contrario, en el periodo

4. Los *gritos de rigor* se oficializan por sugerencia del jefe de Prensa de Madrid, don Manuel Aznar, famoso periodista, abuelo de un presidente de Gobierno de la democracia posfranquista.

5. Cifras de 1942.

comprendido entre 1936 y 1946 la rentabilidad de las empresas crece un 13,79 por ciento; los beneficios de la banca, en un 29,9 por ciento.[6] En ese decenio, los salarios reales descenderán un 25 por ciento.

Los sueldos de los militares se mantienen en la misma tónica de moderación que el resto, pero Franco compensa a sus conmilitones con otras ventajas: a los jefes de alta graduación les distribuye el 40 por ciento de cargos de la alta administración del Estado; a todos les construye colonias de viviendas y economatos donde puedan adquirir bienes de consumo más asequibles que en el comercio. Estos productos le resultan especialmente baratos al oficial de cocinas encargado de comprar las vituallas para la alimentación de la tropa, un puesto ambicionado por todos y que, por tanto, rota en riguroso turno mensual. El oficial de cocinas adquiere víveres en grandes cantidades, lo que le asegura altas comisiones de

Un mercado callejero en Sevilla. Comienzan los años del hambre.

6. «Entre 1940 y 1952 nacieron las grandes entidades bancarias del franquismo: Banesto, Central, Bilbao, Vizcaya... que absorbieron a los cuarenta y siete bancos existentes en España, para vivir una década de vacas gordas sobre ruinas.» (Mariano Sánchez Soler, *Los Franco, S. A.*, Ed. Oberón, Madrid, 2003, p. 29.)

los proveedores. No contento con eso, acopia en su casa garbanzos, harina, chacinas, paños de tocino, bacalao, latas de conservas y de aceite y otros consumibles detraídos de la despensa castrense, calculando para que la reserva le dure hasta que le toque de nuevo el turno.

A ello hay que sumar los servicios que los militares reciben graciosamente, no sólo el transporte público gratuito, chollo que sólo duró los tres meses siguientes a la Victoria, sino ventajas más perdurables que mantendrán durante decenios. Cuando necesitan a un fontanero, un carpintero, un albañil, un electricista, un relojero, un cocinero, un mozo de cuerda, un recadero, un peluquero, un limpiabotas, un mecánico del automóvil, un técnico que repare la radio, un chófer, una niñera o un profesor particular para los hijos, le encomiendan el trabajo a un soldado que en la vida civil tenga como oficio la profesión requerida. El soldado lo cumple con diligencia por la cuenta que le trae. Al final, si tiene mucha suerte, recibe una propinilla o un permiso de fin de semana. Así son las cosas. El tiempo que dura el servicio militar, dos años completos (incluso si ya se había servido anteriormente con la República) el soldado es rehén de sus superiores.[7]

Acodado en el ventanuco de su buhardilla, con el pijama raído y remendado, Teófilo González fuma un cigarrillo de los que confecciona con las colillas recogidas en el café Lion d'Or. El muchacho contempla la plaza de San Francisco, mientras se pregunta por su incierto futuro.

El burro del lechero, con sus cuatro cántaras, cruza la calle haciendo el reparto de los clientes fijos.

Dos taxis esperan en la parada, frente al Gobierno Civil. Los taxistas charlan sentados en el estribo, con sus gorras de visera de hule, sus chaquetas de un azul marino desvaído y sus bolsillos desfondados.

Pasan camino del mercado algunas viejas friolentas, envueltas

7. Resulta paradójico que estas prácticas abusivas provengan de personas que introducen a menudo en sus arengas patrióticas conceptos como Honor, Patria y Justicia.

La señora cubierta de tocas negras se aferra a su pan. Acaba de terminar la guerra y todavía no ha empezado el racionamiento.

en sus tocas negras de lana; el cenacho de la compra, bajo el brazo. Madrugan para hurgar en el montón de los desperdicios del mercado en busca de una fruta agusanada pero todavía aprovechable, de un troncho de lechuga, de unas hojas de espinaca desechadas por mustias.

La puerta principal del edificio de Correos, vecino de la catedral, está adornada con un escudo republicano, con su corona mural, que pasará inadvertido durante todo el *franquismo*. En la escalinata charlan un militar, un cura gordo, ataviado con teja y manteo, y un paisano que viste pantalón caqui, botas de montar y camisa azul de Falange, con la boina roja enrollada en la hombrera izquierda: Ejército, Iglesia y Falange, las tres columnas en las que se sostiene la *Nueva España*, como llaman al régimen nacido de la Victoria.

La calle se va animando. Dos novedades llaman la atención del observador: el adelgazamiento de la población, que sale de la guerra con déficit alimenticio, y el torpe aliño indumentario de los transeúntes, al menos de los pertenecientes al bando de los vencidos: pantalones con parches de tela de diferente color en la culera y en las rodillas, chaquetas con parches en los codos, trajes dados la vuelta que se delatan porque llevan en el lado derecho los ojales y el bolsillo superior de la chaqueta.

En Madrid encontraréis débiles a vuestros familiares. Llevadle el reconstituyente Iaso.

Como consecuencia de la guerra abundan los lutos: un botón de abrigo forrado de tela negra en el ojal de la solapa, un brazalete negro cosido en la manga derecha, un pico negro en la solapa, corbata negra, gorra y blusa negra en los obreros (ahora llamados *productores,* para soslayar las connotaciones izquierdistas de «obrero»), luto completo, terno y sombrero en los señores acomodados, mujeres de negro, de la cabeza a los pies, y distintos alivios de luto o medio luto, primero prendas grises y, transcurrido un tiempo prudencial, otras blancas con lunares negros...

Tinte de ropa sin planchar a mitad de precio. LUTOS en 24 horas. Tintorería La Esmerada, plaza del General Mola, 6, Madrid.

Ambrosio Doblado Anguita arrea su borriquilla cargada de verduras calle Bernabé Soriano arriba, camino del mercado. Se cruza con un antiguo conocido al que lleva años sin ver. Se saludan. El forastero le formula la pregunta normal en estos casos:

—¿Cómo se ha pasado la guerra, Ambrosio?

—¡Pues no se ha pasado mal! —responde el interpelado—.

En los años del hambre aparecen en corrales, patios y azoteas jaulones de alambre en los que un par de gallinas y una coneja paridora suministran el mínimo de proteínas necesario para mantener a la familia humilde. Gordas como la de esta foto eran excepción.

Mi Luis murió en el 37 en el frente de Aragón, a mi Ambrosio le tuvieron que cortar una pierna en Guadalajara, a mi Felisa la dejó preñada un sargento y luego no quiso saber nada. Ahí la tengo con dos mellizos, uno de ellos cieguecito, el pobre, y yo me quedé viudo el año pasado, pero, aparte de eso, no se ha pasado mal.

CAPÍTULO 2

Soy un pobre presidiario

En el penal de Ocaña, el antiguo comandante del ejército republicano Emiliano Mascaraque Castillo hace cola para recoger el rancho fuerte del día en la lata de conservas que le sirve de plato: «Un cazo de habas secas cocidas, pocas, huecas por los gusanos que se habían comido el grano y flotaban como náufragos en aquella agua oscura e inmunda, pero que nos veíamos obligados a pasar al estómago si queríamos seguir viviendo [...] al principio apartábamos los escarabajitos, pero después, cuando el hambre se hizo apremiante, cerrábamos los ojos y procurando no masticar aquella carne tan tierna engullíamos todo lo que encontrábamos en el cazo.»[8]

La Ley de Responsabilidades Políticas castiga con efectos retroactivos a octubre de 1934 «las culpas contraídas por quienes contribuyeron con actos u omisiones graves a forjar la subversión roja».[9] Una pléyade de intelectuales y científicos se libra de la cárcel porque se ha exiliado a tiempo.[10] La población reclusa, entre 350.000 y medio millón de prisioneros, se reparte entre 104 campos de concen-

8. Mascaraque Castillo, Emiliano, *Memorias de un miliciano*, Ayuntamiento de Pozoblanco, 2000, p. 275.

9. La ley se promulgó en febrero de 1939 y estuvo vigente ¡hasta 1966!

10. Entre ellos Américo Castro, Claudio Sánchez Albornoz, Gregorio Marañón, Ortega y Gasset, Ramón Pérez de Ayala, Antonio Machado, Juan Ramón Jiménez, Nicolás Guillén, Rafael Alberti, Luis Cernuda, Salinas, Ramón J. Sender, Max Aub...

En la cárcel de mujeres de Barcelona, una joven reclusa responde a las preguntas del tribunal —magistrado, militar y sacerdote— en presencia de una monja carcelera.

tración estables y 180 provisionales, algunos improvisados en pueblos que se cercan con una alambrada después de evacuar a la población.[11]

El Estado se encuentra desbordado por esa muchedumbre de presos, muchos de ellos detenidos en la batahola final de la guerra por insignificantes delitos de opinión. En la cárcel de Las Ventas, con capacidad para 200 reclusas, se hacinan más de cinco mil. Se han habilitado para prisión cuarteles, edificios ruinosos y hasta naves industriales arrasadas por la guerra. Esta masi-

11. La masiva apertura de expedientes de responsabilidades políticas provocó el colapso de los 18 tribunales y 61 juzgados establecidos al efecto. De los 125.286 expedientes abiertos hasta principios de octubre de 1941 en toda España sólo se habían resuelto 38.055, (el 30 por ciento). Casi el 70 por ciento de los expedientes incoados, 87.231, estaban tramitándose o pendientes de sentencia. Además había más de cien mil esperando turno. En total más de trescientos mil se vieron sometidos a la depuración, trabajo que no concluyó hasta 1943. (Alberto Reig Tapia, *Franco: el césar superlativo*, p. 223.)

ficación, con la consiguiente falta de higiene, acarrea frecuentes epidemias.

El hacinamiento de las cárceles fuerza al vencedor a mostrarse magnánimo. A los once meses del final de la guerra se dan por prescritos todos los delitos que hayan merecido penas inferiores a doce años. Poco después, se otorga libertad condicional a los reclusos condenados a menos de seis años de prisión, aunque no podrán acercarse, mientras dure su pena, a menos de 250 kilómetros de su residencia.

Después de un primer y urgente escrutinio, la cifra de presos desciende a 270.719. Todavía son demasiados. En noviembre de 1939, una liberación masiva la reduce a 90.000.

Mientras tanto, cientos de tribunales militares trabajan a destajo en consejos de guerra sumarísimos, en los que cada caso queda visto para sentencia en menos de media hora. En uno de los numerosos procesos colectivos, se juzga a dieciocho reclusos acusados de diversos delitos. El más joven es Ernesto Sempere, de diecisiete años, denunciado por compañeros de instituto por republicano y por dibujar chistes antifascistas durante la guerra, cuando tenía quince años. La fiscalía lo acusa de «utilizar la caricatura para denostar nuestro Glorioso Movimiento y exaltar la causa roja». El abogado defensor, que actúa de oficio en la pantomima, se dirige al juez:

—Señoría, aquí tiene a dieciocho rojos. Hay dieciséis que tienen las manos manchadas de sangre y merecen ser condenados a muerte, y dos jovencitos que tienen pequeñas salpicaduras.

Con abogados defensores así, no necesita uno fiscales.

Las pequeñas salpicaduras le suponen a Ernesto una condena de veinte años y un día de prisión, por un delito de adhesión a la rebelión.[12]

El jefe de la oficina jurídica del Caudillo, Lorenzo Martínez Fuset, le presenta diariamente a Franco, a la hora de la sobremesa, mientras toma café con la familia, las listas de los condenados a muerte. El Caudillo repasa la lista en busca de algún nombre cono-

12. Juicio celebrado el 20 de febrero de 1940. «Te llamo para perdonarte», *El País*, 13 de mayo de 2007, p. 8.

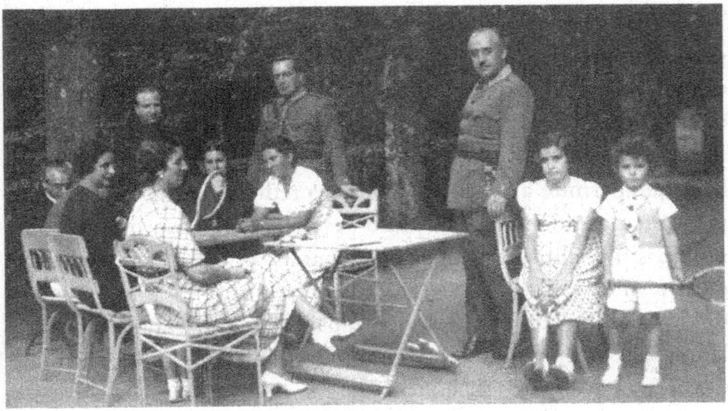

Escena hogareña en casa de los Franco durante la guerra. Franco, su esposa, su Nenuca y los Serrano Súñer, a la hora del café y de la firma de las sentencias de muerte.

cido. Franco va anotando al margen del folio la inicial E (enterado) o «garrote y prensa», si quiere que se publique en los medios.[13]

El escritor Ernesto Giménez Caballero loará la estilográfica del Caudillo, «el falo incomparable» de Franco que decide sobre la vida o la muerte; pero la verdad es que para este menester el Caudillo utiliza un lápiz Faber que pinta azul por un lado y rojo por el otro.

Los historiadores discrepan sobre el número de fusilados en los primeros años de la posguerra. Unos creen que fueron unos 24.000,[14] otros elevan la cifra a 40.000[15] e incluso a 50.000.[16]

13. A su capellán, el padre José María Budart, que era muy gracioso, le parecía la inicial de «enterrado».

14. Ramón Salas Larrazábal, *Pérdidas de la guerra,* Ed. Planeta, Barcelona, 1977, p. 371. La cifra les parece razonable a los historiadores Hugh Thomas y Stanley G. Payne.

15. Francisco Moreno Gómez, *Memoria y olvido sobre la guerra civil y la represión franquista*, Ayuntamiento de Lucena, 2003. Del mismo autor «La represión en la posguerra», en Santos Juliá (coord.) *et alii*, *Víctimas de la guerra civil,* Ed. Temas de Hoy, Madrid, 2004, pp. 411-413.

16. Julián Casanova en *Víctimas de la guerra civil*; Javier Tussell, *Historia de España Espasa,* Tomo XIII, «La época de Franco», Ed. Espasa Calpe, Madrid.

El padre José Agustín Pérez del Pulgar, en sus desvelos por regenerar espiritual y materialmente a los presos, idea un sistema para que «contribuyan con su trabajo a la reparación de los daños a que contribuyeron con su cooperación a la rebelión marxista». Con este propósito se funda un Patronato de Reducción de Penas por el Trabajo que permite a los presos políticos redimir un día de condena por cada dos de trabajo. El preso percibe el salario mínimo de un obrero sin cualificar, 4,75 pesetas diarias, que se reparten del siguiente modo: 1,40 para el Estado, por gastos de manutención; 0,35 para sobrealimentación del trabajador; 2,00 para la esposa, si la hubiere, siempre que esté casado por la Iglesia; 1,0 por cada hijo y 0,50 para los gastos de bolsillo del reo.

SARNA. Desaparece rápidamente SIN BAÑO. Tratamiento moderno, seguro e inofensivo. Antisárnico Martí. Registrado en Sanidad. Venta en farmacias y centros específicos de toda España, y en Parlamento, 17. Barcelona.

Jacinto González Caramillo, el padre de Teófilo, cumple condena en la cárcel de Baeza. Aprovechando los ocasionales viajes del

Jacinto González Caramillo, más alto, en el centro, cuando trabajaba en el campo, antes de ascender a factor de la Renfe.

camión de la chatarrería donde trabaja, Teófilo lo ha visitado un par de veces para llevarle comida y ropa limpia. La última vez tuvo que esperar dos horas porque los presos estaban recibiendo una charla cuaresmal a cargo de unos padres dominicos, especializados en la redención de almas perdidas. La norma carcelaria es clara: «Además de la reeducación de la voluntad por la disciplina y el trabajo, se ejercerá una propaganda racional y noble de naturaleza religiosa, patriótica y familiar.» La regeneración de los presos políticos, y población reclusa en general, incluye el saludo diario al director de la prisión y el canto del *Cara al Sol*, formados en el patio, misa de campaña dominical, con sermón, y sesiones de catequesis, además de predicaciones cuaresmales. La asistencia a misa y a la catequesis se premia con pequeños beneficios penitenciarios.

Pocos presos son sinceros: en cuanto los vigilantes les dan la espalda se mofan de la religión y del Movimiento.

Después del *Cara al Sol*, durante los preceptivos gritos de rigor, los penados de las últimas filas aprovechan que los funcionarios no los oyen para gritar «¡Viva Azaña!» en lugar de «¡Viva España!».

No todos se muestran tan rebeldes. Muchos colaboran con *Redención*, la revista de los presos, particularmente en la sección de poesía carcelaria, «Musa redimida». También publican artículos en alabanza del Caudillo o del Régimen o acatan dócilmente las consignas de la *Nueva España* y se arrepienten de su pasado, pero no sabemos si lo hacen de corazón o por las ventajas carcelarias que les comporta.

Fuera de las cárceles, los pertenecientes al grupo social sospechoso, los obreros, son atentamente vigilados por los cuerpos de represión del Estado. Lo que más teme un ciudadano es verse obligado a visitar la comisaría o el cuartelillo. El maltrato físico y la tortura son corrientes en los interrogatorios o como correctivos de pequeños delitos. Entre el equipamiento de los centros de detención suele figurar un vergajo, instrumento de castigo singularmente eficaz para arrancar confesiones o estimular propósitos de enmienda.[17]

17. El vergajo consiste en una verga de toro atravesada longitudinalmen-

Un chiste refleja el miedo de los humildes a la autoridad:

«Un campesino que lleva un saco al hombro se encuentra con una pareja de Guardia Civil caminera con sus tricornios charolados, sus bigotes y sus mosquetones.

»—¿Tú qué llevas ahí? —lo increpa el guardia de mayor graduación.

»—¿Aquí, en el saco? —El campesino lo deposita en el suelo y se apresura a desatar la cuerda que lo cierra—. Mi cabo, es un aparato con motor de gasolina que se mete en el pozo o en la acequia, y sirve *pa* sacar agua para regar una huertecilla que tengo —explica.

»—Eso se llama bomba de agua —lo ilustra el guardia.

»—Lo sé, mi cabo, pero si empiezo diciendo «bomba» usted a lo mejor no me deja ni acabar de decirlo.»

---

te por varios alambres y puesta a secar con un peso en el glande para que se alargue hasta alcanzar casi un metro de longitud. El resultado es un azote muy flexible que se ciñe dolorosamente a la zona golpeada, comúnmente espalda o posaderas, y deja un verdugón sangriento en la carne.

CAPÍTULO 3

¡Franco, Franco, Franco!

La guerra terminó hace mes y medio, pero las conmemoraciones de la Victoria se suceden ininterrumpidas: rogativas, discursos, acciones de gracias, repiques de campanas... Los vencedores amortizan su esfuerzo y cosechan los frutos de la Victoria.

Franco detenta los poderes dictatoriales que sus colegas le confiaron mientras durara la guerra. En la paz, Franco se ha asentado en el poder tan firmemente que no hay fuerza capaz de desalojarlo. La nueva legislación le otorga, como Jefe del Estado, «la suprema potestad de dictar normas jurídicas de carácter general [...] radicando en él de modo permanente las funciones de Gobierno sus disposiciones y resoluciones [...] aunque no vayan precedidas de la deliberación del Consejo de Ministros cuando razones de urgencia así lo aconsejen».[18]

Tiemblan los cierres del balcón de la residencia de doña Petronila Jiménez-Enciso Méndez-Aguilar, duquesa viuda de Pradoancho, un piso de 400 metros cuadrados, con puertas de marquetería de 3 metros de altura, en un edificio noble del paseo de Calvo Sotelo (antes de Recoletos). Por la calle transitan, en ordenadas filas, 150 tanques y vehículos blindados, seguidos de 100 tractores oruga que arrastran cañones.

18. El 17 de julio de 1942, la Ley Constitutiva de Cortes ratifica estos poderes del Jefe del Estado.

Excelentísima señora doña Petronila Jiménez-Enciso Méndez-Aguilar, duquesa viuda de Pradoancho, presidenta de las Damas Adoradoras del Sagrado Corazón de María.

Es el Desfile de la Victoria.[19]

La señora duquesa, instalada frente al balcón abierto del salón de los espejos, asiste, con un *whisky* a mano, al patriótico espectáculo. La duquesa, que pasó la guerra en Biarritz, en su chalet de verano, ha recuperado su piso, requisado por la UGT al comienzo de la revolución Marxista, pero no ha recuperado los muebles que le expoliaron.

A través de los gemelos de nácar, que han conocido noches glamourosas en La Scala, en el Liceo y en París, la duquesa enfoca la tribuna presidencial instalada en la acera de la derecha del paseo, frente al Cuartel General del Ejército.

Franco, rodeado de sus generales y jerarquías del Movimiento, preside el desfile desde un elevado podio de cartón piedra, imitación granito, adornado con banderas nacionales, de Falange, del

19. Celebrado el 19 de mayo de 1939. Si le concedemos tanto espacio es porque el diario *Ya* del 19 de mayo de 1939 lo considera «el acontecimiento más importante de la historia de España» y nosotros no íbamos a ser menos.

La presidencia del histórico Desfile de la Victoria. Franco arriba sobre el Vítor, rodeado de sus generales. Al pie de la tribuna, banderas de los distintos cuerpos del ejército y con uniforme claro y turbante, la Guardia Mora.

Requeté, de la Alemania nazi, de la Italia fascista. En el frontal campea el Vítor, ya homologado como símbolo oficial de la Victoria. Un arco triunfal enmarca un gigantesco escudo nacional, con el águila imperial, el yugo y las flechas, y las columnas del Plus Ultra. Una sola palabra inscrita en grandes letras doradas: VICTORIA. En las pilastras que sostienen el arco, a uno y otro lado, la invocación tres veces repetida: FRANCO, FRANCO, FRANCO.

En el pecho del Caudillo brilla la condecoración que tanto ansiaba, la Gran Cruz Laureada de San Fernando. Se la acaba de imponer el bilaureado general Varela, en una ceremonia un tanto compleja porque la medalla sólo puede recibirse de un superior y no existe en España ninguna graduación militar superior a Generalísimo. Así que Franco ha tenido que renunciar momentáneamente al superlativo y se ha quedado en general a secas mientras su colega Varela le cuelga la placa. Inmediatamente después recupera el «ísimo».

La cruz que luce Franco es prestada. Con las mil tareas inapla-

ya

Número-homenaje al Caudillo

EL CAUDILLO DE ESPAÑA

Franco EL VENCEDOR

FRANCO, político

Autógrafo del ilustre teniente general don Andrés Saliquet

Después de la Victoria, el aparato propagandístico del nuevo régimen exalta la figura del Caudillo y difunde su imagen idealizada en cartelería y prensa. Se produce un esfuerzo consciente de equiparación con los regímenes hermanos de Italia y Alemania y con sus líderes Mussolini y Hitler.

zables que exige la reconstrucción de la Patria, han olvidado encargarla al joyero que habitualmente las confecciona. En esta tesitura, recurren al general Mariana, que gustosamente cede la suya, concedida por Alfonso XIII, para que puedan imponérsela a Franco.

—¡Que es de Huelva, eh! —advierte al enviado de Franco, al despedirlo en la puerta de su morada.

—¿Cómo, mi general?

—¡Que me la devuelvan, coño!

—No se preocupe, mi general. Mañana mismo la tiene vuecencia aquí.

La duquesa de Pradoancho enfoca al Caudillo con sus binoculares. Lo encuentra pequeñito y panzón, con aquellas borlas cortineras del fajín de general colgando de la gruesa cintura. A la duquesa le hubiera gustado que el salvador de la Patria fuera mejor mozo, un militar alto y bizarro, como Queipo de Llano o como el difunto Primo de Rivera. «En fin, esto es lo que tenemos», murmura resignada mientras apura su *whisky*.

La duquesa de Pradoancho fue camarera de la reina Victoria Eugenia y recibe en su casa a conspicuos monárquicos para comentar el anhelado regreso del rey Alfonso XIII que, mientras tanto, reside en un hotel de Roma en espera de que Franco lo reclame. Recientemente, la duquesa conversó sobre el asunto con el general Kindelán.

—No veo tan fácil el regreso de su majestad, Petronila —se sinceró el militar.

—¿Por qué lo dices, Alfredo?

—Porque *Franquito* se crece cada día más.

Kindelán le explica a Petronila las circunstancias en que él y sus colegas aclamaron a Franco como jefe. El jefe del levantamiento militar, el general Sanjurjo, había muerto en accidente de aviación. Los candidatos a sucederlo, Franco y Mola, estaban empatados en méritos. En esas circunstancias, los generales de la Junta de Defensa Nacional se reunieron en una finca de toros bravos de Salamanca. Cabanellas propuso un directorio integrado por varios generales, pero la idea se rechazó en favor de la elección de un generalísimo que ostentara el mando único mientras durara la guerra.

Los candidatos eran el propio Cabanellas, Queipo, Mola y Franco. A Cabanellas y Queipo los invalidaba su pasado republicano (Cabanellas incluso fue masón); Mola era solamente general de brigada. Quedaba Franco, prestigiado por los recientes éxitos de su ejército africano y por la inteligente propaganda que le hacían su hermano Nicolás y su amigo Millán Astray, el fundador de la Legión.

—Orgaz y yo habíamos recibido instrucciones de su majestad para apoyar la candidatura de Franco —confesó Kindelán—. Su majestad estaba convencido de que Franco restauraría la monarquía en cuanto acabara la guerra. Lo suponía agradecido por la protección que la Corona le había dispensado a lo largo de su carrera.

—Se equivocó su majestad —apuntó la duquesa.

Kindelán asintió pesaroso.

Los pintores áulicos extreman la adulación al Caudillo hasta el punto de hacerlo aparecer alto y delgado, lo que pone en un compromiso a los fotógrafos, a los que sólo les sale bajito y panzón.

—Nombramos a *Franquito* jefe del Estado español y Generalísimo de los ejércitos de Tierra, Mar y Aire. A mí me queda el pesar de haber sido su principal valedor. El único que vio las cosas claras fue Cabanellas: «¡No saben lo que han hecho! —le comentó a Queipo—. Si entregan España a Franco en estos momentos no habrá quien lo remueva del cargo una vez que acabe la guerra.» Orgaz me lo ha comentado muchas veces: «¡Qué error cometimos, Alfredo, qué error!»

La duquesa vuelve a observar el resultado de ese error, el Generalísimo Franco, el *Cerillita* de la escuela de El Ferrol, el *Franquito* de la Academia, el *Comandantín* de Oviedo, bajito y rechoncho, presidiendo el desfile en el centro de la tribuna, sobre un escaño de madera, el *arengarium*, un metro por encima de las cabezas de sus generales.

Desfilan unidades de los distintos ejércitos, con marcialidad viril, y resuenan las marchas militares, chin pun, chin pun, magnificadas por los altavoces. Por el cielo, «que viste también su camisa azul, aunque en tonos más claros», escribirá un inspirado cronista, surca los aires una escuadrilla de cazas que compone con sus aparatos la frase VIVA FRANCO. Los espectadores, agolpados en las aceras, aplauden con entusiasmo. Muchos lucen su camisa falangista recientemente estrenada, que todavía conserva el apresto. El desfile es largo. El cielo se cubre de oscuros nubarrones. Comienza a llover. Algunos espectadores hacen ademán de abandonar sus tribunas. Truena una voz en los altavoces, solicitando que nadie deserte de su puesto. La gente asiste impávida al desfile, que estas cuatro gotas no van a deslucir. Franco, en su puesto de centinela de Occidente, se crece «... empapado del agua fresca y bautismal de una primavera que madura el trigo de las paneras de España».[20]

Al día siguiente, en la iglesia de Santa Bárbara de Madrid, diecinueve obispos, los ministros del Gobierno, embajadores, generales, más altas jerarquías, asisten a la consagración del Caudillo.

Franco se apea del coche oficial y cruza la plaza de las Salesas sobre una alfombra roja bajo la bóveda de palmas expresamente

20. Diario *Informaciones*, 19 de mayo de 1939.

Franco se encamina, bajo palmas, al templo de las Salesas, donde va a ser solemnemente consagrado Caudillo de España en una ceremonia de corte medieval.

traídas de Alicante que le tienden«flechas» del Frente de Juventudes y chicas de la Sección Femenina. La muchedumbre entona el *Cara al Sol.*

Los obispos reciben a Franco a la entrada del templo y lo ingresan bajo palio, entre nubes de incienso, como al Santísimo Sacramento y a los monarcas antiguos.

El Caudillo, ya titulado «por la gracia de Dios», uniforme de capitán general sobre la camisa azul, ofrenda la Espada de la Victoria al Cristo de Lepanto, traído para la ocasión desde Barcelona. Lo acompañan otras reliquias históricas: la Bandera de Lepanto, la Lámpara Votiva de El Gran Capitán, el Arca Santa de Oviedo y dos cadenas que el rey navarro quebrantó en la batalla de las Navas de Tolosa.

Franco, Caudillo por la gracia de Dios, bajo palio y acompañado de obispos, ha entrado en la Historia.

Franco, solemne, pronuncia su voto: «¡Señor Dios, acepta complacido la ofrenda de este pueblo que, conmigo y por tu nombre, ha vencido con heroísmo a los enemigos de la Verdad, que están ciegos! ¡Señor Dios, en cuyas manos está el derecho y todo el poder, préstame tu asistencia para conducir a este pueblo la plena libertad del Imperio, para gloria tuya y de tu Iglesia!»

Postrado ante el Señor Dios, el Caudillo recibe la solemne bendición del cardenal Gomá. Las lágrimas corren copiosas por el rostro del antiguo *Comandantín* de Oviedo, del *Franquito* de la Academia. No es que esté el primero en el escalafón militar, es que se ha salido de él para ingresar en el espacio sagrado de los jueces bíblicos.

Han cambiado muchas cosas, y más que van a cambiar; pero la ciudadanía se acostumbra pronto, qué remedio, a la disciplina cuartelera. En adelante, el español debe ser mitad monje mitad soldado. Las citaciones oficiales para cualquier asunto recuerdan, de oficio, que se debe obediencia «sin excusa ni pretexto alguno».

El cardenal Gomá (1869-1940) arzobispo primado de Toledo, gran valedor de la España nacional ante el Vaticano. Al término de la guerra tuvo sus diferencias con el franquismo.

Cuando uno conecta telefónicamente con un organismo oficial, el telefonista le espeta: «¡Arriba España! Dígame.» A lo que el comunicante debe responder: «¡Arriba España!», antes de exponer su recado. Las peticiones oficiales acaban con las palabras: «Es gracia que espera alcanzar de Vd. cuya vida guarde Dios muchos años.» Las cartas, aunque sean privadas, y eso incluye las íntimas misivas de amor, deben comenzar por el encabezamiento: «Saludo a Franco. ¡Arriba España!», y deben acabar con la despedida: «Por Dios, España y su revolución Nacional-Sindicalista»[21]

«La censura convierte los periódicos en hojas parroquiales pre-

21. Estas fórmulas perdurarán hasta los años cincuenta.

Ildefonso López Puerta, *el Chato Puertas,* hacia 1943. Este laborioso industrial contribuyó con su esfuerzo al engrandecimiento de la *Nueva España,* lo que le fue reconocido en su día con una medalla del trabajo.

conciliares; reduce el cine y el teatro a la beatería y al folclorismo, prohíbe infinidad de libros...»[22]

A estos años se los ha denominado «el páramo cultural» y la «generación del páramo».[23]

Mientras encuentra un medio de vida mejor, Teófilo faena por horas en la chatarrería de Ildefonso López Puerta, alias *el Chato Puertas,* un antiguo delincuente fichado por la policía de la República, que tuvo la suerte de que el estallido de la contienda lo sorprendiera en Granada, por lo que ha combatido en el bando nacional. El Chato entró en Jaén con las tropas liberadoras, e inmediatamente inició el lucrativo negocio de presentarse en los comercios para ofrecer los servicios de la aseguradora El Escudo Nacional, de la que es agente. Los comerciantes, amedrentados por la camisa azul y por las medallas que el visitante lucía, firmaban la póliza sin rechistar y pagaban a tocateja el adelanto. Antes de marchar, conseguía que suscribieran la «ficha azul» que daba al comercio derecho a declararse «afecto al Movimiento», a cambio de un donativo con destino a la Falange, proporcional a la importancia del nego-

22. Así lo expresa Luis María Anson en el artículo «La generación del silencio», *ABC,* 1 de marzo de 1973.

23. La expresión «páramo cultural» parte del filósofo José Luis Abellán en su ensayo *La cultura en España (ensayo para un diagnóstico),* Ed. Cuadernos para el Diálogo, Madrid, 1972. La «generación del páramo» llama a la de estos años Julián Marías (artículo en *La Vanguardia,* 19 de noviembre de 1976).

cio. Poco después el Chato logró un puesto en la oficina interventora de los billetes de banco republicanos y fue allí donde hizo su agosto.[24] El trabajo consistía en separar los billetes válidos, emitidos antes del comienzo de la guerra, de los ilegales, impresos durante la guerra, a los que, dependiendo de la fecha de emisión, se les reconocía un porcentaje de su valor facial. El Chato Puertas declaraba inservibles muchos billetes de curso legal y los arrojaba displicentemente a la estufa apagada de su oficina, de la que después los rescataba para ingresarlos en su cuenta corriente. En dos semanas, ganó lo suficiente para adquirir un piso y una chatarrería que se traspasaban por fusilamiento del dueño.

Después de la guerra, los chatarreros hacen buenos negocios. Hay mucho hierro, casquillos, cobre, plomo... que recuperar en las trincheras, en las ruinas de los bombardeos y en los campos de batalla. El Chato Puertas tiene, además, contactos en los cuarteles. Compra al por mayor excedentes del Ejército como sábanas, jergones, cacharros de cocina y cable eléctrico; los recicla y abastece con ellos cárceles y hospitales. No es mucho lo que paga el Chato a sus empleados, pero a Teófilo González le llega para comer caliente una vez al día y mantener a su madre, que está pachucha y enferma de los nervios desde que le mataron a un hermano en la batalla de Teruel.

El culto al líder sigue las pautas de exaltación heroica de el Duce de Italia y el Führer de Alemania, los países hermanos. Desde que lo exaltaron al caudillaje, Franco ha oído decir tantas veces a los obispos que es el enviado por la Providencia que ha terminado por creérselo, y ahora asume su papel. En la exaltación de Franco ninguna provincia aventaja a la de Álava, que lo nombra «Padre de la Provincia» en sesión extraordinaria de la Diputación. Pronto será presidente honorario de todas las Diputaciones, y alcalde honorario de casi todos los pueblos.

Franco en la radio, Franco en los periódicos, Franco en las ofi-

24. Sólo en Madrid, se canjearon 426 millones en billetes republicanos. Vizcaíno Casas, Fernando, *La España de la posguerra (1939-1953)*, Ed. Planeta, Barcelona 1985, p. 28.

cinas, Franco en carteles que tapizan los muros de la Patria, Franco en los escaparates de las tiendas que han recibido orden de los presidentes de las Cámaras de Comercio de adornarse con fotografías del Caudillo y alguna de estas leyendas: «¡Franco, Franco, Franco!», «Gloria al Caudillo», «España, Una, Grande y Libre», «Por la Patria, el Pan y la Justicia». La patriótica decoración «se debe realizar con arreglo a la sobriedad y sencillez clásicas de la Falange».[25]

Ya tenemos a Franco en los sellos. Sólo falta Franco en los billetes de banco y en las monedas. En las monedas, aparecerá en 1947; en los billetes nunca, a pesar de repetidos intentos, siempre fallidos, por perpetuarlo en papel moneda.[26]

Unos cuantos decenios de propaganda áulica por su legión de hagiógrafos y turiferarios, sumada a la represión y el entrañamien-

25. Vizcaíno Casas, Fernando, *La España de la posguerra (1939-1953)*, Ed. Planeta, Barcelona, 1985, p. 20.

26. Después de ser elegido Generalísimo, Franco intentó aparecer en una serie de billetes del banco de 25, 50, 100 y 500 pesetas, por un valor facial global de 95 millones de pesetas que se datarían el 11 de noviembre de 1936 en Madrid (todavía parecía que la caída de Madrid era cuestión de días). Thomas de la Rue, la empresa de Londres que fabricaba los billetes españoles desde 1935, rechazó el encargo por estimar que su nuevo cliente encarnaba a un Gobierno ilegítimo (o porque ya contaban entre sus clientes a la República española). Entonces los rebeldes se dirigieron a otra empresa de similar solvencia, Bradbury Wilkinson and Co., que había fabricado los billetes españoles durante decenios. Éstos sí aceptaron y con cierto apremio de tiempo prepararon las planchas y las pruebas. Sin embargo, antes de que la compañía entregara el encargo, su servicio jurídico estimó que podrían tener problemas en caso de denuncia por parte del Gobierno republicano español, único reconocido por el Reino Unido. La empresa suspendió la fabricación de los billetes y sólo la reanudó cuando desapareció el retrato de Franco. Los billetes salieron a mediados de 1937. En 1940, ya terminada la guerra, el Banco de España le encargó a la empresa italiana Coen & Cartevalori la fabricación de más billetes, entre ellos el de 100 pesetas con la efigie de Franco que al final se suspendió al estimar, sensatamente, que quizá sería rechazado por el comercio internacional que no simpatizaba con el Caudillo. Hubo todavía otro intento por emitir un billete de Franco de 1.000 pesetas entre 1948 y 1950, que fue desestimado por los mismos motivos. Ejemplares de prueba de estos billetes fueron subastados en 2002 por la casa Afinsa y se vendieron por 23.000 euros.

to de las voces discrepantes, lavarán el cerebro de millones de españoles para que consideren al dictador ese providencial padre de la Patria que pretende ser.

«Ese hombre no estuvo ejerciendo su poder absoluto contra la voluntad de treinta millones de españoles —explica José Mario Armero a Vilallonga—. El franquismo se mantenía vivo por el señor que hacía negocios respaldado por un miembro del Gobierno; por el diplomático que aceptaba puestos sabiendo que no tenía competencia para ocuparlos; por el militar que ascendía rápidamente sin librar batalla alguna; y el propietario que seguía pagando salarios de miseria a sus obreros agrícolas. Franco nos corrompió a todos, sin sutilezas, sin calzarse los guantes, mirándonos a los ojos y calibrando, sin equivocarse nunca, cuál era nuestro precio. Repito que nos corrompió a todos: a los unos con dinero; a los otros con honores, cerrando los ojos a las ilegalidades que se cometían en el mundo de las altas finanzas, repartiendo a diestro y siniestro prebendas, puestos o eso que el pueblo llama más sencillamente "enchufes" [...]; somos todos culpables del franquismo. Franco fue nuestra creación. Nosotros lo hemos creado y nosotros lo hemos mantenido donde estuvo durante cuarenta años. Franco era un pobre hombre que, sin nuestro apoyo, jamás habría existido. Lo peor de todo es que muchos de nosotros sabíamos que no valía nada.»[27]

«¿Cómo es el gran hombre en la intimidad?», se preguntan muchos españoles cuando escuchan por la radio la voz monótona, declamatoria y atiplada del Caudillo.

Tendrán cuarenta años para conocerlo.

Franco ha desarrollado en la infancia un grave complejo de inferioridad, en parte debido a su insignificancia física y a su vocecilla de falsete, y en parte al hecho de crecer a la sombra de dos hermanos más inteligentes y atractivos, y de un padre severo que se avergüenza de él. Toda su vida será una lucha por superar ese complejo aumentando su autoestima, por crearse una identidad nueva, por aparecer como héroe, por ascender en el escalafón, por mandar.

27. Vilallonga, José Luis, *Memorias no autorizadas*, vol. IV, *La rosa, la corona y el marqués rojo*, Ed. Plaza y Janés, Barcelona, 2003, pp. 451-453.

Cuando murió, encontraron en su mesa unas cuartillas en las que anotaba sus últimos pensamientos, ya viejo y chocho. En una de ellas había escrito: «Legión: afianzamiento de la personalidad.»

Ahora, ha alcanzado la magistratura máxima de la nación, en parte por méritos y en parte por una concatenación de casualidades, que ha sabido aprovechar. A este general de cuarenta y tres años, rechoncho (1,58 metros de estatura) y tirando a alopécico lo idealizan los pintores áulicos alto, fornido y casi guapo. Por algo será. Franco es un gallego pragmático, más astuto que inteligente, más dado a nadar y guardar la ropa que al pensamiento abstracto. Tiene sus convicciones, como todo el mundo, pero si las circunstancias lo requieren, las modifica sin mayor esfuerzo. Como hombre de orden y de derechas, repudia el liberalismo, el sistema de partidos y la masonería, su bestia negra, a la que considera responsable de la decadencia española de los dos últimos siglos. Su ministro, Pedro Sainz Rodríguez, explica que «cogía de su alrededor ideas de Acción Española, del Tradicionalismo y de esa parte reaccionaria que explica toda la historia desde los judeomasónicos. Esas ideas simples le entraban en la cabeza y las convertía en dogmas. Y llegado el momento no decía: "Éste es masón", sino que decía: "Éste está contra mí, luego debe ser masón." Ése era su "razonamiento"».[28]

Para el dramaturgo Albert Boadella «Franco era un poco como el Mister Chance de Peter Sellers. Se sostuvo tantos años en el poder porque su debilidad mental descolocaba a todo su entorno. Tenía la crueldad, la frialdad, la perversidad del imbécil, que puede ser mucha y muy importante. Lo cierto es que tuvimos enfrente a un enemigo de bajísima categoría».[29]

Libre de inquietudes intelectuales y de apetitos físicos, Franco no tiene más pasión que la de mandar.[30] Sólo sus íntimos le cono-

28. Declaraciones de Sainz Rodríguez a Manuel Vicent en *El País* Madrid, 18 de julio de 1981, p. 11. Citado por Alberto Reig Tapia, *op. cit.*, p. 307.

29. Entrevista de Teresa Ricart en «Cómo se vivía en tiempos del franquismo», Revista *Muy Historia*, número 3, febrero de 2006, p. 22.

30. Esto conviene matizarlo. Sin ser un garañón, ni un obseso sexual, como tantos de su generación, al Caudillo le gustan las mujeres frondosas, lo que ocurre es que doña Carmen, *la Señora,* lo ata corto. En lo referente al género na-

cen cierta afición a la escritura. De sus experiencias en la guerra de Marruecos tiene publicado *Diario de una Bandera* (1922).[31] Por lo demás, desconfía de los intelectuales, a los que cree propensos a los dos grandes pecados contemporáneos: el comunismo y la masonería.

Desde joven le gusta el cine. Con el tiempo, añadirá la caza y la pesca, la pintura de aficionado, la fotografía y el golf. A veces juega al mus. Le agrada también la zarzuela, en especial *Marina*, de Emilo Arreta.[32] Cuando llega la televisión, pasa las horas delante del aparato y, como tantos españoles, no se pierde la retransmisión de ningún partido de fútbol. No tiene biblioteca. Ya anciano le confiará a su médico personal, el doctor Vicente Pozuelo:

—A mí, lo que me hubiera gustado es practicar el vuelo sin motor. Volar como un águila y verlo todo desde lo alto.

Franco es consciente de sus limitaciones. Sabe que su formación académica deja bastante que desear y que sólo ha llegado tan alto porque media docena de generales lo eligieron para dirigir la guerra.[33] También es cierto que él se había trabajado el consenso de

---

cional, el Caudillo admira la serena belleza y la hermosura de la actriz Ana Mariscal. También siente «cierta inclinación platónica por la estampa y el tronío de Juanita Reina». En cuanto al extranjero se le notará, en su momento, «lo mucho, mucho que le gustaba la segunda juventud de la ya viuda reina Federica de Grecia» y su admiración por Sofía Loren, cuyas películas se hacía proyectar una y otra vez en El Pardo. Otro cinéfilo y estadista de la época, Adolf Hitler, sintió parecida fascinación por Imperio Argentina, cuya *Nobleza baturra* aseguran vio 24 veces. (Véase Eslava Galán, Juan, *Coitus interruptus*, Ed. Planeta, Barcelona, 1997, cap. 3: «El sexo del Caudillo.»)

31. La producción literaria de Franco abarca, además, el guión de la película *Raza* (1940) y el ensayo *Masonería* (1952) publicados respectivamente bajo los pseudónimos Jaime de Andrade y Jakim Boor. Inédita permanece cierta producción poética, principalmente romances de tono costumbrista morisco, auténticos bodrios, que confiaba a su cuñado Ramón Serrano Súñer, en cuyo archivo permanecen.

32. Aunque esté feo comparar, a Hitler le gustaba también la opereta, aparte de la contundente música de Wagner.

33. En la Academia terminó la carrera en el puesto 251 de una promoción de 312.

las familias políticas que apoyaron el Alzamiento: los católicos, la Iglesia, el Requeté y la emergente Falange. Llegado a lo más alto, Franco se esfuerza por adquirir cierta cultura, sin resultados apreciables. Es un hombre de pocos amigos, como casi todos los que alcanzan el poder absoluto.

—Yo desde los treinta y tres años estoy recibiendo visitas de españoles que hablan mal de otros españoles, para ponerse ellos en su lugar —le confió al doctor Pozuelo.

Franco habla poco y escucha mucho. De este modo minimiza sus posibilidades de meter la pata, pero deja amplio espacio para que su interlocutor yerre. Con el tiempo, esta astucia elemental se le acentúa y lo reduce a una fría y concentrada apariencia que, sin embargo, a veces traiciona su gran emotividad, también creciente con el tiempo.

La familia de Carmen Polo, la esposa del Caudillo, pertenecía a la pequeña nobleza del Principado de Asturias y ambicionaba un buen partido para su hija. En principio su padre se opuso al noviazgo con el *comandantín* Franco, pero luego cedió al ver que el pretendiente iniciaba una carrera prometedora. Después de unas relaciones un tanto anodinas, como las de cualquier pareja burguesa, contrajeron matrimonio, en Oviedo, y fundaron un hogar cristiano en el que se reza el rosario en familia y se practican ejercicios espirituales por Cuaresma.

Carmen Polo, la esposa del Caudillo, estudió sus primeras y únicas letras en colegios de monjas (ursulinas y salesianas) y con una institutriz francesa, madame Claverie. Recibió una educación «limitada, con prioridad de lo religioso sobre lo académico [...], su círculo familiar y sus escasas lecturas causaron en ella una profunda admiración por la aristocracia y sus costumbres».[34]

Carmen, que desde que se exaltó a primera dama, recibe el tratamiento de *La Señora*, es caballona y ancha, pero imprime a su poderosa osamenta cierta aristocrática distinción.

Es posible que Paco y Carmen sean felices. En una entrevista concedida a una periodista extranjera en 1937, doña Carmen defi-

34. Preston, Paul, *Palomas de guerra*, Ed. Plaza y Janés, Barcelona, 2001, p. 356.

ne su boda como «instante cúspide en sus anhelos de mujer y sol de felicidad que nunca ha parpadeado».[35] Nadie los verá jamás hacerse una carantoña, ni un gesto de ternura, ni una confidencia, pero esta frialdad puede que no sea especialmente indicativa. Así se comportaban en público muchas parejas de entonces.

Por lo demás, Carmen es una esposa tradicional y modélica, incluso en sus argucias para mantener a su marido alejado de posibles tentaciones. Lo acompaña en los viajes, siempre con la reliquia de la mano de santa Teresa en el maletero, y no lo deja solo ni a sol ni a sombra. Con feminil astucia, «procura tener amigas que no sean muy agraciadas físicamente [...] sabe que evitando la ocasión se evita el peligro».[36]

Tenemos motivos para pensar que Franco permitió que la esposa mandara de puertas adentro como solemos hacer casi todos

Excepcional documento gráfico que atestigua que el Caudillo no era inmune a la atracción del bello sexo. En la inauguración de una exposición de esculturas mientras doña Carmen departe con el organizador, Franco se solaza en la contemplación de las tetitas de una Venus. ¡Y sonríe el muy pillín!

35. Entrevista de Letizia Repetto, en el diario *Correo de Andalucía*, Sevilla, 11 de mayo de 1937.

36. Franco Salgado-Araujo, Francisco, *Mis conversaciones privadas con Franco*, Ed. Planeta, Barcelona, 1976, p. 131.

los españoles. Por otra parte, debido a la Ley de la Compensación, más trascendente a la humanidad que la segunda Ley de la Termodinámica, se viene observando, desde los inicios de la Historia, que las gentes de mucho mando, militares y altos ejecutivos suelen acatar con paciencia la autoridad de esas esposas despóticas y sargentas que la vida les depara. El Caudillo no es excepción. En presencia de su mujer «se le ve más cohibido y pensativo, más serio y menos hablador».[37] «Es bondadoso de trato, pero muy frío [...] y esta actitud se acentúa visiblemente estando al lado de su mujer.»[38]

El primo y secretario de Franco, autor de las anteriores observaciones, deja un desfavorable retrato de la primera dama: «Hay días que no se aguanta a sí misma. Adopta un aire de severidad y empaque absurdo.»[39]

Como ama de casa, doña Carmen quizá podría encuadrarse en la clase media, educada en las excelencias del ahorro, retener para tener, siempre mirando por la peseta. Al marido lo tuvo calzado toda la vida con aquellos durísimos zapatos de Segarra, que el fabricante les regalaba por docenas.[40]

Ama de casa y cocina en los años cuarenta.

37. *Ibid.*, p. 140.
38. *Ibid.*, p. 50.
39. *Ibid.*, p. 50.
40. Segarra es uno de los *self made men* que se hacen millonarios en esta

En la cocina de El Pardo, nada de gollerías. Los Franco viven en un palacio, pero su mesa es austera: cocido, sopicaldo, arroz y lentejas, filete empanado y escabeche de atún. Y foie-gras y sobrasada de Mallorca, que le encantan a mi Paco. *La Señora* se las ingenia para combinar lujo y austeridad.

Cerradas las espitas de la lujuria y de la gula, por las que se introduce el Maligno, El Pardo se reduce a mitad casa-cuartel, mitad cenobio, aunque los muros se adornen con tapices de Goya y se pise sobre alfombras de media hectárea. Franco, por otra parte, se siente perfectamente a gusto. «Desde luego se es más feliz siendo austero», sentencia.[41]

En el proceso consciente de sacralización regia de su persona, Franco ha instituido una guardia jalifiana, casi cinematográfica, jinetes moros de tez cetrina ataviados con vistoso atuendo étnico, capas blancas, zaragüelles rojos y turbantes, como en esas zarzuelas a las que tan aficionado es.[42]

El Rizasolo, eficaz rizapestañas automático, hace mujeres bonitas. Diez pesetas en todas las buenas perfumerías.

época. Empieza vendiendo alpargatas, pero, gracias a sus contactos en el Régimen, consigue licencias de importación de cuero casi en régimen monopolístico con las que monta una fábrica de botas y zapatos que suministran el calzado al Ejército (recompensando generosamente a los generales interventores). Llegó a tener 5.000 trabajadores en su emporio de Vall de Uxó. Pagaba sueldos bajos que los trabajadores gastaban en sus economatos, con lo que todo quedaba en casa. En 1976, muerto Franco, la empresa entra en crisis y suspende pagos.

41. Franco Salgado-Araujo, *op. cit.*, p. 125.

42. Desde tiempo inmemorial, los reyes han confiado su salvaguardia personal a mercenarios extranjeros impermeables a los vaivenes de la política palaciega. Los emperadores romanos mantenían una guardia de germanos; los bizantinos, de vikingos; los papas, de suizos; los Borbones españoles, la famosa Guardia Valona. Solamente después de los sucesos de Ifni, en 1956, Franco receló de que la guardia jalifiana pudiera no serle tan fiel, y la sustituyó por otra de españoles, menos vistosa pero más segura.

CAPÍTULO 4

El *obispero* nacional

Pío XII proclama «de España ha salido la salvación del mundo [...] España es la nación elegida por Dios, un baluarte inexpugnable de la fe católica». Y el invicto Caudillo, haciéndose eco paternal del sentir patrio, declara: «España tiene un destino providencial en esta vieja Europa [...] salvar del marxismo a la civilización cristiana.»[43]

El filósofo García Morente, antiguo agnóstico converso al catolicismo y ordenado sacerdote, expone claramente: «No hay dualidad entre Patria y Religión [...] quien dice ser español y no ser católico no sabe lo que dice.»[44]

Franco sabe que su Régimen se apoya en el Ejército y en la Iglesia, incluso más en ésta que en aquél y, por lo tanto, impone el catolicismo como norma de vida: «¡En España o se es católico o no se es nada! Los españoles caminan en la verdad porque España está tan unida a nuestra Santa Madre Iglesia, que disfruta de la particular bendición de Dios.» [45]

Franco se ha impuesto la tarea de regenerar a España y limpiarla de tentaciones liberales. «Hay que recristianizar a esa parte

43. Blázquez, Feliciano, *La traición de los clérigos en la España de Franco (Crónica de una intolerancia, 1936-1975)*, Ed. Trotta, Madrid, 1991, p. 52.

44. García Morente, Manuel, *Idea de la Hispanidad*, Espasa Calpe, Madrid, 1947, p. 212.

45. Declaraciones a Henri Massis, *Candide*, el 18 de agosto de 1938.

del pueblo que ha sido pervertida, envenenada por las doctrinas de corrupción.»[46]

En su histórico mensaje del 18 de julio, aniversario del Glorioso Alzamiento, denuncia el libertinaje de *la otra España* como una de las causas de la rebelión militar.

En el «*obispero* español» (la ocurrencia es de Agustín de Foxá), catolicismo y nación se funden y confunden en perfecta simbiosis. Franco asume la manía persecutoria que la Iglesia padece desde que los Estados europeos la despojaron de sus propiedades y privilegios. Los obispos son funcionarios del Estado. Muchos serán procuradores en Cortes cuando se inaugure el nuevo parlamento. Franco devuelve a la Iglesia, aumentados, sus antiguos privilegios, incluida la exención fiscal. Además, sufraga la restauración de los templos dañados en la guerra, construye otros nuevos, levanta monumentos al Sagrado Corazón, edifica enormes seminarios y actualiza generosamente el sueldo que los curas percibían del Estado hasta que la República lo suprimió.

Llamamos nacionalcatolicismo a la época dorada en que la Iglesia española y el régimen de Franco estuvieron a partir un piñón. La población clerical española creció considerablemente. Este idilio terminaría con el Concilio Vaticano II.

46. Blázquez, Feliciano, *op. cit.*, p. 55.

La recristianización de España, impulsada con modernos criterios propagandísticos, no tarda en ofrecer los frutos apetecidos. Los seminarios se abarrotan, las asociaciones religiosas (Acción Católica, Congregaciones Marianas, Vicentistas, Tarsicios, Terceras Órdenes, Niñas Reparadoras, Hijas de María, Cursillos de Cristiandad, Adoración Nocturna, etc.) superan el millón de afiliados.

Astuto y acomodaticio, Franco se adapta a la nueva moral y, a pesar de su gran afición al cine, rechaza las películas americanas porque exaltan el divorcio y minusvaloran a la familia, y recomienda sustituirlas por zarzuelas y dramones históricos de cartón piedra en producción nacional.[47]

Estudios de Aranjuez S. A. La única factoría cinematográfica que no ha producido ni una pulgada de celuloide para los rojos saluda con emoción a la Nueva España. ¡Viva España! Abril de 1939, año de la Victoria.

La Iglesia procura atraer a su redil a los descarriados, pero quizá no acierta con el procedimiento. El canónigo Gómez Arboleya se queja al arzobispo Eijo y Garay: «Antes no venían a misa; ahora nos los traen formados.»[48] De nada valen las sensatas voces que se alzan contra tales excesos en el propio seno de la Iglesia. En 1940 el cardenal Vidal y Barraquer se lamenta de las prácticas superficiales y aparatosas con las que «se corre el peligro de hacer odiosa la religión a los indiferentes y a los partidarios de la situación anterior».[49]

El cumplimiento obligatorio no sólo afecta a los presos. La Iglesia también coacciona a los campesinos para que no descuiden sus deberes religiosos. En el poblado de colonización de La Quintería, cerca de Andújar, el misionero sube al campanario con un

47. Vázquez Montalbán, Manuel, *Los demonios familiares de Franco*, Ed. Planeta, Barcelona, 1987, p. 71.
48. Blázquez, Feliciano, *op. cit.*, p. 59.
49. *Ibid.*

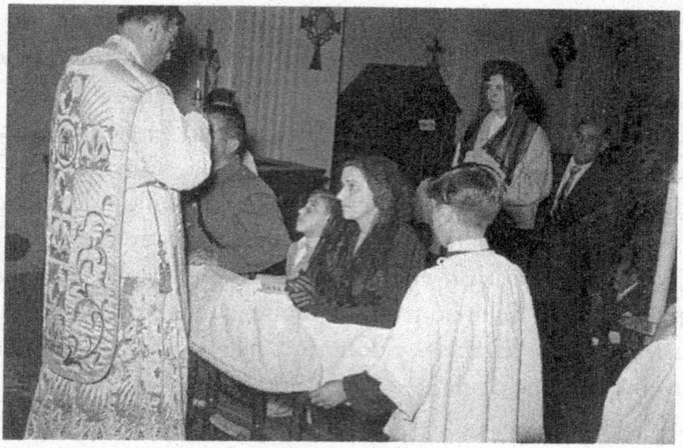

Los actos externos de piedad y la frecuentación de los sacramentos fueron esenciales para las personas que no querían *significarse* como hostiles al régimen.

guardia civil y le señala los colonos que están labrando sus campos en lugar de asistir al sermón misional. A continuación la pareja de la Guardia Civil recorre el campo, toma nota de los infractores, les impone una multa y los manda a la iglesia.[50]

—Mi cabo, yo comulgo todos los domingos —se resiste uno.

—Me alegro mucho, tira *palante,* que como no te vea en la iglesia dentro de un rato te voy a dar una hostia que no tiene nada que ver con las que da el cura.

Sobre el papel, las campañas coactivas rinden copioso fruto, pero luego la gente persevera poco en el rezo y la jaculatoria, especialmente los pobres.

El grano episcopal cae en tierra yerma donde no germinará. Tampoco prosperó la pastoral del arzobispo de Toledo, Isidro Gomá, que abogaba por el perdón y la reconciliación.[51]

50. Rodríguez Arévalo, Manuel, *Historia de La Quintería,* Ayuntamiento de Villanueva de la Reina, Jaén, 1997, p. 60.

51. El Gobierno prohibió la difusión de la pastoral «Lecciones de la gue-

Existe también una sustancial diferencia entre el cumplimiento de las obligaciones religiosas de los hombres y el de las mujeres. Ellas se muestran mucho más permeables a las prédicas del clero y se vuelven de comunión diaria, rezadoras y devotas, pendientes de las novenas, de los rosarios, del mes de María, del arreglo de la iglesia, del ropero parroquial; mientras que sus maridos y sus hijos, más reticentes, atienden a los cultos con cierta tibieza.

En el medio rural, donde los párrocos están investidos de mayor autoridad y controlan más eficazmente al vecindario, los campesinos no pueden sustraerse de la obligación de asistir a misa los días de precepto, pero dejan que las mujeres ocupen la zona próxima al altar mientras ellos se reúnen con los amigos cerca de la entrada o en el coro, donde hacen tertulia o simplemente se desentienden del acto y aguardan el *«Ite Misa est»* para salir de estampida a la taberna o a los corrillos de la plaza. Son como figurantes sin papel alguno que se arrodillan, se levantan o se sientan mecánicamente, imitando a los de las filas delanteras. Si hay varias parroquias entre las que elegir, acuden a la del cura que diga la misa más corta.[52]

Los españoles se ven inmersos, de grado o por fuerza, en la trascendente tarea de avanzar hacia Dios. «Por el Imperio hacia Dios. ¡Viva España!», como gritan los falangistas. El ciudadano debe esforzarse en parecer mitad monje, mitad soldado, a imagen y

---

rra y deberes de la paz», publicada el 8 de agosto de 1939, en la que el prelado señalaba que, como cristianos y españoles, «tenemos el deber de amar y perdonar a los que han sido nuestros enemigos».

52. A propósito de misas breves me viene a la memoria que, en mi pueblo, Arjona, provincia de Jaén, aunque había cuatro parroquias (en realidad tres: la cuarta la habían quemado los rojos), mis paisanos solían acudir masivamente a la misa de San Martín, cuyo párroco, don Basilio Villa Palma, tenía fama de despachar la misa en un cuarto de hora. Se cuenta, no sé si será verdad, que en cierta ocasión, después de celebrado el Santo Sacrificio, cuando ya se encaminaba hacia la sacristía llevando entre sus manos el cáliz con el necesario recogimiento, se detuvo en seco, se dio una palmada en la frente y lo oyeron exclamar: «¡Coño, otra vez se me ha olvidado consagrar!»

semejanza de un régimen que se apoya en el Ejército y en la Iglesia.[53] Hay que esterilizar el solar patrio de los gérmenes patógenos del derrotado liberalismo. «Ha de desterrarse de nuestras prácticas sociales todo aquello que recuerde, por abyección o mal gusto, las de nuestros derrotados enemigos.»[54]

Braulio Cienfuegos, modesto industrial carpintero de Vallecas, recibe el encargo del Ministerio de Educación, donde tiene un cuñado subsecretario, de fabricar 50.000 crucifijos con destino a las aulas de las escuelas públicas.[55] A este encargo seguirá otro de 150.000 unidades y, antes de que acabe el año, otro de 100.000 cruces y 200.000 marcos simples de 0,40 por 0,60, en los que se insertarán las fotografías del Caudillo y de José Antonio que van a presidir las aulas españolas flanqueando el crucifijo.

Braulio Cienfuegos se ve obligado a contratar a dos ayudantes para atender los pedidos urgentes. El negocio marcha viento en popa, aunque debe entregar al subsecretario una comisión del 15 por ciento de sus ganancias. No es el único fabricante de crucifijos. También en el taller de carpintería de la cárcel de Alcalá de Henares, los reclusos se han especializado en construir crucifijos.

La religión se eleva a única norma moral de vida. La vida social se centra en las prácticas religiosas. La situación no es novedosa en un país donde incluso los tiempos de cocción de huevos y pasteles se han venido calculando en padrenuestros y credos; pero ni los más viejos del lugar recuerdan periodo histórico tan intensamente devoto, tan rezador y procesionador. Durante el decenio de los años cuarenta y buena parte del siguiente, menudearán Santas

53. La consigna «Por el Imperio hacia Dios» se le ocurrió al sacerdote falangista Fermín Yzurdiaga Lorca, director del primer periódico falangista, *Arriba España*, y delegado de Prensa y Propaganda de la Falange durante la guerra. Su correligionario Marino Ayerra lo define como «la fatuidad, la insulsez, la vacuidad con sotana».

54. Barrios, Manuel, *El último virrey. Queipo de Llano*, Ed. Rodríguez Castillejo, Sevilla, 1990, p. 206.

55. Ordenado por el Boletín Oficial del 8 de marzo de 1938.

Taller de fabricación de crucifijos en la cárcel de Alcalá de Henares.

Misiones, Vía Crucis, Adoraciones Nocturnas, Manifestaciones Eucarísticas, Ejercicios Espirituales, procesiones, meses de María, Misas del Gallo, retiros, primeros viernes de mes, triduos, besamanos, novenas, quinarios, peregrinaciones, visitas a los Sagrarios, monumentos al Corazón de Jesús, entronizaciones de Vírgenes, roperos parroquiales, tómbolas diocesanas, mesas petitorias, rogativas para impetrar lluvia, fiestasantos, romerías, bulas de Santa Cruzada, sermones, Rosarios de la Aurora, fiestas patronales, misas de campaña, de acción de gracias, de difuntos y visitas a los Monumentos, además de los zapatos nuevos de suela de tocino recociendo el pie y levantando ampollas en el maratón de los acaparadores de indulgencias.

El Sagrado Corazón de Jesús, serigrafiado en una placa metálica sobre los colores de la bandera nacional, preside, como un certificado de buena conducta, la puerta de los hogares de clase media. El historiado diploma con la bendición apostólica de su santidad, afilado perfil aquilino de Pío XII, señorea la sala de estar. A hogares aromatizados por el repollo cocido, en los que jamás entra un libro o un periódico, llega puntualmente el ejemplar mensual de *El Granito de Arena,* de la *Revista del Reinado Social del Sagrado Corazón,* paladín de la causa del padre Damián, apóstol de los leprosos, de *El Adalid Seráfico,* de *Perlas Divinas,* de *La Lámpara del*

Señora cubierta de velo con el misal en la mano, camino de la iglesia.

Santuario o de cualquier otra publicación religiosa que, en muchos casos, dado el escaso hábito de lectura de los suscriptores, se desguaza para papel de envolver, o para menesteres aún más íntimos, sin haber sido siquiera hojeada.

El español, siempre proclive a los gestos teatrales y a la religiosidad externa, se desliza insensiblemente por la senda del fariseísmo. Dada la identificación entre catolicismo y Régimen, la participación en actos religiosos entraña una cierta obligación social si uno no quiere «significarse» (terrible expresión que designa al que sale del anonimato del rebaño y se hace notar, con el consiguiente peligro de que lo tomen por «rojo», especialmente si es uno de los ocho millones de españoles a los que sorprendió la guerra en zona republicana).

Muchos agnósticos se ven obligados a fingir una vivencia religiosa que no sienten. A sus hijos les irá peor. Los españolitos de la nueva generación reciben ración doble, en casa y en el colegio, y si comulgan con la madre el domingo, repiten sacramento con los condiscípulos el jueves, en misa de comunión general, donde uno se *significa* si se sustrae a la eucaristía. «Demasiadas misas para tan poco niño», como recordaba Terenci Moix.

Pero ¿y el progreso? ¿Y la concordia de los pueblos? ¿Y los logros sociales compartidos con las naciones de Occidente, a cuya comunidad se supone que pertenecemos? Estos escrupulillos son

Clérigos y devotos procesionan el brazo momificado del santo, en gira triunfal por las diferentes diócesis patrias.

prestamente rechazados: «No queremos un progreso liberal, capitalista, burgués, judío, protestante, ateo y masón. Preferimos el atraso de España.»[56] Consecuentemente España abandona la Sociedad de Naciones, lo que el diario *Arriba* aplaude con el argumento «¿Qué tenemos nosotros que hacer en Ginebra? A nosotros, gente andariega, nos hace daño la vida sedentaria».[57] Los países sin fe han proclamado la libertad sexual y la libertad de conciencia. España, con decisión heroica de sus mentores, rechaza estas dos lacras del liberalismo. «La decadencia de España se debe, en gran parte, al exceso de intelectuales.»[58]

En la calle abundan los uniformes y las sotanas, que prestigian a quien los viste y le confieren privilegios, como no hacer cola en las tiendas ni ante las ventanillas. También se les cede el paso respetuosamente ante las puertas o en aceras estrechas. Con la sartén por

56. Franco Salgado-Araujo, Francisco, *op. cit.*, p. 99.
57. La retirada se produce el 9 de mayo de 1939.
58. Herrera Oria, E., *Historia de la educación española desde el Renacimiento*, Ed. Veritas, Madrid, 1941, p. 439.

Esta dama viste hábito con cordón en cumplimiento de una promesa realizada durante la guerra si el novio regresaba sano y salvo del frente.

el mango, los curas y frailes pederastas y solicitadores, tan abundantes en su gremio, cultivan su afición con absoluta impunidad en colegios y en confesonarios, sin que nadie se atreva a denunciarlos.

La religión impregna la vida civil. Muchas mujeres visten hábitos de diversas devociones: morado con cordón amarillo para Jesús Nazareno, marrón con cinturón de cuero para los carmelitas, negro riguroso para la Soledad, celeste con cordones blanco y crema para los piadosos de la Virgen de Fátima o de la de Lourdes; gris con cordones blancos, para los devotos de san Antonio y santa Rita; blanco y correa negra para los de la Merced, etc.; o sus versiones abreviadas para hombres, las camisas del color litúrgico correspondiente. Los hábitos testimonian las promesas hechas a los santos e imágenes veneradas en los tiempos difíciles de la guerra.

La Iglesia se adueña nuevamente de la educación. «La ley, además de reconocer los derechos docentes de la Iglesia en materia universitaria, quiere, ante todo, que la universidad del Estado sea católica.» Por tanto, la llena de curas, frailes, propagandistas y miembros de Acción Catolica o del Opus, que ocupan las cátedras vacantes por represión o exilio. «La universidad tendrá como norma y guía suprema el dogma y la moral cristiana y lo establecido en los sagrados cánones respecto de la enseñanza.»[59] La filosofía orteguiana, que predominaba antes de la guerra, se sustituye por un neoescolasticismo arcaico propio de los tiempos de Menéndez Pelayo y del presbítero Balmes (cuya figura se homenajea en un billete de banco, el de 5 pesetas, en 1951).

Se abren colegios de primaria y secundaria a cargo de la Iglesia y ésta, fiel al mensaje evangélico, nuevamente dispone que los alumnos ricos entren por la puerta principal y los pobres por la de servicio. También en las aulas se distinguen los ricos de los pobres en el color de la bata escolar y en el trato de los religiosos, que es obsequioso con los alumnos procedentes de buena familia y desabrido con los otros.[60]

Sastrería militar y eclesiástica. Adolfo Guerrero saluda a su distinguida clientela con motivo de la festividad de Santa Bárbara, patrona de la Gloriosa Artillería Española, y le comunica el cambio de sus instalaciones a la calle Calvo Sotelo, 29, bajo, donde los seguiremos atendiendo.

59. Ley de Ordenación de la Universidad Española de 29 de julio de 1943. La universidad se transforma en un predio de la Iglesia y de la Falange, con todos sus estudiantes afiliados al Sindicato Español Unificado (SEU) creado el 23 de septiembre de 1939.

60. Doy fe personal de ello porque lo he vivido en las aulas de los Hermanos Maristas de Jaén en los años cincuenta.

CAPÍTULO 5

Falangistas, militares, curas

El botín de los vencedores y los cargos del Nuevo Estado se reparten entre militares, curas y falangistas. Los tres colectivos se han propuesto militarizar la nación, evangelizarla y convertirla al fascismo joseantoniano. La *Nueva España* abomina de las perversiones republicanas y de las «perniciosas libertades» (conciencia, culto, prensa, reunión, enseñanza y propaganda). Ha clausurado los ateneos, ha quemado o expurgado bibliotecas[61] y ha abolido las leyes liberales de la República: el matrimonio civil, el divorcio y la coeducación, ese sistema pedagógico «por completo contrario a los principios religiosos del Glorioso Movimiento Nacional».[62] Incluso el profesorado sólo podrá impartir clase al alumnado de su propio sexo.

61. La pastoral del obispo Pla y Deniel «Los delitos del pensamiento y los falsos ídolos intelectuales» (1938) denuncia «los pecados del entendimiento» y exige un expurgo de las bibliotecas públicas. La quema de libros perniciosos se convirtió en espectáculo cotidiano. El Dos de Mayo, fiesta del libro, el diario *Arriba* explica en un suelto: «Con esta quema de libros también contribuimos al edificio de España, Una, Grande y Libre. Condenamos al fuego a los libros separatistas, liberales, marxistas, a los de la leyenda negra, anticatólicos, a los del romanticismo enfermizo, a los pesimistas, a los del modernismo extravagante, a los cursis, a los cobardes pseudocientíficos, a los textos malos, a los periódicos chabacanos...»

62. Orden del 4 de septiembre de 1936.

Los tribunales han depurado a los funcionarios afectos a la República, han expulsado de la administración a maestros y profesores de izquierdas, o simplemente liberales, herederos de la pedagogía laica de la Institución Libre de Enseñanza.[63] Las vacantes, sumadas a las que dejaron los intelectuales exiliados, se cubren con personas de derechas promocionadas con cursillos patrióticos. «De cada cinco puestos depurados en la administración, cuatro se reservarán para ex cautivos, excombatientes, huérfanos y viudas del bando nacional.»[64] Antiguos alféreces provisionales se ven recompensados con un título de maestro tras una fingida oposición en la que el tribunal pregunta nimiedades al alcance de cualquiera. Circula un chiste revelador. En uno de estos «exámenes patrióticos» le preguntan al examinando, que luce un par de medallas sobre la camisa azul:

—¿Quién descubrió América?

—Francisco Franco.

—¿Quién escribió el Quijote?

—Francisco Franco.

—¿Quién pintó *Las Meninas*?

—Francisco Franco.

—Me temo que no ha acertado usted ninguna pregunta —le advierte el presidente del tribunal.

—Y yo me temo que me estás resultando un poco «rojillo», camarada —replica el falangista con gesto severo.

—¡Enhorabuena, camarada! —el presidente del tribunal reconsidera su postura—. ¡Ya eres maestro nacional!

El vivir cotidiano se teje sobre una urdimbre de complicidades, corruptelas, especulación, enchufismo, tráfico de influencias y

63. Los maestros expulsados fueron entre cinco mil y ocho mil (entre un 10 y un 15 por ciento); los sancionados fueron entre trece y dieciséis mil (entre un 25 y un 30 por ciento); los desplazados de la escuela que ocupaban a otra de menor importancia fueron unos seis mil (el 12 por ciento). (Reig Tapia, *op. cit.*, p. 257.)

64. Di Febo, Giuliana, y Santos Juliá, *El Franquismo*, Ed. Paidós, Barcelona, 2005, p. 37.

cohechos. Como apunta el excelente escritor falangista Agustín de Foxá: «Tenemos una dictadura dulcificada por la corrupción.»

La sociedad española se ha escindido en dos grupos: la minoría integrada por una docena de obispos y unos cientos de miles de católicos radicales (con claro predominio de señoras de comunión diaria que compiten en santidad y en cebar párrocos con chocolate y con bizcochos), y la inmensa mayoría restante, de fe tibia y acomodaticia, cuando no francamente agnóstica, los que ignoran los beneficios de la espiritualidad, y habiéndose habituado a considerar el sexo como uno de los más legítimos placeres de la vida, no pueden pasar sin un orgasmo de vez en cuando. Este segundo grupo admite a su vez una subdivisión: el pueblo bajo, el gran perdedor de la guerra, que, aunque reducido a discreto mutismo, continúa haciendo de su capa un sayo en materia sexual, y la sufrida clase media que tiene que comulgar con las ruedas de molino de la minoría integrista, carne de su carne, sangre de su sangre, espinita de su costado.

Cuando todos los miembros de una familia responden unánimemente a la llamada de la santidad, la felicidad reina en el hogar, pero cuando la fe se reparte desigualmente, caso bastante frecuente, la práctica religiosa se convierte en fuente de conflictos, abusos e insatisfacciones. Forman legión los sufridos esposos e hijos que han de soportar la tiranía de una madre y esposa más papista que el Papa. Es como tener en el seno del hogar un comisario político que vigila celosamente el cumplimiento de las consignas morales.

La sociedad biempensante y burguesa, que antes de la guerra era hipócrita, se torna aún más hipócrita. Un famoso y voluminoso ministro perora, con la vacía retórica propia del discurso oficial, sobre «la tradición que nos trae la necesidad de clavarnos de nuevo en la vanguardia de la Contrarreforma» y exalta «ese viejo destino español de aclarar con las luminarias del espíritu la amargura de las incertidumbres y de las noches» para, después de los *gritos de rigor*, del tremolar de banderas, de la entonación de himnos, irse de parranda con los amigotes, cenar dos platos de codillo y un flan de ocho huevos en un restaurante clandestino y encamarse con una puta de postín en sábanas de seda.

Don Próculo Orbaneja Ceba, presbítero, párroco de san Lorenzo
y celosísimo pastor de su grey.

Don Próculo Orbaneja, presbítero, se ha desayunado un tazón de café con leche migado en el que se sostiene enhiesta la cuchara, tardo desquite a las hambres y fatigas pasadas en la guerra. Reconfortado con la copiosa colación, don Próculo viste su sotana y manteo, regalo de las Damas Reparadoras del barrio, y se dirige a la iglesia de San Lorenzo de la que es párroco. Don Próculo disfruta de ciertos privilegios en atención a sus padecimientos durante el cautiverio rojo. Capturado por los milicianos cuando, disfrazado de quesero manchego, con blusón negro y alpargatas, intentaba pasarse al bando nacional, la canalla marxista lo hizo objeto de terribles sevicias: dos veces fingieron su fusilamiento, lo que le ha producido una enfermedad nerviosa que se manifiesta en cierto temblor del brazo derecho. También lo torturaron obligándolo a entrar en la charca donde desembocaban las madres comunes y, cuando la mierda le llegaba por la barbilla, le tiraban piedras saltarinas para obligarlo a sumergir la cabeza.

Don Próculo desciende por la escalinata del Pósito y atraviesa la plaza de José Antonio, antes llamada de las Palmeras. En su camino se cruza con niños que van a la escuela y con alguna que otra mujer, camino de la iglesia. Unos y otras le besan la mano blanca y pilosa, que él les tiende con unción.

En la parroquia lo espera una docena larga de feligreses, que recibirá, por turno, en el despacho de la sacristía. Algunos le traen cartas de recomendación de conocidos, otros simplemente se entregan a su misericordia. La Iglesia ha adquirido un poder que nunca antes detentó entre las clases humildes. Desde que terminó la guerra, los españoles se han clasificado en tres categorías: *adictos* o *afectos* al Régimen, que son los de derechas de toda la vida; *indiferentes* que, por la cuenta que les trae, hacen méritos para figurar en la primera categoría y *desafectos,* los que tienen un pasado que purgar. De los curas párrocos como don Próculo y de otras autoridades depende la expedición de *avales* o certificados de buena conducta que los *desafectos,* presos o camino de estarlo, necesitan para que se revise su causa. Las chicas de clase obrera también necesitan aval para obtener empleo como sirvientas en las casas acomodadas. Finalmente, del cura depende que un niño pobre encuentre plaza en una escuela pública o religiosa.

Don Próculo no siempre concede lo que se le pide. De algunos solicita informes; de otros, servicios que compensen los daños ocasionados durante la revolución Marxista a las propiedades de la Iglesia o del clero. La iglesia de San Lorenzo, requisada por la CNT durante la guerra y convertida en almacén, sufrió diversos desperfectos. Ahora un carpintero, un albañil, y una limpiadora colaboran con la restauración del templo esperando que don Próculo los informe favorablemente algún día. También auxilia a don Próculo, en la oficina de la sacristía, don Fermín Siles Arizala, un abogado depurado por su pertenencia a Izquierda Republicana. Don Próculo sospecha que, además, era masón, extremo este que no se le ha podido probar. Ahora está inhabilitado para ejercer la profesión y purga su culpa sirviendo voluntariamente a la parroquia como mecanógrafo-secretario. También realiza asesorías jurídicas para las amistades y compromisos de don Próculo, que suelen darle alguna propinilla por indicación del párroco.

El abogado don Fermín Siles Arizala, primero por la derecha, con algunos amigos igualmente represaliados por sus ideas izquierdistas. Año 1950.

Después de la guerra hay bastante trabajo en las parroquias que quedaron en zona roja. Los párrocos deben establecer listas de niños en espera de bautismo, así como de matrimonios casados solamente por lo civil, en realidad amancebados, puesto que las leyes de la *Nueva España* establecen que sólo el matrimonio canónico es válido. Cada mes, don Próculo organiza un bautizo colectivo y al día siguiente una boda multitudinaria. Muchos niños nacidos durante la guerra, además de estar sin bautizar, lucen nombres ridículos como Libertad, Germinal, Katiuska, Razón, Fraternidad, Juan de Lenin y otros parecidos. Otros, recibieron nombres vascos o catalanes —Iñaki, Koldo, Jordi, Sadurní, etc.— que igualmente hay que sustituir por sus equivalentes en la lengua del Imperio.

Don Próculo, al administrarles las aguas bautismales, les asigna nombres castellanos sacados del santoral: Bonoso, Auxiliadora, José, Jesús, Ignacio, Javier, Almudena, Rocío... En cada tanda de bautizos don Próculo impone los nombres de sus padres, Fulgencio y Rafaela, a los niños más guapos. No ha caído en la tentación de llamar a nadie con el suyo, Próculo, porque bastantes problemas le acarrea. Las personas humildes y sin cultura, debido a su propia ignorancia, suelen pronunciarlo «Proculo» e incluso «Porculo». El sacerdote ya está harto de corregirlos:

—Es Próculo —advierte haciendo acopio de paciencia—: con acento en la primera «o» porque es palabra esdrújula.

—Lo que usted diga, don *Proculo*.

Volviendo al abogado don Fermín Siles, su historia personal no deja de ser reveladora de la abyección en la que puede caer un intelectual embaucado por el liberalismo. Se había divorciado durante la guerra y había vuelto a contraer matrimonio por lo civil. Ahora ha tenido que abandonar a su segunda mujer para volver con la primera, dado que es su único matrimonio válido. Don Fermín vive esa imposición como una tragedia personal, pero don Próculo confía en que la práctica de la religión lo ayude a cicatrizar sus heridas. En sus oraciones ruega a Dios que le devuelva la fe al abogado y con ella la alegría de seguir la senda del Señor.

Don Próculo sabe ser caritativo con el caído, pero también sabe que la caridad cristiana no debe entorpecer la justicia. Si a mano viniere, don Próculo, como un padre severo que guía a su grey, también denuncia a la autoridad competente los casos de emboscados o huidos que llegan a su conocimiento a través de sus feligreses o en secreto de confesión.

CAPÍTULO 6

El pecado de impureza

Los clérigos, célibes de oficio y, por consiguiente, reprimidos sexuales, aprovechan el poder que Franco les otorga para imponer a sus feligreses una moral enfermiza que alcanzará extremos ridículos.

¿No será que Franco alienta la sexofobia de los ancianos prelados para tenerlos distraídos y evitar que se entrometan en asuntos más conflictivos? Quizá sea exagerado presumir tanto maquiavelismo en el Jefe del Estado. En realidad, tampoco se puede decir que los obispos destacaran por sus desvelos sociales antes de la guerra.

Es domingo, y don Próculo pronuncia su sermón dominical ante un templo abarrotado de fieles en la solemne misa mayor, desde el púlpito de hierro forjado por el maestro Bartolomé en el siglo XVI.

—¡Amadísimos hermanos, un noventa y nueve por ciento de los condenados al infierno, lo son por pecados de impureza! —comienza con voz tonante y campanuda.[65]

Una tradición eclesiástica, que se remonta a los tiempos de la Contrarreforma, reduce la moral a la continencia sexual y a la ocultación del cuerpo femenino, vehículo predilecto de Satanás y causa de todos los males.

La impureza preocupa a don Próculo y preocupa a la Iglesia. No va a ser fácil redimir al pueblo pervertido por los malos hábitos

65. Estadística citada por Alonso Tejada, L., *La represión sexual en la España de Franco,* Luis de Caralt, ed., Barcelona, 1977, p. 19.

que el liberalismo le inculcó. Los ancianos célibes que integran el episcopado han asistido impotentes, durante la República, al doloroso espectáculo de la relajación de su rebaño. Ahora ha llegado el momento de meter en cintura a las ovejas descarriadas y de imponerles penitencia por los pecados cometidos.

Las fiestas propicias al desenfreno sexual (carnaval, verbenas, romerías) han sido prohibidas o radicalmente reformadas, pero el baile está tan arraigado que, aunque reclama una atención preferente en las pastorales, solamente el arzobispo de Sevilla se atreverá a prohibirlo.

En su sermón, don Próculo arremete contra el baile, «perniciosísimo arte inventado por el diablo Belial, gavilla de demonios, estrago de la inocencia, solemnidad del infierno, tiniebla de varones, infamia de doncellas, alegría del diablo y tristeza de los ángeles».[66] «Me refiero, amadísimos hermanos, naturalmente, al baile agarrado —precisa el predicador— que es gravemente deshonesto por su propia naturaleza y por tanto ilícito, o, al menos, ocasión próxima de pecado.»[67]

«¿Hay bailes lícitos? —se pregunta don Próculo tras uno de sus efectistas silencios—. Por supuesto que sí: los entrañables bailes regionales que son la esencia del arte y de la raza.»

Merecen la aprobación clerical los extenuadores bailes regionales: las jotas, las muñeiras, los melenchones, los xiringüellus, las sardanas y demás manifestaciones genuinas del alma española, que se bailan sin contacto físico alguno, la mujer revestida de sucesivas enaguas y tocas; el hombre con refajo, calzón hasta las rodillas, medias blancas de lana y alpargatas de cintas.

La autoridad civil ratifica el criterio de los obispos. En Ávila, el gobernador prohíbe el baile «a excepción de la jota serrana, de tanto sabor en esta provincia».[68] El de Badajoz, más liberal, sólo se

66. «Cincuenta años de la vida de España», año 1943, *Diario 16*, Madrid, 1990.

67. Blázquez, F., *op. cit.*, p. 53.

68. Abella, Rafael, *La vida cotidiana en España durante el régimen de Franco*, Ed. Argos Vergara, Barcelona, 1985, p. 75.

prohíbe del viernes de Dolores al domingo de Resurrección. Otras autoridades no se atreven a tanto, pero los párrocos y predicadores de la Santa Misión logran que las muchachas solteras bailen solamente entre ellas, o con sus padres y hermanos. Algunos párrocos ceden a la presión de la feligresía y toleran el baile, aunque con la condición de que las parejas se mantengan a medio metro de distancia y sean vigiladas por personas de orden, una cenefa negra de señoras serias y enlutadas, familiares, comadres y carabinas, todas atentas a la jugada, y murmuradoras, sentadas en sillas de tijera en torno a la pista de baile.[69]

José Pegalajar Cifuentes y su novia Remedios Escañuela Frías, en 1944. Debido a los problemas económicos no pudieron casarse hasta 1952, pero ella llegó virgen al matrimonio.

En las ciudades se disfruta de mayor libertad. Pepito Pegalajar saca a bailar a Remedios Escañuela. Tras los primeros compases al borde de la pista, arrastra a su presa al lugar más concurrido de la misma, donde no sean observados por carabinas y mirones, y allí acorta distancias sobre las tetas de la moza, e incluso intenta refre-

69. Márquez Reviriego, Víctor, *El desembarco andaluz*, Ed. Planeta, Barcelona, 1991, p. 167.

garle el paquete de su turgente virilidad. Remedios se defiende aplicando la «retranca», recurso defensivo que consiste en mantener la palma de la mano firmemente apoyada en el hombro masculino y el brazo completamente extendido.

Los *bailes de carabina y permiso parroquial* afectan principalmente a la sufrida clase media. La clase popular sigue acudiendo a los acreditados *bailes de candil*, así llamados por su deficiente iluminación, en corrales de vecinos y ventas de las afueras. Libres de los prejuicios de la burguesía y de la influencia doctrinal de los obispos, los bailes de candil resultan mucho más propicios al achuchón, ese consuelo de los pobres, y por este motivo son frecuentados también por empleadillos y por estudiantes.

Un propietario agrícola se fotografía con la familia de sus caseros. En los años cuarenta, muchas familias humildes de las ciudades se ven obligadas a emigrar al campo huyendo del hambre.

Solriza, producto íntegramente nacional, garantiza una ondulación permanente sin aparatos ni electricidad, a base de nuestros acreditados saquitos.

Una legión de tinterillos, burócratas y alguaciles, sin dos dedos de frente, se toma a pecho las consignas oficiales y cree que el engrandecimiento de la Patria exige la represión de las parejas que se meten mano en los parques o el retoque con tinta de los escotes de las actrices en los prospectos cinematográficos. Con el cuplé pícaro de los años veinte y treinta están menos acertados, cuando lo maquillan para soslayar el protagonismo de las putas, como prueban *Tatuaje* y *Ojos verdes*.

Ojos verdes empezaba, antes del Glorioso Movimiento Nacional:

Apoyá en el quicio de una mancebía

Lo que establece, desde el primer verso, que la protagonista de la canción es puta, *pupila de mancebía*. Los censores objetan del oficio del personaje y obligan a los cantantes a cambiar el primer verso por otro menos explícito:

Apoyá en el quicio de mi casa un día:

O:

Apoyá en el quicio de una celosía

El torpe censor no advierte que la mujer que antes era puta resulta ser ahora un ama de casa ventanera que se prenda de un galán a caballo y se lo lleva al sagrado tálamo sin mediar cortejo alguno, yendo directamente al grano: aquí te pillo, aquí te mato, lo que agrega lujuria al adulterio.

En la sociedad reciamente viril, propugnada por los vencedores, no hay lugar para el homosexual, del mismo modo que no lo hay para el «rojo», para el liberal o para el masón. De hecho, el linchamiento del maricón está oficiosamente tolerado, y apedrear maricones en los parques es una de las inocentes diversiones de las pandillas de pilluelos.

Miguel de Molina, el más cualificado intérprete de *Ojos verdes*, ha pasado la guerra en Valencia, donde actuó en los espectáculos benéficos de la República, y además es notorio maricón, amanerado y aficionado a los rizos, a la mirada lánguida de los ojos maquillados, a los pantalones ajustados, a las blusas vaporosas de lunares, que él mismo se corta y cose, a los abalorios y a las joyas. A

El cantante Miguel de Molina (1908-1993) en una de sus amaneradas poses.

la salida del teatro Pavón, donde actúa con gran éxito, lo esperan tres falangistas ataviados con impermeables blancos.[70]

—Tenemos órdenes de llevarte a la Dirección General de Seguridad. Es para una diligencia rutinaria.

Lo meten en un coche. Al llegar a Cibeles, pasan de largo, en lugar de torcer hacia la Puerta del Sol. Miguel de Molina pregunta extrañado:

—Pero ¿no íbamos a la comisaría?

—¡Tú calla!

Lo llevan a los Altos del Hipódromo, en el paseo de la Castellana, le propinan una paliza, lo pelan a trasquilones y lo obligan a ingerir aceite de ricino, el castigo habitual que los vencedores aplicaban a las milicianas, copiado de los mussolinianos. Miguel les vomita encima.

El artista se recompone como puede y continúa con su temporada de gran éxito en el Teatro Cómico. Otro día acude una escuadra de muchachos del Frente de Juventudes, dispuestos a reventarle el espectáculo: a voz en grito lo llaman «¡Miguela!» y «¡Marica!». Miguel de Molina interrumpe la canción, manda callar a la orquesta, se acerca a las candilejas y les replica:

—Marica, no: maricón, que suena a bóveda.

Es evidente que en la *Nueva España* no hay lugar para un cantante amanerado y homosexual. Miguel de Molina lo comprende y emigra a Buenos Aires, donde pasará el resto de su vida. Su rival en los escenarios, Conchita Piquer, que había comenzado de *vedette,* mostrando sus torneados muslos en tiempos más permisivos, se adapta a la situación y se transforma en doña Concha Piquer, gran dama de la copla española.

70. Muchos años después en una entrevista que le hizo Carlos Herrera en Buenos Aires, identificó a dos de sus agresores: Mayalde, futuro alcalde de Madrid, y Sancho Dávila.

CAPÍTULO 7

Autarquía y gasógeno

Franco ha vencido en la guerra gracias a la ayuda de Italia y de Alemania. Los ideólogos de Falange, fieles a sus consignas, suministran el maquillaje gestual necesario para que España se parezca lo más posible a sus mentores. España tiene un Caudillo, equivalente al Führer y al Duce, y tiene un partido único, de raíces fascistas, la Falange, que viste camisa azul y saluda brazo en alto (como los camisas pardas germanos y los camisas negras italianos).

Las dos dictaduras europeas se han formado como naciones en el siglo XIX, y desde entonces andan obsesionadas con la idea de conquistar imperios, como los que en su momento obtuvieron Portugal, España, Francia, Holanda e Inglaterra. Los militares y los fascistas españoles no se conforman con que España sea menos, sueñan con los tiempos en que en nuestros dominios *no se ponía el Sol* y la proclaman «Unidad de Destino en lo Universal», definición que, aunque no se sepa bien lo que significa, concuerda con la retórica fascista.

Los discursos, las arengas y los sermones se nutren de frases grandilocuentes y de lugares comunes: los Reyes Católicos, el cardenal Cisneros, Felipe II, el «prefiero perder mis Estados a gobernar sobre herejes», el «más vale honra sin barcos que barcos sin honra», el «más vale morir con honra que vivir con vilipendio», se repiten hasta la saciedad. «Trento está en nosotros: somos más papistas que el Papa», proclama, con orgullo, el rector de la Universidad de Valencia. El castellano pasa a llamarse «lengua del Imperio», y en su nombre se reprimen las lenguas autóctonas: el catalán, el vascuence y el gallego, que apestan a separatismo y a rojerío.

Mientras el país aguanta los retortijones de hambre, y muchos estómagos se resignan a digerir algarrobas, el mundo del espíritu se robustece con esencias nacionales. El diccionario se purga de extranjerismos. El coñac se rebautiza «aguardiente jerezano»;[71] la ensaladilla rusa, se llama «imperial», el antiguo cine París-Madrid de la Gran Vía también cambia el rótulo por el de cine Imperial; a los hoteles que se llamaban Internacional se les suprime el «inter» y quedan en Nacional. Hasta Margarita Gautier, la *Dama de las Camelias* troca su apellido francés por el autóctono Gutiérrez, por voluntad de un gobernador civil.

La palabra «rojo» adquiere connotaciones tan negativas que cuando el hablante se refiere sólo al color debe sustituirla por «encarnado» o «colorado». El cuento infantil *Caperucita Roja* será *Caperucita Encarnada.* La palabra «obrero», de connotaciones izquierdistas y republicanas, se sustituye por «productor», como dijimos al principio. El Primero de Mayo, fiesta universal del trabajo, de sugerencias obreristas, se cristianizará, por decisión de Pío XII, en 1955, como San José Obrero, pero en España será San José Artesano.[72]

En las tribunas resuenan las sustanciosas palabras del viejo tronco castellano: *viril* (favorita de san Josemaría Escrivá de Balaguer, cuyo *Camino* aparece en 1939), *jerarquía, imperial, señero,*

71. Y en 1950, como resultado de un concurso, *jeriñac*, denominación que tampoco fue aceptada por sus consumidores, especialmente cuando al solicitar «Un *jeriñac*» el distraído barman les indicaba: «Al fondo, a la derecha.» (Vizcaíno Casas, Fernando, *La España de posguerra, 1939-1953*, Ed. Planeta, Barcelona, 1975, p. 15.)

72. Por cierto que en esta festividad el Régimen organiza multitudinarias tablas de gimnasia integradas por afiliados a Educación y Descanso, una institución de inspiración nazi que premia la sumisión del obrero con viajes y colonias de vacaciones.

vibrante, augusto..., a las que se añade una nueva, la más brillante, recién salida del troquel de la lengua: *autarquía.*

La economía marcha mal. La balanza de pagos es deficitaria. En esas circunstancias, Franco adopta una doctrina económica que nos pondrá a salvo de los vaivenes de la economía internacional: la autarquía. La idea es simple: suprimamos las importaciones y produzcamos nosotros mismos todo lo que España necesite. De este modo además, cerraremos nuestras fronteras a las perniciosas influencias de las democracias liberales.

Importantes acuerdos de la hostelería madrileña. Se considerará huéspedes de honor a los jefes y oficiales del Glorioso Ejército Español. Los hoteleros rompen toda relación con los colaboradores de la causa «roja». La hostelería madrileña suscribirá una «ficha azul» de 5.000 pesetas mensuales. En los hoteles se consumirán solamente productos de producción nacional.

La autarquía es una utopía irrealizable porque numerosos productos y materias primas no se improvisan ni dependen del voluntarismo de un líder, pero Franco opta por ella en su mentalidad cuartelera, que ignora los principios más elementales de la economía de mercado. Tomada su determinación, rechaza las líneas de crédito que en 1939 le ofrecen Inglaterra y Estados Unidos.[73] Para acabar de arreglarlo, el Instituto Español de Moneda Extranjera (IEME), que interviene todo movimiento de divisas, establece el cambio del dólar a 11,22 pesetas, tres veces por debajo del real, pensando que esta medida favorecerá la balanza de pagos cuando, a la larga, no arregla nada y perjudica las exportaciones. De torpeza en torpeza, la economía impuesta por el Régimen empeora una situación ya de por sí grave.

73. Esta errónea decisión retardará la recuperación del país y provocará su estancamiento económico hasta que Franco comprenda su error y libere la economía en 1959.

La consigna del Caudillo aparece en la prensa, glosada hasta la saciedad: «Producir, producir y producir.» «¿Que la autarquía nos obligará a apretarnos el cinturón durante unos años? No importa. Los falangistas no sentimos hoy nostalgia del bienestar material»;[74] «Queremos la vida dura, la vida difícil de los pueblos viriles», solicita Franco.[75] La Providencia atiende a su ruego: hambre, «pertinaz» sequía, escasez de viviendas, epidemias, sarna, chinches, piojos grises y piojo verde, estilográficas a plazos, talleres de restauración de cepillos de dientes, alpargatas en lugar de zapatos, colas para mendigar la sopa sobrante de los cuarteles, tranvías abarrotados hasta los topes, trajes vueltos, retales, recortes, realquilados... Los extranjeros que visitan España consignan su olor a guano, a miseria, a roña acumulada, a aceite refrito, a grasa rancia.

En honor a la verdad, junto a las miserias reseñadas, hay que destacar los aspectos positivos de esa autarquía que hace de la necesidad virtud. Para pasmo del mundo, el genio español se manifiesta con notable pujanza en una floración de ingeniosos inventos ge-

Automóvil equipado con gasógeno, debido a la escasez de combustible que se padeció como consecuencia de la segunda guerra mundial y de la autarquía.

74. Revista *Interviú*, serie coleccionable «La dinastía de los Franco», Madrid, 1978, pp. 2 y 3.
75. Abella, Rafael, *op. cit.*, p. 72.

nuinamente hispánicos. Casi cada producto alimenticio encuentra su sucedáneo: el aceite de pescado sustituye al vegetal; el de soja, al de oliva; la malta, las pepitas de algarroba o la cáscara tostada de cacahuete sustituyen al café; los polvos al flan de huevo o al yogur; la margarina, a la mantequilla. El coche movido con gasolina (estrictamente racionada) se sustituye por el gasógeno; un fogón añadido a la trasera del vehículo en el que la combustión de carbón, madera o desperdicios produce un gas que hace funcionar el motor a trancas y barrancas, y al 30 por ciento de su potencia. Tiene el inconveniente de que va dejando un rastro de hollín en el aire, y que de vez en cuando se ahoga, y obliga al chófer a hurgar el hornillo con un gancho de hierro para avivar la combustión.

Incluso se fabrica un coche a pedales, el *auto Acedo* o autociclo, dotado de un monocilíndrico de 2,2 caballos, capaz de mover los 227 kilos del automóvil cargado con dos ocupantes no muy gordos, siempre que discurra en llano o cuesta abajo, porque en las cuestas arriba hay que pedalear enérgicamente para ayudar al motorcillo.

—Entonces, en la imperial Toledo no servirá —objeta un posible comprador.

—No señor, ya le digo que es para el terreno llano —reconoce el agente de ventas.

Otro problema del *auto Acedo* es que la carrocería es tan sucinta «que se posa una mosca y la abolla».

En medio de tanta escasez y de tantas privaciones, la prensa del Movimiento y los exegetas del Régimen se esfuerzan por anunciar alguna buena nueva que eleve los decaídos ánimos: «España no es un país pobre, como creíamos, es sólo un país mal explotado, pero sus insondables riquezas están ahí, esperando que el *Nuevo Estado* las saque a flote: el subsuelo de León guarda filones de antracita suficientes para abastecer a toda Europa; en el subsuelo de Granada hay yacimientos de estroncio de valor incalculable; en Ciudad Real los filones de esquistos bituminosos producirán, en cuanto su explotación se normalice, más de ciento setenta mil litros diarios de gasolina. ¡Incluso podremos exportarla!»[76]

76. Esta pretendida producción de combustible a partir de pizarras bitu-

En su mensaje de fin de año de 1939, el propio Caudillo anuncia que las reservas de oro del subsuelo español «en cantidades enormes, son muy superiores a aquellas de las que los rojos, en combinación con el extranjero, nos despojaron». A ello hay que sumar la fórmula para la fabricación de una gasolina sintética que el supuesto ingeniero austriaco Albert Elder von Filek ofrece al Caudillo.[77] La producción se calcula que «dentro de ocho meses ascenderá a tres millones de litros diarios». Al final resulta que el austriaco era un estafador y no se vuelve a hablar del asunto.

Los cuentos de la lechera menudean en la prensa española de estos años, casi siempre ligados a inventos extraordinarios que resuelven el problema de la escasez de carburantes. «Si los automovilistas se decidieran a ensayar los sucedáneos de la gasolina que aparecen —"hidrolina", "tremolina", "librifina", "vegetalita", etc.— se llegaría muy pronto a tener combustible, y no tener motores...»[78]

Mientras llega el momento de abrir los filones auríferos, la

---

minosas fue una de las mayores frustraciones del Instituto Nacional de Industria. Después de invertir ingentes sumas de dinero durante siete largos años en la factoría de Puertollano (Empresa Nacional Calvo Sotelo), no se consiguió ni un solo barril del prometido carburante.

77. La gasolina sintética, anunciada a bombo y platillo por la prensa nacional en enero de 1940 (véase *La Vanguardia Española,* del 21 de enero de 1940), se fabricaba con extractos de hierbas y jugos de determinadas plantas abundantes en los montes de España, más un 5 por ciento de ingredientes secretos. La factoría se iba a construir en Coslada y San Fernando de Henares, junto con una colonia con viviendas para 300 obreros, y las correspondientes iglesia y escuela.

78. *ABC* del 7 de febrero de 1943, artículo «El último sustitutivo» (citado en «El franquismo año a año», tomo 3, *El Mundo*, Madrid, 2006, p. 15). Los fracasos con que se saldan estos inventos no desaniman a los inventores que a lo largo de todo el decenio seguirán ideando soluciones prácticas para los problemas del país. En 1945, un mecánico de Reus, don Juan Vidiella, inventa la *gravibomba.* Este artilugio va a resolver, de una vez por todas, el problema de la producción de electricidad al elevar el agua marina hasta las montañas sin más ayuda que el oleaje del mar, lo que permitirá instalar saltos de agua en toda la costa. Otro fiasco.

prensa sugiere a los españoles que donen sus alhajas a la Patria para restaurar la reserva de oro estatal:

España necesita tu oro para hacer el tesoro nacional.

Pero todo no ha de ser explotar la riqueza del subsuelo. La autarquía y los proyectos imperiales requieren también que el país aumente su población hasta alcanzar los cuarenta millones de habitantes dado que «no hay Imperio sin elevar espiritualizado, (sic) el índice demográfico nacional».[79] Franco establece premios a la natalidad e incentivos económicos a las familias numerosas. Los preservativos se prohíben por ley, así como cualquier otra argucia destinada a limitar los nacimientos.

¿Cuáles son las consecuencias de la autarquía? El intervencionismo estatal redunda en perjuicio de la libre empresa y favorece el crecimiento de oligopolios e industrias protegidas a la sombra de las corruptelas oficiales. Es una de las causas, junto con la mala gestión agrícola, del empobrecimiento general en el primer decenio de la posguerra.

El Estado se convierte en el mayor empresario industrial por medio del Instituto Nacional de Industria (INI).[80] Dirigido por Juan Antonio Suances, un ingeniero naval y marino deficientemente preparado para este cometido, cuyo único mérito es gozar de la confianza del Caudillo, del que fue amigo en la infancia, el INI dedica su principal esfuerzo a estimular la creación de industrias de guerra, que aportan muy poco o nada al desarrollo del país.

Franco y sus generales quieren evitar a todo trance que España se atrase en la carrera de armamentos. Como la lechera del cuento, trazan unos planes grandiosos para dotar a la *Nueva España Imperial* de armamento moderno y abundante, que le permita recuperar el lugar que le corresponde en el concierto de las

79. Coleccionable de *Cambio 16*, «50 años de la vida de España». Año 1948, p. 148.

80. Creado en septiembre de 1941, se inspira en el Istituto per la Ricostruzione Industriale italiano de 1938.

naciones más poderosas de Occidente. Esta intención «refleja dos cosas: un alto grado de voluntarismo y un profundo desconocimiento de la economía en general, y de la economía española en particular.»[81]

Indiferentes a la hambruna de los más humildes, que exigiría prioritariamente inversiones en servicios sociales, los generales salvadores de la Patria sueñan con una moderna flota de 4 acorazados, 2 cruceros pesados, 12 cruceros ligeros, 54 destructores, 36 torpederos, 50 submarinos y 100 lanchas torpederas, además de los necesarios buques auxiliares. Esta flota se irá botando escalonadamente a lo largo de once años, al coste total de 5.500 millones de pesetas.[82] La Aviación, por su parte, contará con 5.000 aviones, entre cazas, bombarderos y transportes, en un plazo de diez años, lo que supondrá una inversión de otros 6.000 millones de pesetas.

Lo dicho, el cuento de la lechera.

La financiación irregular de estos proyectos dispara la inflación. El intervencionismo estatal favorece los monopolios y los oligopolios. Es el tiempo de los grandes negocios de algunos industriales, que ni siquiera tienen que preocuparse de aumentar la productividad, puesto que pagan al obrero el equivalente a un tercio del valor de su trabajo antes de la guerra.

«El descenso de la producción industrial explica que durante los años cuarenta España se empobreciera en términos absolutos y quedara rezagada respecto a otros países europeos [...] El nivel de renta por habitante que se había alcanzado en 1935 no se recuperará de manera definitiva hasta 1954.»[83]

El proteccionismo del sector industrial redunda en detrimento del sector agrícola, del que tradicionalmente ha vivido el país. A ello se suma que los precios de tasa que se abonan al agricultor no

81. Ros Agudo, Manuel, *La guerra secreta de Franco,* Ed. Crítica, Barcelona, 2002, p. 68.

82. *Ibid.,* p. 65.

83. Di Febo, Giuliana, y Santos Juliá, *El Franquismo*, Paidós, S. A., Barcelona, 2005, p. 42.

lo animan a esforzarse demasiado. Quedan tierras sin cultivar, y parte de lo que se cultiva se desvía hacia el mercado negro.

Entre tantos despropósitos, la radio catequiza al pueblo con el evangelio de la tonadilla. «Somos pobres, pasamos hambre, frío y necesidad, pero estamos en la mejor tierra del mundo, somos unos privilegiados»:

España...
solera de valentía
cuna de santos guerreros...

«Como en España, ni hablar», de Laredo y otros:

Yo he corrido el mundo entero
y les puedo asegurar
que en mujeres, vino y música,
como en España, ni hablar.
Y esto lo digo yo aquí, en la China
y en Madagascar.

El «Pasodoble español», de T. Leblanc y Lamber:

Si comparas un manojo de claveles
con las flores de otras tierras tú verás,
que el olor de los claveles españoles
no lo pueden otras flores igualar.
Si comparas un alegre pasodobole
con los mambos, bugui-bugui o el danzón,
verás entre todos ellos
lo que vale lo español. [...]
Si comparas a tu pelo con la noche
y a tus ojos con la luz del mismo Sol
verás que en mundo entero
lo que vale es lo español.

Y no digamos «Levanta los ojos», de Godoy y J. Lito:

Levanta tus ojos, mujer española,
y mira qué tienes delante de ti:
tienes a tu España que es decirlo todo,
tienes lo más grande que pueda existir.

Frente a esta canción patriótica, estimulada desde instancias oficiales, otras canciones que triunfan tienen problemas con la censura. Bonet de San Pedro canta con cálida voz una canción humorística y macabra, «Rascayú» *(Rascayú, cuando mueras ¿qué harás tú?; tú serás un cadáver nada más)* que alcanza un gran éxito, hasta que un censor repara en que cuestiona los novísimos del hombre y la prohíbe.

—¿Cómo los novísimos del hombre? —se extraña el cantante—. ¡Si es una canción de lo más inocente!

—¡Repase usted el catecismo! —le sugiere el censor—. Los novísimos del hombre son: muerte, juicio, infierno y gloria. ¡Su canción arremete contra lo más sagrado! Por cierto, ¿hace mucho que no se confiesa?

Imagen publicitaria de Bonet de San Pedro, intérprete de «Rascayú».

CAPÍTULO 8

Algarrobas y castañas

Abastecimiento de Madrid. Saludo de la casa Artiach. Galletas Artiach S. A. saluda cariñosamente a sus consumidores y clientes de Madrid, liberado por las gloriosas tropas nacionales. A la vez, les comunica con placer que tiene preparado un surtido de 200.000 kilos de galletas para abastecer el mercado madrileño y que la producción total de su fábrica se cifra en 18 toneladas diarias. Iniciamos un servicio desde Bilbao de cuatro camiones semanales. ¡Arriba España!

Tras la dispersión de la guerra, los frailes de la Merced regresan a su convento de Jaén. No están todos: a cuatro los asesinaron los rojos en la aciaga jornada en que asaltaron la comunidad; de los siete que escaparon con vida, uno se volvió loco y ahora está recogido en un asilo de Guadalajara; otro sucumbió al mundo, al demonio y a la carne y cambió de estado por una viuda de Betanzos de potentes muslos y una mano divina para el bacalao al pilpil. Los cinco restantes han regresado al convento dispuestos a reanudar la vida comunal. La primera impresión es desoladora. Encuentran el edificio saqueado, las ventanas rotas, las puertas reventadas, los altares profanados, las estancias convertidas en un estercolero. Llegada la hora de la primera cena comunal lo único que han podido rescatar del utillaje de la cocina es un viejo puchero en el que preparan un reparador cocido con un hueso rancio, unas berzas y dos puñados de garbanzos.

—No tenemos ni platos —observa compungido fray Bartolomé, el más joven.

—¡Dios provee! —responde el abad—. Cucharada y paso atrás, como los labradores.

Por turno, van introduciendo las cucharas en la olla comunal. Cada comensal intenta capturar los garbanzos que sobrenadan el caldo, lo que lo obliga a realizar extraños virajes con la cuchara. Al final, el abad se impacienta.

—¡A ver, fray Bartolomé —le ordena—: apaga el candil, comamos a oscuras, y el que atrape un garbanzo que sea por la voluntad del Señor!

Durante la guerra se ha pasado hambre en la zona republicana y solamente escasez en la nacional. La reunificación de las dos zonas homogeneiza el hambre y la extiende a todo el país, especialmente a las zonas desfavorecidas. En vista de que los problemas de abastecimiento aumentan, el Gobierno raciona los alimentos de primera necesidad.[84]

Los productos racionados son: carne, tocino, huevos, mantequilla, queso, bacalao, jureles, aceite, arroz, garbanzos, alubias, lentejas, patatas, boniatos, pasta para sopa, puré, azúcar, chocolate, turrón, café, galletas y pan. Son de venta libre: leche, pescado corriente, mariscos, fruta fresca, frutos secos, hortalizas, ensaladas, condimentos, malta y achicoria.

Una oficina estatal, la Comisaría de Abastecimientos y Transportes (1939), administra los víveres racionados y vela por su correcta distribución geográfica, mientras que la Fiscalía de Tasas (1940) evita que se produzcan acaparamientos o irregularidades.

Se establecen tres clases de cartillas de racionamiento, adecuadas a los ingresos del titular: categoría primera, para personas aco-

84. El 14 de mayo de 1939.

modadas que disfrutan de un elevado nivel de renta; segunda para las clases medias y tercera para personas económicamente débiles.

Clasificadas las solicitudes, la Comisaría de Abastecimientos expresa su perplejidad: «Al término de las operaciones estadísticas referidas a las cartillas de racionamiento, se da el sorprendente resultado de que solamente aparecen inscritas en primera y segunda categorías un número muy reducido de cartillas.»

—La picaresca española —comenta el Chato Puertas, al leer la noticia, y le guiña el ojo a su compadre, Nemesio Lañador, un chatarrero de Madrid amigo suyo.

Nemesio Lañador, amigo y socio del Chato Puertas, con sus dos hermanas. Madrid, 1946.

Ellos, estraperlistas que se están haciendo de oro, también son titulares de tarjetas de tercera, y figuran ante la fiscalía como pobres de solemnidad.

Los camiones y los almacenes los tienen registrados a nombre de una serie de humildes testaferros a los que contentan con una propinilla mensual.

Teófilo González y su amigo Ambrosio Cepacillo Nerva madrugan para dirigirse al Hogar de Falange, donde funcionarios de la Comisaría de Abastecimientos y Transportes van a distribuir las cartillas de racionamiento. Llegan a las seis y media de la mañana y encuentran ya una cola que le da la vuelta a la manzana.

—Sí que madrugan ustedes —comenta Ambrosio al último de la cola.

—Como que mucha gente se vino anoche, con una manta.

El reparto comenzará a las nueve. De vez en cuando, recorre la acera un vendedor con una cesta al brazo que ofrece majoletas a perra chica el cartucho. La majoleta es un fruto silvestre, de matorral serrano, semejante a un guisante, pero de color rojo (perdón, he querido decir «encarnado»). Se compone de hueso y hollejo, con una peliculita de insípida pulpa en medio. No es que alimente, pero entretiene. Si uno compra un real, le llenan los bolsillos y le regalan un canuto de caña para soplar los huesos a modo de cerbatana, apuntando a las orejas o al cogote del prójimo, especialmente en cines y aglomeraciones. Muy gracioso.

Cuando faltan unos minutos para las nueve, un ujier tuerto (o Caballero Mutilado) recorre la cola advirtiendo que para tener derecho a la cartilla de racionamiento, es indispensable la presentación de la cédula personal (antecedente del DNI) del cabeza de familia.

—Pues yo no la tengo —protesta uno de los afectados—, pero tengo que comer todos los días, como cualquier criatura.

—Usted verá —le responde el cíclope—. Yo, de usted, iba a solicitarla al ayuntamiento.

—Pero entonces pierdo la vez.

—Para lo que hay que hacer...

Pasan lentas las horas. A las dos de la tarde les toca el turno a Teófilo y a Ambrosio. Ingresan en la oficina y hacen el saludo fascista, al tiempo que gritan:

—¡Arriba España!

El funcionario que está sentado detrás del escritorio los ignora. Está escribiendo con esmerada caligrafía en un folio timbrado. La estancia, espartanamente amueblada con una mesa de despacho, una silla y un armario, está presidida por un Cristo crucificado, flanqueado por los retratos de Franco y José Antonio. Una bandera de Falange, sostenida por un grueso ejemplar de las *Obras completas* de José Antonio, pende de una estantería vacía.

El funcionario dobla el folio, lo mete en un sobre, lo cierra y lo guarda en un cajón. Después, observa a los intrusos. Es un hombre joven de camisa azul y fino bigotito recortado, el pelo repeinado hacia atrás con brillantina. Hace un gesto perentorio con la mano.

—¡A ver, papeles!

Examina displicente las cédulas personales.

—Tú no eres el cabeza de familia —señala a Teófilo—. ¿Por qué no ha venido tu padre?

Titubea Teófilo.

—Es que está en la cárcel —responde con un hilo de voz.

El funcionario se engalla.

—¡Vaya hombre, los rojos aprovechándose de la generosidad de la *Nueva España*!

—Yo no soy rojo, camarada —protesta débilmente Teófilo—. Bien que me avergüenzo de mi padre.

Al decir eso siente que las orejas le arden.

El falangista lo observa. Sonríe cínico debajo del bigotito. Después de un momento de duda, escribe el nombre del titular en la cartilla y la sella enérgicamente con un tampón azul.

—¡Listo! ¡El siguiente! —dice arrojándola sobre la mesa.

El siguiente trámite es sellar la cartilla en los cuatro comercios habilitados para la venta de ultramarinos, pan, jabón y aceite, pero antes hay que pasarse por el estanco y adjuntarle una póliza con el retrato de José Antonio, sin la cual la cartilla no es válida.

Las sirvientas disponen de su propia cartilla, previa presentación de cédula personal o de documento firmado por el cabeza de familia de la casa donde sirven.

Las cartillas de racionamiento, primero familiares, luego individuales (para evitar la picaresca que incluía en el lote a los familiares difuntos), perdurarán hasta 1952.[85]

Cartilla de racionamiento.

En 1940, la ración semanal de una persona es de 300 gramos de azúcar, un cuarto de litro de aceite, 400 gramos de garbanzos y un huevo. Cada semana la prensa y la radio publican la composición del lote que se va a repartir. Algunas veces se añade a la ración 100 gramos de carne; otras, dos huevos.

El racionamiento no soluciona los problemas. La obsesión de la autoridad por intervenirlo y controlarlo todo resulta contraproducente. En algunas regiones se padece hambruna.

Las cartillas otorgan la misma cantidad de aceite de oliva en el Sur y Levante, donde el aceite forma parte de la dieta tradicional, que en el Cantábrico, donde se suele cocinar con manteca. Algo parecido ocurre con las trabas oficiales a la libre circulación de los productos. En 1940 la cosecha de patatas en Galicia es tan abundante que sólo se paga a 20 o 30 céntimos el kilo, por lo que

85. La cartilla individual se impone por Decreto del 6 de abril de 1943.

muchos agricultores alimentan con patatas a los cerdos. Mientras tanto, en Madrid la patata escasea y se paga a 1,30 pesetas el kilo.[86]

Los pobres recurren a los guisos de castaña, a la bellota molida, a los potajes de trigo, a los altramuces, a las chufas, a las jerugas de las habas, a las gachas negras de harina de algarroba, al pan de maíz. Se idean recetas novedosas: la ensalada de collejas, el revuelto de cardillos, el arroz de liebre al felino doméstico, el choto con ajos al can, el salchichón a la vetusta acémila, el cochinillo a la triquina... Los que pueden crían en un jaulón gallinas y conejos. Las adulteraciones están a la orden del día: los perros y gatos vagabundos se habilitan como carne de choto o de liebre. Una carnicería sevillana lleva expedidos más de dieciocho mil gatos. Cierta acreditada industria lechera santanderina añade rutinariamente más de quinientos litros de agua diarios a la leche que sirve a su distinguida clientela. Peccata minuta comparado con lo que ocurre en Madrid, donde la leche y el vino se bautizan y rebautizan a lo largo de la escala de intermediarios entre el productor y el consumidor: cada día entran en la ciudad 200.000 litros de leche y sin embargo se consumen oficialmente más de 400.000, es decir la leche contiene un 40 por ciento de agua. Los que quieren beber leche sin hidratar pueden adquirirla a un precio superior al habitual en ciertas vaquerías que la ordeñan en presencia del cliente.

Triunfan los guisos de arroz partido con ajo rehogado y laurel, conocidos como «arroz de Franco» o «arroz por cojones»; las «patatas a lo pobre» (patatas, laurel, pimiento, tomate y colorante), que admiten una variante simplificada, las «patatas al Avión» cuando se trata de patatas hervidas con laurel y la indispensable papelina de colorante marca El Avión. A falta de otra cosa, se hacen guisados de vaina de haba y sopas de peladuras de patata con un poco de tocino rancio que les presta sustancia.

Las amas de casa tratan de suplir la penuria con ingenio. El cocinero Ignasi Domènech había impreso, en 1938, un libro *Cocina de recursos,* en el que ofrecía ingeniosas recetas para tiempos de escasez, entre ellas calamares fritos sin calamares, cardillos borri-

86. Martí Gómez, José, *La España del estraperlo*, Planeta, Barcelona, p. 81.

queros a la madrileña y, la más meritoria de todas, tortilla de patatas sin huevo y sin patatas.[87]

Las clases desfavorecidas acuden a las expendedurías de «carne de caballo» (denominación que encubre frecuentemente la de burros matalones y mulos desechados). Parte de esta carne, y no siempre los mejores bocados, alcanza al siguiente nivel de la escala social, el de las clases medias, que prefieren no averiguar de qué está hecho el salchichón cuando algún vendedor ambulante se les acerca en los alrededores del mercado y les susurra:

—Tengo embutidos recién llegados de la sierra, caballero; son de pueblo, señora: de toda confianza.

Cervecería Alemana, plaza de Santa Ana, 6. Donde se expende la mejor cerveza. Especialidad en mariscos. Saluda Franco y a su Glorioso Ejército. ¡Arriba España!

Un informe de la Dirección General de Sanidad sobre la alimentación de la población madrileña entre los años 1941 y 1943, clasifica a las familias en cuatro categorías. La primera, con unos ingresos mensuales inferiores a 200 pesetas, sólo alcanza un 57 por ciento de las necesidades calóricas mínimas. La cuarta, con unos ingresos que oscilan entre 600 y 1000 pesetas, cubre el 80 por ciento de sus necesidades calóricas. No obstante, el informe precisa que las 850 pesetas mensuales «no las reúnen la mayoría de las familias españolas» y que «en el campo, aunque los ingresos sean menores, la facilidad para adquirir productos alimenticios es mucho mayor».

87. Las patatas se sustituyen por lascas de esa capa blanca y esponjosa que tienen (o tenían) las naranjas entre la cáscara y los gajos. Se arranca esta capa con cuidado y cuando se tiene un plato lleno se pone en remojo durante unas horas. El sucedáneo de los huevos se consigue con unas gotas de aceite, cuatro cucharadas de harina, diez de agua, una de bicarbonato, una pulgarada de pimienta molida, sal al gusto y una pizca de colorante artificial que aporta el tono de la yema. Se bate todo hasta convertirlo en una crema bastante líquida, similar a los huevos batidos. Ahora se le añaden las peladuras de naranja convenientemente escurridas y pochadas, se mezcla y se cocina en la sartén como una tortilla de patatas.

De hecho, en los primeros años cuarenta se produce una constante emigración de la ciudad al campo, donde se pasa menos hambre porque los hambrientos se comen el paisaje y siempre les queda el

Un camión de Auxilio Social reparte alimentos entre familias necesitadas.

recurso de robar un par de melones o unos puñados de espigas, aunque si la Guardia Civil los sorprende pueden acabar en el cuartelillo, donde recibirán una sesión de vergajo.[88]

Algunas familias componen una comida mediana saltándose otra, generalmente el almuerzo.

—Tomábamos el café por la mañana —recuerda un testigo— y ya nada hasta la noche, a la vuelta de trabajo, unas papas fritas con tomate, un arroz, un gazpacho, una ensalada o una sardina arenque estrujada entre la puerta y su marco.

—A veces sólo había un trocito de pan de maíz —evocaba el humorista José Luis Coll—, y lo mojabas en un huevo frito y en vez de comerlo lo chupabas, para que durase más.

El hambre aflige a los humildes. En octubre de 1939, Auxilio Social, la organización fundada por el Nuevo Estado para socorrer a los más desfavorecidos, atiende diariamente a más de un millón de personas. Muchos niños hambrientos acuden a plúmbeas cate-

88. No siempre. En cierta comarca andaluza hubo un guardia que castigaba al ladrón extrayéndole un diente o una muela, en vivo, con ayuda de unos alicates que siempre llevaba consigo. Otro esquilaba media cabeza y afeitaba medio bigote al detenido, y de esa guisa lo dejaba en libertad.

quesis de conventos y parroquias para acceder al desayuno con que los obsequian después de la sesión.

En los suburbios de las grandes ciudades no muere más gente de inanición porque algunas instituciones de caridad, singularmente las Hermanitas de la Cruz, reintroducen la sopa boba y ofrecen a los hambrientos lo poco que tienen.

La Marquesina. Tetuán, 16. Tremendos bocadillos de jamón. Gran Marquesina, series 1 y 2. ¡A desquitarse!

En muchas cocinas reaparecen molinos neolíticos (dos ruedas de piedra acoplables, la inferior, fija; la superior, giratoria), para moler el poco cereal disponible y fabricar una harina basta que se hierve en forma de guiso o se panifica. En la localidad jienense de Fuerte del Rey, el alcalde y jefe local del Movimiento que, al propio tiempo, es el único fabricante de harinas de la localidad, camarada Camilo Arroyo, requisa los molinos particulares que compiten con su industria y como medida disuasoria pavimenta con ellos una céntrica calle.

En contraste con la cocina de subsistencia de los pobres, la clase media que puede recurrir al estraperlo se desayuna con café migado con pan o picatostes, y almuerza y cena potajes, pucheros, cocidos y patatas guisadas, a menudo, cierto es, administrando juiciosamente lo poco que hay, e ingeniando aplicaciones culinarias para reciclar los residuos alimenticios más peregrinos: las tostadas del desayuno untadas con la pringue que queda en el fondo de la orza de los chorizos; el aceite de freír pescado, ya sobradamente reutilizado, como salsa de un plato de huevos revueltos aromatizados con un chorrito de vinagre; los mendrugos de pan convertidos en rebanadas que se tuestan y reservan para sopa.

Los campesinos consumen galápagos, culebras, lagartos, mochuelos y aves en general («Todo lo que vuela, cae en la cazuela») además de caracoles y ranas que, de este heterogéneo grupo, son los únicos que han merecido figurar a veces en la mesa de los señores.

En los pueblos, abnegadas cocineras idean extrañas mezclas de ajo, laurel y tomillo para disimular los sabores extraños de las puntas de ortiga cocidas y otras hierbas que hacen pasar por espinacas. Los hambrientos se arriesgan a experimentar culinariamente con plantas que nunca antes han comido: alcachofas borriqueras, cardenchas, el llamado pan de pobre (un tallo correoso al que los más imaginativos encuentran un cierto retrogusto a rábano) y otras hierbas que a veces resultan venenosas.

En la ciudad, la situación de los más humildes empeora. Los recursos son tan limitados que se ven obligados a hurgar en las basuras en busca de mondaduras de patata, de hojas mustias de lechuga, de pingajos de carne, de lo poquito que sobra en un país sin sobras. «Muchas personas comen cáscaras de naranja, de habas, de patatas, las flores blancas de las acacias, los panecitos de las malvas, las mazorcas, las espigas de trigo, cardillos, piñones... cualquier cosa que se busque en el campo [...] Alguna gente se dedicaba al estraperlo. Iban a Algeciras y compraban unos terrones que eran como de azúcar, los rallaban y luego los vendían. Como no había azúcar, le echaban caramelo y ozozuz al café de cebada.»[89]

Ni siquiera hay combustible. En algunos lugares se guisa con boñiga de vaca seca y compactada, como los parias de la India.

La salud pública se resiente. Las almortas o guijas, una especie de judía basta, producen lo que el pueblo llama «la calambre», una extraña parálisis en las piernas que primero obliga a los afectados a caminar de puntillas y, en su fase terminal, les produce espasmódicos temblores, una paraplejia denominada «latirismo mediterráneo», de la que casi se había perdido la memoria en Europa. A los calambres musculares y a las afecciones hepáticas suceden fatalmente los vientres hinchados y las enfermedades contagiosas: tuberculosis, difteria, tifus.[90]

En 1940, 100.000 niños mueren antes de cumplir un año de vida. En algunas provincias especialmente deprimidas la mortalidad infantil alcanza el 35 por ciento en 1942.

89. *Nosotros. Historias de mujeres del Polígono Sur*, Centro de adultos del Polígono Sur, Sevilla, 1999, p. 49.

90. El Gobierno prohibirá la ingestión de almortas por Decreto del 15 de enero de 1944.

CAPÍTULO 9

El estraperlo

Al Chato Puertas le va muy bien con la chatarra, pero amplía el negocio con la compra de neumáticos usados, que revende después de recauchutarlos. El recauchutado es negocio próspero, ya que los automóviles andan casi peor calzados que las personas, a causa de la escasez de materias primas.[91] Cuando uno viaja por las carreteras españolas, llenas de baches descarnados, no se libra de reparar dos o tres pinchazos en un trayecto de 100 kilómetros. A este efecto, el mecánico que acompaña al conductor lleva una caja de herramientas con los trebejos necesarios para cambiar la rueda o arreglar el desperfecto.

A los pocos meses de terminada la guerra, el Chato Puertas ya es dueño de una flota de camiones, material sobrante del Ejército, con los que transporta a Madrid el cobre y el plomo que clasifica en su depósito. Su colega, Nemesio Lañador le propone redondear el negocio con una nueva actividad.

—Metes debajo de la carga un par de bidones de aceite y yo te devuelvo el camión con sacos de *porla*[92] y, debajo, unas cuantas cajas de azúcar y jabón.

91. Una orden del primero de abril de 1944 obliga bajo graves penas a los propietarios de vehículos a recauchutar los neumáticos antes de que la lona quede al descubierto. La velocidad queda limitada a 70 kilómetros por hora para los coches y 40 para los camiones.

92. Así se denomina al cemento en ambientes menos cultos. La palabra deriva de la marca comercial Portland.

En una primera operación, el Chato Puertas envía cuatro bidones de aceite de 200 kilos y recibe el equivalente en azúcar y jabón verde. Lo ofrece en los bares de los pueblos y en las ventas de la carretera Madrid-Cádiz y se lo quitan de las manos a buen precio. El kilo de azúcar, cuyo importe de tasa no llega a 2 pesetas, se paga en las trastiendas a 20 pesetas; el aceite, que no llega a 4 pesetas el litro a precio de tasa, llega a pagarse a 30 en el mercado negro. En el siguiente viaje, el Chato Puertas añade a la mercancía una saca de pan blanco. La pieza de kilo se vende a 5 duros, el salario de tres días de trabajo.

—El negocio de la chatarra está bien —advierte el Chato Puertas a su mujer—, pero el de vender bajo mano artículos de tasa está todavía mejor. Ahí es donde está el porvenir.

—Si tú lo dices —comenta ella.

La mujer del Chato Puertas, Salvadora Corral Almeja, no se inmiscuye en nada porque el Chato tiene un mal pronto cuando se le lleva la contraria y alguna vez le ha zurrado. A ella le basta con que le traiga dinerito fresco a casa.

Doña Salvadora Corral Almeja, esposa del Chato Puertas, luce su primer abrigo de pieles, expresión de la prosperidad familiar, en el bautizo de un sobrino. Barrio del Zaidín. Granada, 1950.

Salvadora era hija de la dueña de la pensión La Higiénica Tolosina, de Granada, donde el Chato paraba durante la guerra. La dejó embarazada y doña Esperanza, la madre, fue al coronel del regimiento del Chato con el cuento lacrimoso de que «soy la pobre viuda desamparada de un suboficial muerto en África». La muy ladina consiguió que el coronel lo llamara al orden y lo obligara a casarse con la Salvadora. Ahora se alegra porque el Chato Puertas es un padrazo y quiere con locura al fruto de su pecado, Alfonsina.

El Chato Puertas se enriquecerá trapicheando con artículos racionados en el mercado negro, que en España se llama «estraperlo». La Comisaría de Abastecimientos tiene a una legión de inspectores detrás de la pista de los estraperlistas, pero los funcionarios están tan mal pagados que sobornarlos es la cosa más fácil del mundo.

Cada camión de aceite que se mueve en el mercado nacional lleva consigo una guía en la que se especifica el contenido de la carga, el origen, el destino y el itinerario a seguir. A veces, cuando el cargamento es especialmente importante, lo acompaña un inspector de la Fiscalía de Tasas. El inspector recibe el soborno de una cántara de aceite y hace la vista gorda cuando parte de la carga deriva al mercado negro.

En los accesos de pueblos y ciudades se instalan fielatos para reprimir el estraperlo y cobrar la tasa municipal que debe satisfacer cualquier producto de consumo introducido en el núcleo urbano. Los estraperlistas los burlan con mil procedimientos ingeniosos: depósitos de hojalata en forma de chaleco, adaptables al cuerpo de un portador flaco, garrafas de aceite con una porción de vino en el gollete por si la autoridad las inspecciona, solomillos sujetos alrededor de la cintura de una falsa embarazada, ristras de chorizos colgando de un liguero...

En la prensa se insertan notas y avisos del gobernador civil:

1. «Prohíbo terminantemente la formación de colas con pretexto de adquisición de azúcar.»

2. «Caso de que las mismas se formen serán disueltas por las Fuerzas y los colistas serán sancionados o ingresados en prisión.»

3. «Los acaparamientos o demandas infundadas de azúcar serán perseguidos y sancionados con la máxima energía.»

Los lectores no comienzan los periódicos por las esquelas mortuorias o por las páginas deportivas sino por el aviso de Abastecimientos:

«Se pone en conocimiento del público en general que el próximo día 24 podrá retirar de sus establecimientos habituales los artículos que a continuación se detallan: un cuarto de litro de aceite por ración al precio de 3,80 pesetas litro contra cupón número 17 y 200 gramos de arroz por ración al precio de 1,40 pesetas kilo, contra cupón número 18.»

Una lata de aceite disimulada dentro de una pila de revistas, uno de los trucos usados por los estraperlistas para introducir sus productos de matute en las ciudades.

Inevitablemente surgen los acaparadores, almacenistas que compran las existencias, algunas veces visitando al campesino o ganadero que las produce, para luego retenerlas hasta provocar un aumento de precios.

En la prensa se publican los nombres de los acaparadores procesados.

Bajo el epígrafe «Intolerables abusos» leemos:

«No pasa día sin que las Juntas Provinciales de Abastos y Transportes tengan que sancionar el desenfrenado apetito mercantilista de algunos industriales tan enemigos del Movimiento Nacional como aquellos otros, que agitando la bandera del marxismo, llevaron a nuestra Patria a los extremos tan recientemente sufridos.

»Ni la vergüenza de ver sus nombres en las listas que se dan a la publicidad, ni las dimensiones del problema que en el seno de las ciudades crean, ni las sanciones que se ven en la necesidad de sufrir, moderan la avaricia insólita de esos mercaderes que juegan a su capricho con los precios de los productos y la economía de los hogares, sin otra aspiración que enriquecerse de la manera que sea a costa de todos y de todo.

»Es hora de poner mano dura sobre esta gente para quienes, por lo visto, la guerra la ha mantenido España para que ellos viesen aumentadas sus fortunas, explotando el magno esfuerzo de todos los españoles nobles que dieron su sangre por salvar a la Patria.

«Y es hora también de que los explotados por esos individuos sin conciencia se decidan a denunciar los casos abusivos de que sean conocedores, porque silenciarlos significa tanto como cooperar con ellos a la labor antipatriótica y ruin que desarrollan.»

No todos los estraperlistas son acaparadores. También los hay modestos, en realidad la inmensa mayoría de los españoles, que estraperlan a título particular, para mejorar la dieta de la familia. En plazas y mercados estos trapicheos están a la orden del día. Si consigues un pan puedes cambiar medio por una lata de sardinas o dos chorizos. Si te atrapan los agentes con las manos en la masa te requisan el género y te meten dos semanas de arresto, la «quincena». El humorista José Luis Coll recordaba un viaje en carro, que duró tres días, con dos tías suyas, a un pueblo distante 90 kilómetros de Cuenca, para recoger cinco o seis litros de aceite.

¡EN 5 MINUTOS y sin huevos! Se hacen los más exquisitos postres con Cremadita (fanes, cremas, natillas, helados, pudines) 40 céntimos el sobre. Ración para cuatro personas. Venta de ultramarinos.

En Madrid las ruinas de la guerra casi han desaparecido. La capital de la nación se ve mucho más limpia que hace unos meses, con profusión de banderas en los edificios oficiales.

Diego Medina Jódar ha tenido una jornada de trabajo muy intensa en su despacho de Abastecimientos y Transportes. Ha telefo-

Don Diego Medina Jódar, empleado de abastecimientos y transportes que invitaba a vermú y callos con chorizo a la vicetiple Puri Mollar Pasiego.

neado al camarada José Ramón Rivas Bedmar y le ha propuesto ir a ver a Celia Gámez, que actúa en el Eslava.

Se citan en la glorieta de Atocha, en el bar El Brillante, que sirve unos excelentes bocadillos de calamares.

Los espectáculos de cabaret que sobrevivieron a la contienda se han reconvertido en respetables compañías de revistas.[93] Han modificado radicalmente sus contenidos, aquella sal gorda basada en chistes y equívocos sexuales que, antes de la guerra, hacía las delicias de un público mayoritariamente masculino. Ahora, los libretos son más finos, aptos incluso para los castos oídos de las señoras que acompañan a sus maridos a la revista. El vestuario también se ha adaptado a las exigencias de la moda episcopal. Celia Gámez viste a sus chicas, les cubre el ombligo, les lava la roña del calcañar y les rasura los bigotes de la entrepierna. Las veinte hermosas vicetiples, veinte; abandonan la tradición sicalíptica y verderona para encuadrarse en el recato exigido por los nuevos tiempos. Celia compensa la merma de carne adornando sabiamente el plato con guarnición de plumas y lentejuelas; también es cierto que los espa-

93. Las revistas de postín estaban domiciliadas en Madrid y Barcelona y hacían alguna ocasional gira por capitales de provincia. En los pueblos había que conformarse con modestas compañías de varietés, un baúl por todo *atrezzo*, mediocre cantante vocalista, patética pareja de baile español, rapsoda marica, tristes payasos y media docena de emputecidas vicetiples de dispares prendas, entre las que, junto a la escurrida quinceañera hija del chófer del camión, se alineaban dos celulíticas cincuentonas concuñadas del electricista que entrambas pesarían de veinte arrobas.

ñoles se conforman ya con menos carne, y han aprendido a saborear la poca que se les concede.

No obstante, todavía se pueden admirar los espléndidos muslos de Celia Gámez, aunque enfundados en una especie de trajecito infantil lleno de cintas y volantitos mientras entona, con voz voluntariosa y poca, el patriótico chotis *Ya hemos* pasao, réplica chulesca al lema de la defensa republicana de Madrid *No pasarán.*[94]

I

Era en aquel Madrid / de hace dos años / donde mandaban Prieto y don Lenín / era en aquel Madrid de la cochambre / de Largo Caballero y don Negrín.

Era en aquel Madrid de milicianos / de hoces y martillos y sóviets. / Era en aquel Madrid de puño en alto / donde gritaban todos a la vez.

¡No pasarán, / decían los marxistas / ¡No pasarán! / gritaban por las calles / ¡No pasarán! / se oía a todas horas / por plazas y plazuelas / con voces miserables / ¡No pasarán!

¡No pasarán! / la burla fue y el reto. / ¡No pasarán! / pasquín de las paredes. / ¡No pasarán! / gritaban por el micro / chillaban en la prensa / y en todos los papeles. / ¡ No pasarán!

II

Este Madrid es hoy de yugo y flechas / es sonriente, alegre y juvenil / este Madrid es hoy de brazo en alto / con signos de facheza como abril.

Este Madrid es hoy de la Falange / siempre garboso y lleno de su fe. / A este Madrid que cree en la Paloma / hoy que ya es libre, así le cantaré.

¡Ya hemos pasao! */ decimos los facciosos / ¡Ya hemos* pasao! */ gritamos los rebeldes / ¡Ya hemos* pasao! */ y estamos en El Prado / mirando frente a frente / a la* señá *Cibeles.*

¡Ya hemos pasao! */ y estamos en la Cava / ¡Ya hemos pasao! con*

94. La *vedette* tenía sus razones para odiar a los rojos: le habían incautado su piso madrileño y sustraído sus pieles y sus joyas.

alma y corazón / ¡Ya hemos pasao! */ y estamos esperando / pa ver caer la bola / de la Gobernación / ¡Ya hemos pasao!*

¡Ya hemos pasao! *decimos los facciosos / ¡Ya hemos* pasao! *gritamos los rebeldes / ¡Ya hemos* pasao! *¡No pasarán!*

¡Jajajaja!

Terminado el espectáculo, Diego se despide de su amigo y camarada y acude a la salida de las artistas, en la calleja trasera del teatro, donde está citado con Puri Mollar Pasiego, una guapa vicetiple de la compañía de La Latina a la que invita, en el cercano Colmado de las Victorias, a un vermú y a un bocadillo de anchoas, que la chica devora con apetito mientras él la contempla extasiado.

—¡Tenía un hambre...! —se justifica Puri, que no ha ingerido nada desde el desayuno.

—Yo tengo hambre de ti —murmura él mientras avanza una mano y acaricia el brazo femenino, después de asegurarse, con una mirada fugaz, de que nadie los observa.

La antigua vicetiple Puri Mollar Pasiego hacia 1955, cuando era vocalista de la orquesta Suspiros del Caribe, de gran éxito en las ferias de los pueblos.

Las chicas de la revista tienen fama de fáciles. El espectáculo es el último reducto que queda, consentido a regañadientes, después del repliegue de la mujer de los espacios públicos impuesto por la *Nueva España*. A Puri, en realidad, le gustaría encontrar un hombre que la llevara al altar, o que, por lo menos, le pusiera un piso y la retirara de las dos funciones diarias por las que cobra una miseria que apenas le alcanza para pagar la pensión donde vive.

Las mejores medias, Hebra Plata y Hebra Oro. Venta exclusiva en mercería El Hilo, plaza de José Antonio, 6, Badajoz.

En 1941 llega a Barcelona un muchacho alto y fornido que procede de El Pedroso, un pueblecito de la sierra de Sevilla. Ha sido legionario en la guerra y ha trabajado como *boy* o bailarín del conjunto de Celia Gámez. El muchacho, más listo que el hambre, se gana la vida en lo que sale, pero principalmente haciendo de intermediario entre los que quieren vender y los que quieren comprar. Cada mañana se sienta en un café, examina las páginas de anuncios del periódico, y cuando una oferta coincide con una demanda interviene, compra, vende y se gana unas pesetas. En el tiempo libre va a los frontones, frecuenta una peña en el bar Velódromo y ve jugar al Español, del que se ha hecho seguidor, atraído por su condición de equipo más débil. Al poco tiempo un empleo estable en la Pirelli le permite dejar lo de los anuncios y le aporta cierta estabilidad económica.

CAPÍTULO 10

Esposa sumisa, abnegada madre

La tradicional cultura machista del país, algo mitigada durante la República por las disposiciones gubernativas favorables a la mujer, vuelve por sus fueros con más fuerza que nunca. El hombre es músculo y cerebro; la mujer, vagina y matriz:

—La mujer es el ángel del hogar —predica don Próculo en sus homilías—. Su lugar está en la casa, consagrada al cuidado del marido y de los hijos. Alejémonos de las abominables novelerías extranjeristas que aprendéis en el cine, ese corruptor de la sociedad. ¡El hombre debe ocupar su lugar como rey de la casa, con los pantalones bien puestos! —dice el cura con voz y gesto enérgicos. Después de un silencio teatral, recorre con la mirada las cabezas de su rebaño y añade con voz meliflua—: La mujer, el suyo como esposa sumisa, paciente nuera y abnegada madre. Pensad, queridísimos hermanos, en el ejemplo evangélico de Marta y María: hacendosa la una, contemplativa la otra, pero ambas a dos hogareñas y nada ventaneras ni callejeras.

En la concepción cristiana y tradicional de la *Nueva España*, la mujer, que la República liberal y atea promocionó en términos de igualdad con el hombre, debe abandonar el trabajo que la independizaba y regresar al hogar para convertirse en una buena esposa y madre de familia que dé a luz y forme a las generaciones que engrandecerán a la Patria. La legislación fomenta el regreso al hogar de la mujer trabajadora, condicionando los premios de nupcialidad a que la beneficiada abandone su empleo de soltera. La nueva Ley de Ayuda Familiar determinará que la mujer casada pierda su derecho a percibir el plus familiar si trabaja fuera del hogar.[95]

Las mujeres se dividen en decentes y perdidas. La decente carece de libido y observa estrictamente las normas sociales de su grupo: frecuenta los sacramentos, viste honestamente, evita entrar sola en las cafeterías, toma asiento recatadamente, sin cruzar las piernas, y aborrece el tabaco y las bebidas alcohólicas. Las que no pueden pasar sin alcohol se fingen inapetentes o enfermas para acceder a los vinos tonificantes que se expiden en las farmacias bajo pías denominaciones, o al Agua del Carmen.

Las alegres y algo ñoñas muchachas de Sección Femenina, tan pizpiretas dentro de sus camisas azules, recorren los pueblos de España predicando la buena nueva. El puesto de la mujer vuelve a estar en el hogar, apaciguando concupiscencias masculinas, vigilando cocidos y criando a los hijos, cuantos más mejor, que la Patria los necesita. Además de atesorar estas virtudes, las mujeres deben esforzarse en ser agraciadas, como el torero Belmonte solicita en su celebrado anuncio radiofónico:

—Las tardes, con sol; los toros, bravos; las mujeres, guapas; y el coñac, Domecq.

Es desaconsejable que las muchachas cursen estudios superiores en los que son «obligadas a un trabajo mental para ellas excesivo, que roba riego sanguíneo a regiones orgánicas fundamentales para su porvenir de mujeres».[96] No obstante, si es inevitable que la chica estudie, su formación se orientará a carreras propiamente femeninas: enfermera, comadrona o maestra de escuela.

La supresión de la coeducación facilita las cosas. Las chicas de la clase obrera pueden prescindir de la escuela y dedicarse a ayudar en el hogar; las de la clase media «se doctoran en vainica y letanías»;[97]

95. En marzo de 1946.

96. Varios autores, *Vida cotidiana y canciones, España de los años 40 a los 90,* Ediciones del Prado, Madrid, 1990, vol. 1, p. 109.

97. Martín Gaite, Carmen, *Usos amorosos de la posguerra española*, Ed. Anagrama, Barcelona, 1987, p. 97.

las de la clase alta completan su formación con másteres en aporreamiento de piano con desbarate de *Para Elisa* ante las visitas de cumplido y saludo en correcto francés.

Muchachas de Sección Femenina ofrendan al Caudillo productos regionales tras una demostración sindical. 1946.

Después de los lamentables excesos de las viragos feministas peladas a lo *garçon* que tanto daño infligieron a la Patria en los turbios días de la República, la nueva mujer descubre que la femineidad consiste en mostrarse infantil y desvalida para inspirar al hombre sentimientos protectores. Esto entraña representar continuamente un papel, otro más, en una sociedad ya de por sí tan gestual y retórica.

Sucesivas campañas de moralidad en la prensa y en la radio insisten en la recuperación de los valores de la mujer española. Se cuestionan el piropo, el baile agarrado, la exhibición del cuerpo femenino en las playas. La española, cuando accede a un templo, debe vestir con recato: falda por debajo de las rodillas, medias, velo en la cabeza y mangas largas. En la calle lleva los antebrazos al aire como exige la moda del año, pero para entrar en la iglesia se cubre esa desnudez con manguitos de tela de quita y pon, ajustados con elástico como los que usan los oficinistas para evitar el deterioro de las mangas de las camisas.

En cuanto a las medias finas, las que no las tienen recurren al ingenio: se tiñen las piernas con tintura diluida o té y se dibujan con lápiz de ojos la costura que asciende por la pantorrilla.

En la enseñanza femenina se introduce la asignatura «Hogar» impartida por monitoras de la Sección Femenina. Su equivalente en los centros masculinos será «Formación del Espíritu Nacional».

Chicas de Sección Femenina en una demostración de danzas regionales hacia 1948. Van ataviadas con pololos que vedan la exhibición de los muslos.

El deporte femenino de competición, tan impulsado por la República, cede su espacio a los saludables ejercicios de gimnasia sueca, con los muslos de la joven convenientemente recatados por unos gregüescos deportivos, los «pololos».

CAPÍTULO 11

Por el imperio hacia Dios

Por mimetismo con los países del Eje, Franco, la Falange y el Ejército sueñan con reverdecer pasados laureles imperiales. Como proclama el himno del Frente de Juventudes:

... voy por rutas
imperiales
caminando hacia Dios.[98]

El *Nuevo Estado* se propone revalorizar lo español frente a la influencia extranjerizante de los años republicanos. La enseñanza de la historia pondrá de manifiesto «la pureza moral de la nacionalidad española; la categoría superior, universalista, de nuestro espíritu imperial, de la Hispanidad, defensora y misionera de la verdadera civilización, que es la Cristiandad, según concepto felicísimo de Maeztu».

En la prensa del Movimiento se enaltece el carácter español, espiritual, individualista, caballeroso, hidalgo, apasionado, pero, como

98. El nuevo imperio al que España aspira se basa en reclamaciones históricas voluntariosamente fundamentadas en textos como *Reivindicaciones españolas* (1941), obra de José María de Areilza y Fernando Castiella.

El Frente de Juventudes, imitación de las Juventudes Hitlerianas y de otras organizaciones similares de países totalitarios (Italia, Portugal) encuadra a los jóvenes entre los siete y los veintiún años en tres clases: flechas, pelayos y cadetes, dependiendo de la edad. Las chicas, por su parte, se encuadran en la Sección Femenina entre los siete y los dieciséis años.

apunta el sociólogo Amando de Miguel, «Ninguna voz se alza para señalar que la espiritualidad es disfraz para la beatería, la superstición y el egoísmo, que las virtudes son, a menudo, producto de la ignorancia; que el individualismo, las más de las veces, quiere decir insolidaridad; que la hidalguía no pasa en ciertos momentos de pobretería; la austeridad mírese a ver si no es hambre, etc.».

La alternativa española y católica a la ciencia liberal expulsada de las aulas y de los institutos de investigación será el Consejo Superior de Investigaciones Científicas, organismo de nueva creación, baluarte del integrismo episcopal y predio de Acción Católica y más tarde del Opus Dei, cuyo objetivo es «la restauración de la cristiandad de las ciencias destruida en el siglo XVIII».[99]

El nuevo régimen concede gran importancia a la propaganda y mantiene a la prensa tan controlada como sus modelos italiano y alemán. Existe una cadena de diarios falangistas dependientes de la Delegación Nacional de Prensa y Propaganda, con el diario *Arriba* a la cabeza, que abarca 35 periódicos, 45 emisoras de radio y la agencia Pyresa (casi todos procedentes de incautaciones de diarios republicanos) y otra cadena católica, con el *Ya* a la cabeza, que integra 30 diarios y la agencia Logos.

Fiebres palúdicas. Producen pronto alivio y curación Las PÍLDORAS DE LA CRUZ NEGRA. Venta en todas las farmacias.

Teófilo González lleva buscando trabajo desde que acabó la guerra. Quisiera ingresar en el ayuntamiento, de barrendero, o en Correos, de cartero, pero por ser hijo de quien es, no encuentra quien le firme el aval necesario para la Secretaría General del Movimiento. Lo de jurar «su firme adhesión a los Principios Fundamentales del Estado» no le inquieta. Es lo que acepta cualquiera con tal de situarse en el bando de los vencedores y encontrar trabajo.

Por la noche, cuando sale de la chatarrería, Teófilo se mete en

99. Se crea por decreto ley en noviembre de 1939.

la cocina del café Lion d'Or, donde friega los platos y vasos acumulados en las horas de mayor afluencia. En una talega lleva la fiambrerilla en la que recoge sobras de sopa, pieles, tripas, patas de pollo y otros gajes aprovechables con los que su madre se las ingenia para poner un plato en la mesa todos los días. En la cocina del Lion d'Or tienen la radio puesta a la espera del «parte», como se denomina al diario hablado.[100]

Mientras llegan los toques de clarín que anuncian el «parte», el padre Venancio Marcos, famoso orador religioso, diserta en las ondas sobre la identidad entre catolicismo y nación.[101]

—¡No se puede ser español sin ser católico! Por eso, queridos radioyentes, la Antiespaña derrotada en la guerra no era española, ¡qué va! era soviética y a los sujetos que la integraban no se le debieran conceder los derechos de un español. ¡Ser español es un título que hay que ganarse!

Con singular facundia, el padre Venancio Marcos revisa y comenta las noticias del día. En Madrid, la imagen de la Virgen de la Paloma, oculta durante la guerra civil, se ha trasladado a su templo en solemne procesión desde el Palacio Episcopal, con escolta de falangistas. Muchas imágenes veneradas, ocultas o enviadas al extranjero durante la guerra para salvarlas del furor iconoclasta de los rojos, regresan a sus santuarios entre grandes manifestaciones de fervor. Al obispo de Oviedo, Arce Ochotorena, le han entregado, en la frontera de Irún, la Virgen de Covadonga, que pasó en Francia la guerra civil. También han devuelto a la catedral de Jaén la sagrada reliquia del Santo Rostro de la Verónica, encontrado por la policía gala en un garaje del pueblo Villejuif de Bicetre, cerca de París, donde los marxistas habían acumulado un tesoro de objetos de oro y plata procedente de sus expolios.

Franco concede honores de general a la Virgen de Fuencisla,[102]

100. Del «parte de guerra», que las emisoras de cada bando leían diariamente durante la contienda.

101. Las prédicas radiofónicas sobre moral no le entorpecen al padre Venancio Marcos su otra faceta de acosador sexual que escribe cartas apasionadas a sus actrices favoritas.

102. El 22 de septiembre de 1941.

patrona de Segovia, en reconocimiento por la protección dispensada a las tropas nacionales durante la ofensiva republicana sobre Segovia. Informado del asunto, Hitler comenta:

—Tengo serias dudas de que de este tipo de absurdos pueda salir algo bueno. Sigo la evolución de España con mucho escepticismo y ya me he hecho a la idea de que, aunque ocasionalmente pueda visitar otro país europeo, nunca iré a España.[103]

Anuncio parroquial.

103. *Las conversaciones privadas de Hitler*, Ed. Crítica, Barcelona, 2004, p. 411.

CAPÍTULO 12

El Ausente

La escuela donde aprendimos nuestras primeras letras varias generaciones de españoles estaba presidida por un crucifijo flanqueado por sendos retratos de Franco y de José Antonio, el *Caudillo* y el *Fundador*.

Como eran retratos de cintura para arriba, a Franco «piernicorto, barrigudo, de gordo trasero y baja estatura»[104] no le hacía

Postal propagandística del fundador de Falange ya definitivamente elevado a los altares de la Patria como José Antonio a secas, sin apellido.

104. Peñafiel, Jaime, *op. cit.*, p. 74; Jiménez Caballero, Ernesto, *Retratos españoles*, Ed. Planeta, Barcelona, 1985, p. 188.

sombra José Antonio, alto y agraciado como un galán de cine, con su aureola romántica del mártir muerto a la edad de Cristo ante un pelotón de fusilamiento al que plantó cara gallardamente. José Antonio presta a Franco mejores servicios muerto que vivo.

A José Antonio, hijo, como Franco, de padre juerguista y putañero, tampoco se le conocieron líos amorosos en su corta vida, lo que, unido a su viril atractivo, contribuyó a convertirlo en el ideal platónico para cientos de doncellitas que, al término de la guerra, consagraron sus vidas a guardar ausencias al Gran Ausente, como jóvenes viudas. No exagero. Todavía quedan decenas de paleodoncellas de la Sección Femenina que mantienen la llama encendida cuando tantas lealtades más recientes se han extinguido.

Pilar Primo de Rivera, una muchacha sencilla y poco agraciada a la que las circunstancias impulsaron a profesar como vestal del culto patrio a su hermano, el Ausente.

Pilar Primo de Rivera, hermana poco agraciada de José Antonio, ofrendó su vida al ideal político de su hermano. Como una vestal falangista se consagró a la Sección Femenina del Movimiento y nunca pensó en casarse, aunque pretendientes no le faltaron. Entre los más descabellados proyectos de Ernesto Giménez Caballero figura el de cruzarla con Hitler, un buen partido, católico y de derechas, pero Goebbels, quizá para quitárselo de encima, le reveló un impedimento que desaconsejaba el enlace: el Führer era disminuido genital, es decir ciclán, o lo que es lo mismo, que le faltaba un testículo, por herida de guerra.[105]

Como sus colegas, los jefes del Eje, Franco se reserva poderes omnímodos. La Ley de Administración de 1939 le otorga toda la potestad legislativa mientras que los Estatutos modificados de Falange (FET y de las JONS)[106] concentran en su mano todas las facultades, junto con la Junta Política y la Secretaría General. El artículo 47 declara solemnemente que «El Jefe sólo responde ante Dios y ante la Historia», o sea los poderes de los antiguos reyes absolutos.

Desde los tiempos campamentales de Salamanca, el cuñado de Franco, Ramón Serrano Súñer, *el Cuñadísimo*, (casado con Zita, la hermana menor de doña Carmen Polo) se ha convertido en la mano derecha del Caudillo.[107] Serrano pone al servicio del Nuevo Estado su sólida formación jurídica, además de su encanto personal, sus dotes diplomáticas, su inteligencia y su cultura. En su afán por controlar los resortes de la creciente Falange, elimina a su más directo competidor, Raimundo Fernández Cuesta, el sucesor de José Antonio, al que envía de embajador a Río de Janeiro mientras que él retiene el Ministerio de Gobernación, y, poco después, el de Asuntos Exteriores, clave en el contexto de la segunda guerra mundial.

Serrano Súñer es una presencia constante en los medios de comunicación. Circula al respecto una coplilla:

105. A la luz del dato impresiona la tozudez del Führer: La primera guerra mundial le costó un huevo y, lejos de escarmentar, reincidió en una Segunda.

106. Promulgados el 31 de julio de 1939.

107. Ramón Serrano Súñer conoció a Zita (Ramoncita) en 1929 en Zaragoza, en casa de los Franco. Ramón era un joven, brillante y atractivo abogado del Estado, un buen partido al que las jóvenes casaderas apodaban «*Jamón* Serrano». Franco era a la sazón director de la Academia Militar de Zaragoza. Ramón y Zita se casaron en 1931, en Oviedo, con Franco de padrino y José Antonio Primo de Rivera, amigo de Ramón, como testigo del novio.

Tres cosas hay en España
que acaban con mi paciencia
el subsidio, la Falange
y el cuñao de su excelencia.

O esta saeta cantable en la noche de pasión sevillana:

Míralo por dónde viene
el Señor del Gran Poder
que antes era Jesucristo
y ahora es Serrano Súñer.

Lázaro Vilches Pérez es, a sus veintiocho años, uno de los mejores camiseros de Madrid. Tras la Victoria volvió a abrir el establecimiento familiar, camisería La Impoluta, calle General Sanjurjo, 6, bajo, y gracias a las recomendaciones de su prestigiosa clientela, entre la que se cuentan los generales Aranda y Yagüe (los dos algo barrigones y, por ende, necesitados de camisas bien cortadas), ha salvado sin novedad el expediente de depuración. Es cierto, proclama, que durante la guerra regentó una fábrica de uniformes de la República, pero lo hizo obligado por las circunstancias, para no morirse de hambre, y siempre bajo amenazas del Komintern.

Lázaro habita en un piso de alquiler que le cuesta 150 pesetas al mes y se permite pequeños lujos como ir todos los días al cine (butaca 4 pesetas; asiento de gallinero, 2) y almorzar en un restaurante modesto por 3 pesetas. Sale con Pitita Bermúdez, mecanógrafa del Ministerio de Comercio e Industria, que gana 200 pesetas al mes. Están pensando en casarse, pero no encuentran un piso medianamente decente en el que instalar el nido. Mientras tanto se ha aficionado al cupón pro ciegos, en el que invierte 10 céntimos diarios. El cupón no hace rico a nadie porque los máximos premios son de 25 pesetas, pero te mantiene la ilusión de que te toque.[108]

108. La Organización Nacional de Ciegos Españoles (ONCE) se funda en Burgos el 13 de diciembre de 1938 para ayudar a los invidentes en general y

El primer cupón pro ciegos de la ONCE despierta la ilusión de muchos españoles necesitados.

Lázaro es un hombre afortunado que se gana la vida con desahogo. Otros españoles no tienen ni para ir al cine. El único entretenimiento barato es la radio, evasión cotidiana y vehículo favorito de la propaganda del Régimen, aunque no todas las familias dispo-

El general y hombre de negocios italiano Gambara pasea con Carmencita Franco en el deportivo Balilla que acaba de regalar a la niña.

---

a los soldados ciegos en particular. El cupón comienza a venderse diariamente el 8 de mayo de 1939. Sus ingresos se destinan a «extinguir la mendicidad [...] proporcionando a cada ciego trabajo adecuado a sus aptitudes, y además se podrá pensionar a los inútiles y a los ancianos».

nen de un receptor, ni pueden afrontar el impuesto anual que grava su tenencia.[109] A veces, por la noche, varias familias se reúnen en la casa de un afortunado propietario para escuchar el programa favorito.

En las noticias de hoy el locutor (como se llama ahora al *speaker*) informa del simpático acto organizado en Burgos por el general italiano, Gambara, del CTV (Cuerpo de Tropas Voluntarias), que ha regalado a Carmencita Franco un automóvil descapotable, marca Fiat, Balilla valorado en 8.000 pesetas.[110]

109. Desde el 13 de julio de 1939 se paga 2,50 pesetas anuales por la tenencia de una radio de galena, 12 para las de lámparas y 50 si la radio está al servicio de un establecimiento público. En España había unos trescientos mil receptores en 1939, pero en 1945 se sobrepasaba el millón.

110. Gambara se ha aficionado a España y tras la guerra permanece en ella haciendo muy buenos negocios. Quizá el regalo no sea del todo desinteresado y el astuto italiano esté adorando al santo por la peana. El Fiat Balilla, en sus distintos modelos, constituye, desde su aparición en 1932, uno de los mayores logros de la industria automovilística italiana. El modelo 508 descapotable, de bella y estilizada línea, es el vehículo favorito de los jóvenes de la alta sociedad europea.

CAPÍTULO 13

La guerra mundial

El 3 de septiembre de 1939, Lázaro Vilches, al pasar por la Puerta del Sol, oye pregonar a un vendedor de periódicos: «¡La guerra en Europa! ¡Inglaterra y Francia declaran la guerra a Alemania!»

Ha empezado la segunda guerra mundial.

Un cuarentón de camisa azul y bigotito lineal ha comprado *Arriba* y comenta la noticia con la suficiencia que le otorga su calidad de excombatiente.

—En dos días, se los merienda el Führer.

—¿Quién dice usted? —acierta a preguntar el quiosquero.

El falangista lo mira, severo.

—¡El Führer de Alemania, Adolfo Hitler! ¿Quién va a ser? Los alemanes son invencibles. El ejército más poderoso del mundo. Éstos les van a meter las cabras en el corral a Inglaterra y al sursuncorda que se les ponga por delante. Y si entramos nosotros en guerra, en su ayuda, con nuestra invencible infantería, les daremos a todos pal pelo —concluye con patriótica ufanía—. ¡Que Alemania ponga las armas que nosotros pondremos la infantería y la Legión!

Los germanófilos españoles, casi todos los que ganaron la guerra, no ocultan su entusiasmo. Ahora Alemania ajustará las cuentas a esos mercaderes judeomasones.

Y España ¿qué actitud tomará? El país se mantiene expectante: ¿entramos en guerra al lado del camarada alemán o nos mantenemos al margen?

El día 4 de septiembre se aclara la [illegible] trica neutralidad, que Franco, siempre cauto, [illegible] duran[illegible] meses hasta que la sucesión de resonantes victorias alemanas [illegible] la entrada de Italia en la guerra lo anime a aproximarse aún más a l[illegible] vencedores y se declare «no beligerante».

En España los falangistas, algunos militares y la gente de derechas en general siguen con interés los avances y victorias alemanes magnificados por la eficaz propaganda de Goebbels. Incluso se alzan voces que reclaman un puesto de combate para España al lado de Hitler. «Hoy se ha puesto en pie un país joven con ánimo de luchar, de sacrificarse, de morir si es necesario, por el honor de España —escribe el prestigioso periodista Manuel Aznar—. Las exigencias son terminantes e implacables. A los guerreros sin miedo y sin tacha no se les soborna con tintineos de metal. A los jóvenes iluminados por una luz gloriosa no se les corrompe con estadísticas.»

Fajas y sostenes Araceli. Hortaleza, 68. Saluda entusiásticamente al Glorioso Ejército Nacional. ¡Viva Franco!

Confecciones Naranjo. Plaza del Gran Capitán, 6 y 8. Córdoba. Saluda al Glorioso ejército y a las milicias nacionales, así como a su distinguida clientela y amigos. ¡Arriba España!

A Teófilo González la política lo trae sin cuidado. Lo que él quiere es encontrar un empleo estable para salir de estas miserias, no pasar frío ni hambre y vivir lo mejor posible. A sus diecisiete años todavía no se ha estrenado con una mujer.

—¿Cómo puede ser eso? —le pregunta, incrédulo, el trapero Romualdo Tocinejo, uno de los suministradores de chatarra del Chato Puertas—. ¿No sabes que te puedes quedar ciego?

—¿Ciego?

—A partir de los quince años, el que no jode se queda ciego —afirma el trapero asertivo.

…los curas?

—¿Qué ingenuo eres: los curas se hartan de follar con las bea-tas. …mbre! Mira, esta noche a las ocho te recojo en la chatarrería, … te voy a llevar a El Rancho.

El Rancho es el prostíbulo más modesto de la ciudad, a las afueras, cerca de la Imora. Por no haber, no hay ni camas. Las prestaciones sexuales se ejecutan en una silla, denominada «la silla eléctrica». Cada pocos servicios la jubilan, desvencijada.

Mientras su amigo se alivia, Teófilo charla en la mesa camilla con una puta joven que está en paro forzoso porque le ha venido el tomate.

—Yo de niña, *na más* que trabajar —le dice—. Con diez años me llamaba una vecina, rica, el marido era ditero, y trabajaba doce horas por la comida, por eso ahora no quiero trabajar y estoy en esto. ¡Si yo te contara las fatigas que pasábamos en mi barrio! La gente compraba costales de trigo viejos y los teñía y de ahí se hacía la ropa, y para los abrigos, cobertores y mantas viejas. Mi madre, que era lavandera, tenía dos batas de percal, una para trabajar y otra para salir.

—¿Y estás contenta aquí?

Se encoge de hombros. Se mira las manos, los dedos cortos, las uñas remachadas de fregona.

—Peor se está trabajando *pa'* la ditera. Si me saca un hombre bueno lo voy a tener como a un marqués *toa* su vida. ¡Como un marqués!

Después de ese estreno, Teófilo González se aficiona a las putas que puede costear, las de baja estofa, las de tanto y la cama en catres sudados de pensiones infectas, palangana y pastilla de jabón Lagarto.

En los primeros años de la posguerra abundan las mujeres a las que el hambre y la miseria arroja a la mala vida. En la escala más baja están las cincuentonas, las enfermas, las celulíticas; las viejas escuálidas que lo hacen con la luz apagada para disimular los colgajos; las desamparadas a las que nadie quiso de puro feas. Muchas hacen la calle en las afueras, cerca de los cuarteles, en pensiones infames, o, si la clientela no tiene para la cama, en descampados y derribos. Cada ciudad tiene su zona de puterío lumpen.

Algunas pregonan su mercancía y la exhiben sin recato ante los mirones:

—¡A duro, señores! ¡*Mirar* qué tetas![111]

A veces se forman colas de clientes a unos pasos del desmonte o del jergoncillo donde las más solicitadas montan el tenderete al amparo de una manta cuartelera sostenida entre dos cañas.

Las putas de más humilde categoría han tenido que abaratar el producto y ajustar sus tarifas a las economías más endebles. Así han surgido las masturbadoras o pajilleras, que alivian manualmente a los aficionados que no disponen del estipendio requerido para el acto carnal completo.

Las pajilleras atienden en parques, en parajes deficientemente iluminados y en la última fila de los cines de barrio.

—¿Con música o sin? —preguntan al cliente antes de empezar la faena.

—Con —decide el cliente.

Con gesto profesional, la pajillera se inserta unos cuantos aros de cobre en la muñeca. Parece mentira lo estimulante que resulta el acompasado tintineo del cobre.

Un elevado porcentaje de prostitutas ejerce clandestinamente, sin someterse a las periódicas revisiones médicas a que están obligadas las profesionales. Las enfermedades venéreas aumentan de manera alarmante y, a menudo, afectan a santas esposas a las que ni siquiera la comunión diaria y las fervorosas novenas a Santa Nefija libran de que las contagie el marido putañero.[112]

Los médicos especializados en enfermedades de transmisión sexual (a menudo simples enfermeros sin título, pero con bata blanca) establecen sus consultas en cuartos alquilados, en las zonas de prostitución, *a pie de obra,* como quien dice. Se anuncian en porterías y a veces en grandes placas de porcelana atornilladas al balcón.

Un chiste de la época representa a un borracho que lee una de estas placas:

111. Alonso Tejada, *op. cit.*, p. 82.

112. Santa Nefija, abogada de las putas, santa medieval francesa que, según sus hagiógrafos, «daba de cabalgar en limosna».

DOCTOR PÉREZ-ESTREMOZ
SÍFILIS Y BLENORRAGIA.
DE CIEN CASOS, NOVENTA Y NUEVE CURAS.

—¡Joder, con el clero! —exclama.

Las pajilleras y las putas de baja estofa tienen sus principales clientes en los soldados. El 36,40 % de las enfermedades contraídas por la tropa son sexuales. La sífilis tiene difícil cura (hasta la llegada de la penicilina), pero la más frecuente blenorragia se remedia con lavajes. Las molestas ladillas, una especie de piojos que ocasionan picores en los genitales, se remedian afeitando y lavando la zona afectada o embadurnándola con Aceite Inglés («todos saben para lo que es») y el Blenocol («protege al hombre») pomadas antiparasitarias que se anuncian profusamente en la prensa.

A los pocos meses de iniciarse en los placeres de Venus, Teófilo González descubre una mañana que el pene le supura y le escuece. También ha aumentado de calibre, lo que no es consuelo.

—¡Purgaciones! —sentencia Romualdo Tocinejo después de examinar, sin tocarlo, el cuerpo del delito.

O sea, blenorragia. Después del trabajo lleva a su amigo a uno de esos médicos. El tratamiento es sencillo, pero doloroso: cánula inserta en el canal urinario, jeringazo de permanganato, grito en el cielo y listo, que pase el siguiente.

—¿Duele?

—¡Mucho! —acierta a decir Teófilo, con los ojos arrasados en lágrimas.

—En la cura llevas la penitencia —le dice el matasanos mientras se guarda en un cajón, bajo llave, las 8 pesetas de sus emolumentos.

CAPÍTULO 14

España se ha puesto en pie

Mientras Teófilo González lidia con sus miserias, Europa afronta las suyas. Prosigue la guerra victoriosa para el Eje. A estos alemanes es que no los frena nadie. Los italianos están menos inspirados. Ya demostraron en Guadalajara que carecen de entusiasmo para combatir en guerras ajenas. A este propósito Pepe, el de la barbería El Siglo, calle de Ramón y Cajal, 8, cuenta un chiste:

«Hitler está enfrascado con su Estado Mayor sobre los mapas de la campaña de Francia cuando un enlace le comunica la noticia:

»—¡*Mein Führer*, Italia ha entrado en la guerra!

»Hitler, distraído, responde:

»—Manden una división que ocupe Italia.

»—Pero ¡*mein Führer*, Italia está de nuestro lado, es nuestra aliada!

»—¡Ah, es verdad! —dice Hitler corrigiendo su despiste—. Entonces, ¡que manden tres divisiones!»

El tema de conversación dominante en cafés, oficinas y corrillos callejeros es la marcha de la guerra. La gente lee con avidez el periódico, y espera impaciente la hora del «parte» en la radio. Los resonantes éxitos alemanes parecen confirmar que el viento de la Historia sopla del lado de las dictaduras. Las conquistas nazis suscitan el entusiasmo delirante de los germanófilos. Los alumnos de bachillerato que tradicionalmente estudiaban francés se matriculan ahora de alemán, lo que plantea problemas a las autoridades educativas, pues no siempre se encuentra quien pueda dar clases del idioma de Goethe.

Los estrategas de café incluso llevan la cuenta, en una pizarra, de los aviones que la Luftwaffe derriba y de los barcos hundidos por los submarinos alemanes.[113]

Muñoz Grandes, ministro secretario de FET y de la JONS emite una circular que prohíbe a los entusiasmados falangistas la imitación del paso de oca, saludos, braceos y demás parafernalia nazi.[114] «No abandonemos el sobrio estilo falangista del Fundador.»

—Aparte de que el paso de la oca es más apropiado para masocas —declara Manuel Lombardo, de la Centuria de Entrevías que lo ha probado—. Después de cien pasos levantando la pierna en ángulo recto quedas baldado de agujetas en la parte trasera del muslo. Y el culo no digamos: como si te hubieran dado por ahí.

—¡Joder! Y a los alemanes, ¿no les duele?

—¡Claro que les duele, pero se joden, que para eso pertenecen a la raza superior, al *herrenwolk*!

La guerra va para largo. No es momento de relajarse sino de permanecer atento, las armas prestas, impasible el ademán, por lo que pueda venir. El Caudillo estrecha su amistad con Italia y con Alemania, y la prensa del Movimiento lo compara en términos de igualdad con el Duce y el Führer. Franco, lego en diplomacia y derecho internacional, se deja orientar por su cuñado Serrano Súñer, ferviente admirador de los fascismos europeos. El Caudillo nada a favor de la corriente, pero con astucia gallega no deja de guardar la ropa.

Inglaterra, todavía dueña del mar, expide con cuentagotas los *navicerts* o permisos de navegación necesarios para que los cargueros lleven combustible y trigo a los puertos españoles. Se trata de disuadir a Franco de toda tentación beligerante, pero, al propio

113. En *Jaén*, el diario local del Movimiento, recibe por esta causa el apodo de *trepabuques*, aún hoy vigente. Un lector que ha anotado pacientemente el tonelaje hundido por el Eje día tras día, hace la suma al término de la guerra y la cifra resultante supera con creces el tonelaje naval existente en el mundo.

114. El 25 de octubre de 1939.

tiempo, asegurarle unos suministros mínimos para que su supervivencia no dependa de la ayuda del Eje, lo que sin duda lo lanzaría a los brazos del Führer.

Aconsejado por su cuñado, Franco corteja a Hitler y a Mussolini, pero aplaza la participación de España en la guerra para cuando Inglaterra esté contra las cuerdas. De este modo podrá figurar entre los vencedores sin haberse expuesto previamente al peligro de que la flota inglesa *nos* bombardee los puertos, *nos* boicotee los suministros y hasta *nos* conquiste las Canarias.

—Como decía Felipe II —comenta Serrano—: Con todos, guerra y paz con Inglaterra.

—¿Eso decía? —inquiere Franco.

—Más o menos.

La Terraza de la Cruz del Campo. Merendero. Pintoresco lugar, uno de los mejores para pasar agradables las horas interminables. Se sirven cervezas en auténticos jarros alemanes.

Don Próculo Orbaneja recibe una circular del Obispado en la que se informa a los párrocos que «en los muros de cada parroquia figurará una inscripción que contenga los nombres de sus caídos, ya en la presente Cruzada, ya víctimas de la revolución Marxista».[115] El monumento propuesto consiste en una cruz y una lápida encabezada por el nombre de José Antonio Primo de Rivera seguido por los nombres de los difuntos locales.[116]

En una fosa común de Alicante se exhuman los restos de José

115. Decreto-ley del 16 de noviembre de 1939. El Régimen imita a Francia y otros países europeos que levantaron este tipo de memoriales tras la primera guerra mundial.

116. Excepto en Sevilla, donde el furibundo cardenal Segura, monárquico radical, enemigo de Franco, se niega a que el monumento a los Caídos se apoye en su catedral. Las autoridades locales lo emplazan en los muros del vecino alcázar.

Traslado del cadáver de José Antonio de Alicante a El Escorial,
a la luz de las antorchas, en una escenificación ritual
de inspiración nazi.

Antonio, identificados por una medalla que llevaba al cuello.[117] El Servicio de Prensa y Propaganda de la Falange propone, y el mando lo aprueba con entusiasmo, que se trasladen a El Escorial, a hombros de falangistas, atravesando los campos de la España «que el Fundador rescató de la hidra revolucionaria con su doctrina y con su sangre». Son 400 kilómetros que el solemne cortejo recorre en diez días con sus noches. La ceremonia imita la liturgia paganizante con que los nazis honran a sus muertos, hachones encendidos, desfile en orden cerrado y en silencio espectral, gritos rituales en los relevos de guardia, banderas al viento de los amaneceres... En cada término municipal, los camaradas de la comarca se hacen cargo del féretro y se disputan el honor de transportarlo.

117. La memoria de José Antonio está tan presente que ya basta con su nombre de pila para evocarlo, sin necesidad de apellidos.

En El Escorial, Franco en persona recibe [illegible][118] En su último relevo, el féretro es conducido a hombros de falangistas condecorados con la Palma de Plata y miembros de la Junta Política de Falange, Rafael Sánchez Mazas entre ellos.

José Antonio se ha convertido en un santo laico, el mártir de la Causa, al que incluso se reza: «Ruega por nosotros.» Su hermana Pilar infunde a la Sección Femenina cierto aire conventual de vírgenes vestales consagradas a la veneración del Ausente.

Hotel Madrid. Gran fiesta rociera. En los típicos patios y salones del hotel. Iluminaciones. Dos orquestas. Manubrio y clásico tamborilero. Público selecto.

118. El 2 de diciembre de 1939.

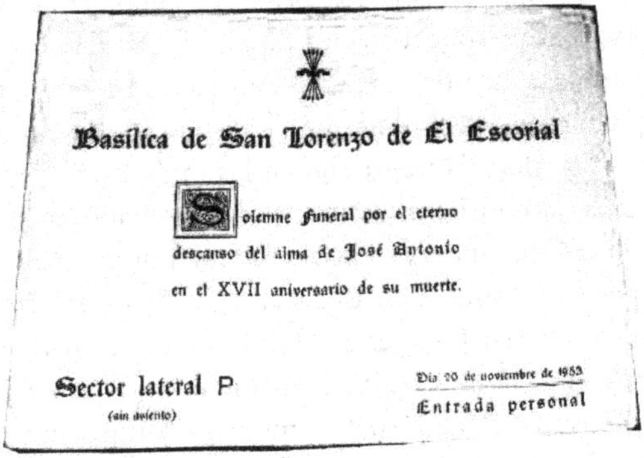
Basílica de San Lorenzo de El Escorial

Solemne Funeral por el eterno descanso del alma de José Antonio en el XVII aniversario de su muerte.

Sector lateral P
(sin asiento)

Día 20 de noviembre de 1953
Entrada personal

CAPÍTULO 15

Monseñor se mete a modisto

La Iglesia envía misioneros (jesuitas, dominicos, carmelitas, franciscanos...) a los pueblos, a las fábricas, a las cárceles y a las barriadas obreras. Hay que recristianizar a España y recuperarla de pasadas veleidades liberales. Es de buen tono, y un aval de buena conducta para las personas *desafectas*, asistir a las predicaciones de los misioneros y confesar y comulgar al término de la misión. Un equivalente a las Misiones son los ejercicios espirituales y los cursillos de cristiandad[119] que se celebran con periodicidad anual en colegios, prisiones y grandes empresas.

El Episcopado está satisfecho por la ubérrima cosecha de almas que resulta de las misiones. Sin embargo, no le faltan motivos de preocupación, especialmente en el ámbito de la moda cuya absurda tiranía tan alocadamente siguen las mujeres.

Finalizada la contienda, el trasquilado rebaño cristiano no se encuentra en condiciones de renovar la lana por mucho que se empeñen sus pastores. Ante la escasez y carestía de los tejidos, sastres y modistas reconvierten las prendas usadas, dan la vuelta a abrigos, trajes y cuellos de camisas, zurcen, recauchutan fajas de goma estalladas por el suspiro cetáceo de la jamona, y combinan prendas adquiridas a ropavejeros o rescatadas del baúl de la buhardilla. Sin proponérselo están contribuyendo a prolongar el reinado de la moda inmoral del bando derrotado, algo inaceptable en la *Nueva España*.

119. Éstos comenzaron en Mallorca el año 1949.

La moda europea que había triunfado en tiempos de la República: anchas hombreras, falda corta y vestidos entallados que resaltaban los pechos bajo la blusa planchadita de organdí (luego trovada por Jorge Sepúlveda) dejaba a la vista las rodillas y el inicio de muslo. Una provocación intolerable.

Conscientes del problema, los obispos atajan el mal con la urgencia que el caso requiere. El prelado titular de Valencia emite una pastoral en la que denuncia que el cáncer de la inmoralidad también afecta a la parte sana de España, a la cristiana, a la de los vencedores: «En ese pintoresco bosque de brazos extendidos nos hemos de encontrar, desgraciadamente con la palpitante y triste realidad de un mundo sensual.»[120] El obispo de Córdoba reclama una nueva Cruzada de modestia y austeridad «que ponga dique al desbordamiento de la frivolidad de la mujer, al ambiente de paganismo y a la procaz inmoralidad».[121] El cardenal Gomá pone la guinda con su autoridad doctrinal: «Quizá, en la historia de la indumentaria femenina no se encuentra época comparable al desenfreno de la moral actual.»[122] La moda se hace teología, como razona el arzobispo de Valladolid: «Ciertos espíritus miopes no ven la importancia que tiene la virtud de la modestia. Dicen que qué más da unos centímetros más o menos en el vestido: error gravísimo, doctrinal y práctico.»[123]

Los obispos han señalado el peligro, sus peones de briega acuden a combatirlo. El padre Ayala S. J. hierve de paternal indignación: «¡Qué modas tan indignas, tan atentatorias al pudor! ¡Pierna al aire hasta el muslo, brazos al descubierto hasta cerca del sobaco, escotes en el pecho y en la espalda, vestidos ceñidos al cuerpo de un modo inverecundo! ¡Casi van peor que desnudas!»[124]

120. Blázquez, *op. cit.*, p. 52.
121. *Ibid.*, p. 52.
122. *Ibid.*, p. 53.
123. Blázquez, *op. cit.*, p. 53.
124. Amilibia, J. M., y Yale, *El día que perdí aquello*, Sedmay Ed., Madrid, 1975, p. 88.

Pero *una cosa es predicar y otra dar trigo*. Si la moda impuesta por la judeomasónica Francia atenta contra el pudor femenino ¿A dónde acudir en busca de una alternativa válida? En los modistos españoles no cabe pensar, que están todos vendidos al galo libertino. En tan grave tesitura, los obispos se arremangan la sotana, agarran el toro por los cuernos y deciden dictar la moda personalmente. Ampliando sus tradicionales competencias, emiten pastorales en las que determinan el largo de las faldas y de las mangas que devolverá a sus feligresas la modestia y la honestidad, la decencia y el recato de los tiempos de sus abuelas.

El cardenal Pla y Deniel (1876-1968) arzobispo de Toledo y primado de España, que impulsó los sindicatos católicos para librar al obrero de las garras del socialismo y acercarlo al redil de la Iglesia.

Pla y Deniel, arzobispo de Toledo, dicta las primeras instrucciones, en su calidad de primado: «Los vestidos no deben ser tan cortos que no cubran la mayor parte de las piernas; no es tolerable que lleguen sólo a la rodilla. Es contra la modestia el escote y los hay tan atrevidos que pudieran ser gravemente pecaminosos por la deshonesta intención que revelan o por el escándalo que producen. Es contra la modestia el llevar la manga corta de manera que no cubra el brazo al menos hasta el codo. Es contra la modestia el no llevar medias. Incluso a las niñas debe llegar la falda hasta las rodillas, y las que han cumplido doce años deben llevar medias. Los niños no deben ir con los muslos desnudos.»[125]

La modestia del vestido, extensiva a la del peinado y a la actitud, se eleva al rango de virtud femenina por excelencia. La mujer decente usa faja y medias incluso en verano, no cruza jamás las piernas, encorva la espalda para disimular los pechos (hábito pernicioso que provoca problemas de columna), se tira de la falda al sentarse o extiende un pañuelo sobre las rodillas. A menudo es el celoso novio, o el ya menos celoso marido, el que provee un amplio moquero para evitar que algún insolente otee a su pareja en ese punto que él observa en las mujeres de los demás.

La ropa interior de la mujer decente es blanca o beige, sólo las perdidas la usan de otro color, negra o roja. Lo mismo cabe decir del cabello: la mujer que lo luce largo y suelto es una perdida como las de Hollywood. La decente lo lleva recogido en moño o, si lo adorna con rizos o permanente, procura esconderlo con pañuelos o bajo el velo. *Desmelenarse* o *soltarse el pelo* son expresiones inequí-

Dos señoras de buena posición, con mantilla y rosario de plata, se dirigen al templo para cumplir con sus devociones cuaresmales y lucir su cristiana elegancia en la procesión de Viernes Santo.

125. Alonso Tejada, *op. cit.*, p. 81.

vocas de *echarse a la vida*. Los púlpitos fustigan la perniciosa moda introducida por las vampiresas de los años treinta y prolongada por Verónica Lake.

Aquellas mujeres descocadas se depilaban las cejas. La española decente las luce al natural, pobladas como el bigote de un carabinero, subrayando la hondura racial de una limpia mirada. Las damas realzan sus naturales encantos con los bucles Solriza para rejuvenecer el cabello y suprimir las canas, y se rizan las pestañas con el emplaste del Instituto España, que no escuece ni pica. Los caballeros limitan su coquetería a la aplicación de brillantina y al bigotito lineal, no más ancho que la ceja de una marrana rubia, moda que perdurará hasta mediados de los años cincuenta.

CAPÍTULO 16

El amigo alemán nos visita nocturno

Cuando se preparaban para la guerra, los alemanes almacenaron 44.000 toneladas de gasóleo, 5.000 de aceite lubricante y 16.000 de víveres en las bodegas de tres mercantes, el *Bessel*, el *Thalía* y el *Corrientes*, que fondearon en los puertos de Vigo, Cádiz y Tenerife. El objetivo: abastecer a los submarinos alemanes del Atlántico cuando se declarara la guerra, evitándoles el peligroso viaje de regreso a sus bases de Alemania, y la igualmente peligrosa salida al mar abierto después de repostar.

La noche del 30 de enero de 1940, los vientos del Estrecho proyectan furiosas ráfagas de lluvia contra el ventanal del despacho del práctico del puerto de Cádiz. Baldomero Utrillo está acurrucado frente a la estufa eléctrica y lee el diario *Arriba*. Suena el teléfono. A esa hora será su cuñado Pepe, que es guarda nocturno en una bodega de Jerez y que se aburre, después de templar el estómago con medio litro de fino.

—Dime, *pisha*.

—¡Arriba España! ¿Eres el camarada Utrillo?

El práctico palidece y adopta la posición de firmes. La llamada procede de la autoridad de la Marina.

—¡Arriba España! —responde—. Utrillo al aparato.

—¿Cómo sigue la noche por ahí?

—Diluviando y más negra que los cojones de un grillo.

—Bueno. Éste es un aviso para la Instrucción Número Tres.

—Entendido, camarada.

—¡Arriba España!

—¡Arriba España!

Cuelgan. La Instrucción Número Tres consiste en enviar a casa a los empleados civiles del puerto. Alguna operación secreta está en curso y no conviene que haya más testigos que los indispensables.

A las ocho y media de la tarde el submarino alemán U-25, una cinta de acero gris que apenas sobresale del agua, con su torreta de mando y su periscopio, enfila la bocana del puerto y se sitúa al costado del *Thalía,* el mercante alemán inmovilizado en el muelle exterior desde el principio de la guerra. A bordo del *Thalía* reina una actividad frenética. Hombres cubiertos con chubasqueros grises largan dos gruesas mangueras que los submarinistas acoplan a sendas aberturas de su nave. Al propio tiempo, los del submarino trasladan a su buque, formando una cadena humana, cajas de alimentos y medicinas, de verduras, frutas, quesos, vinos y chacinas españolas. A las dos de la madrugada, completado el revituallamiento, el submarino, con 100 toneladas de gasóleo en sus depósitos, desconecta las mangueras, cierra las escotillas, enciende el motor de superficie, se aparta del *Thalía* y enfila la bocana del puerto para perderse en aguas del Atlántico.

En los meses siguientes, otros dieciocho submarinos alemanes repostan munición, combustible y alimentos del *Thalía* y de sus hermanos *Corrientes* y *Bessel* surtos en Las Palmas y Vigo. Buques de la Armada española transvasan torpedos al buque *Corrientes.*

Aviones alemanes que operan clandestinamente desde el aeródromo sevillano de Tablada atacan a buques británicos en aguas del golfo de Cádiz. Los ingleses sospechan de la complicidad española, puesto que Alemania carece de aviación de largo alcance.

La colaboración militar de Franco con Alemania se descubre el 18 de diciembre de 1941 cuando dos destructores ingleses capturan al submarino U-434 cuando intentaba atacar a un convoy aliado. A bordo encuentran una cantidad sospechosa de comida española y, lo que es peor, la lista de suministros con la nota «Recibido en Vigo el 15 de diciembre de 1941». El embajador inglés, Samuel Hoare, presenta una enérgica nota de protesta al ministro español de Exteriores. Esta flagrante violación de la neutralidad, advierte al Gobierno, acarreará restricciones en los *navicerts* de los que tan necesitada está España. Preocupado, Franco ordena la suspensión de toda operación de suministro a los submarinos alemanes.

El embajador inglés en Madrid, Samuel Hoare, hábil diplomático que contribuyó a la neutralidad española con la política de los *navicerts*.

En adelante, el aprovisionamiento de los alemanes dependerá de pesqueros y mercantes particulares que transvasarán a los sumergibles del Reich víveres y gasoil, siempre en alta mar, a precios abusivos y en cantidades insuficientes.

Buena parte de este tráfico pasa por las manos del financiero mallorquín Juan March, *el último pirata del Mediterráneo*.

Juan March es una leyenda. De origen humilde, nacido en el

Don Juan March, el banquero y hombre de negocios de origen judío
que medró a costa de los nazis.

seno de una familia de chuetas (judíos mallorquines) se enriqueció en los años veinte con el contrabando de tabaco y con diversos negocios, hasta amasar la mayor fortuna de España, que amplió con compañías marítimas, fletes y operaciones bancarias. Enemistado con la República, que lo encarceló (pero él sobornó a los carceleros y escapó), se dijo de él: «O la República acaba con Juan March, o Juan March acaba con la República.» Ocurrió lo segundo. Él financió el traslado de Franco de Canarias a Marruecos, a bordo del avión *Dragon Rapide,* y la adquisición del material bélico más urgente para armar a los rebeldes al comienzo de la guerra.

Desde el principio de la guerra mundial, Juan March se presenta ante los alemanes como un incondicional de la causa nazi y, aunque ellos recelan y le consideran «un sinvergüenza sin escrúpulos» que sólo busca enriquecerse, no tienen más remedio que transigir porque es el único que puede ofrecerles lo que necesitan. Están lejos de sospechar que, en realidad, March está en connivencia con los ingleses, a los que mantiene puntualmente informados de sus actividades pro alemanas, lo que reporta al mallorquín pingües beneficios porque con su información la marina inglesa localiza y destruye submarinos alemanes.

Juan March, recelando de la estabilidad de la moneda tras los avatares de la guerra, sólo admite pagos en oro. Al final tiene un total de 7 toneladas y 400 kilos de oro fino depositadas en un banco de Londres, que venderá en 1954. Un negocio fabuloso del astuto financiero mallorquín que, desde luego, lo convierte en uno de los vencedores de la Guerra Mundial.

El Nuevo Estado ha suprimido los antiguos sindicatos obreros republicanos UGT y CNT.[126] La huelga, que antes era un derecho, se declara delito. Los productores (antes «obreros»), se afilian al Centro Nacional Sindicalista o Sindicato Vertical, inspirado en el fascismo italiano, que agrupa a obreros, técnicos y empresarios. La novedosa fórmula aspira a superar la lucha de clases y a armonizar los intereses de empresarios y productores sobre una base de justicia social tutelada por el Estado. En el fondo se trata de revocar los derechos conseguidos por la clase obrera durante la República. Sin posibilidad de negociar con el empresario, el obrero debe someterse a una férrea disciplina de trabajo que secunde los objetivos económicos del Gobierno. Más adelante el Gobierno completará su corpus legal con la Ley de Seguridad del Estado[127] que tipifica la asociación, la propaganda ilegal y las huelgas como subversión y conspiración contra la seguridad de la Nación y del jefe del Estado. Estas actividades se castigarán con la pena de muerte.

Otra ley que reforma el código de Justicia Militar, considera delito de rebelión militar «los plantes, huelgas y chantajes, así como las reuniones de productores (o sea, de obreros) y demás actos análogos cuando persigan un fin político y causen graves trastornos de orden público».

El caso es que Franco, en su concepción paternalista del man-

126. Por la Ley de Unidad Sindical (el 26 de enero de 1940) y la Ley de Bases de la Organización Sindical (el 6 de diciembre de 1940).

127. De 29 de marzo de 1941.

do, está convencido de que ayuda al obrero. Ahí están sus disposiciones humanitarias para aliviar a los parados del pago de alquileres, agua y electricidad.

Casilda Ronzal Abrojo, del pueblo de Vera, provincia de Cáceres, es la mayor de cinco hermanos y a sus trece años tiene que sacar a la familia adelante porque el padre está en la cárcel de Sala-

Casilda Ronzal Abrojo hacia 1954, cuando ya se había abierto camino en la vida y gozaba de cierta prosperidad.

manca y la madre tuberculosa terminal en el hospital de Plasencia. A pesar de sus pésimos informes, hija y sobrina de rojos, Casilda se ha empleado como sirvienta con un escribiente de notarías de Zafra. Los sueldos de las criadas son tan bajos que casi todos los hogares de clase media pueden costearse al menos una. En algunos lugares, niñas de diez años trabajan doce horas diarias sólo por la comida y una bata vieja. Las señoras que desconfían de sus domésticas protegen las cántaras lecheras con candado, guardan los chorizos bajo llave, en un arcón del dormitorio, e instalan en las alacenas cerrojos y cerraduras.

—Donde hay hambre, se pierde la vergüenza —suele decir doña Dora, la de el Chato Puertas.

—Y sin hambre —asevera su cónyuge—. ¿De cuándo han tenido vergüenza los pobres? A mí me roban todos mis empleados, pero a ver, ¿qué voy a hacer? Los echo, meto otros y son más ladrones todavía.

—Para esto hemos hecho una guerra —suspira doña Dora.

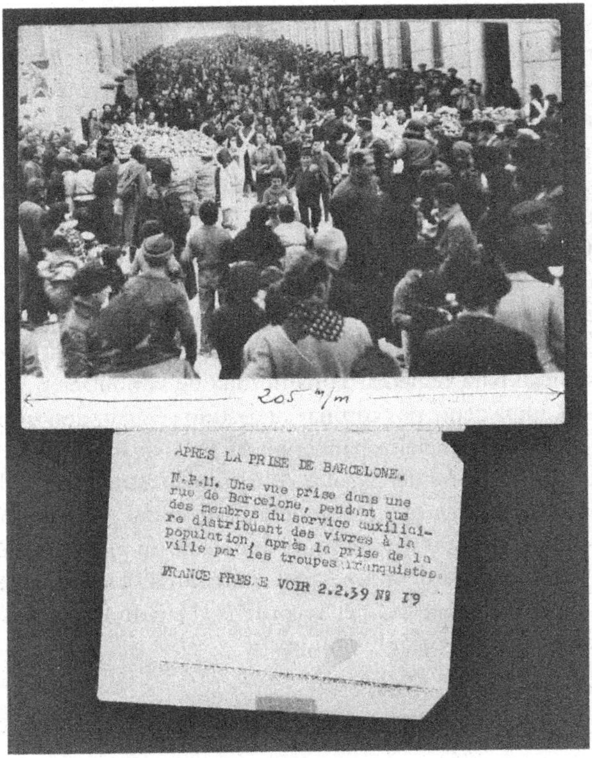

Reparto de víveres de Auxilio Social.

CAPÍTULO 17

Matar a Franco

Durante la guerra civil, Franco concibió la idea de levantar un monumento singular para conmemorar «a los héroes y mártires de la Cruzada». El lugar elegido es el paraje de Cuelgamuros, en la sierra de Guadarrama, no lejos de El Escorial.

El monumento, un híbrido de panteón, monasterio y mausoleo (la inspiración de El Escorial es evidente), rematará en una cruz de 150 metros de altura rodeada, a modo de peana, por las figuras colosales de los cuatro evangelistas.

El proyecto exige tremendos desembolsos en un momento en que la débil economía española no alcanza a cubrir un mínimo gasto asistencial para remediar la hambruna de la población, pero el Caudillo, impaciente por coronar su destino cesáreo, desvía importantes recursos financieros para erigir su Valle de los Caídos.[128]

La construcción del gigantesco mausoleo admite varias lecturas: ¿es un monumento a la reconciliación, como pretende la propaganda franquista, o se trata simplemente de un proyecto megalómano del dictador que quiere que su memoria desafíe a los siglos unida a una gran obra? ¿Quién recordaría al faraón Keops si no hubiera construido la Gran Pirámide?

128. Decreto-ley de 1 de abril de 1940.

El Caudillo sueña con su proyecto faraónico mientras el convoy de automóviles en los que viaja con su familia y séquito, precedidos y seguidos de nutrida escolta de motoristas, va sorteando, con precaución, las cerradas curvas de Despeñaperros. A intervalos regulares, parejas ateridas de la Guardia Civil, capote verde, tricornio y mosquetón (los cabos y sargentos naranjero ametrallador) velan por la seguridad del Jefe del Estado. Franco no puede sospechar que su seguridad nunca ha estado tan amenazada como en este viaje a Sevilla para presidir la procesión del Santo Entierro.

El Santo Entierro muy bien podría ser el suyo. Va a salir vivo de este trance por pura *baraka,* esa suerte islámica que lo acompaña desde las campañas de Marruecos.

Sevilla. A las ocho de la mañana, el guardia Evaristo López se persona en el domicilio del comisario de policía Luis Garrido Escobar, en la plaza del Pato, número 9, y tira de la cuerda que hace sonar la campanilla. Sale la criada Casilda Escañuela, y el guardia le

El Caudillo saluda brazo en alto observado por su hija Nenuca
en la plaza de san Francisco de Sevilla.

entrega una citación. Al comisario Garrido, que a la sazón desayuna churros con café de achicoria en la cocina, todavía en pijama, le extraña mucho que un guardia le traiga una citación en domingo. Rasga el sobre color vainilla y despliega el oficio que contiene. Lo firma Manuel Muñoz Filpo, secretario de la Delegación de Orden Público, plaza de San Lorenzo, número 6. A las seis de la tarde convoca reunión en su despacho de la Jefatura Superior de Policía Gubernativa a la que concurrirá «sin excusa ni pretexto». También están convocados los otros dos comisarios de Sevilla, Manuel Blanco Horrillo y Manuel Cordero Navarro. El secretario de Orden Público les informa sin rodeos:

—Señores, existe un complot comunista para asesinar al Caudillo esta Semana Santa durante la procesión del Santo Entierro. Un infiltrado que tenemos en los grupos anarquistas lo ha confirmado.[129] Hace días ha llegado a Sevilla, procedente de Barcelona, un significado anarquista, Manuel Romero López, alias *Romero Chico*, al parecer bien provisto de fondos.

Los comisarios conceden al asunto prioridad absoluta y ponen a todo el personal disponible sobre la pista de Romero Chico. Sin resultado, porque el anarquista toma la precaución de dormir cada noche en una pensión distinta, unas veces en Sevilla y otras en los pueblos del entorno.

La noche del jueves 14, cuatro caballeros legionarios, camisa verde-lejía desabrochada y remangada, exhibiendo vello pectoral o esternón huesudo, recalan en el reputado prostíbulo La Cangrejera, sito en la plaza de la Mata, número 9. Una de las pupilas que les atienden es Giuliana Sluga, una italiana que llegó como enfermera del cuerpo expedicionario de Mussolini, se prendó de Sevilla y se afincó en ella para ejercer el antiguo oficio. A Giuliana le extraña que los legionarios chapurreen italiano entre ellos. Le parece que ocultan algo. La sospecha se confirma cuando se ocupa con uno y, ya metida en harina, le susurra al oído, en la lengua de Petrarca, palabras tiernas que el otro apenas comprende.

Al día siguiente, 15 de abril, viernes de Dolores, Giuliana le

129. El infiltrado era el guardia civil José Carvajal Chía.

confía sus sospechas a Manolito, *El d*[illegible] conocido como el Lecherito, por la le[illegible], también traslada a su amigo el guardia civil Enri[illegible] Maestro, hombre de confianza del secretario de Orden [illegible] Muñoz Filpo.

El responsable de Orden Público tiene sobre su escritorio un informe del guardia infiltrado entre los anarquistas, que indica que *Romero Chico* ha visitado la casa de citas de La Cangrejera. Deduce que los falsos legionarios detectados por la Giuliana podrían ser los brigadistas, cuya primera pista se detectó en París.

Aquella noche, los guardias civiles de paisano que vigilan a Romero Chico comunican a la central que el anarquista ha entrado en el cabaret El Zapico, sito en la calle Leonor Dávalos, 17, en la Alameda de Hércules, enclave de la prostitución sevillana.

Salón Zapico. El más típico y el más concurrido. Atracciones. Dancing. *Magníficas orquestas.*

Guardias civiles de paisano toman posiciones en el cabaret fingiéndose clientes e informan de que los cuatro falsos legionarios también se encuentran en el local. Muñoz Filpo organiza un amplio dispositivo para asegurarse la detención de los terroristas.

—¡Los quiero vivos, eh!

—¡A sus órdenes!

Una docena de guardias de paisano ocupa posiciones. Otros cinco guardias mandados por Enrique Galván Maestro rodean el palco de los terroristas.

—¡Alto a la Guardia Civil! —grita Galván encañonándolos con su pistola reglamentaria—. ¡Manos arriba!

Los sorprendidos terroristas levantan las manos y se ponen de pie.

—¡Vosotras, fuera de aquí! —ordena Galván a las señoritas que los acompañan.

En ese momento Romero López agarra a la coima que lo atendía y, escudándose tras ella, en un gesto nada caballeroso, saca la [illegible] empuñan sus armas los otros, devuelve el fuego la Benemérita y se organiza una balisada de la que resultan muertos los cuatro terroristas y heridos tres guardias civiles. A Romero López, lo capturan vivo e ileso. Galván, que ha recibido el disparo en el vientre, morirá tres días después.

Hábilmente interrogado en los calabozos del Cuartel del Sacrificio (así llamado sin coña alguna), el anarquista Romero López canta de plano los detalles de la conspiración. La ha organizado la Internacional Comunista en París. Los cuatro terroristas muertos en el cabaret El Zapico eran antiguos brigadistas internacionales designados por el italoargentino Victorio Codovila, el agente del Komintern en España. El plan era lanzar sobre Franco unas granadas de mano y, a continuación, acribillarlo con metralletas cuando la presidencia de la procesión alcanzara la desembocadura de la calle Sierpes con la plaza de la Falange Española (hoy de San Francisco).

Franco abandona la presidencia del Santo Entierro precisamente en ese punto para ocupar el palco del Ayuntamiento en lugar de acompañar a la comitiva hasta la catedral. El conocido guardia civil Juanillo, *El de los pelos coloraos,* vigila, con un naranjero en la mano, al pie del palco. El Caudillo contempla el paso de la comitiva penitencial, desde un enorme sillón barroco que parece un trono. Doña Carmen, sonriente y dental, con mantilla española, se sienta en otro sillón a su derecha. Su hija adolescente, Carmencita, pechitos pugnaces, coqueto sombrerito, se sienta a su izquierda. Detrás, de pie, seria y circunspecta, condecoraciones y bigotes, la cohorte de asistentes, generales y jerarquías.

—¿Por qué no ha continuado el Caudillo en la presidencia del Santo Entierro hasta la cercana catedral? —se preguntan algunos.

Es su modo de devolver el desaire al cardenal Segura, ese clérigo elemental que rige la archidiócesis sevillana, que se ha negado a recibir al Caudillo a la altura del casino Militar, en la calle Sierpes, desde donde el protocolo disponía que los dos, prelado y Caudillo, prosiguieran juntos hasta el templo mayor.

En sus incendiarias homilías dominicales, desde el púlpito del altar mayor, en misa de doce, el cardenal Segura no vacila en arremeter contra Franco («Caudillo, que es sinónimo de demonio») o contra el papa Pío XII («felizmente reinante y a quien, por cierto, yo no voté»).

Franco, por su parte, dado que sería políticamente incorrecto fusilarlo, lo sobrelleva con resignación cristiana: «es una calamidad que Dios me ha enviado».

Cada cual tiene su afán. Teófilo González también tiene el suyo. Se afeita tarareando «A la lima y al limón». Ha madrugado para hacer cola en el Ayuntamiento, donde van a distribuir la tarjeta de fumador que, a partir de hoy, regirá los destinos de los fumadores españoles.[130] Sobre la mesa tiene una carpeta con la partida de nacimiento, la cédula personal, la cartilla de racionamiento, una declaración jurada que acredita su calidad de fumador y un certificado de buena conducta que, con cierta reticencia, le ha emitido don Próculo, el párroco. Todos los papeles con sus pólizas, sus firmas y sus sellos. El titular de la tarjeta puede escoger entre dos paquetes de picadura entera o entrefina de 25 gramos o dos cajetillas de veinte cigarrillos.

Solamente los varones tienen derecho a su ración de tabaco. La mujer española, cristiana y decente, no fuma, que es vicio de putas. Las que durante la República han adquirido el feo hábito se consuelan con la campaña publicitaria sobre los estragos que acarrea la nicotina en el cutis femenino (todavía no se habla del cáncer de pulmón).

Entre los solicitantes de la cartilla hay bastantes no fumadores que esperan medrar vendiendo su ración a los fumadores.

Ese día, Franco se levanta dispuesto a iniciar su jornada laboral, como un español más. El Caudillo vive en un palacio dieciochesco, rodeado de muebles de época y tapices de Goya, los obispos le llevan bajo palio, pero su alcoba es de una austeridad monástica, de una simplicidad cuartelera: dos camas de caoba cubiertas por colchas verde manzana y separadas por la repisita del teléfono. Sobre la mesita de noche, un modesto flexo y un ejemplar de *El Príncipe*, en el que Maquiavelo aconseja «para conservar sus Estados, el Príncipe debe infringir sin escrúpulos las reglas de la lealtad, de la

130. El 1 de octubre de 1940.

amistad, de la humanidad y de la religión.» Delante de las camas, sobre la cómoda, el relicario de plata que contiene la mano incorrupta de santa Teresa que un general republicano en apuros dejó olvidada en Málaga (la llevaba consigo no por devoción sino por el relicario, que es de plata).

Franco va a inaugurar unas obras en Alcalá.

—¿Qué coche llevamos excelencia? —le pregunta su comandante asistente.

—El Mercedes.

El lujo del Caudillo es su Mercedes 1930 de tres ejes, blindado, modelo único, obsequio de Hitler.[131]

Durante muchos años el Caudillo utilizará este Mercedes en sus desplazamientos por España. Puede recorrer más de 500 kilómetros sin repostar, para desesperación de la escolta y el séquito, que necesitan satisfacer de vez en cuando perentorias necesidades fisiológicas. Franco, no. A base de autodisciplina el Caudillo ha conseguido controlar su vejiga. Su legendaria capacidad de retención urinaria trae por la calle de la amargura a sus colaboradores que, cuando lo acompañan en un viaje oficial, nunca encuentran ocasión de aliviarse.[132]

Alemania y España están en plena luna de miel. El ministro de Asuntos Exteriores español, coronel Juan Beigbeder y Atienza, ha informado a su homólogo alemán de que España está dispuesta a entrar en la guerra al lado de Alemania.[133]

131. Del *Mercedes* modelo 540, G-4, W 13 sólo se construyeron cinco ejemplares. El único bien conservado es el de Franco. Fue el que usó en 1953 el general Eisenhower para trasladarse de El Pardo a su residencia después de cumplimentar a Franco. Tan histórico automóvil se venera hoy en el garaje del Regimiento de la Guardia Real. Patrimonio Nacional ha rechazado tentadoras ofertas de la casa Mercedes, que pretende comprarlo para su museo de Stuttgart (Alemania). La historia patria no se pignora.

132. Muchos años después, el ministro Fraga se percatará de que el Régimen comienza a hacer aguas el día en que el dictador interrumpe uno de sus interminables Consejos de Ministros para ir al servicio.

133. El 19 de julio de 1940.

CAPÍTULO 18

Gibraltar español

El joven teniente José Fernández Rodríguez, de veintisiete años, adscrito al Tercero Ligero de Artillería, no puede conciliar el sueño en la terraza de la casa familiar en Sevilla, donde se instala, sobre un camastro, el sudoroso botijo a mano, en las tórridas noches del mes de julio.

El teniente extrae de su pitillera un cigarrillo de la marca Ideales, estofado de chisporroteantes estacas, y se lo fuma mientras me-

El teniente José Fernández Rodríguez y otros camaradas celebran una comida de hermandad el día de la patrona de la infantería española. Año 1944.

… su inminente futuro. Es posible que le ronde un ascenso … s de guerra, pero también podría rondarle un balazo. El …do está planeando recuperar el peñón de Gibraltar que nos …ataron los ingleses en 1704. Como medida previa les han encomendado, a él y a otros tres tenientes, la instalación de sendos depósitos de municiones de calibre mediano y grueso (del 7,5 al 30) en cuatro cortijos del Campo de Gibraltar. *Alto secreto.*[134]

En los últimos días se han sucedido en las principales ciudades españolas manifestaciones patrióticas, más o menos espontáneas, de estudiantes y falangistas al grito de «¡Gibraltar español!». Incluso han apedreado la embajada inglesa aprovechando la circunstancia, al parecer fortuita, de que un camión había descargado un montón de cantos rodados con destino a una obra cercana.

La prensa publica artículos reivindicativos casi a diario. En la radio, exaltados comentaristas proclaman la españolidad de la Roca.

En la España oficial, la falangista, la militar, el ambiente es favorable a la entrada en la guerra al lado de Hitler. Franco, a pesar de su carácter cauteloso, se deja arrastrar por el entusiasmo de su entorno y se declara «no beligerante» en lugar de «neutral», un paso intermedio entre la neutralidad y la beligerancia. En esto sigue el ejemplo de Mussolini, que fue «no beligerante» hasta que la caída de Francia lo animó a participar en la contienda (convencido de que la rendición de Inglaterra era inminente).

Franco ocupa por sorpresa Tánger, «para preservar el estatuto internacional de la ciudad».[135] En las plazas africanas se han suspendido los permisos y la tropa permanece acuartelada. Todo indica que nos estamos preparando para la eventualidad de la guerra. El general Juan Vigón, jefe del Alto Estado Mayor, visita a Hitler para comunicarle que España está dispuesta a entrar en guerra sin más condición que suministros de víveres y gasolina, y compensaciones territoriales en el Magreb, sobre el que España reclama derechos históricos.

134. Las Mesas, La Peñuela, Jédula y Jedulilla.

135. El 14 de junio de 1940, precisamente el mismo día en que la derrotada Francia firma el armisticio con Alemania.

Hitler ignora la oferta de Franco. Desde su perspectiva, España es un peoncillo perfectamente prescindible.

Medita el teniente Fernández sobre la situación internacional. A diario la discute con sus colegas en la sala de banderas del regimiento, frente a los mapas y a las revistas *Signal* y *Der Adler*, editado por el Ministerio de Propaganda alemán que los militares españoles leen ávidamente. Otra fuente de información son los documentales alemanes (UFA) e italianos (LUCE) que se proyectan en los cines españoles antes de la película. La guerra está resultando un cómodo paseo militar para los ejércitos del Eje, esos pueblos viriles que se enfrentan a las podridas democracias liberales. Derrotada en Francia, Inglaterra ha evacuado a su ejército y ahora sufre el acoso de la aviación, mientras que su tráfico marítimo está amenazado por los submarinos. No se sabe cuánto aguantará. Probablemente, no mucho.

Desde la perspectiva entusiasta de los jóvenes oficiales españoles se tiene la impresión de que la *pérfida Albión* está a punto de colapsar. Es cuestión de días, de semanas como mucho, que las victoriosas tropas de la *Werhmacht* desfilen al paso de la oca por Trafalgar Square.[136] Es el momento de asaltar Gibraltar y recuperarlo aprovechando que Inglaterra, comprometida en la protección de sus islas, no está en condiciones de defenderlo.

El 26 de junio, 80 soldados de infantería y sus respectivos equipos salen de Sevilla en 30 camiones Chevrolet para ocupar y acondicionar los cortijos donde se almacenarán toneladas de municiones. Durante el mes siguiente, llegan a la estación de Jerez de la Frontera, siempre de noche, con fuerte escolta militar, hasta dieciséis trenes de suministros militares procedentes de distintos depósitos de España. Con la estación acordonada por la policía militar y desalojada de personal civil, las cajas se transvasan a los Chevrolet, que las transportarán a los cortijos antes de que amanezca.

136. El 16 de junio Hitler aprueba el plan de invasión de Inglaterra para mediados de septiembre («Operación León Marino»).

El 18 de julio de 1940, aniversario del Glorioso Alzamiento, Franco pronuncia un vibrante discurso en el que reivindica, por vez primera, la españolidad de Gibraltar. La prensa del Movimiento se hace amplio eco.

En toda España se producen manifestaciones más o menos espontáneas de jóvenes falangistas que recorren las calles al grito de «¡Gibraltar español!».

Franco recibe al coronel Nulli, de la misión militar italiana, y le explica la «Operación C» que prepara el Estado Mayor Central del Ejército: nada menos que el plan de conquista de Gibraltar, madurado por el propio Franco con los generales Vigón y Martínez Campos. Desde los emplazamientos más idóneos del Campo de Gibraltar, un equipo de técnicos españoles, dirigido por el teniente coronel Isasi Isasmendi, ha tomado cientos de fotografías de la Roca. A partir de este estudio fotogramétrico, se han identificado los emplazamientos de artillería, los depósitos de municiones, las comunicaciones y los nidos de ametralladoras que protegen Gibraltar.

No va a ser fácil. El enorme peñón calcáreo ha sido pacientemente horadado por los ingleses a lo largo de sus dos siglos de ocupación hasta completar unos 32 kilómetros de túneles. Cuando llegue el momento, la artillería pesada española, 236 bocas de fuego, distribuidas en varias líneas de casamatas en torno a la Roca, arrasará las defensas inglesas. Entonces, la infantería, apoyada con blindados, asaltará la colonia, y devolverá a España lo que es suyo. La operación artillera queda a cargo del máximo especialista español, el general de brigada de Artillería Pedro Javenois Labernade; las tropas de asalto estarán al mando del general Muñoz Grandes. Todo está minuciosamente preparado. Incluso la evacuación de la población civil del Campo de Gibraltar por si fuera necesario emplear gas mostaza para rendir la Roca.[137]

Parece llegada la hora de acabar con la afrenta de esa colonia extranjera incrustada en la sagrada tierra española. En las escuelas, cuando se recitan los puntos cardinales, los antiguos alféreces provisionales habilitados como maestros enseñan que «España limita al

137. Sulfuro de etilo biclorado, la famosa iperita usada con terribles efectos durante la primera guerra mundial.

sur con una vergüenza», supeditando la descripción científica a la justa indignación patriótica.

La suerte de Gibraltar parece decidida. Sin embargo pasan los días y, contra todo pronóstico, la Luftwaffe no termina de barrer de los cielos a los cazas ingleses. El Führer se ve obligado a espaciar sus ataques aéreos tras sufrir graves pérdidas. Después de todo parece que la fruta no estaba tan madura. El asalto español a la Roca se aplaza sine díe. Los polvorines secretos del Campo de Gibraltar se desmantelan en los meses siguientes.

Cae un paciente chirimiri sobre los bosques de Irún, donde madura la castaña, ya elevada a la categoría de plato nacional. Abajo, en el andén de la destartalada estación, el director general de seguridad José Finat, conde de Mayalde, se pasea nervioso acompañado de los gobernadores civil y militar de Guipúzcoa.[138] Llega a España, en visita oficial, el Reichsführer Heinrich Himmler, jefe de la policía alemana y de las SS, y uno de los grandes ideólogos de la teoría racial (tema del que entiende un rato largo, pues no en vano, antes de ascender al poder nazi, se dedicaba a la cría de pollos).

Un teniente sale del despacho del jefe de estación y le comunica al conde de Mayalde que el tren de Himmler acaba de entrar en Hendaya. Mayalde mira el reloj de la estación: lleva quince años parado a las doce y veinte. Consulta el Longines de oro de su muñeca: las nueve y cinco de la mañana. Eso

José Finat, conde de Mayalde (1904-1995), posa bizarro con su uniforme y su camisa azul. Posteriormente sería alcalde de Madrid.

138. El 19 de octubre de 1940.

es puntualidad germánica. Mayalde y sus acompañantes salen al encuentro del ilustre invitado en el puente internacional. Himmler llega rodeado de numeroso séquito —relucientes botas hasta la rodilla, abrigos de cuero negro hasta los pies, altas gorras de plato, cruces de Hierro al cuello, esvásticas en los brazaletes rojos y en los ojales—, unos y otros intercambian saludos brazo en alto, taconazos prusianos, apretones de manos y otras demostraciones de camaradería no exenta de viril afecto.

Una compañía del Regimiento 24 rinde honores.

Banderas. Música militar. La orquesta interpreta el himno nacional de Alemania, *Deutchland, Deutchland über alles*, solamente regular.

Al otro lado del puente aguarda una fila de potentes automóviles Horch, cedidos por el Parque Móvil. Por una pintoresca carretera, maltratada y llena de baches, con ocasionales casonas entre prados arbolados y vacas pastantes, se trasladan a San Sebastián.

En la bella ciudad de la Concha, el ministro germano, acompañado por su colega el director general de seguridad, visita la Diputación Provincial. Una compañía de la Falange local rinde honores al ilustre visitante. A continuación recorren el museo de San Telmo. Himmler, aficionado a todo lo colosal, admira los frescos de Sert. Toman un refrigerio en el club Náutico antes de dirigirse a la vecina Alsasua, donde les aguarda un opíparo almuerzo. Levantados los manteles, tras el café y el puro, que el Reichsführer declina debido a sus crónicos problemas de estómago, siguen por carretera hasta Burgos, donde llegan a las cinco y veinte de la tarde. Himmler admira el paseo del Espolón, se detiene ante la Cruz de los Caídos y visita la hermosa catedral, donde le cuentan quién fue el Cid, cuyos restos se veneran allí, en un cofre. Himmler atiende a la explicación y no deja de pensar en que aquel rayo de la guerra debió de llevar en sus venas la sangre de las tribus germánicas que colonizaron España tras la caída del Imperio romano.

Un Cid alemán, naturalmente.

De hecho, el Reichsführer, aunque siente el consuetudinario desprecio teutón hacia los pueblos mediterráneos, a los que considera racialmente inferiores, por otra parte acaricia la idea de que el elemento germánico sea dominante en la sangre española. Tras visitar la Cartuja, Himmler cena a las nueve en el palacio de la Isla, residencia de Franco durante la guerra.

El viaje prosigue a las once de la noche en un tren especial que se dirige a Madrid. Llueve a mares. A las dos de la madrugada, realizan una breve parada en la estación de Valladolid. En el andén aguardan el gobernador civil y las jerarquías provinciales del Movimiento que han acudido a cumplimentar al ministro nazi. Un asistente explica que el Reichsführer duerme profundamente y no se le puede molestar. Con cierta contrariedad, los miembros del comité de recepción regresan a sus casas, se despojan de las galas falangistas y de las botas empapadas antes de acostarse.

La dormida esposa cambia de postura su cuerpo voluptuoso, tirando a voluminoso, y pregunta entre sueños:

—¿Cómo te ha ido con el alemán?

—Muy bien, muy bien —miente el jerarca—. Gente muy atenta. Verdaderos camaradas.

Se acomoda la almohada y piensa:

—¡Menudos hijos de puta engreídos!

El domingo 20 de octubre amanece nublado. A las nueve en punto, el tren del Reichsführer entra en la estación del Norte madrileña, profusamente engalanada con banderas nazis y españolas. En el andén aguardan el ministro de Asuntos Exteriores y cuñado de Franco, Serrano Súñer, nombrado para el cargo cuatro días antes, y una representación del más alto nivel. Saludos brazos en alto, taconazos prusianos y efusivos apretones de manos. A Serrano Súñer, gran observador, le llaman la atención la cabeza de Himmler, un par de tallas inferior al cuerpo, y su aspecto de empollón acusica (lo fue en el colegio) además de unas manos delicadas, como de novicia. El ministro nazi, larguirucho y estrecho de pecho, dista mucho de encarnar el ideal de la atlética raza aria.

Pasan revista a la compañía de honores del Regimiento 2. A continuación un Mercedes negro traslada al Reichsführer al hotel Ritz, donde se le ha reservado una *suite*. Tras asistir al desfile de la Legión José Antonio, unidad de élite de la Falange, desde la puerta misma del establecimiento, Himmler ocupa su habitación y se deja caer en la cama. Su ayuda de cámara, un joven y rubio suboficial SS, le saca las botas y los sudados calcetines de algodón que sujeta a las imberbes pantorrillas con ligas decoradas con la esvástica. El mayordomo frota con suavidad los piececillos doloridos del prócer que, mientras tanto, ronca suavemente y se concede un breve descanso.

A las once, la comitiva se dirige al palacio de Santa Cruz, sede

El Reichsführer Himmler y el ministro Serrano Súñer más bonitos que un san Luis en sus bizarros uniformes. Corrían los días de vino y rosas entre la *Nueva España* y el Reich de los mil años.

del Ministerio de Asuntos Exteriores. Reunión de trabajo con Serrano Súñer. Himmler le comunica el plan alemán de tomar Gibraltar y terminar la guerra de una tacada. España sólo tiene que permitir el paso de las dos divisiones que conquistarán la Roca.

Serraño Súñer asiente sin perder la sonrisa. Una patata caliente. A ver cómo se le explica a estos cabezas cuadradas que el orgullo español nunca aceptaría que una potencia extranjera tomara Gibraltar por nosotros. Llegado el momento, España se basta y se sobra para reconquistar la Roca. No aceptaremos que nos la regale nadie.

A las doce, Franco recibe a Himmler en el palacio de El Pardo. Los dos jerarcas conversan durante una hora en presencia de Serrano Súñer y de dos intérpretes. Himmler insiste en lo del paso de tropas alemanas para tomar Gibraltar lo que, asegura, significará el fin de la guerra. Franco escucha y no revela lo que piensa.

Himmler y Serrano almuerzan en el domicilio del embajador germano Von Stohrer. Distendida sobremesa con café y relatos de hazañas bélicas. Por la tarde se trasladan a la plaza de toros de Las Ventas para asistir a una corrida organizada, fuera de temporada, en honor del Reichsführer. A los compases del pasodoble *España cañí* los diestros Marcial Lalanda, Pepe Luis Vázquez y Rafael *Gallito* inician el paseíllo en el coso, insólitamente engalanado con cruces gamadas y banderas nazis.

El día estuvo nublado; los diestros, bien; los picadores, regular, y las reses, de la ganadería de Escudero, pasables. Al término de la corrida, los diestros cumplimentan al Reichsführer en el palco presidencial. Himmler, complacido, los condecora con sendas medallas alemanas.

—¿Qué le parece la medalla, maestro?

—Está bien, pero donde se pongan dos orejas, un rabo y salir a hombros por la puerta grande... ¡las medallas *pa* la Virgen!

La comitiva de relucientes Mercedes negros se traslada a la Puerta del Sol, donde una muchedumbre con sombreros, chaquetas vueltas y camisas azules vitorea al ilustre visitante, al Caudillo, a Alemania, a Italia y a José Antonio, *El Ausente*. Con tantos vítores rompe a llover. Desde el balcón de la Dirección General de Seguridad las jerarquías pres[illegible]n el desfile de unidades de Falange y de la Policía Armada. Otro más.

Regresa Himmler al Ritz y se toma un descanso. Por la noche se traslada al palacio de la Junta Política (hoy Senado) para asistir a una recepción en su honor con asistencia de ministros, jerarquías del Movimiento, periodistas y simpatizantes de Alemania.

Al día siguiente, 21 de octubre, la comitiva se dirige a El Escorial. Niños rubios, guapos y bien nutridos de la colonia alemana en Madrid, con uniforme de las Juventudes Hitlerianas, depositan una corona de flores sobre la tumba de José Antonio. A media mañana, después de que Himmler y su séquito visiten el monasterio, los Mercedes negros enfilan la carretera de Toledo.

La Imperial Ciudad. Himmler recorre las ruinas del Alcázar y atiende a las explicaciones del propio general Moscardó, que defendió la plaza del asedio de las hordas rojas. Almuerzan en el Ayuntamiento, y después visitan la catedral y la iglesia de Santo Tomé. A media tarde regresan a Madrid. Recepción en la Casa de Alemania, seguida de una cena de gala que ofrece el embajador Von Stohrer en el Ritz.

Mientras Himmler preside la cena y responde a los brindis patrióticos, a 300 kilómetros de allí, don Próculo Orbaneja, el párroco de San Lorenzo, hace lo propio en la cena anual de la directiva de Adoración Nocturna que se celebra en un comedor reservado del bar Sanatorio. El menú es sencillo pero sustancioso: sopa de menudillos, filete empanado con guarnición de patatas y flan de postre (cerveza, vinos y anisados aparte). Después del café, mezcla del que traen de Portugal y achicoria, el presidente de los Adoradores, don Fulgencio Lasalve, funcionario de Correos, los cuatro pelos kilométricos cubriendo la calva como una ensaimada, se interesa por la terrible experiencia de don Próculo, fusilado en la guerra. Don Próculo lo ha contado muchas veces. Prefiere mantener la herida abierta para así espantar los fantasmas del pasado.

—Me llevaron al campo del Tiro Nacional con otros cuatro presos de derechas y nos pusieron contra el terraplén —relata—. Dios me dio fuerzas para conservar la entereza en el angustioso trance. Recordando el martirio de los primeros cristianos, bendije a mis compañeros de infortunio y les di la absolución reservada mientras los rojos formaban el piquete, cinco milicianos y una miliciana, una auténtica virago, desgreñada, con modales de mujer de la vida, que ya nos había insultado en el camión que nos llevaba al martirio, con palabras irrepetibles por lo soeces.

«El miliciano jefe, tocado con un gorro ruso, con la hoz y el martillo, dio las voces de preparados, carguen, apunten. Yo cerré los ojos. Al oír "¡fuego!" grité, con todas mis fuerzas, "¡Viva Cristo Rey!" Chascaron los fusiles, que no estaban cargados, y los milicianos prorrumpieron en carcajadas. ¡Había sido una burla, una broma cruel! Uno de los falsamente fusilados, un muchacho de Alcalá, se desmayó.»

La verdad sólo la saben don Próculo y Dios. Durante su cautiverio había imaginado muchas veces la escena de su fusilamiento y se veía gritando «¡Viva Cristo Rey!» con entereza de mártir, pero llegado el momento decisivo no le salió la voz del cuerpo, se le aflojó el esfínter y se lo hizo en los pantalones, de lo que aquellos criminales hicieron mofa y escarnio.

Traen el café dudoso y una bandeja de perrunillas divididas en cuatro porciones para que alcancen a todos. El dueño del bar Sanatorio se sienta a conversar con los comensales. Se queja el hombre de los problemas de abastecimiento. En el Sanatorio, la comida, aunque escasa, es de buena calidad; pero en otros establecimientos no se sabe bien lo que se come. De hecho, las albóndigas se han desprestigiado de tal manera que han tenido que retirarlas del menú porque nadie las pedía.

Lluvia mansa. La embajada alemana, sita en el paseo de la Castellana, organiza una recepción en honor del Reichsführer Himmler. Concurren uniformes de gala, fajines y condecoraciones, Varela, Aranda, Millán Astray y otros generales de la guerra civil. Camareros de chaquetilla blanca ofrecen bandejas de canapés. Otros sirven vino generoso a las damas y tinto de Rioja a los caballeros.

Himmler, la copa en la mano, departe animadamente con los generales españoles, a los que presume germanófilos. El intérprete, un mocetón de las SS, traduce pegado a su costado. Himmler confía en que los generales influyan sobre Franco para que secunde los designios de Hitler. Que le aconsejen entrar en la guerra lo antes posible para que España participe de los beneficios de la victoria. Ignora el Reichsführer que desde dos meses atrás unos treinta generales de Franco están recibiendo generosos sobornos de Inglaterra para que exageren la falta de preparación de las tropas y el mal estado del material y desaconsejen al Caudillo la participación en la guerra.[139]

El soborno británico se distribuye —¿cómo no?— a través de don Juan March quien, para vencer los posibles escrúpulos de los sobornados, les hace creer que, en realidad, el dinero procede de un consorcio de bancos y grandes empresas españoles a los que perjudicaría la participación del país en la contienda. En año y medio, el Gobierno británico transfiere, vía Nueva York, la fabulosa cifra de 156 millones de pesetas en dólares (si los consideramos al cambio oficial) o hasta cerca de 600 millones de pesetas (al cambio del mercado negro). El principal beneficiario de los sobornos es el orondo general Aranda, el heroico defensor de Oviedo, al presente jefe de la Escuela Superior del Ejército, que percibe la bonita cifra de 2 millones de dólares.[140] Posiblemente figuran también en la nómina de los generales sobornados el bilaureado Varela, ministro del Ejército entre 1939 y 1942, Carlos Martínez Campos, jefe del Estado Mayor Central, Kindelán, Miguel Ponte, Fidel Dávila, Andrés Saliquet y José Monasterio.[141]

El 22 de octubre amanece encapotado. Himmler comparece en el vestíbulo del hotel vestido de paisano. Con su sombrero flexible, su abrigo holgado y sus gafitas de montura metálica, parece un

139. Diversos altos cargos del Gobierno aceptaban sobornos más o menos encubiertos de los ingleses o de los alemanes. El más conspicuo fue el primer ministro de Exteriores, el coronel Beigbeder, a sueldo de la embajada inglesa en los momentos en que la política oficial se decantaba por el Eje.

140. Ros Agudo, Manuel, *La guerra secreta de Franco*, Ed. Crítica, Barcelona, 2002, p. 148.

141. *Ibid.*

pasante de notarías acicalado para la misa dominical. Acompañado de su nutrido séquito se dirige a pie al cercano museo del Prado, cuyas salas principales recorre, deteniéndose especialmente ante el *Retrato de Carlos V* por Tiziano, *Los fusilamientos de la Moncloa* de Goya, la pintura flamenca y algunos cuadros de Velázquez, *Las Lanzas* y el *Cristo Crucificado,* ante el que le oyen murmurar:

—¡Menudo judiazo!

Prosigue la visita cultural por el museo Arqueológico. El Reichsführer se interesa por las salas celtas y godas, y emite sustanciosos comentarios sobre el aspecto ario de algunas piezas, lo que según él prueba la vinculación racial de los españoles con los arios a través de los colonizadores godos.[142] Algunos intelectuales falangistas, con Antonio Tovar a la cabeza, publican por estas fechas sesudos estudios en apoyo de la tesis de la germanización de la raza española.[143]

142. Hacia 1935, el recién fundado Ahnenerbe, instituto de investigaciones raciales, adscrito a las SS, envió una comisión científica al norte de la provincia de Jaén, a las Nuevas Poblaciones de Sierra Morena, con objeto de estudiar el ancestro alemán en los descendientes de los colonos alemanes que repoblaron aquella comarca en tiempos de Carlos III. A todo nativo que presentara un certificado de nacimiento, expedido por la parroquia, en el que constara un apellido alemán, le daban 5 pesetas por dejarse medir y estudiar el cráneo. Por los cortijos y pueblos de la Sierra circuló la noticia de que unos alemanes pirados te pagaban el jornal sólo por dejarte medir la cabeza y, de pronto, empezaron a menudear mellizos y trillizos en cantidad sorprendente. El truco consistía en darle una propina al sacristán para que emitiese una partida del bautismo duplicada o triplicada, cambiando sólo el nombre de pila del titular. El mismo sujeto la presentaba en días sucesivos haciéndose pasar por hermano del anterior. Las conclusiones del estudio, evidentemente falseadas por la picaresca, las publicó Johan Schänble, profesor de Antropología de la Universidad de Kiel, en «Estudios antropológicos en las llamadas colonias alemanas del Sur de España». Véase *Zeitschrift für morphologische Antropologie.* Bd. 48, Stuttgart, 1957, pp. 151-202. En esta obra se alude al estudio de O. Wendel *Deutsches Blut in Spanien* (Sangre alemana en España) aparecido en *Der Auslands Deutsche,* Jq. 19, p. 629, 1936, y «Los últimos restos de la colonización alemana de Andalucía», en *Der Auslandsdeutsche,* Jq. 16, 1937, p. 417.

143. Tovar, Antonio, *El Imperio de España,* Ediciones Afrodisio Aguado, Madrid, 1941.

En el almuerzo, la conversación del Reichsführer con el conde de Mayalde gira en torno a los acuerdos de cooperación interpolicial entre la Gestapo y España. Después se habla de los judíos, esa raza inferior que contamina el aire que respira. El conde de Mayalde acepta educadamente las explicaciones pseudocientíficas de Himmler, mientras lo asalta el pensamiento de que los judíos, que constituyen sólo el 1 por ciento de la población germana, han obtenido el 30 por ciento de los premios Nobel conseguidos por Alemania.

Por la tarde, visitan las dependencias y comedores de Auxilio Social, una obra asistencial inspirada por la Wintelhilfe (Auxilio de Invierno) nazi. Himmler se muestra muy interesado en el tema cuando le explican que Auxilio Social es la institución asistencial más importante del Nuevo Estado, con unos dos mil quinientos comedores y mil quinientas cocinas, además de orfelinatos extendidos por todo el territorio nacional.[144] En los últimos seis meses, Auxilio Social ha recogido de las calles de Madrid 2.625 niños abandonados. Desde que acabó la guerra, los comedores de beneficiencia han repartido más de doscientas mil comidas a embarazadas o lactantes. Y las Cocinas de Hermandad han servido casi cien mil comidas a los menesterosos.[145]

Después de esa inmersión en la penosa recuperación de un país devastado por la guerra, la cena de gala ofrecida por el conde de Mayalde en el hotel Ritz abunda en brindis y en encendidas manifestaciones de amistad y camaradería hispano-germana. Caldeado el ambiente tras las frecuentes libaciones, Mayalde le habla de tú a Himmler, con el tuteo falangista.

A la mañana siguiente, Himmler y su séquito vuelan en un trimotor Ju-52 rumbo a Barcelona. Aterrizan en El Prat hacia las doce y media. Nueva caravana de Mercedes negros los traslada a El Pue-

144. Auxilio Social le fue arrebatado a su verdadera creadora, Mercedes Sanz Bachiller, activa viuda del líder derechista Onésimo Redondo, para entregarlo a la Sección Femenina de Falange. A Mercedes no le perdonaban que se hubiera vuelto a casar en lugar de guardar ausencias y luto de por vida a la memoria del héroe. Onésimo Redondo había muerto en Labajos (Segovia) el 26 de julio de 1936, en un enfrentamiento con milicianos anarquistas.

145. Agencia EFE, 15 marzo de 1941.

blo Español, esa síntesis *kitsch* de arquitecturas regionales de España, en cuya plaza Mayor aguardan, desde horas antes, los grupos folclóricos de la Sección Femenina. Sucede un prolijo recital de jotas y otros bailes, y cantos regionales que Himmler aplaude educadamente mientras intenta establecer paralelismos con el folclore ario. Terminado el acto, la comitiva se dirige al Ritz, donde descansan unos minutos en sus habitaciones antes de asistir al almuerzo ofrecido en el propio hotel por el general Luis Orgaz, jefe de la Cuarta Región Militar (otro de los que aceptan sobornos del Gobierno inglés). Tras breve siesta, Himmler se pone de nuevo en movimiento para visitar Montserrat.

Lo recibe, a la entrada del monasterio, el abad Antonio María Merced que designa como cicerone del ilustre visitante a un fraile joven que chapurrea alemán. La escolta de Himmler, integrada por jóvenes alevines de las SS, atléticos, guapos, altos, ojos azules, cabello rubio pelado a cepillo, infunde ciertas sospechas en el fraile sobre si el ministro nazi será homosexual. Himmler se muestra locuaz con el frailecillo y le informa de que los judíos descienden de Esaú y los arios de Jacob, entre otras explicaciones raciales no menos peregrinas. Hombre de vasta cultura pseudocientífica, que cimenta con aficiones arqueológicas y ocultistas, Himmler se interesa por el Grial, el cáliz o caldero mágico de la leyenda medieval, que la ópera de Wagner *Parsifal* ha puesto de moda entre los nazis. En *Parsifal* se sugiere que el castillo del Grial, Montsalvat, está en los Pirineos. Himmler está convencido de que se trata de Montserrat. Quizá por ese motivo no le acaba de gustar que la *Moreneta* sea negra. Con su estupendo humor teutón, ironiza:

—La Virgen y el Niño son de origen claramente nórdico.

En la biblioteca solicita que le muestren los documentos relativos al Grial, que supone allí custodiados, pero queda decepcionado cuando le comunican que en el monasterio no existe nada referente al asunto.

—Lo que sí tenemos es una primera edición de los *Ejercicios espirituales* de Ignacio de Loyola.

Pasada por agua, declina la tarde. La negra comitiva regresa a Barcelona por la carretera del Bruch y se dirige a la checa roja de la calle Vallmayor, convertida en museo, donde el torturador jefe de la Gestapo se retrata en una celda de tortura. Vuelto al Ritz, descubre que le han robado, o ha extraviado, la cartera. Cena en el Ayuntamiento, con brindis pero sin discursos, «menos mal». Himmler entrega al alcalde un donativo de 25.000 pesetas para socorro de los damnificados de las inundaciones del río Ter, ocurridas unos días antes, en las que hubo que lamentar más de cuarenta muertos.

Aquella noche Himmler y su séquito organizan una francachela en el propio hotel, con putas caras.[146] Al día siguiente se levantan tarde, claro, y, a media mañana, dos aviones Ju-52 de la compañía Lufthansa los devuelven al Reich.

El genetista de la *Ahnenerbe* Richard Walter Darré saluda a Himmler y se interesa por su viaje.

—Los españoles son gente ruidosa y entusiasta —responde Himmler—. Son muy aficionados a los desfiles, a los discursos, al vino y a las mujeres. Incondicionales de Alemania, eso sí. No me explico cómo tienen una agricultura tan atrasada con lo que llueve. Yo llevaba las escopetas en el equipaje, por si podía irme un día de montería, a cazar antílopes, pero ha sido imposible. ¡Todo el día diluviando! Sólo he visto iglesias, monasterios y curas.

146. Esta información se la debo al escritor José Calvo Poyato, que la recibió de un antiguo botones del Ritz testigo de los hechos. El Reichsführer estaba casado con una mujer ocho años mayor que él, y de escaso atractivo, circunstancia que quizá no disculpa su cana al aire, pero la explica.

CAPÍTULO 19

Madame la Uruguaya

Dos entusiastas falangistas de guerrera negra, camisa azul y brillantina, que acaban de salir del cine, donde han visto la patriótica película *Sin novedad en el alcázar,* comentan la recepción de anoche en honor de Himmler mientras degustan un cóctel,[147] en la barra del bar de Perico Chicote, sito en la Gran Vía madrileña. Espiando la conversación, el Chato Puertas, con su copa de aguardiente de Jerez (antes coñac) en la mano, advierte lo agobiado que vive, siempre pendiente del trabajo, de los envíos de aceite y harina, del contrabando de azúcar y últimamente de la compra y venta de las guías de transporte.[148] Está tan liado el Chato Puertas que ni tiempo le queda para enterarse de lo que pasa en el mundo. El Chato y sus socios están celebrando un trato ventajoso. Tan ventajoso que, ya en la calle, con una copa de más, no saben si proseguir la fiesta con una sesión de caza o de pesca. Conciliábulo en la acera. En la jerga marginal de estos estraperlistas, ir de caza consiste en pasear con el coche por un barrio humilde, mostrar desde la ventanilla un bille-

147. Concretamente el cóctel Chicote: una mezcla agitada de vermú, ginebra y Grand Marnier cinta roja.

148. El Gobierno no ha previsto recogerlas al término de cada transporte, por lo tanto pueden usarse una y otra vez retocando convenientemente la fecha. El Chato Puertas añade un 1 donde antes ponía 3, con lo que el camión podrá transportar una carga legalizada el día 13. Al mes siguiente, maquillando un poco el 3, podrá repetir la operación el día 18.

te de 500 pesetas a cualquier chica apetecible, abrirle la portezuela del vehículo e invitarla a un paseo que acabará con cena de huevos fritos con chorizo y torreznos en un colmado, mojando mucho pan blanco en el aceite del plato, y noche de alcohol y sexo en un hotel o *meublé*.

—No falla —comenta el Chato ufano—. Todas caen.

La *pesca* es menos romántica, pero más directa. Consiste en rematar la faena en algún reputado prostíbulo.

Esta vez los amigos optan por la *pesca*.

—En el Chicote hemos dejado un par de *gachises* muy buenas —señala Nemesio Lañador, el socio de el Chato.

—A ésas las tenemos ya muy vistas —objeta el Chato—. Vamos a buscar carne nueva.

Las putas más refinadas, hermosas y caras se dejan admirar elegantemente vestidas y en actitud displicente, quizá fumando en larga boquilla, en los vestíbulos de hoteles de lujo o en salas de fiesta y bares elegantes: el Chicote, Pidoux o Negresco en Madrid; y en Barcelona el Marfil, el Trébol, el Rigat o el cabaret Bagdad.

El famoso barman Perico Chicote (a la derecha de la fotografía, naturalmente), se retrata junto con el doctor Fleming, descubridor de la penicilina, en la obligada visita del escocés a su museo de bebidas donde se reúne la «crema de la intelectualidad».

En el siguiente nivel están las pupilas de las casas de putas más elegantes, que no faltan en las ciudades grandes: en Granada, el Rey Chico o la Bizcocha; en Zaragoza, la Pepita; en Pamplona, la Turca; en Barcelona, la Emilia o Madame Petit; en La Coruña, Mediateta; en Madrid, entre otras, la Uruguaya.

La Uruguaya, establecimiento ubicado en las inmediaciones de la plaza Mayor, está regentado por una antigua cabaretera de origen argentino. Es fama que en la casa de la Uruguaya el género se renueva prácticamente todas las semanas, previo control médico.

La mojigata España de Franco admite la existencia del comercio carnal en «casas de tolerancia», como las llaman oficialmente, aunque la achaca a la «relajación moral que se padeció en la zona roja» y la considera como mal menor y una forma de proteger el matrimonio y a las mujeres decentes. En 1941 se crea, con escasa convicción, un Patronato de Protección a la Mujer cuyo objetivo es «apartarlas del vicio y educarlas con arreglo a las enseñanzas de la religión católica».[149] A pesar de ello, el Régimen fracasa en todos sus intentos de regenerar a las putas y apartarlas de la mala vida, como antes fracasó la República y, mucho antes, la propia Iglesia.

Además de su función más evidente, el burdel hispano es un centro social. A él acuden no sólo los solteros sino también, regularmente, muchos casados formales, buenos padres de familia y no siempre «se ocupan» sino que, a menudo, sólo se sientan a ojear, de floreo, y a conversar con los otros clientes.

Que un hombre casado vaya de putas de vez en cuando es socialmente aceptable. Se entiende que la esposa legítima no basta para satisfacerle sexualmente, dada la fogosa naturaleza del macho alfa español. Por otra parte, el marido debe respetar a la madre de sus hijos. No está bien que un casado practique ciertas licencias con su santa esposa, habiendo putas que tienen la obligación de aguantarlo todo, que para eso se les paga.

Don Fermín Siles Arizala, el abogado que colabora con don Próculo en sus labores parroquiales, es uno de los clientes del pros-

149. Amilibia, J. M., y Yale, *El día que perdí aquello*, Sedmay Ed., Madrid, 1975, p. 92.

tíbulo de La Fenómena, en Jaén. Su caso es el de muchos españoles. No es que sea un vicioso. Es que el sexo conyugal no acaba de satisfacerlo. Debido a la escasez de vivienda provocada por las destrucciones de la guerra, muchos hogares españoles están instalados en casas mal acondicionadas, y los matrimonios se ven obligados a cumplimentar el débito sin la concentración y sosiego que requiere acto tan delicado. Por un lado está la ostentosa imagen de Cristo crucificado, ensangrentado y doliente, serio y amedrentador, que vigila el correcto desarrollo de la operación desde el observatorio de la cabecera y presumiblemente toma buena nota en caso de que los ejecutantes le desvirtúen el sacramento con prácticas concupiscentes. Luego hay que considerar la precariedad del material auxiliar, la cama traqueteante, sonora de perinolas, chirriante de somier, y las adversas circunstancias climáticas que se conjugan en aquellas alcobas heladas y transitadas por traidoras corrientes de aire, pero dotadas de excelente acústica dado que, a través de las agrietadas paredes, se percibe nítidamente la tos seca y desvelada de la abuela instalada en la habitación contigua, la trifulca de los vecinos en la casa paredaña, las incidencias de la partida de brisca que disputan los realquilados del piso superior o el ensayo sabático de los trompetas y tambores del Frente de Juventudes en la cercana plaza de San Francisco. Súmese a ello que, debido a los problemas de vivienda, muchos matrimonios se ven obligados a compartir dormitorio con los hijos pequeños. En este caso hay que aplazar las efusiones amatorias hasta que los angelitos decidan dormirse y aun así las cumplen abreviadamente, recelando interrupciones, en las más penosas condiciones, «Pepe, por Dios, no hagas tanto ruido que vamos a despertar a los niños», la abnegada madre siempre alerta, aguzando el oído como liebre en temporada de caza.

El hambre llena los prostíbulos de mujeres desesperadas que no tienen otra salida. Eso o la sopa caritativa de Auxilio Social, que para unos días se soporta; pero a la larga, cansa. El sexo se ha convertido en un cheque al portador para muchas viudas, esposas de presos y huérfanas desamparadas por los azares de la guerra. La oferta es mucha y variada, pero no todas las aspirantes sirven para el oficio. Como establece un reputado perito «la de buena ley, además de presencia y corpachón, debe saber decir, saber estar y saber escuchar».[150] La que reúne esas cualidades, y además es joven y dispuesta, no tiene dificultad para ingresar en la nómina de cualquiera de las 1.147 casas de tolerancia que, según estadísticas oficiales, existen en 1940.[151]

En 1885, cuando la población de Madrid no llegaba al medio millón de habitantes, había 1.331 putas censadas. En 1941, la población se ha triplicado, pero las prostitutas se han multiplicado: pasan de veinte mil.[152] A esa cifra habría que sumar otra quizá equivalente de rameras clandestinas, las que se prostituyen ocasionalmente con uno o varios clientes fijos y discretos, y las de más baja estofa que ejercen su labor a salto de mata en los solares de Carabanchel, en los vertederos de Las Ventas, en el arroyo Abroñigal (jurisdicción de la famosa *Escopeta*), en tapias cuarteleras, descampados, ruinas, parques e incluso en la propicia tiniebla de las salas cinematográficas donde Miguel Ligero, gitano gracioso, requiebra a Imperio Argentina en un patio encalado lleno de geranios. Unas y otras carecen de control y, por tanto, de cartilla sanitaria.

Al cruzar la plaza de la Cebada, nuestros alegres estraperlistas se topan con un grupo de predicadores de la Santa Misión que dirigen un rezo colectivo con los brazos en cruz. Muchos transeúntes se detienen y, tras un leve titubeo, levantan los brazos y se suman al rezo. Nunca se sabe quién te está observando y más vale que no te tomen por descreído, especialmente si lo eres.

—Más vale *no significarse* —opina Lañador sumándose al rezo.

Llegan nuestros estraperlistas a la casa de la Uruguaya, pulsan un timbre, se descorre una mirilla, suena un cerrojo y el fornido

150. Moix, Terenci, *El peso de la paja,* Plaza y Janés, Barcelona, 1991, p. 115.

151. Abella, *op. cit.*, p. 60.

152. *La Vanguardia Española,* diciembre 1941. Artículo «Aumento de la prostitución en Madrid».

portero les flanquea el paso. En los trajes a rayas que visten, con gemelos de oro y sortija con solitario ha notado que son personas de calidad. En la Uruguaya no entra cualquiera. El Chato Puertas admira los altos techos, las paredes tapizadas en telas granate de colores chillones, las escupideras y los espejos con barrocos marcos dorados. En el salón social media docena de clientes conversan entre ellos o leen el *ABC*. Está decorado con profusión de cornucopias y reproducciones de óleos franceses que representan situaciones galantes. Hay mullidos sofás, buenas alfombras y espesas cortinas. A la Uruguaya le gustan los espejos. En su casa hay muchos espejos, algunos estratégicamente situados en el dosel de las camas, que son resistentes y capaces; los somieres, bien engrasados para que no chirríen. La discreta iluminación con luces rojas o azules contribuye a crear un ambiente propicio.

La Uruguaya recibe a los recién llegados con una seductora sonrisa. Es una mujer de unos cincuenta años, alta y bien conservada, de bellos ojos oscuros. Viste un severo vestido granate abotonado hasta la sotabarba sobre el que resalta una gran medalla de la Virgen del Pilar. La Uruguaya trata a sus pupilas como si fueran hijas, las protege, las educa en las artes de la seducción, y hasta las lleva a misa los domingos al Cristo de Medinaceli, del que es muy devota, siempre en el discreto último banco de la iglesia. La Uruguaya presume de cristiana cabal, sin dengues ni hipocresías, como demuestran las caridades que practica con mendigos y gente necesitada, y el hecho de que costee una beca en el seminario conciliar.

Algunas madames son o fingen ser aristócratas centroeuropeas exiliadas por la invasión comunista. Otras son francesas de pura cepa, como madame Teddy, la que regenta un lujoso establecimiento de la calle Gravina.

La Uruguaya presume de ser afecta al Régimen y de proceder de una familia acomodada venida a menos por culpa de la guerra.

—Más de un ministro y más de un obispo se ha sentado en ese mismo sofá —le dice al nuevo cliente, para indicarle que aquí no se admite a cualquiera y que tiene de influencias en lo más alto.

Con tacto y discreción, la Uruguaya procura informarse sobre los gustos y preferencias del cliente: rubia o morena, experta o cándida, entradita en carnes o escuálida, para una ocupación o para dormida.

En los burdeles de categoría y en los apartamentos de las putas caras, existe esa modalidad de *dormida,* consistente en pasar toda la noche con la joven, según tarifa. Por lo general sólo se admiten *dormidas* los lunes y a final de mes, que son días más tranquilos. Algunos viajantes de comercio prefieren la *dormida* porque así se ahorran el hotel.

La Uruguaya está pendiente de todo sin perder la sonrisa, pero a veces, cuando tiene que ahuyentar a algún borracho que viene a aguar la fiesta, troca la habitual amabilidad por fiereza:

—¡Más vale que te vayas por las buenas! —le advierte al cliente pesado— porque no sabes con quién estás hablando y si llamo a mi amigo el comisario Ferrán nadie te libra de pasar por comisaría. ¡Aquí no tenemos nada que temer porque llevamos al día las cartillas sanitarias!

La vida del prostíbulo es monótona y familiar. A última hora de la tarde, ya cerradas las tiendas, las oficinas y las sacristías, empiezan a llegar los clientes habituales, casi todos ellos pudientes, con predominio de tenderos, funcionarios, rentistas, profesionales liberales e industriales catalanes que pasan media vida en Madrid, de papeleo ministerial. Después de saludar con respetuosa familiaridad a la madame, los visitantes forman tertulia en el salón y hablan «de la santa esposa, que la tengo enferma, de las viruelas del niño, de que ahora parece que los submarinos alemanes tienen acogotada a la armada inglesa o del precio de las alubias pintas».

La Uruguaya, en su papel de anfitriona, va de cliente en cliente interesándose por los asuntos de cada uno y acomodando al azorado primerizo puticantano para que se sienta como en casa. Cuando se ha creado el necesario ambiente, la madame requiere atención con unas palmaditas, acaso agita una campanita de plata que está sobre la repisa de la chimenea, y pronuncia la frase mágica:

—¡Niñas, al salón!

De la pieza contigua, un cuarto de estar espacioso y dotado de percha corrida para las batas de las chicas, salen las muchachas, desenvueltas y sonrientes, ataviadas de *negligés* de raso, camisones de satén y sucintos conjuntos sabiamente combinados de manera que realcen las mejores prendas naturales de cada una y oculten los defectos. Las chicas desfilan ante los clientes haciendo graciosos mohines y saludando con risitas a los conocidos: la una haciéndose la mujer fatal; la otra, la tímida inexperta; la de más allá, distante e inaccesible, como Greta Garbo, cada una vendiendo su mercancía de modo distinto aunque el género sea siempre el mismo, «el antro de Satanás» como denomina al órgano femenino el padre Laburu, la «fosa sulfúrea» que dijo Shakespeare mucho antes de la invención del bidé.

Cada cliente escoge a su preferida, casi siempre repitiendo con la que conoce sus gustos, con la que ya ha establecido una relación de confianza. Asciende la pareja por la suntuosa escalinata de mármol para dirigirse a un cuarto del piso superior, numerado con una plaquita de porcelana en la puerta, y provisto de cama inmensa y bidé, donde se encerrarán a compartir ternuras, esa otra forma de alabar al Altísimo que la Iglesia, tan ciega, reprueba. Este elemental contrato se denomina *ocupación*. Si varios clientes optan a la misma pupila, aguardan riguroso turno.

Los mirones, los que no se *ocupan*, van *de floreo*. En sus primeras visitas, la madame los trata con indulgencia, pero si menudean las audiencias sin consumación, los llama a capítulo y los conmina severamente a que no aparezcan más por allí, «que esto es una casa seria y mis chicas tienen que ganarse la vida». Por el mismo motivo la madame tasa el tiempo de cada ocupación en veinte minutos, especialmente en sábados y festivos, los días de mayor afluencia; pero los días normales sabe condescender con los clientes más provectos que necesitan unos minutillos suplementarios para rematar satisfactoriamente la faena, o con aquellos que buscan más el desahogo del alma que el alivio del cuerpo (en estos tiempos, salvando excepciones, los maridos practican psicoterapia con las putas y las esposas con el confesor).

Casa Ómnium, Castelló, 37. Vea nuestros correajes para falangistas: los mejores y los más baratos. ¡Viva Franco! ¡Arriba España!

CAPÍTULO 20

Cita en Hendaya

El mismo día 23 de octubre en que Himmler visita Barcelona, en el País Vasco francés lucen nubes y claros, con gaviotas grises y blancas flotando en el cielo ceniza. A las tres de la tarde, con puntualidad teutónica, el tren especial de Adolf Hitler, llamado *Erika* en clave militar, un convoy de varios lujosos vagones, seguidos de

Los ministros de exteriores español y alemán Serrano Súñer y Von Ribbentrop departen cordialmente en los días de vino y rosas de la *Nueva España* y el Tercer Reich.

diez plataformas de artillería antiaérea, entra en la pequeña estación fronteriza de Hendaya y se detiene bajo la marquesina de hierro.

En la estación, profusamente engalanada con banderas alemanas y españolas, forman tres compañías de infantería alemana, con su banda de música. El Führer, uniforme nazi pardo y correaje negro, desciende del vagón principal, seguido de Joachim von Ribbentrop, su ministro de Exteriores, también uniformado. El Führer y el ministro pasean por el andén mientras repasan la estrategia acordada para la entrevista con el Caudillo.

Hitler pretende que Franco le permita atravesar el territorio español para conquistar Gibraltar. Tras el fracaso de la ofensiva aérea alemana sobre Inglaterra, el Führer cree que si estrangula las líneas de aprovisionamiento de los ingleses por el Mediterráneo les forzará a rendirse.

Para eso necesita Gibraltar.

«Ya sabemos lo que piensa Franco. Está de acuerdo en participar en la contienda, y sólo aguarda un momento propicio, lo más cercano posible al final, cuando Inglaterra esté a punto de rendirse. Eso evitaría el estrangulamiento de nuestro tráfico marítimo por la armada inglesa y los estropicios que nos podía causar su artillería en las ciudades costeras.» Su idea es apuntarse, a última hora, para figurar entre los vencedores a la hora del reparto del pastel, una maniobra que requiere un cálculo exquisito. Antes de dar el paso decisivo, debe asegurarse los suministros que necesitará en la eventualidad de un bloqueo marítimo inglés porque el petróleo y el trigo que consumen los españoles llegan a través del Atlántico, de Canadá y de Argentina, siempre con permiso de los ingleses.

El Caudillo no exagera lo apurado de su situación. En 1940 España consume la mitad del trigo que consumía antes de la guerra civil y sólo dispone de la mitad de los fertilizantes que empleó en 1929. A ello hay que sumar que la última cosecha ha sido desastrosa. Las necesidades de España se cifran en 300.000 toneladas de grano, 400.000 de gasolina y 200.000 de carbón, aparte de gasóleo, algodón y otras menudencias. Pero los apuros económicos no son el único escollo que hay que salvar. También aspira el Caudillo a construir un imperio a costa de los territorios franceses en el norte de África. Considera Franco que España fue objeto de un trato vejatorio cuando, en 1912, las potencias europeas dividieron Marruecos en dos protectorados, francés y español, y le entregaron a Francia la parte más rica, mientras que España sólo recibió «el hueso de la chuletilla marroquí», como lo describió gráficamente el rey Víctor Manuel de Italia.

Hitler, que en ese momento está negociando una alianza con el gobierno francés de Vichy, no puede acceder a las pretensiones de Franco, ni tampoco está dispuesto a cargar con la manutención de millones de españoles hambrientos.

—No firmaremos ningún papel —le advierte a Von Ribbentrop—. No podemos comprometernos por escrito a nada porque, además, dada la locuacidad de los latinos, cualquier promesa que le hagamos no tardarán en saberla los franceses.

Hitler desprecia a los españoles, a los que considera miembros de una raza inferior y, por supuesto, pretende que Franco lo secunde a cambio de nada, sólo por agradecimiento por la ayuda prestada durante la guerra civil.

Franco, por el contrario, se cree un gran estadista y piensa que puede codearse con Hitler en términos de casi igualdad, salvadas las diferencias.

Dan las tres y media, la hora fijada para el encuentro, y el tren español no aparece. «¡La puntualidad latina!» Con ocho minutos de retraso, debido al mal estado de las vías, entra en la estación el convoy que trae a Francisco Franco. Algo nervioso, embutido en su uniforme de capitán general, el Caudillo disimula su disgusto por llegar con retraso a su cita con el hombre más poderoso del mundo, el Führer de la nación que en un año ha devorado Polonia, Bélgica, Holanda, Dinamarca, Luxemburgo, y derrotado a Francia e Inglaterra. No será porque no había preparado con cuidado la reunión. Ha llegado la víspera a la estación de Alsasua, en un tren impulsado por una locomotora de vapor. Después de pernoctar en San Sebastián, en el palacio de Ayete, ha tomado otro tren, con locomotora eléctrica, para recorrer los 50 kilómetros que lo separaban de Hendaya. Iba con tiempo sobrado, pero, a pesar de todo, el deficiente estado de la vía ha determinado el pequeño retraso.

Cuando Franco se asoma a la portezuela del vagón *break*, de lujo,[153] exhibe una amplia sonrisa. Desciende al andén lo más ágilmente que puede, dadas sus piernas cortas y su incipiente barriga, y saluda obsequioso y cordial al Führer, cuya mano estrecha cálidamente con las dos suyas. Acompañan a Franco su cuñado y ministro de Exteriores, Serrano Súñer; el general Moscardó, jefe de la Casa Militar del Generalísimo; los intérpretes, barón de las Torres y Antonio Tovar; el encargado de Prensa y Propaganda, Jiménez Arnau y el director de la agencia EFE, el periodista Vicente Gallego.

La alfombra roja que han extendido a lo largo del andén es sobradamente larga, pero demasiado estrecha para que los dos dignatarios discurran por ella emparejados. Hitler la cede a Franco y camina sobre el cemento del andén. Los dos mandatarios pasan revista a las tropas que rinden honores. Franco, muy erguido, compensando su exigua estatura, alta la barbilla, que comienza a combarse en respetable papada, el gesto ufano del que vive un momento histórico, las manos rígidas, los dedos extendidos, con algo de autómata.

Suenan los himnos nacionales de los países respectivos.

Terminado el acto protocolario, que dura apenas diez minutos, comienza la reunión en el salón del tren de Hitler. Asisten además de Hitler y de Franco, los respectivos ministros de Exteriores, Von Ribbentrop y Serrano Súñer, y los intérpretes Gross y el barón de las Torres.

Franco hace una declaración de principios que el traductor Gross vierte al alemán:

—España agradece lo que Alemania ha hecho por nuestro país. España siempre ha estado aliada con el pueblo alemán, en espíritu y en lealtad, y sin ninguna reserva. España siempre se ha considerado parte del Eje, ya que durante la guerra civil los soldados de las tres naciones lucharon codo con codo. En la guerra actual, España lucharía gustosamente junto a Alemania. No obstante, hay di-

153. Fue construido por el Ministerio de Obras Públicas en 1929, para uso del rey Alfonso XIII y aunque lo barnizan con regularidad presenta ya un aspecto algo fatigado y no le faltan goteras.

ficultades que superar previamente, como de sobra sabe el Führer.

Hitler conoce esas dificultades. Franco se las ha expuesto anteriormente por carta, y Serrano Súñer en entrevistas personales. También conoce las reivindicaciones españolas sobre territorios africanos. Franco quiere cimentar el nuevo imperio español con Marruecos, Argel y el Oranesado, actualmente en poder de Francia. Además quiere ampliar el territorio del Sahara Español hasta el paralelo 20, y el de Guinea, y quiere, por supuesto, Gibraltar, que deberá ser ocupado por tropas españolas, aunque no descarta una discreta colaboración alemana. Además de territorios, Franco pretende que Hitler le suministre armas, alimentos y carburantes, porque España está en las últimas, apenas le llegan exportaciones a causa de la guerra, y no acaba de levantar cabeza.

Hitler sabe que esto es cierto. Los ingleses mantienen un bloqueo marítimo calculado y conceden contados permisos de importación de alimentos y carburantes. Procuran recordarle a Franco que ellos controlan el tráfico y pueden cerrar el grifo si España adopta una postura demasiado díscola y contraria a los intereses británicos.

Hitler, impaciente, toma la palabra. Como si no hubiera escuchado ninguna de las razones de Franco, se enzarza en un monólogo sobre la situación bélica. La guerra está ya decidida, Inglaterra, virtualmente vencida, y Estados Unidos no estará en situación de intervenir hasta pasados dos años. «Es decir, os conviene entrar en guerra ahora porque todo son ventajas. Si aplazáis la decisión, cuando acordéis intervenir será demasiado tarde.» Sus últimas palabras expresan una velada amenaza:

—Ahora soy el dueño de Europa. Tengo doscientas divisiones inactivas. No queda más remedio que obedecer.

Los dictadores discrepan. Además de la entrada de España en la guerra, Hitler aspira a instalar una base alemana en las islas Canarias, «para evitar», dice, «que los ingleses se adelanten y ocupen las islas». A cambio de todo sólo ofrece una vaga promesa de recompensar a España con territorios africanos cuando acabe la guerra.

Franco aguarda nerviosamente a que Hitler termine su parlamento. Cuando recupera la palabra insiste en sus peticiones.

Hitler no escucha. Se limita a exponer con mayor detalle su estrategia. Lo único que le interesa de la entrada en la guerra de España es que, entonces, tendrá a su alcance el peñón de Gibraltar y, suprimiendo esa base inglesa, que es la llave del Mediterráneo, estrangulará el tráfico marítimo entre Inglaterra y su imperio colonial.

Franco, machacón, vuelve a recordar las reivindicaciones territoriales de España, basadas en derechos históricos que explica detalladamente, sin advertir la creciente impaciencia de Hitler. Termina aludiendo a la necesidad de que Alemania la abastezca de cuantos productos de primera necesidad escasean como condición previa para entrar en la guerra. Hitler vuelve con sus argumentos sobre lo esencial: tomar Gibraltar y ganar la guerra. «España no debe demorar más su determinación pues no puede permanecer de espaldas a la realidad de los hechos y a que las tropas alemanas se encuentren ya en los Pirineos.» Franco finge no advertir la amenaza que esas últimas palabras encierran e insiste en lo suyo con terquedad gallega. A Hitler le aburre aquel diálogo de sordos. Durante el largo y prolijo monólogo de Franco, bosteza ostensiblemente entre catorce y dieciséis veces, según el recuento que harán, días después, entre bromas, los dos testigos españoles, Serrano Súñer y el barón de las Torres.

Cuando Franco termina, Hitler le dice: «Mi querido general, no puedo entregarle algo que todavía no me pertenece.» En un intento de despejar la situación, no aguarda a que Franco reanude su prolijo parlamento y le indica a Ribbentrop que entregue a Serrano Súñer un documento que traen ya preparado.

Hitler se pone en pie bruscamente, dando por terminada la reunión, cuando el reloj marca las seis y veinte. Franco, preocupado por la tirantez con que ha concluido el encuentro, intenta suavizar la despedida y tomando con las dos manos la que Hitler le tiende, declara: «A pesar de lo que he dicho, si llegara un día en que Alemania de verdad me necesitara, me tendría incondicionalmente a su lado y sin ninguna exigencia.» Serrano Súñer lo escucha, horrorizado «¿qué harán si Hitler le toma la palabra?», pero respira aliviado cuando advierte que el intérprete Gross no ha captado las imprudentes palabras del Caudillo y, por lo tanto, las ha dejado sin traducir.

Al salir del vagón, el barón de las Torres acierta a oír un ácido comentario de Hitler a Von Ribbentrop: «*Mit diesen Kerle kann man nichtsmachen* (Con esta gente no hay nada que hacer).»

De vuelta en su vagón, Franco estalla:

—¡Esto es intolerable! ¡Quieren que entremos en guerra a cambio de nada! No nos podemos fiar de ellos si no contraen el compromiso formal de cedernos desde ahora los territorios que nos pertenecen por derecho.

El documento preparado por los alemanes es de lo más preocupante: un acuerdo según el cual España entrará en guerra cuando Alemania se lo pida, sin contrapartida alguna. Se espera que Franco lo firme.

A las siete menos diez, Serrano Súñer se reúne con Von Ribbentrop para informarle de que el documento le parece inaceptable.

—¡Esto no es un acuerdo, es un *diktat* (imposición)! —exclama Serrano Súñer usando esa expresión alemana tan cara a la brutal diplomacia nazi.

Los dos ministros redactan el comunicado conjunto a la prensa: «El Führer se ha reunido hoy con el jefe de Estado, Generalísimo Franco, en la frontera hispano-francesa. La conversación se ha celebrado en el ambiente de camaradería y cordialidad existente entre ambas naciones.»

La cena, a la que Franco y su ministro están invitados, se sirve a las siete en el comedor del *Erika*. Los comensales recuperan algo de la cordialidad inicial mientras cuentan anécdotas militares. Levantados los manteles, a las diez y media de la noche, se reanudan las negociaciones, en un último intento de los alemanes por sacar algo en limpio. Otro fiasco. Durante hora y media, unos y otros reiteran sus posiciones repitiendo los mismos argumentos, Franco pide lo que Hitler no está dispuesto a conceder; Hitler lo quiere convencer de que entre en la guerra sin contrapartidas si pretende compartir el triunfo con los vencedores. Pasada la medianoche, Hitler, cansado y aburrido, le dice a Von Ribbentrop en alemán:

—¡Ya estoy harto! Como no hay nada que hacer nos entenderemos en Montoire.[154]

Hitler «se levanta groseramente de la mesa y, casi sin despedirse, se marcha. Luego recapacita y celebra una despedida oficial y correcta en el andén».[155]

El Führer acompaña a Franco a su tren. Con su arrogancia teutona, Von Ribbentrop le advierte a Serrano:

—A las ocho de la mañana tiene que estar aquí el protocolo del acuerdo.

Von Ribbentrop es un antiguo comerciante de vinos ascendido a ministro de Exteriores por su fidelidad al nazismo y por su conocimiento de idiomas, más que por sus méritos o por sus cualidades para la diplomacia, que son nulas. Goebbels, con su mala leche característica, lo define así: «Es un hombre extraordinario: cuando era niño ya sabía de relaciones internacionales tanto como ahora.»[156]

Franco se despide de Hitler con efusiva cordialidad y, en un intento de demostrarle respeto y afecto, permanece en la plataforma del vagón cumplimentando al Führer. Una brusca sacudida del tren al iniciar la marcha, le hace perder el equilibrio y está a punto de arrojarlo de bruces contra el andén, pero el general Moscardó lo sostiene, y evita el accidente.

El tren español, con su lujoso vagón real, se dirige a San Sebastián. Serrano Súñer, indignado por las presiones que ha tenido que soportar, se ha cerrado en una expresión hermética. Franco le pregunta su impresión al barón de las Torres.

—Con el debido respeto, mi general, pienso que son unos perturbados y unos maleducados.

154. Montoire-sur-Loire, la localidad francesa en la que Hitler estaba citado con Pétain al día siguiente.

155. Estos detalles se los confesó el propio Franco a Ricardo de la Cierva. Véase, Ricardo de la Cierva, *ZP, tres años de gobierno masónico*, Editorial Fénix, Madrid, 2007, p. 102.

156. Ribbentrop es alto y elegante, pero el aristocrático *von* que antecede a su apellido es totalmente espúreo y propio del advenedizo que es. Lo empezó a usar después de dar un sonado braguetazo casándose con la hija de un magnate del champán.

A las dos de la madrugada llegan al palacio de Ayete. Antes de irse a la cama, Franco le pide a Serrano Súñer que redacte un proyecto de protocolo «menos rígido que el alemán, que recoja nuestras condiciones dilatorias y nuestras reivindicaciones territoriales». Serrano Súñer se pone manos a la obra en compañía del director de Prensa y Propaganda, Jiménez Arnau.

Al filo de las cinco de la madrugada, con los gallos saludando al nuevo día en los jaulones de las azoteas, terminan el documento y se retiran a descansar.

Todavía no son las siete de la mañana cuando el ayudante de Franco, comandante Peral, despierta a Serrano Súñer para comunicarle que el embajador de España en Berlín, Espinosa de los Monteros, acaba de llegar de Hendaya y solicita entrevistarse con él urgentemente.

Serrano, malhumorado, se echa el abrigo sobre el pijama y recibe al embajador. El diplomático lo informa de la extrema irritación de Hitler por el resultado del encuentro. Cree que deben aplacarlo, accediendo a sus demandas. El asunto no admite dilación alguna.

Serrano Súñer , preocupado, despierta al Caudillo y lo informa, sin ocultar su indignación por el servilismo filonazi del embajador.

—Hay que tener paciencia —recomienda Franco conciliador—. Hoy somos yunque, mañana seremos martillo. Anda, que traigan una máquina de escribir y pasaremos a limpio el documento entre los dos.

Franco y su cuñado preparan el documento. España se une en secreto al Eje Berlín-Roma-Tokio y se compromete a entrar en la guerra en cuanto se den las condiciones necesarias.

El documento reconoce que «en cumplimiento de sus obligaciones como aliada, España intervendrá en la presente guerra contra Inglaterra al lado de las potencias del Eje, una vez que haya recibido la ayuda necesaria para su preparación militar, en el momento que se fije, de común acuerdo por las tres potencias [...]

Foto auténtica de Franco y Hitler en Hendaya. Franco luce en el pecho la Cruz del Águila alemana. En la trucada luce, en cambio, la Medalla Militar Individual.

Foto trucada que distribuyó la propaganda: el fondo es auténtico, tropas que rinden honores en la estación de Hendaya, pero Hitler y Franco se han recortado de otras fotografías anteriores para realzar la imagen del Caudillo.

Alemania garantizará a España ayuda económica, facilitándole alimentos y materias primas, así como haciéndose cargo de las necesidades del pueblo español y de las necesidades de la guerra».[157]

Amanece. El tren especial *Erika* se pone en marcha y abandona Hendaya en dirección a Montoire-sur-Loire, donde Hitler tiene concertada una entrevista con el mariscal Pétain, presidente del gobierno títere de la Francia de Vichy.

La prensa española de los días siguientes dedica amplio espacio a la entrevista del Caudillo y el Führer, subrayando que los dos líderes se entienden maravillosamente. En la abundante ilustración fotográfica que acompaña a los reportajes, Franco aparece obsequioso y quizá algo superado por el momento histórico que está viviendo, aparte de que en los planos de cuerpo entero destaca mucho su exigua estatura. La censura retira estas fotos —demasiado tarde— y las sustituye por otras trucadas. En las fotografías reales el Caudillo luce en el pecho una condecoración que el Führer le otorgó tiempo atrás, la Cruz del Águila Alemana. Por el contrario, las fotografías distribuidas por la agencia EFE, todas amañadas, muestran a un Franco ufano y seguro de sí mismo que parece dominar la situación y luce en el pecho la Medalla del Mérito Individual, una condecoración muy española. En realidad estas fotografías son recortes de instantáneas tomadas en ocasiones anteriores.

En el bar de Perico Chicote, donde al caer la tarde los estraperlistas enriquecidos toman sus *gin-fizz*, le cuentan al Chato Puertas un chiste sobre la entrevista de Hendaya. En un momento dado, Hitler amenaza a Franco:

157. La copia española del Protocolo Secreto se ha perdido, probablemente expurgada de los archivos del palacio de Santa Cruz al término de la segunda guerra mundial en un intento de eliminar las pruebas de la implicación de Franco en la contienda. Esta precaución se reveló, a la postre, inútil, puesto que la copia alemana se encontraba entre los archivos que los americanos confiscaron en Alemania, en la Wilhelmstrasse o en la Cancillería del Reich, y que enviaron a Estados Unidos. En 1960 el Departamento Norteamericano de Estado dio a la imprenta el Protocolo Secreto junto con otros documentos nazis de variado interés. Unos años después el historiador español Carlos Rojas detectó la existencia del interesante documento y lo publicó.

—Si no entras en la guerra a mi lado inmediatamente, mis tanques pueden ocupar España en dos semanas.

—¿En dos semanas? —replica Franco— ¡De eso nada! ¡No sabes tú cómo están las carreteras de España para tomarla en dos semanas!

No le falta razón al Caudillo. Más de la mitad de las vías españolas son de macadán, o sea de almendrilla (piedra machacada) cubierta de una fina capa de arena y compactada por una apisonadora, sin asfalto.[158] Al cuidado de estas carreteras están los peones camineros, que rellenan los baches y rozan las cunetas. Las herramientas del peón son la esportilla de esparto, la azada y el porro de mango largo, del que se sirve para partir las piedras. A veces se auxilia con un asno.

El peón vive con su familia en una modesta casilla de peones camineros, al borde de la carretera, en el tramo encomendado a su cuidado. La vivienda consta de dos habitaciones y un corral con media docena de gallinas y un jaulón con conejos. A veces, si hay agua cerca, se complementa con un huertecillo que queda al cuidado de la mujer. Algunos peones prefieren que la familia viva en el pueblo para que los niños puedan ir a la escuela, y se conforman con visitar el pueblo una vez al mes, para dormir con la parienta, mudarse de ropa y proveerse de alimentos.

El peón caminero suele ser un trabajador de pocos alcances, en la escala más baja de los que viven de sus manos. Cuando alguien enuncia una obviedad o una tontería se le reprocha: «Tienes cosas de peón caminero.»

Las carreteras no están señalizadas. La distancia hasta la próxima población se indica en letreros de fondo azul y letras blancas inscritos sobre los muros de las casillas de peones camineros. La única señalización se encuentra a la entrada y a la salida de la población: una placa metálica con el nombre del pueblo y una insignia falangista, el yugo y las flechas, de 2 metros de altura, hecha por el carpintero del pueblo, pintada de bermellón. El alcalde, y jefe local de Falange, se ocupa de mantenerlo en perfecto estado.

158. «Macadán» proviene del nombre de su inventor, el ingeniero de caminos escocés John Loudon Mac Adam (1756-1836) que ideó este tipo de firme hacia 1820.

Un mes después del encuentro de Hendaya, el 14 de noviembre de 1940, Von Ribbentrop cita a Serrano Súñer en el Nido del Águila, el retiro de Hitler en los Alpes bávaros.

—Se trata de continuar las conversaciones de Hendaya —informa Serrano Súñer a Franco—. Quieren fijar de una vez por todas la fecha de nuestra entrada en la guerra.

Serrano Súñer sugiere la conveniencia de consultar al Consejo de ministros antes de reunirse con Hitler.

—¿A mí qué me importa lo que opinen ésos? —corta Franco despreciativo.

—Paco, por lo menos convoca a los ministros militares a una reunión que tú presidas.

—A ésos, sí.

La reunión se fija aquella misma noche en El Pardo. Asisten el general Vigón, ministro del Aire, el almirante Moreno, de Marina, y el general Varela, de Tierra.

Informado del asunto, Varela expresa su opinión, con la rudeza elemental que lo caracteriza.

—¡No se va, y en paz!

—Mi general —objeta Serrano Súñer suavemente—, puede que ir tenga sus inconvenientes, pero si no vamos es posible que nos encontremos a los alemanes en Vitoria.

En el Nido del Águila, el chalet alpino de Hitler, decorado como «el de una solterona millonaria», según la autorizada opinión de Serrano, el ministro español advierte que la sala de operaciones está ocupada por gigantescos mapas de la península Ibérica en los que flechas y banderitas indican movimientos de tropas de norte a sur y en torno a Gibraltar. El Alto Estado Mayor alemán tiene diseñado, hasta en sus mínimos detalles, el plan de conquista del Peñón.

Hitler se reúne con su invitado en el piso superior. No se sirve café. Apenas acomodados, el Führer expresa su opinión. Ha llegado el momento de conquistar Gibraltar, sin más aplazamientos. El plan está minuciosamente preparado y las tropas dispuestas. Al bombardeo con aviones que despegarán de Francia seguirá el asalto por dos divisiones alemanas que se concentrarán en Burdeos y descenderán hasta Gibraltar pasando por Burgos, Valladolid, Salamanca y Sevilla.

El barón de las Torres traduce las palabras de Hitler como en un susurro, mientras que el otro traductor español, Antonio Tovar, toma notas.

Llega el turno de Serrano Súñer. El ministro expone la angustiosa situación de España. Si entra en la guerra dejará de recibir trigo y petróleo. La hambruna aniquilará a la población. Aun sin guerra, España sufre un déficit de un millón de toneladas de trigo.

Serrano Súñer remata su parlamento con un recurso sentimental.

—Mi querido Führer: no voy a hablaros más como ministro de Exteriores de España sino como el amigo que soy. Tanto el Caudillo como yo quisiéramos seguiros desde ahora mismo, pero España ¡no puede combatir! —Una lágrima se desliza de sus ojos velados... al menos no en este momento. ¡Mi Patria no resistiría el sacrificio!

Hitler, cansado o hastiado de la tozudez del español, tira la toalla.

—Está bien, ministro —concede—. Creo que España puede tomarse algún mes más para prepararse y decidirse, pero cuanto antes lo haga será mejor para todos.

Después toman el té distendidamente, en el salón de la planta baja.

La propaganda franquista divulgará, ya a toro pasado, que en Hendaya y después de Hendaya, Franco superó netamente a Hitler en inteligencia y habilidad diplomática, lo que salvó a España de implicarse en la Guerra Mundial. En realidad, lo que la salvó fue la angustiosa situación del país, postrado y hambriento, y la obstinación de Serrano Súñer, combinados con el hecho de que Hitler invadiera la URSS y aplazara sine díe sus planes sobre Gibraltar y el Mediterráneo. Incluso se llegó a decir que el retraso de Franco en Hendaya fue intencionado para provocar el nerviosismo de Hitler, lo que Serrano Súñer desmintió repetidamente (y Franco también). No hubo altanería ni astucia de los españoles porque, la verdad, es que la camisa no les llegaba al cuerpo.

España se mantendrá en su «no beligerancia» (un concepto más sutil que el de «neutralidad») aunque seguirá una política descaradamente pro germana hasta que, en 1943, el giro de la guerra, desfavorable al Eje, aconseje un planteamiento más decididamente neutral.

Arriba

MADRID, JUEVES 24 OCTUBRE DE 1940

ESPAÑA: UNA, GRANDE, LIBRE

FRANCO Y HITLER SE ENTREVISTARON AYER

La reunión se desarrolló en el ambiente de camaradería que existe entre España y Alemania

Fe y obediencia de la Falange en un día histórico

SERRANO SUÑER Y VON RIBBENTROP ASISTIERON A LAS CONVERSACIONES

EN FRANCIA, 23.— "El Führer ha tenido hoy con el Jefe del Estado español, Generalísimo Franco, una entrevista en la frontera hispanofrancesa. La entrevista ha tenido lugar en el ambiente de camaradería y cordialidad existentes entre ambas naciones. Tomaron parte en la conversación el ministro de Relaciones Exteriores del Reich, von Ribbentrop, y el ministro de Asuntos Exteriores de España, Sr. Serrano Suñer". (Efe.)

DESARROLLO DE LA HISTORICA REUNION

CAPÍTULO 21

Santander en llamas

Por indicación de Hitler, Mussolini invita a Franco a una entrevista en Italia. El Caudillo, que desconfía de los aviones desde que Sanjurjo y Mola se mataron en sendos accidentes, prefiere acudir en tren, cruzando la Francia de Vichy. El viaje será secreto. Antes de partir, Franco, siempre precavido, firma un protocolo que deja el gobierno en manos de un directorio formado por los generales Vigón, Varela y Bilbao «durante las horas que permanezca fuera del territorio nacional». La entrevista se celebra en el pueblecito fronterizo de Bordighera, y dura cuatro horas y media, en dos sesiones.[159]

Según unas versiones, Mussolini intenta convencer a Franco para que permita el paso de las tropas alemanas que tomarán Gibraltar, lo que Franco rechaza con el consabido argumento de que España no está preparada para otra guerra. Según otras versiones, Mussolini le aconseja a Franco, en confianza, de latino a latino, que se mantenga al margen de la contienda. Partido Franco, el Duce comenta con su secretario:

—¿Cómo se puede pedir que entre en la guerra a un país que sólo tiene pan para una semana?

A su paso por Montpellier, el tren se detiene para que Franco salude al general Pétain, presidente de la Francia de Vichy.[160]

159. El 12 de febrero de 1941.
160. El 16 de febrero de 1941.

Serrano Súñer, Franco y Mussolini posan tras la histórica entrevista de Bordighera.

Franco y Pétain son viejos conocidos, desde que el francés fue embajador de su país ante el gobierno de Burgos, en 1938. Existe buena sintonía entre ellos. La propaganda franquista cita a menudo que el general francés ha elogiado al Caudillo como «la espada más limpia de Europa».

Franco y Pétain con sus respectivos séquitos en la entrevista de Montpellier.

Pétain le devuelve a Franco la *Dama de Elche* (depositada en el Museo del Louvre desde su descubrimiento en 1897) como gesto de buena voluntad y hermandad entre los regímenes español y francés.[161]

Teófilo González ha adquirido una flamante radio Marconi 41, con altavoz elíptico y seis ensanches de banda. Está tan emocionado que no ve la hora en que conecten el fluido eléctrico para estrenarla. A las siete de la mañana, Radio Nacional emite el «parte» con la noticia de que un pavoroso incendio está arrasando la parte antigua de Santander. El temporal que atraviesa el Cantábri-

161. En periodos de exaltación nacionalista (española) o regionalista (valenciana), la *Dama de Elche* se convertirá en el tótem cultural que representa la nacionalidad española antes de Roma o de la cultura autóctona. En un texto de Pemán leemos: «La misma Dama de Elche aparece con la cabeza y el cuello pudorosamente cubierto de paños. Parece que las primitivas mujeres españolas estaban nada más que esperando que se levantara la primera iglesia de Cristo, preparadas ya con sus tocas para asistir a la primera misa.»

co, con rachas de vientos de más de doscientos kilómetros por hora, arrastra las sillas y veladores de hierro del paseo de Pereda, descuaja árboles, desprende cornisas y pulveriza las lunas de los escaparates. La caída de un cable de alta tensión, que esparce un reguero de chispas sobre el tejado de la casa número 20 de la calle Cádiz, inicia el fuego en la tarde del día 15. Avivadas por el temporal, las llamas se extienden rápidamente por toda la parte antigua de la ciudad.

Doña Petronila Jiménez-Enciso Méndez-Aguilar, duquesa viuda de Pradoancho, recibe una llamada telefónica de su amiga Pitita Méndez de Lezea y Soto, su fiel compañera en las partidas de *bridge* de los miércoles.

—¿Te has enterado, Petronila? Santander está en llamas. El barrio viejo arde como una falla.

—¿Y el casino? —pregunta doña Petronila con el corazón en vilo.

Aunque el Caudillo haya prohibido el juego y clausurado el casino de Santander, la duquesa de Pradoancho confía en que pronto se imponga el sentido común y la venerable institución abra de nuevo sus puertas a los clientes de toda la vida.

—Gracias a Dios, el casino se ha salvado —informa Pitita—, y los palacios modernistas del paseo marítimo y el banco de Santander, también.

—¡Coño, Pitita, haber empezado por ahí! —exclama la condesa, aliviada—. Si lo que se ha quemado es toda la cochambre del rojerío, eso que ganamos.

Durante todo el día, el incendio devora calle tras calle de la Puebla Vieja, sin que los bomberos puedan evitarlo. El vendaval, que no cesa, dispersa el agua de las mangueras. Al final, el Ejército practica un cortafuegos, demoliendo con dinamita un cinturón de edificios. El incendio se contiene.

La parte vieja de la ciudad, 37 calles que ocupan 14 hectáreas, se han reducido a escombros humeantes. Unas 6.000 viviendas han resultado destruidas. Las casi 30.000 personas que han perdido su hogar se albergan provisionalmente en cines, almacenes, escuelas, pensiones, hoteles e instalaciones deportivas.

En días sucesivos, la depauperada pero solidaria España responde al llamamiento de Auxilio Social, enviando trenes de alimentos y ropa de abrigo a los damnificados de Santander.

Si la tragedia de Santander no le causa quebranto a la duquesa de Pradoancho, la muerte de Alfonso XIII la sumirá en la más negra desesperación.[162]

Tras abandonar España en 1931, cuando se proclamó la República, Alfonso XIII, el Perjuro (tras jurar la Constitución apoyó el golpe de Estado de Primo de Rivera), se separó de su esposa, la reina Victoria Eugenia, con la que sólo mantenía una ficción conyugal, y estableció su residencia primero en el hotel Savoy de Fontainebleau, cerca de París, y, en 1934, en el Grand Hotel de Roma, con frecuentes viajes de placer a diversas capitales europeas y donde conservaba amistades galantes.

Por su parte, la reina se estableció en un palacete de Lausana, La Vieille Fontaine, adquirido con dinero procedente de la venta de un lote de joyas, en parte propiedad de la Corona española y, por tanto, inalienables. La reina es una británica fría e irónica, «tacaña con los demás, pero, en lo que la atañía, bastante manirrota».[163] Ya no es reina, pero vive como si lo fuera, con un cocinero francés y siete personas de servicio. Organiza en su mansión fiestas fastuosas, a las que invita a la aristocracia europea que ha huido de la guerra a la neutral Suiza, donde reproducen la existencia de rentistas despreocupados que antes de la guerra disfrutaban en La Riviera y en la Costa Azul.

Alfonso XIII presiente cercano su fin y abdica «de sus derechos sagrados» en su hijo Juan, conde de Barcelona.[164] El rey sólo tiene cincuenta y cinco años, pero está envejecido después de una agitada vida de monterías, deportes, alcohol, tabaco y sexo. Aque-

162. El 28 de febrero de 1941.

163. Eyre, Pilar, *Secretos y mentiras de la familia real*, La Esfera de los Libros, Madrid, 2007, p. 103.

164. El 15 de enero de 1941.

jado de una angina de pecho, sale poco d [illegible] tel; la número 32. Ha engordado. Su mé [illegible] d Hotel [illegible] ha prohibido el tabaco y el alcohol, pero él bebe continua[illegible], le Chartreuse y Martini, y fuma malolientes cigarrillos Laurens, uno tras otro.

—Para las ganas que tengo yo de vivir...

El rey se pasa el día tendido en su sillón ortopédico, atendido por sor Teresa y sor Inés, dos monjitas del Instituto de las Siervas de María, a las que de noche releva la duquesa de Victoria, que es enfermera titulada. Recibe algunas visitas de amigos y cortesanos y, cada tarde, la de su nuera doña María, a la que él apoda cariñosamente «María la Brava». Suegro y nuera comparten en cada visita una botella de champán de la Veuve Cliquot.

—El rey se encuentra mal de salud y no hace nada por curarse —confía la reina Victoria Eugenia a uno de sus cortesanos—. Sufre mucho la ausencia de España y el corazón le está fallando cada día más.

Victoria Eugenia, comprendiendo que el final de su esposo es inminente, se ha hospedado en el hotel Excelsior, enfrente del Grand Hotel. En algunas ocasiones ha intentado visitar al enfermo, pero Alfonso XIII se enfurece y grita «¡Fuera, fuera!» cuando le anuncian que ha llegado su esposa.

Alfonso XIII ha solicitado que le traigan el manto de la Virgen del Pilar. Cuando entra el médico a administrarle una inyección, Alfonso la rechaza:

—Un español, y católico, no tiene necesidad de inyecciones cuando recibe el manto de la Pilarica.

Tras una recaída, el doctor Frugoni sugiere que se le administre la extremaunción. El enfermo la recibe de su confesor particular, el jesuita Ulpiano López «en su plena lucidez, dando muestras de gran serenidad de espíritu». Después sufre un colapso, del que dos inyecciones de adrenalina no logran recuperarlo. A las doce menos nueve minutos de la mañana, entrega su alma al Creador.[165]

La familia real en pleno, que permanecía en la antecámara,

165. El 28 de febrero de 1941.

pasa a habitación mortuoria. Con la solemnidad que el momento requiere, doña Victoria Eugenia se arrodilla ante su hijo Juan y le besa la mano, reconociéndolo como rey.

—A rey muerto, rey puesto —dice Leyva, con *Informaciones* desplegado por las páginas obituarias.

—Si el Caudillo no dispone otra cosa —apunta Pepe, *el Barbero.*

Una prestigiosa empresa de pompas fúnebres reviste las paredes de la capilla ardiente del ex rey con paños negros decorados con las armas de la casa real y enciende seis velones de cera en torno al cadáver. Preside la estancia un crucifijo de plata sobre un tapiz rojo. Las monjitas españolas que atendían al rey se turnan ahora para orar ante su cadáver amortajado, con el manto blanco de Gran Maestre de las órdenes militares de Santiago, Calatrava, Malta y Montesa. Lo colocan dentro de un ataúd de cinc, en cuyo interior introducen una bolsita con tierra de todas las provincias españolas. El cadáver del rey encuentra acomodo en un nicho de la iglesia de Nuestra Señora de Montserrat, tras una sencilla lápida, bajo el monumento funerario de los papas españoles Calixto III y Alejandro VI (el Papa Borgia), con lo que se completa el trío de pájaros de cuenta.[166]

Se abre el testamento. El rey deja a la familia bien forrada: de los veinte millones de libras que tiene depositados en un banco de Londres, el tercio de libre disposición será para don Juan y los dos tercios restantes se repartirán entre los cuatro hijos: Jaime, Beatriz, Juan y Cristina. La reina recibirá el usufructo vitalicio de seis mil libras esterlinas.

Teófilo González se entera de la muerte del rey en el «parte» de la mañana.

—El Gobierno participa con hondo pesar en el sentimiento de la muerte de su majestad don Alfonso de Borbón y Habsburgo Lorena —lee con voz engolada el locutor—. Al comunicar al pueblo español la infausta noticia, cumple el piadoso deber de dispo-

166. Los restos de Alfonso serán repatriados treinta y nueve años después, y sepultados en el panteón real de El Escorial.

ner las honras fúnebres que procedan, y rendir el homenaje que es debido al soberano muerto lejos de su patria, cuyos destinos sirvió fervientemente desde su puesto de rey [...] El uno de marzo de 1941 será día de duelo nacional [...], en los edificios oficiales ondeará durante tres días la bandera nacional a media asta [...], en las capitales de provincia se celebrarán solemnes exequias por el eterno descanso de don Alfonso.

Doña Petronila, duquesa de Pradoancho, hace una hora de cola, con su abrigo de visón, estola y casquete a juego, soportando el frío del inverno madrileño, a las puertas del hotel Ritz, donde se ha instalado la mesa con los pliegos que recogen las condolencias de los monárquicos.

Pompas Fúnebres. Cajas de cinc. Traslado de restos en auto-furgonetas preparadas al efecto. Augusto Cabrera. Yagüe, 6. Peñarrolla-Pueblonuevo.

CAPÍTULO 22

El piojo verde ataca

El invierno ha sido excepcionalmente frío, especialmente para los españolitos que no tienen medios para calentarse y sufren dolorosos sabañones en pies, manos y orejas; pero llega abril y entra la primavera. El almanaque *El Zaragozano*, por el que se rigen tantos campesinos, presagia aguaceros y tormentas; el de *El Ermitaño* barrunta vientos frescos y húmedos. Ningún calendario avisa de que se avecina una epidemia de tifus exantemático, el popularmente conocido como *piojo verde*, que ocasiona gran mortandad, especialmente en los enclaves chabolistas que rodean las grandes ciudades.

En Sanidad, un director general, que viste camisa azul, convoca una reunión urgente de técnicos de bata blanca, que le informan de lo poco que puede hacerse.

—La epidemia de tifus exantemático se extiende por todo el país —reconoce el más cualificado.

—¿Y esa epidemia, en qué consiste? —pregunta el director general.

—La provocan los piojos, que inoculan en el cuero cabelludo el tifus exantemático producido por el bacilo *Rikketsia provazekii.*

—¡Ruso tenía que ser! —farfulla el director general.

—Es lo que antes se conocía como «fiebre de la cárcel», «del barco» o «de la guerra» —interviene otro técnico—. Es propia de lugares donde las personas se hacinan sin mucha higiene.

—El picor que produce lleva a la persona infectada a rascarse —prosigue el primero— hasta provocarse pequeñas heridas en las que las heces del piojo, portadoras de la bacteria, provocan nuevas infecciones. Después de unos días de incubación, el tifus se manifiesta violentamente en forma de dolores de cabeza y musculares y fiebres muy altas, erupción cutánea rojiza, manchas amoratadas y vómitos. Los casos más agudos acaban en coma, con resultado de muerte.

—¡Coño! —exclama el director general—. ¿Y cómo se combaten esos piojos?

—Con DDT, camarada, un producto nuevo alemán, pero no disponemos de las cantidades necesarias.[167]

Acuerdan, como medida preventiva, rapar la cabeza de todos los menores de las zonas deprimidas que por falta de higiene, y por estar subalimentados, son los más propensos a contraer la enfermedad.

—¿Y qué hacemos con lo del «hongo milagroso», camarada director general?

—¿De qué me hablas?

—La gente ignorante cree que macerando un níscalo blancuzco, de la familia de las talocitas, en una botella con agua que dejan al relente, y bebiendo un trago por la mañana, escapan del contagio.

—Déjalos que lo crean mientras solucionamos la papeleta —decide el director general—. A la gente hay que darle esperanzas.

Cuando el director llega a casa, toma medidas domésticas contra la epidemia. Por lo pronto, da instrucciones severas a la niñera de su hija Pilita, de siete años, para que no lleve a la niña al parque del Retiro hasta nueva orden.

—Los juegos en casa —advierte a su mujer—. Si se aburre, que invite a sus amigas a merendar, pero sólo a las de absoluta con-

167. El DDT, abreviatura de diclorodifeniticloroetano, pesticida desarrollado por Paul Müller y disponible desde 1939, es el remedio más moderno y eficiente para exterminar chinches, piojos, pulgas y otros parásitos causantes de enfermedades comunes. En España se carece también de las medicinas adecuadas para tratar el tifus: la aureomicina, la cloromicetina, las tetraciclinas y el ácido paraminobenzoico.

fianza. Nadie de medio pelo que pueda llenarnos la casa de liendres. Sácale los albumes de Nestlé y que se entretenga.[168]

Pilita no va a echar de menos los juegos en el parque. Tiene en su habitación muchos juguetes, y una casa de muñecas más alta que ella y enteramente amueblada. Además, la semana pasada sus abuelos le regalaron por su cumpleaños la nueva muñeca, Mariquita Pérez, que hace furor entre los niños de buena sociedad.[169] Mariquita Pérez vale 95 pesetas, pero a esta cantidad hay que sumarle el pre-

La muñeca Mariquita Pérez lista para colmar los sueños de las niñas españolas de familia acomodada.

168. Alude a los álbumes de Nestlé, «Las Maravillas del Mundo», para cromos engomados, que se vendían con chocolatinas extraplanas al precio de 50 céntimos. Sólo los pudientes lo podían costear.

169. Mariquita Pérez (en realidad, María Pérez) se puso a la venta el 11 de noviembre de 1940. La diseñó la aristócrata vasca Leonor Coello de Portugal asociada con Pilar Luca de Tena y el juguetero de Onil Bernabé Molina. Cuando crece la popularidad de Mariquita entre las niñas de la burguesía franquista (y sus mamás) sus creadores le inventan una biografía. Es hija de la noble

cio de los distintos vestiditos y complementos que irán apareciendo en años sucesivos, hasta completar un guardarropa de más de cien vestidos. Mariquita Pérez tiene la cabeza de cartón piedra, luce una peluca de cabello natural y sus ojos están dotados de pestañas móviles. Por el contrario, la muñeca Pepona de las niñas pobres sólo vale un duro pero es de cartón piedra, tiene pintados el pelo y los zapatitos y no se puede desvestir porque su único vestido va sujeto con un clavo a la espalda. No hay color.

---

vasca Marta Carvajal y Goicoechea y del bizarro oficial andaluz José Antonio Pérez de la Escalera. La muñeca se estuvo produciendo y vendiendo durante toda la era franquista, en distintas versiones, mejoradas con cuerpo de vinilo y distintos tonos y estilos de cabellera. A mediados de los años setenta empezaron a salirle competidoras más modernas, las Barbies, Nancies, etc., que se han ido renovando hasta las completísimas muñecas actuales que lloran, defecan y menstrúan con singular realismo.

CAPÍTULO 23

Tortilla de cardillos

El preso Antonio Buero Vallejo ocupa la celda 142 del penal del Dueso, en Santoña. Durante tres años, contemplará desde la ventana enrejada las marismas, el monte y el mar.

El preso Jacinto González, en la cárcel de Baeza, tiene menos suerte porque desde la ventana de su calabozo sólo ve un paredón de tapial en el que crece, esmirriada, una higuera loca.

Su mujer, Casilda, acude a visitarlo por el día de su santo. Le lleva un hatillo de ropa limpia y una fiambrera con una tortilla.

—¿De qué es la tortilla, mujer? —pregunta Jacinto.

—De cardillos, muy rica.

—¡Coño, la yerba para las vacas! —protesta el penado.

—A ver, Jacinto —se excusa Casilda—, lo que gana tu hijo no da para más alegrías, y eso que el pobre se desloma trabajando.

—Pues la mujer de mi compadre, Braulio, le trae chorizos y filetes de carne empanada.

Suspira Casilda armándose de paciencia.

—¡No me tires de la lengua, no me tires de la lengua...! —advierte.

—Lo que te digo —insiste Jacinto—. Braulio es igual de pobre que nosotros y come mucho mejor que yo.

—¡Sí, pero al Braulio le llegan ya los cuernos al techo! —estalla Casilda.

La brutal revelación del origen de los manjares que degusta su compadre deja a Jacinto anodadado. Después de un silencio meditativo, baja la voz al nivel de un susurro, que nadie los oiga, para decirle a su santa:

—Casilda, mujer, ¿y qué ventajas tengo yo con ser mocho?

En 1941 el informe de la Santa Misión predicada en Sevilla se ufana de que «solamente respecto a amancebamientos, se han corregido más de treinta mil, y no ha quedado preso en la cárcel sin comulgar».[170] Pero, el celante Episcopado advierte pronto que los nuevos conversos no perseveran en la fe y que la indiferencia religiosa es casi absoluta en los barrios obreros donde «se da una bajísima práctica del cumplimiento dominical en los adultos».[171]

«A los doce o trece años, los hijos de los obreros huyen positivamente de la catequesis [...], hay un alejamiento rápido de la Iglesia y, si entran en el trabajo a esa edad, participan de la mentalidad anticlerical que se respira en el mismo.»[172]

Don Próculo anota, resignado, en su informe trimestral que la mujer de la clase obrera, menos sujeta por la religión, es complaciente por naturaleza.[173] Si eso es malo en su parroquia, en los suburbios la situación es catastrófica.

Van para tres años que terminó la guerra y, como el hambre no remite, aumenta el número de mujeres que se prostituyen por alimentos. La Iglesia, consciente de sus limitaciones, desiste de evangelizar a la clase humilde y se limita a su clientela habitual. Los obispos denuncian la situación, y lamentan el rencoroso desdén con que los enclaves chabolistas ignoran las normas de decencia cristiana: «Hay una multitud semidesnuda y harapienta revolcándose en charcos fangosos, donde se tumban hombres, mujeres y ni-

170. Blázquez, *op. cit,* p. 57.

171. Gómez Pérez, R., *Política y religión en el Régimen de Franco*, Dopesa, Ed. Barcelona, 1976, p. 239.

172. *Ibid.*, p. 24.

173. Vallejo-Nájera, Juan Antonio, *Antes que te cases*, Ed. Plus Ultra, Madrid, 1946, p. 194.

ños en un casi imposible hacinamiento.»[174] «El incesto es bastante usual en las abarrotadas viviendas.»[175]

La madrileña zona del puente de Vallecas, habitada por más de ochenta mil vecinos, es una «zona infranqueable a los ideales sanos donde reina la promiscuidad».[176] Muchas chicas bien parecidas escapan del barrio en cuanto alcanzan la pubertad y se trasladan al centro para ejercer la prostitución.

Si los indigentes observan una moralidad relajada, los obreros no les van a la zaga: en los bailes de candil de los sábados y de los domingos, la escasa iluminación favorece pecaminosas intimidades.

En el otro extremo de la escala social, el de la gente acomodada, la que acude a los jardines nocturnos del Ritz, y demás oasis para privilegiados y pudientes, también vulneran las normas de moralidad. Aunque vayan a misa y asistan a los sermones dominicales, da la impresión de que por un oído les entra y por otro les sale.

En los dos extremos del arco social, reinan el descoco moral y la indiferencia religiosa. Entonces, ¿quién mantiene encendida la llama de la pureza? Naturalmente, la clase media, los de siempre, los custodios de las formas. En este amplio segmento social, la aproximación entre los sexos resulta mucho más ardua.

Teófilo González ha cumplido ya los diecinueve y ahora trabaja, de día, en la chatarrería y, de noche, hasta las dos de la madrugada, de ayudante de linotipista en el *Jaén*, diario provincial del Movimiento, un puesto que ha conseguido de la gracia del director, don Alfredo Montes Pascua, que es cliente del café Lion d'Or. A Teófilo le gustaría echarse novia, que ya va teniendo edad, pero con la madre a su cargo y un sueldo de miseria no se lo puede permitir. Como muchos chicos en su misma situación, frecuenta burdeles de medio pelo, por lo general instalados en calles apartadas de barrios céntricos.

En estos burdeles con olor a col hervida, el ambiente es más fa-

174. Martín Gaite, *op. cit.*, p. 95.

175. De Miguel, Amando, *Los españoles,* Ed. Temas de Hoy, Madrid, 1990, p. 133.

176. Martín Gaite, *op. cit.*, p. 95.

miliar y entrañable que en los de alto copete. Casi todas las internas son sencillas chicas pueblerinas, con las rollizas piernas afeitadas a cuchilla, que se han entregado a la mala vida porque han tenido un traspiés con el novio: «Eran muy caseras, pues siempre se las veía empeñadas en los quehaceres [...]: una se lavaba los pies, otra se zurcía las medias y una tercera pelaba patatas y, la de más allá, planchaba toallas de servicio o las prendas interiores de todas ellas.»[177]

En estos establecimientos, las tertulias del salón son más animadas, a veces en torno a una mesa camilla con brasero. En algunos sitios se juega al parchís o se anima a la clientela rifando ocupaciones, a peseta el boleto.

En las horas de faena, se percibe un afanoso subir y bajar de criadas, o el mozo de los recados, por la escalera de servicio. En el burdel de la Encarni, calle Cruz Verde, número 3, subiendo al castillo, el palanganero es un retrasado mental, Rafalito Cañada Requesón, al que la patrona tiene recogido por caridad. Rafalito lleva agua caliente de la cocina a las habitaciones cada vez que la patrona se asoma al *office* y avisa:

—¡Agua al siete! —Y, a veces, añade—: ¡Aire, que es para hoy!

Es que los días de mucha bulla, casi siempre vísperas de fiestas de guardar, no se puede perder un minuto.

Con las vueltas de la vida, Casilda Ronzal, la criada del escribiente de notarías de Zafra, ha terminado de puta en Madrid, en una casa de la calle Echegaray, el núcleo del puterío madrileño, formado por calles fácilmente identificables sobre el callejero porque todas tienen nombre de santo. Como tantas putas hispanas, Casildita es una mujer tierna y hogareña que no ha renunciado a encontrar un hombre bueno que se fije en ella y que la redima llevándola al altar o poniéndole un pisito. Algunas compañeras suyas incluso juegan a hacerse las estrechas y advierten al cliente caprichoso: «Aquí se va a lo normal, que somos decentes, ¿eh?» Quieren decir que se niegan al encabalgamiento posterior, aunque la introducción se haga por el conducto usual; a recibir besos en la boca, como no sea con los labios apretados; y a participar en numeritos

177. *Ibid.*, p. 118.

de viciosos como *menage à trois*. Algunas también rechazan la *fellatio* o mamada, pretextando que engorda una barbaridad.[178] Ciertos prostíbulos incluso advierten AQUÍ NO SE HACE EL FRANCÉS, en un cartel colocado en lugar visible, para que nadie se llame a engaño. Casilda, no. Ella es mejor mandada y hace lo que el cliente pida, que para eso paga.

—Yo aquí estoy para dar gustos, que bastantes disgustos nos da la vida.

Los prostíbulos más humildes, los de la clase obrera, están instalados en las calles más sórdidas y solitarias de los barrios limítrofes, entre mugre y escombros, cerca de las fábricas. Las rabizas que prestan sus servicios a este nivel suelen ser veteranas retiradas de los burdeles de categoría superior. Por cada puta que asciende profesionalmente, hay diez que bajan de categoría y de tarifas, a medida que se les van aflojando las carnes y van cambiando dientes por arrugas. A este nivel, la coima no está ya para fingir alegrías y por las cuatro perras que percibe no se anda con miramientos ni atenciones. A lo mejor se entretiene en examinarse las uñas durante la cabalgada, lo que a veces provoca el reproche del cliente sensible:

—No aspiro yo a que me jures amor eterno —se queja uno—, pero por lo menos podías poner un poco de interés.

A este respecto, el laureado académico Camilo José Cela rinde un valioso testimonio sobre su primera experencia: «Me inicié en los arcanos del rijo con una esquinera de la calle del Desengaño, rubia teñida, más bien metida en carnes y muy perfumada, que me chistó, me enseñó una teta y me catequizó sin mayor esfuerzo [...] durante el acto, mi *paternaire* me tenía abrazado, y mientras yo hacía lo que podía, ella calcetaba una bufanda para un hijo [...]: la lana me hacía cosquillas en la espalda y no faltó nada para que me estrenara con un gatillazo.»[179]

178. Absurdo prejuicio ya que, como es sabido, el semen es un exudado estéril, sin valor nutritivo alguno.

179. Cela, Camilo José, «Memorias», en Revista «Gente» de Diario 16, cap. XIII, p. 102.

Algunas meretrices humildes son pluriempleadas. Por la tarde trabajan en uno de los escasos baile-taxi que han sobrevivido a la guerra, para paletos y militares sin graduación, y por la noche reciben en el prostíbulo a los clientes que han captado por la tarde.

CAPÍTULO 24

Rusia es culpable

El 22 de junio de 1941, a las siete de la mañana, todavía no hace calor en Madrid, aunque el aire calmo presagia un día tórrido.

Y movido.

Serrano Súñer , apenas incorporado a su despacho en el Ministerio de Exteriores, recibe un comunicado de Alemania.

Lo lee dos veces, la mano temblorosa, «¡El Führer ha decretado el ataque contra la URSS!». A esta hora, tres millones de soldados alemanes avanzan, incontenibles, por suelo soviético. La Luftwaffe está aniquilando los aparatos comunistas en tierra.

La noticia es una bomba. Serrano Súñer convoca a su chófer, que estaba desayunando en el cuerpo de guardia.

—¡Santiago, el coche, que vamos a El Pardo ahora mismo!

El *Cuñadísimo* informa a Franco: Alemania está en guerra contra la URSS. Se veía venir. Aquella alianza contra natura entre nazis y soviéticos que tanto mortificó a los fascistas españoles ha terminado como el rosario de la aurora.

El mapa político internacional se altera bastante con los alemanes luchando contra los soviéticos y abriendo un segundo frente. Por lo pronto, eso significa que se olvidarán de España y de Gibraltar.

«Menos mal. Ya podemos respirar tranquilos.»

¿Qué actitud debe adoptar España ante la nueva situación? Franco convoca un Consejo de Ministros. Está fuera de discusión que debemos enviar un contingente de tropas para luchar contra el comunismo. Tenemos que devolverles la visita que nos hicieron en la guerra, apoyando a los rojos con armas y técnicos. Serrano Súñer aboga porque sea una unidad integrada por voluntarios falangistas; el general Varela, su cordial enemigo, insiste en que debe ser una unidad del Ejército.

—¿Y cómo se llamará la unidad? —pregunta el ministro Arrese.

—División Azul.

—¡Qué División Azul ni qué niño muerto! —salta Varela, ministro del Ejército—. ¡Qué tontería! ¡Tiene que ser una división del Ejército español!

—No diga usted tonterías, mi general —interviene Serrano Súñer —. ¿Usted sabe lo que está diciendo?

«Yo estaba al lado de Franco —recordará Serrano Súñer—, que no paraba de darme puntapiés por debajo de la mesa para que me callara.»

—¿Es que también va a meterse en las cosas de los militares? —replica Varela.

—Yo me meto en cosas de España y de sentido común —responde Serrano—. Como no puede llamarse esa tropa, como no puede ser, es una de las divisiones del Ejército español... Porque si tal fuera estamos en guerra con Rusia. Y, para mí, el gran logro de esta división es que vean los alemanes que somos sinceros y que en la modesta medida de lo que podemos, entramos en la vía de acción, pero ¡no como nación, sino como unos españoles que tienen derecho a ser germanófilos y a ser voluntarios! ¡Una división del Ejército español de ninguna manera, a eso me opongo, me levanto y me marcho! ¡Esto sería la guerra! ¡Se necesita ser muy ignorante y muy irresponsable!

«A estas alturas, yo ya no tenía zapatos, [...] fue una situación muy agria, donde yo llamé tonto a Varela y Franco me estropeó los zapatos.»[180]

Franco zanja la discusión: está de acuerdo con Serrano en que

180. Moreno Juliá, Xavier, *La División Azul*, Crítica, S. L., Barcelona, 2005, pp. 69-70.

enviar una división del Ejército equivale a entrar en guerra. Calma a Varela y convoca la próxima reunión para el día siguiente.

Al final mandará la unidad Muñoz Grandes, un general que satisface por igual a militares y a falangistas.

La bomba informativa se refleja en los titulares de los periódicos: «El mundo civilizado contra la barbarie roja», titula en portada el *ABC*.

Una manifestación multitudinaria recorre las calles de Madrid y se concentra frente a la Secretaría General del Movimiento, calle Alcalá, 44. Serrano Súñer se asoma al balcón y solicita silencio:

—¡Camaradas, no es hora de discursos, pero sí de que la Falange dicte en estos momentos la sentencia condenatoria! ¡Rusia es culpable! Culpable de la muerte de José Antonio, nuestro fundador. Y de la muerte de tantos camaradas y de tantos soldados caídos en aquella guerra por la agresión del comunismo ruso. ¡El exterminio de la Rusia soviética es exigencia de la Historia y del porvenir de Europa!

En medio de delirante entusiasmo, la muchedumbre entona el *Cara al Sol*. Después, un grupo de los más exaltados se dirige a la embajada de Londres y abuchea a Gran Bretaña.

El día 27 se crea la División Española de Voluntarios, más conocida por División Azul. Se abren oficinas de reclutamiento en las principales ciudades españolas. A la patriótica convocatoria contra Rusia, responden más de dieciocho mil españoles, la mayoría jóvenes falangistas. Tampoco faltan aventureros deseosos de formar parte de las victoriosas fuerzas alemanas o incluso antiguos izquierdistas que de este modo esperan redimir su pasado y encontrar trabajo en la España de Franco. El conjunto resultante, en el que abundan los jóvenes profesionales y los estudiantes, presenta una capacidad intelectual superior a la media del país. El entusiasmo de los que se alistan es mayor en Madrid que en Barcelona.[181]

Los militares no desean que sea un cuerpo demasiado falan-

181. El *seny*, claro.

Productores voluntarios para Alemania parten alborozados de la estación madrileña engalanada con profusión de banderas nacionales, falangistas y nazis.

Tres divisionarios españoles de regreso de Rusia pasean por las gloriosas ruinas de la ciudad universitaria de Madrid luciendo camisa falangista ornada con una variedad de insignias alemanas y españolas: el cisne de Cisneros con escudo ajedrezado, emblema del SEU, el águila alemana y la cinta de la Cruz de Hierro.

gista. Los jefes, oficiales y dos tercios de los suboficiales serán militares profesionales. No importa. El entusiasmo falangista lo admite todo. Incluso militantes de relieve, y de cierta edad e importancia, aceptan enrolarse como soldados rasos, entre ellos catorce jerarcas, cinco consejeros nacionales, cuatro gobernadores civiles y el catedrático de la Universidad de Madrid, Fernando María de Castiella.

Muñoz Grandes, acepta el mando de la División, a pesar de que sus circunstancias personales lo inclinan por permanecer en España. Su mujer está gravemente enferma de tuberculosis y su hijo de cinco años tiene una salud delicada.

Antonio López Guerra, de veintiocho años de edad, domiciliado en Badajoz, calle de Concepción Arenal, número 45, albañil, delincuente a tiempo parcial, ex presidiario y ex legionario en la guerra civil piensa que si se alista en la División Azul, a lo mejor le conceden la portería de algún inmueble, o lo hacen conserje de un casino cuando regrese del frente. Antonio aspira a un puesto en el que se trabaje poco y se cobre a fin de mes, más las pagas extras de Navidad y del 18 de Julio. Acompañan a Antonio otros voluntarios más cualificados, entre ellos el ideólogo de Falange y escritor Dionisio Ridruejo, el futuro cineasta Luis García Berlanga, el hijo del alcalde de Madrid, Alberto Alcocer (piloto de caza, que será de los primeros en morir), los novelistas Tomás Salvador y Álvaro de la Iglesia, y un conjunto de jóvenes entusiastas, algunos con estudios, otros con oficio; otros, sin oficio ni beneficio.

Cada divisionario tiene sus motivaciones.

—Mi familia sugirió lo de mi enrolamiento en la División Azul —cuenta el cineasta García Berlanga—. «Será un tanto a favor de tu padre. ¡Un hijo en la heroica y, sobre todo, desigual lucha contra el comunismo!» No sé hasta qué punto mi heroico sacrificio fue útil, pero mi padre, condenado a muerte, no fue ejecutado. Me sentí un héroe durante un breve tiempo. Luego supe que mi familia había practicado «el estraperlo de la muerte», la compra de vidas a precios astronómicos. Si pagabas, conmutaban la pena por cadena perpetua. Si no, paredón y fosa. Mi familia vendió casi todas sus pertenencias para pagar, bajo cuerda, los millones en los que «ciertos militares» habían tasado la vida del senador republicano, diputado y algo más que fue mi padre... Aunque antes que nada era un honesto demócrata.[182]

Muchos años después, ya en la democracia, coincidieron José Luis Pinillos, ex divisionario y a la sazón afamado psicólogo, y el intelectual Pedro Laín Entralgo, quien, después de un pasado notoriamente falangista, había evolucionado hacia posiciones más democráticas, como tantos de su generación que interpretaron «el caminar del Sol» de su himno en clave de girasol, siempre mirando al Sol que más calienta. Salió a colación la participación de Pinillos en la División Azul y Laín Entralgo le preguntó:

—¿Y por qué te metiste en la División Azul, José Luis?

Pinillos le respondió con cierta sorna:

—¡Joder, Pedro! ¿Y tú me lo preguntas? Fui porque tú decías que había que ir.[183]

La expedición de voluntarios para luchar en Rusia parte de la estación del Norte, entre delirantes manifestaciones de entusiasmo. Novias, esposas y familiares lloran despidiendo a los héroes.

—¡Que te cuides, Pablo! ¡Que te abrigues! ¡Que no te metas en líos! ¡Que escribas!

Asisten al acto, además de Muñoz Grandes, varios generales, ministros, jerarcas y los embajadores de Italia y Alemania. Con cierto retraso, llega Serrano Súñer, que se dirige a la multitud.

—¡Camaradas! ¡Soldados! En el momento de vuestra partida, venimos a despediros con alegría y con envidia, porque vais a vengar las muertes de nuestros hermanos; porque vais a defender el destino de una civilización que no puede morir; porque vais a destruir el inhumano, bárbaro y criminal sistema del comunismo ruso.

De las demás provincias ha salido un nutrido contingente de voluntarios para concentrarse en los cuarteles de Madrid. En el tra-

182. Franco, Jess, *Bienvenido mister cagada, Memorias caóticas de Luis García Berlanga*, Ed. Aguilar, Madrid, 2005, p. 18.

183. Entre los conversos se cuenta también Eduardo Haro Teclen que elogiaba «la figura egregia del Caudillo Franco» en el diario *Informaciones*, del 20 de noviembre de 1944.

yecto, exhiben pancartas y banderas. Al pasar por los pueblos y por las estaciones, escuadras de camaradas los vitorean. Una oleada de orgullo nacional conmueve al país.

En la barbería El Siglo, Pepe Ayllón lee en voz alta los titulares de *ABC*: «El pueblo español en su Cruzada contra Rusia. Sevilla tensa de entusiasmo hizo entrega emocionada de banderines a los cruzados que marchan a Rusia. El acto, grandioso y solemne, se celebró en la plaza de San Fernando.»

La marcha del tren expedicionario hacia la frontera francesa es igualmente triunfal. Las estaciones y los apeaderos del trayecto aparecen engalanados con pancartas y banderas. En Hendaya, los voluntarios transbordan a vagones alemanes. Cruzan Francia sin novedad, aunque cosechando esporádicos insultos de exiliados republicanos. Cuando entran en Alemania, el panorama cambia: muchachas de trenzas rubias y de pechos apretados en los corpiños del traje nacional bávaro los reciben en las estaciones del trayecto con flores y golosinas.

Alguno cree que todo el monte es orégano. Al apearse en la estación de destino, una adolescente rubia lo besa en la mejilla y ya cree que le va a echar tres antes de que decline el día.

El destino final es el campo de instrucción de Grafenwöhr, Baviera, cerca de la frontera checa, donde les aguarda un mes de duro entrenamiento. Muñoz Grandes y algunos oficiales se muestran inquietos. Los infelices temen que Rusia se rinda y la guerra se acabe sin darles tiempo a intervenir.

La verdad es que no hay cuidado de que eso ocurra. El incontenible avance alemán se ha detenido a 60 kilómetros de Moscú. Hasta allí duró la cuerda de la poderosa Wehrmacht. A partir de aquí el *Üntermensch* (infrahombre) eslavo le batirá el cobre, sin miramiento alguno, al *Übermensch* (superhombre) ario, hasta acabar en Berlín.

De acuerdo con el mando alemán, los españoles intensifican su entrenamiento para cumplir en menos de un mes lo que normalmente lleva un trimestre. Los rudimentos de la instrucción los aprenden sin problema. Lo que no acaban de aceptar es la rígida disciplina prusiana. Los instructores albergan serias dudas sobre la efectividad en combate de gente tan indisciplinada, hombres que abordan a mujeres a las que no han sido presentados, reclutas notoriamente descuidados en lo que se refiere a limpieza del armamento y pulcritud del uniforme e incapaces de saludar correctamente a los superiores.

A este propósito, circula un chiste: Muñoz Grandes recorre el campo de entrenamiento en compañía de varios generales alemanes. Uno de ellos hace notar al español que sus compatriotas permanecen con las manos en los bolsillos en lugar de cuadrarse y saludar reglamentariamente:

—Es que tienen que sujetarse los cojones, que les pesan mucho —los disculpa Muñoz Grandes, perfectamente serio.

La potencia genital de los divisionarios se manifiesta también en sus himnos, que exponen, con entusiasmo machacón, el proyecto colectivo de los forjadores de Imperio:

Ahora que Franco ha ganado la guerra,
rumba, la rumba, rum... ba,
para volver a empezar
tomaremos Gibraltar.
¡Tómala sí, un día; tómala, sí, un... dos!
Si nos da por la elegancia
tomaremos toda Francia.
Y si nos falta tierra
tomaremos Inglaterra.
Si tomamos una barca
tomaremos Dinamarca.
Tomaremos, porque sí,
el imperio marroquí.
Entraremos en la estepa
gritando «¡Viva la Pepa!»
Cuando estemos en Moscú
Tomaremos un vermú.
Al entrar en Leningrado
tomaremos un helado.
Rusia es cuestión de un día
para nuestra infantería
pero acabaremos antes

gracias a los antitanques.
Al volver de nuevo a España
tomaremos una caña.
Tomaremos un tranvía
porque ya viene mi tía.
Fumaremos un pitillo
que nos regala el Caudillo.

Hay otros problemas. Los divisionarios no acaban de apreciar el rancho alemán: carne hervida, col agria y patatas sin ajo, ni aceite, ni aliños, que a muchos les provoca diarreas y gastritis. Muñoz Grandes consigue que les envíen de España garbanzos, alubias, chorizo, morcilla, vino y tabaco negro.

A mediados de agosto, los voluntarios españoles juran solemnemente obediencia a Hitler. En el banquete de despedida no falta codillo, salchichas, col agria (que se dejan en el plato) y cerveza. Al día siguiente, los meten en vagones destartalados y los envían al frente ruso.[184] Entre el flamante equipo que les han entregado figura una cajita que contiene la «ración de hierro», unas galletas energéticas y unas pastillas de chocolate y de carne concentrada que sólo consumirán, previo permiso del alto mando, si se ven rodeados por el enemigo y en trance de morir de inanición. Como es natural, a los pocos kilómetros todos se han comido su «ración de hierro».

—El chocolate, un poco amargo —comenta un voluntario mientras se escarba la dentadura con un mondadientes.

—Y los azucarillos un tanto insípidos —añade otro.

—¿Qué azucarillos?

—Los pequeñitos. Esos que parecían dados.

—¿Qué dices, camarada? ¡Te has comido las pastillas contra las fiebres palúdicas!

—Mejor. Más sano estoy.

Al cruzar Polonia, comienzan las hazañas de los entusiastas guerreros meridionales. El conde Ciano, ministro de Exteriores de Italia y yerno de Mussolini, consigna en su *Diario*: «Los voluntarios españoles se quejan del frío y quieren mujeres, ya que el bromuro,

184. El 20 de agosto de 1941.

tan eficaz para los alemanes, no les hace mella. Después de muchas protestas, el comandante alemán los autorizó a ir a un burdel e hizo que les repartieran preservativos, pero después hubo contraorden pues estaba prohibida toda relación con polacas. Los españoles, en protesta, inflaron los preservativos como si fueran globos y los colocaron en las bocachas de sus fusiles.»

El tren los deja en Suwalky, una destartalada estación de la frontera polaca. Reunión de oficiales en un edificio cercano. La tropa desparramada por la estación fuma, juega, escribe cartas, bebe y charla. Regresa un oficial con cara de pocos amigos.

—¿Ya hemos llegado, mi teniente? —le pregunta uno de sus hombres.

—Todavía no, el frente está a unos mil kilómetros de aquí.

—¿Y cuándo llega el tren?

—No hay tren: iremos andando.

—¿Andando?

—Sí, hombre: andando, caminando, en el *coche de san Fernando*.

Se divulga la noticia. Por lo visto no hay trenes disponibles ni esos camiones y vehículos de transporte de tropas que aparecen en la revista *Signal* y en los reportajes cinematográficos de la UFA. Los voluntarios españoles deberán dirigirse al sector del frente que se les ha asignado, cerca de Smolenko, después de cruzar a pie Lituania, Bielorrusia y un trecho de Rusia.

En total unos 1.000 kilómetros, 53 jornadas, a razón de unos 35 kilómetros diarios, con un equipo de 22 kilos a la espalda.

Jodidos, pero contentos, los voluntarios no pierden su entusiasmo.

Todavía.

Marchan cantando:

Tenemos que recorrer
mil kilómetros andando
para luego demostrar
lo que llevamos colgando.

El embajador español en Berlín, nuestro viejo conocido, el conde de Mayalde, no disimula su indignación: «El Tercer Reich consideró a la División Azul como un conjunto de indeseables. Prueba de este desprecio es que tuvieron que ir al frente ruso andando desde Polonia, en una larga marcha de cuarenta días y mil kilómetros, mientras que los soldados alemanes disponían de medios motorizados en abundancia.»

Parece que la abundancia de medios no es tal. Esas estupendas columnas motorizadas que tanto lucen en los reportajes responden más a la hábil propaganda de Goebbels que a la realidad. De hecho, lo que más se observan en las carreteras que atraviesan los voluntarios españoles son carros tirados por mulos y caballos.

En Grodno los españoles tienen problemas con la estricta policía militar alemana cuando ofrecen víveres y cigarrillos a los judíos de la ciudad. Se acumulan las quejas contra estos soldados que «circulan por la calle con la guerrera desabrochada, fuman en las guardias, circulan por dirección prohibida, organizan farras, pasean del brazo con muchachas, practican el trueque y confraternizan con la población civil».[185]

A mediados de octubre de 1941 los españoles alcanzan su destino, en torno a Leningrado, sector de Novgorod, a lo largo del río Volchov que desemboca en el lago Ilmen. Cubren unos cincuenta kilómetros de un frente de importancia secundaria.

Se acabaron las alegrías. Llegan las miserias y las fatigas. Ataques y contraataques, con temperaturas que en invierno no suben de 45 grados bajo cero.

Sangrientos combates contra masas de tanques e infantes soviéticos mejor pertrechados. Los alemanes se sorprenden del valor y la destreza de los españoles, aunque les siguen reprochando su fal-

185. Togores, Lis E., *Muñoz Grandes*, p. 276. Los divisionarios españoles hicieron buenas migas con la población rusa allá adonde fueron. Todavía algunos de ellos siguen manteniendo correspondencia con las gráciles muchachas que conocieron, hoy orondas matronas de papada y cara rubicunda, a las que, en muchos casos, ayudan con envíos de dinero y con regalos en las difíciles circunstancias que atraviesa la población tras los decenios de gobierno comunista.

ta de uniformidad, acrecentada por su tendencia a usar armas, botas y gorros capturados al enemigo, más calentitos y mejor acondicionados para el invierno que los del equipo alemán.

Comienza el calvario de los que cantaban:

Rusia es cuestión de un día
para nuestra infantería,
pero venceremos antes
gracias a los antitanques.

Letra que acaban cambiando por esta otra:

Rusia NO es cuestión de un día
para nuestra infantería,
pero palmaremos antes
gracias a los grandes tanques.

El único consuelo son los aguinaldos navideños que reciben los divisionarios en sus helados refugios. Acurrucados alrededor de la estufa, abren paquetes individuales procedentes de la lejana España: botellas de coñac (o sea, «aguardiente de Jerez»), ropa de abrigo y tabaco de distintas marcas: cuarterones, Ideales, Bisonte. A muchos se les saltan las lágrimas; otros, lloran abiertamente. Todo ello procede de una colecta nacional organizada por la Sección Femenina, que ha conseguido la solidaridad de particulares, instituciones y empresas.[186]

En dos años de lucha pasan por Rusia, en distintos relevos, hasta 47.000 voluntarios, de los que mueren 4.954, 8.700 resultan heridos, 2.137 mutilados, 1.600 congelados, 372 prisioneros y 7.800 enferman. «Un índice de bajas superior al cincuenta por ciento, lo que significa que uno de cada dos divisionarios pagó con la vida, la salud o la libertad su incorporación a la División Azul.»[187] Los últimos prisioneros regresarán el año 1954, en el barco *Semiramis*.

186. El 6 de diciembre de 1941 salen de Madrid trenes de vituallas para abastecer a los divisionarios.

187. Moreno Juliá, *op. cit.*, p. 312.

Pepe, el barbero de El Siglo, sacude el mandilón de Leyva, al que acaba de arreglar los cuatro pelos, y comprueba si hay en la barbería ropa tendida, es decir, gente de poco fiar.

—¿Sabéis el último? Están Franco, Hitler y Mussolini, y dice el Führer:

—En Alemania hemos representado la ópera *Sigfrido* de Wagner con dos mil actores...

—Eso no es nada —dice Mussolini, al que los ingleses han dado *pal* pelo en África—. Los italianos hemos representado *La fuga de Egipto* con cincuenta mil actores.

—Eso no es nada —dice Franco—. En España representamos todos los días *Los miserables* con veintitrés millones de actores.

La División Azul rechaza con éxito varios ataques bolcheviques

Berlín.— La División Azul de voluntarios españoles —declaran los círculos militares berlineses—, ha rechazado ayer, con todo éxito, varios ataques de las fuerzas de choque enemigas en el sector septentrional de frente del Este.—Efe.

CAPÍTULO 25

El Caudillo se construye una pirámide

Comienzan en Cuelgamuros las obras de la basílica del Valle de los Caídos.[188]

Franco ha pensado un edificio híbrido de panteón-santuario y monasterio, al estilo del cercano El Escorial, aunque de moderno diseño.

—Un monumento que perpetúe, por los siglos de los siglos, el espíritu de la Cruzada y que acoja cristianamente a caídos de los dos bandos —asegura un portavoz.

Se allegan los medios. Primero se construye un campamento con casas modestas, naves, almacenes y talleres para los cientos de trabajadores, entre los que abundan los mineros y barreneros que horadarán la montaña. A éstos, se sumarán unos cientos de presos acogidos al Patronato de Redención de Penas por el Trabajo, entre ellos Jacinto González, el padre de Teófilo. También el padre de Paco Rabal. El actor pasa allí parte de su infancia. Muchos trabajadores se llevan a la familia. Algunos morirán de silicosis, la enfermedad del minero.

En el costado de la montaña se excava una cripta larga y estrecha, de 11 metros de ancho por otros tantos de altura, rematada en bóveda de medio cañón, con capillas laterales. Según los planos, debe desembocar en un ensanchamiento rematado en cúpula.[189]

188. Se terminarán en 1958, al coste de más de mil millones de pesetas.
189. El proyecto inicial del arquitecto Pedro Muguruza será ejecutado

Franco visita las obras regularmente y señala algunas modificaciones. No le acaba de gustar la cripta.

—Esto parece un túnel —objeta—. Hay que ampliarla.

La amplían a 22 metros de anchura y altura, justo el doble. Ahora sigue pareciendo un túnel, pero al menos recuerda menos el del metro.

Lo último que se construye es la cruz monumental, la más grande del mundo, que tiene por pedestal la montaña misma, una cruz de 150 metros de altura, maciza, con un cuerpo de hormigón armado revestido exteriormente de granito que alberga en su eje un ascensor y una escalera de caracol. En la cruz se emplean 45.000 toneladas de hormigón y 8.000 de hierro. La cruz descansa sobre un pedestal formado por las esculturas colosales, de 18 metros de altura, de los cuatro evangelistas, obra de Juan de Ávalos. En el entronque con la cruz figuran las Virtudes que Franco hace suyas: Prudencia, Justicia, Fortaleza y Templanza, 16 metros de altura.[190]

La cruz puede soportar vientos de hasta 340 kilómetros por hora. Está calculada para que dure, al menos, mil años. Como el Reich alemán.

En el subterráneo de la basílica yacen 33.872 cadáveres de los dos bandos procedentes de fosas comunes excavadas en los diferentes campos de batalla de la guerra civil. Bajo la cúpula central, bajo pesadas losas de granito, recibirán sepultura, en su momento, Franco y José Antonio Primo de Rivera.

---

por el arquitecto Diego Méndez González. La primera cruz diseñada por Muguruza, notablemente hortera y recargada, acaba siendo sustituida por la definitiva, más sencilla y airosa, diseñada por Félix Huarte en 1950.

190. Al periodista Tomás Borrás le parecerá la Novena Maravilla del Mundo. Otros lo consideran el bodrio arquitectónico de un dictador megalómano.

CAPÍTULO 26

Productores para Alemania

El verano se presenta largo y caluroso. Ha llovido poco, el cereal ha crecido esmirriado y, a pesar del cacareado convenio con Argentina para abastecimiento de trigo, el pan escasea como de costumbre.[191]

Cunde el hambre. No hay trabajo. No se columbran en el horizonte días mejores para la depauperada población. Los periódicos y las emisoras informan sobre la posibilidad de obtener un puesto de trabajo en Alemania. Los alemanes en edad de combatir están en los frentes, circunstancia que ha producido muchas vacantes en campos y fábricas. El Gobierno alemán ofrece puestos de trabajo a los productores españoles.

Muchos se animan. Alemania es un país en guerra, pero los frentes quedan lejos. No hay peligro.

El convenio laboral hispano-alemán prevee el envío de 100.000 trabajadores españoles, ambiciosa cifra que la cruel realidad rebajará a 4.200.

—Todos los parados tendrán ocasión de hacer unas buenas pesetas —comenta Amaro, el barbero del salón de peluquería La Higiénica Nacional mientras repasa el filo de la navaja por la cinta de badana.

—Yo, si no fuera por lo que es, me apuntaba —declara Casimiro Holgado.

191. El convenio se firma el 8 de febrero de 1941.

Los trabajadores aspirantes deben estar sanos, además de libres de obligaciones militares durante los dos años que durará su contrato. Casimiro Holgado está relativamente sano y ya no está en edad militar, pero le falta el brazo derecho, que perdió en el frente de Extremadura, luchando del lado equivocado, durante la Cruzada de Liberación, por lo que no tiene derecho a pensión alguna. Al principio, se ganaba la vida cogiendo cardillos y espárragos en su pueblo de La Mancha. Como la necesidad aguza el ingenio, pelaba las hojas espinosas de los cardillos con su única mano antes de arrancarlos.

Luego pensó que mejor podría vivir de la mendicidad, se metió en un mercancías que pasaba por Valdepeñas y se fue a Madrid donde invirtió sus ahorros en un certificado que compró a la familia de un Caballero Mutilado recientemente fallecido de tisis, o sea, tuberculosis. Con la nueva identidad, fingiendo que había hecho la guerra en el bando nacional, pedía limosna por cafés y paseos, y había días que se sacaba hasta 30 pesetas, más que suficiente para pagarse un cuarto que compartía con otros dos compañeros en la pensión Los Chorros del Oro, calle del Desengaño, número 5, primero derecha. El negocio le marchaba viento en popa, aparte del sobresueldo que sacaba vendiendo cigarros sueltos, piedras de mechero y gomas (o sea, condones) en un cine de la Gran Vía. Un buen día apareció un suelto en los periódicos y pegado en las esquinas que decía: «La Dirección General de Mutilados de Guerra por la Patria pone en conocimiento del público en general que los Caballeros Mutilados de la categoría que sean, absolutos, permanentes y útiles, los privados de la vista o de sus miembros les está prohibido que hagan jamás y en parte alguna pública ostentación de sus mutilaciones moviendo a excesiva compasión o solicitando dádivas u otros obsequios, siendo de general conocimiento que el Estado español atiende a los caballeros mutilados absolutos con extraordinaria largueza.»

Durante unos días Casimiro tiene que esquivar a los guardias. Luego las aguas vuelven a su cauce y los mutilados siguen mendigando sin agobios de la autoridad. Ésa es la ventaja de la *Nueva España*: que aunque no hay día que no se dicte media docena de decretos leyes, regulaciones y normas de obligado cumplimiento, ya son tantos que nadie se acuerda de ellos ni para cumplirlos ni para hacerlos cumplir. Ahora Casimiro redondea sus ingresos haciendo recados a los clientes de La Higiénica Nacional y vendiendo agua que pregona «¡A perrachica la *panzá*!» en el estadio, en la plaza de toros y en el parque del Retiro.

El día que sale el primer tren de productores españoles rumbo a Alemania,[192] Casimiro se presenta en la estación del Norte con su cántaro de agua y su cinturón-canana de vasos dispuesto a calmar la sed de los expedicionarios a cambio de unas perras. La estación está engalanada con numerosas colgaduras y banderas españolas, de Falange y nazis. Los familiares de los que parten los lloran, los abrazan, les hacen las últimas recomendaciones, les alargan la fiambrera con la tortilla de patatas, «que ya te la dejabas», les dan tientos a la bota de vino, que pasa de mano en mano entre los que se van y los que se quedan, y responden con entusiasmo a los vivas a Hitler, a Franco, a España, a la Revolución Nacional Sindicalista, a la Virgen de la Paloma y al Cristo de Medinaceli. Son unos seiscientos obreros especializados: electricistas, torneros, mineros, fontaneros, carpinteros y peones.

Cada viajero lleva una maleta de madera o un macuto. Los inspectores alemanes examinan algunos equipajes para cerciorarse de que contienen el ajuar reglamentario, a saber: cuatro pares de calcetines, un par de calzoncillos, otro de camisetas, tres camisas, dos pares de pañuelos, dos toallas, un traje, un pantalón, un jersey de lana, un abrigo grueso, un par de botas de piel, una bufanda, un gorro de lana y útiles de afeitar. Los ropavejeros de El Rastro han hecho su agosto estos días. A los que no han conseguido reunir el ajuar, la Oficina Interministerial (CIPETA) le facilita las prendas necesarias cuyo importe se descontará del primer sueldo. Un avispado comercio, El Corte Inglés, recién trasladado a la calle Preciados, donde ocupa el antiguo local de los almacenes El Águila, ofrece el ajuar del emigrante en un lote, a un precio especial.

En la estación del Norte no cabe un alma. Desde una tarima

192. El 24 de noviembre de 1941.

adornada con banderas nazis y españolas, arenga a los productores el ministro de Trabajo, José Antonio Girón, corpulento, camisa azul, bigotito recortado:

—¡Vais a representar a España con orgullo español y falangista! Con vuestro esfuerzo contribuiréis a la victoria del nuevo orden europeo además de hacer honor al compromiso contraído por el Gobierno de España con las autoridades alemanas.

Los productores españoles en Alemania vienen a salir por unas 200 pesetas a la semana, algo más si trabajan a destajo, pero en su conjunto el paraíso alemán los decepciona. «A los dos meses de nuestra estancia nuestra alimentación comenzó a flojear —recuerda un productor— porque los nabos cocidos sin grasa no suministraban las fuerzas necesarias para el trabajo. Nos pusimos en huelga y nos negamos a bajar a la mina y a los dos días nos dieron patatas en lugar de nabos, muchas patatas: cocidas, aliñadas, en puré y a veces lentejas, alubias o macarrones y de postre un trozo de bizcocho. En la cantina podíamos comprar tomates, pimientos y pepinos para hacer picadillo o gazpacho, pero eso sí, sin aceite, con margarina.»

Para colmo, los productores españoles experimentan las emociones fuertes que suministran los cada vez más frecuentes bombardeos de la aviación aliada. Los que regresan a España de permiso o enfermos corren la voz de que en Alemania no atan los perros con longanizas. A principios de 1942 escasean los trabajadores dispuestos a ir a Alemania. Visiblemente contrariados, los representantes del Ministerio alemán de Trabajo, proponen al Gobierno que les ceda a los presos. Franco rechaza la idea. Ese año sólo embarcan 4.000 productores, un número que no alcanza para paliar las bajas de los que regresan de vacaciones y ya no vuelven.

CAPÍTULO 27

Éramos pocos y parió la abuela

El teniente José Fernández Rodríguez entra entusiasmado en la cantina del cuartel del Carmen. Trae noticias frescas a sus conmilitones que salen de la guardia y se están desayunando un papelón de churros con infusión de manzanilla y anís.[193]

—¡Nenes, ayer al amanecer un enjambre de aviones japoneses hundió la flota americana del Pacífico sin previa declaración de guerra![194] ¡Los alemanes y los italianos le han declarado la guerra a los americanos!

El nombre de Pearl Harbor se va a hacer famoso en los noticiarios de todo el mundo.

—Éramos pocos y parió la abuela —comenta, con cierta tristeza, el teniente Cosme Figueras.

No se habla de otra cosa en España. Se hacen cábalas sobre si ganarán los americanos, con toda su industria, o los aparentemente invencibles alemanes. Algunos aducen que el Caudillo, que es infalible, ha sentenciado ya que los aliados perderán la guerra.[195]

Entre los pocos que no se preocupan del asunto figura el Chato Puertas. Él tiene otras cosas en que pensar. Esta mañana ha he-

193. La combinación de manzanilla, chorrito de anís dulce y churros para mojar es ideal para templar el cuerpo en las frías mañanitas de diciembre.

194. El 7 de diciembre de 1941.

195. En el discurso conmemorativo del 18 de julio de 1941.

cho un par de tratos en el café Roma, lugar de reunión de estraperlistas y peces gordos, convenientemente situado frente al Ministerio de Industria, y después ha girado visita en cinco despachos de tres ministerios, donde ha repartido cartones de Philip Morris y ha untado la mano con billetes de 1.000 a otros tantos altos funcionarios para que no interfieran en su negocio y para que le concedan contratas de suministros. Su lema es: «Vive y deja vivir. Todos ganamos y todos contentos.» Satisfecho de las gestiones del día, decide darse un homenaje: buen almuerzo regado de vino de Rueda y casquete con siesta en La Uruguaya.

Normalmente toma un taxi, que para eso se lo puede permitir, pero en esta ocasión baja al metro para entrar en contacto con la gente miserable que viaja en el suburbano. Es un pequeño homenaje que se permite de vez en cuando, la autoindulgencia de constatar el abismo que ha abierto entre su destino natural de pobre aperreado y el estatus que ha alcanzado con su trabajo e inteligencia.

Una vieja con las piernas hinchadas por las varices pregona su mercancía:

—¡Los hay de noventa! ¡Tengo rubios! ¡A real el noventa! ¡Los hay de hebra!

Otra vendedora, más joven, con cara de harpía, pregona lo suyo, sonriendo, con descaro al equívoco:

—¡Lo tengo negro y rajao!

El Chato se dirige a la vieja varicosa:

—Buena mujer, ¿cuánto vale toda la mercancía?

La mujer lo mira con desconfianza. Advierte el yugo y las flechas de plata en la solapa.

—¡Ay, buen hombre, que no tengo amparo en el mundo, déjeme usted!

Lo ha tomado por policía secreta.

—¡Que cuánto vale! —se impacienta el Chato.

—No pasará de dos duros... —dice la pobre mujer. La otra vendedora, la harpía, ha puesto pies en polvorosa.

El Chato Puertas extrae un billete de 25 pesetas de la billetera y se lo entrega, rumboso.

—Tenga usted, madre. Y hoy se va a su casa y pone las piernas a descansar.

Reconfortado por su buena acción, el estraperlista se sienta a almorzar en el restaurante Casa Ciriaco, un lugar frecuentado por hombres de negocios y viajantes catalanes del ramo textil. Se despoja de la chaqueta, la cuelga en el respaldo de la silla, se sienta, desabrocha los gemelos de oro con sus iniciales, se remanga la camisa dejando al aire los brazos robustos y peludos, despliega la servilleta y se la mete por el cuello para proteger la corbata, que es de seda. Da dos sonoras palmadas. Un camarero acude, obsequioso.

—Buenas tardes, don Ildefonso, me alegro de verlo. No sé si sabrá usted que tenemos nueva normativa. Hemos tenido que quitar la carta de platos. Ahora el Ministerio nos obliga a ofrecer solamente dos clases de menú: el corriente, que vale diez pesetas, y el especial, que vale cuarenta.[196]

—¿Y eso?

El camarero se encoge de hombros.

—Será para dar ejemplo. Como hay tanta hambre...

—¡Me cago en la leche! —se indigna el Chato Puertas—. Seguro que en la casa del que se ha inventado la ley no tienen menú especial. Yo lo que quiero son callos, ¿hay o no?

—Están en el menú corriente.

—Pues ponme callos como para tres menús corrientes. Traes tres platos bien servidos, que parezca que tengo dos invitados que han ido a mear y en paz. El pan ya lo pongo yo.

El Chato Puertas abre la lujosa cartera de cuero personalizada con sus iniciales góticas a fuego. Lleva en ella, además de los documentos de sus negocios y del último ejemplar de la revista humorística *La Codorniz*, un bollo de pan candeal, de los de antes de la guerra, obsequio del gerente de la panificadora Virgen de la Paloma, a la que surte de harina candeal de primera calidad. Hace muchos meses que los españoles más desafortunados comen boroña, el correoso y amarillo pan de maíz, procedente de un barco que atra-

196. El decreto se emite el 15 de agosto de 1941, pero tarda en surtir efecto, como todo.

có en el puerto de Alicante. La boroña se desmiga en bolitas al partirla y no empapa nada la salsa. Un asco.

Mientras devora los callos con avidez animal, mojando abundante pan en la salsa picante, el Chato Puertas comenta la actualidad nacional con el camarero.

—No sé adónde vamos a llegar con las *jodías* restricciones. ¿Te quieres creer que en Sevilla no hay cerveza porque se han quedado sin cebada?[197]

—¿No hay cerveza?

—Ni una gota. Estuve la semana pasada, pido una cerveza en El Salero y el Tronío y el que atendía la barra me dice que no hay y luego, por lo bajini, que si quiero una cerveza fresquita, que me la sirve en un reservado. Por lo visto la traen de Málaga y de Córdoba, y te la venden de extranjis, más cara que el jamón.

—No sé adónde vamos a llegar.

—Pagando la comisión, ya sabe usted, se llega a donde uno quiere.

Lleva razón el camarero viejo que tanta vida ha visto, reflexiona el Chato mientras observa la clientela a su alrededor, cada cual a lo suyo: el catalán que está acordando la comisión para que le amplíen el cupo de algodón que necesita para su fábrica; el ladrillero que soborna para que le aumenten el número de vagones que puede usar para enviar su producto a los mercados; la mujer y la hija del rojo represaliado que han vendido el patrimonio familiar y acuerdan la entrega de una cantidad al funcionario de Justicia que puede aliviar la pena del penado.

—No puede ser por menos de quince mil pesetas, señora.

—Miré usted, por el amor de Dios, que sólo hemos podido juntar trece mil doscientas.

—Lo siento, señora —se excusa el funcionario—. Yo tengo que untar muchas manos y si se lo rebajo no saco el mínimo para darle de comer a mi familia. ¿Usted cree que yo me arriesgo a que me fusilen por gusto?

197. La ciudad no vuelve a probar la cerveza hasta junio de 1942, en que vuelve a aparecer, aunque limitada a sábados y domingos.

Mañana jueves, día del plato único. Disciplina. Austeridad. No dejes de sacrificarte un poco por los que tanto se sacrifican por ti.

Diego Medina Jódar, escribiente de Abastecimientos, tiene desplegado el periódico *Arriba* sobre la mesa y está leyendo en voz alta una disposición que afecta al colectivo funcionarial:

«El ya antiguo hábito de trasnochar impuesto en la capital de la nación por una minoría ociosa, y extendido al resto del país, ha ido paulatinamente afectando a nuestras costumbres que, naturalmente, reflejan el desorden que en la vida ordinaria implica el anormal aprovechamiento del tiempo que aquella práctica perniciosa produce...»

—Total, todo ese sermón ¿en qué acaba? —se impacienta su compañero José Ramón Rivas Bedmar.

Diego lee un poco más abajo:

—Los espectáculos se cerrarán a las doce de la noche y los bares, cafés y salas de fiestas a la una.

—¡Para esto hemos hecho una guerra, para que los curas nos metan en cintura! —se queja José Ramón, que ha olvidado que pasó la contienda enchufado en un almacén de retaguardia.

—A ver. Te recuerdo que fue una Cruzada.

José Ramón se acerca a su amigo y le dice, bajando la voz:

—Es que Franco se ha hecho un meapilas, por influencia de su señora.

—Mira bien lo que dices —le advierte Diego mirando a uno y otro lado—, a ver si te la vas a jugar.

José Ramón no es el único que está insatisfecho con Franco. Los generales monárquicos Aranda, Orgaz, Kindelán, García Escámez y Vigón quieren que abandone el poder y lo devuelva al heredero de la Corona. Eugenio Vegas Latapie, el coordinador, visita a generales descontentos para unirlos a la causa monárquica.[198]

198. Los generales no acabaron de ver claro el porvenir del pretendiente y fueron desertando de su causa unos meses después, en la primavera de 1942.

El mismo objetivo persiguen los monárquicos juanistas, que, según el más conspicuo de ellos, José María de Areilza, no llegarán a mil en toda España. Otros opinan que cabrían en un autobús.

Envían representantes a Berlín, con la esperanza de interesar a los nazis en la causa de don Juan como repuesto del Régimen, «arruinado y aborrecido», de Franco. También intentan atraerse al general Muñoz Grandes. Se reúnen con él en el hotel Florida y lo invitan a comer en el restaurante Lhardy. A Muñoz Grandes lo contraría que Millán Astray, incondicional de Franco, lo sorprenda allí acompañado por José María de Areilza.

«Don Juan está jugando la partida a tres bandas: sintonía, aún, con Franco; contacto abierto con Inglaterra [...], mientras sondea si con la influencia de Alemania se podría precipitar la restauración.»[199]

La gestión alemana alcanza escaso éxito.

Paralelamente, se desarrolla una conspiración falangista que sueña con desbancar a Franco, con ayuda de Hitler, para involucrar a España en la guerra mundial.

José María de Areilza escribe una carta a don Juan de Borbón en la que le comunica que el general Muñoz Grandes está descontento con la marcha de las cosas y que Franco le ha designado jefe de la División Azul, precisamente para alejarlo de España.[200] A Areilza le parece que el general es partidario de la restauración monárquica. Aconseja a don Juan que se entreviste con él en Berlín.

Dado el prestigio de Muñoz Grandes en Berlín, cualquier solución que patrocine será acogida allí con simpatía y benevolencia. En realidad Areilza y los otros monárquicos ven fervientes fidelidades donde sólo existen tibias simpatías.

Los británicos han ideado un plan para restaurar la monarquía en España y, de paso, arrimar el ascua a su sardina. Se trata de proclamar rey a don Juan, permitiendo que Franco se mantenga como jefe del Gobierno durante un tiempo, en la transición a la demo-

199. Palacios, Jesús, *La España totalitaria*, Ed. Planeta, Barcelona, 1999, p. 379.

200. La carta está fechada el 15 de diciembre de 1941.

cracia. Muñoz Grandes será ministro del Ejército o Defensa (englobando los tres Ministerios de Tierra, Mar y Aire).

Cuando le comunican el plan a Muñoz Grandes su respuesta es tajante:

—Prefiero ser el último general de división de Franco antes que ministro de Defensa de una monarquía desacreditada y servidor de Inglaterra.

A Muñoz Grandes no le gustaban los ingleses. Como tantos falangistas se dolía de lo de Gibraltar.

Cuando Carrero Blanco supo la reacción de Muñoz Grandes, comentó:

—Ya me quedo tranquilo.[201]

Franco reconoce a don Juan como único y legítimo representante del Régimen tradicional «pero los intereses de la patria exigen que se complete el programa de su Movimiento».[202] Don Juan responde que sería conveniente poner plazo a esa realización para que la idea de la futura monarquía vaya arraigando en el pueblo.

Don Juan carece, por su formación y por su temperamento, de las cualidades necesarias para navegar por las turbias aguas de la política. Los aduladores de su entorno lo han presentado como un patriota austero y de costumbres morigeradas, pero otras personas que lo conocen en la intimidad lo encuentran «infantil, vanidoso, poco inteligente, bruto y mala persona».[203] Josep Tarradellas, el líder catalán, lo cataloga de bocazas, la peor tacha que puede tener un político: «Se ha condenado por hablar demasiado.»[204] Toda su vida se dejará dirigir por un consejo privado en el que coexisten distintas corrientes, a veces contradictorias, lo que explica el rumbo errático de su pensamiento. Uno de sus valedores, el derechista Gil Robles, enjuicia así sus cualidades: «¡Qué irreflexión, qué falta de

201. De la Cierva, Ricardo, *Secretos de la Historia*, Editorial Fénix, Madrid, 2003, p. 182.

202. Carta del 30 de septiembre de 1941.

203. Dampierre, Emanuela de, *Memorias,* La Esfera de los Libros, Madrid, 2003, *passim.*

204. Vilallonga, *Memorias, IV*, p. 199.

criterio, qué carencia de dotes de mando, qué ausencia de cualidades políticas revela don Juan y qué triste porvenir se adivina para la Patria!»[205]

Tampoco sus consejeros tienen muy claro el camino. Hoy juegan la carta pro nazi y cortejan a Hitler pensando que puede sustituir a Franco por don Juan; mañana cortejan a los ingleses y sueñan con el desembarco de Juan III, ya rey de España, a bordo de un crucero inglés, en una hipotética invasión de Canarias. «Parecía pesar sobre el Pretendiente el signo fatal de decidirse por el consejo peor, pues es difícil hacerse acreedor de un cúmulo tal de errores.»[206]

¿Bilis? Evitas sus molestias tomando manzanilla La Espigadora.

205. Gil Robles, José María, *La monarquía por la que yo luché*, Ed. Taurus, Madrid, 1976, p. 72.

206. Garriga, Ramón, *La España de Franco: de la División Azul al pacto con los Estados Unidos*, Ed. José M. Cajida Jr., La Puebla, 1977, p. 624.

CAPÍTULO 28

Franco guionista de cine

El mundo puede estar ardiendo por los cuatro costados, pero en el reducto de paz que es España florecen el arte y la sensibilidad.

El 5 de enero de 1942, en el Palacio de la Música de Madrid, se estrena, con gran expectación, la película *Raza.*

El estreno de *Raza* es el acontecimiento social y cultural del año: «Todas las mujeres íbamos con traje largo y, los hombres, de esmoquin —recuerda Ana Mariscal—. Había focos en la puerta, alfombras hasta los coches y cientos de personas a los lados...»

Asisten al estreno el ministro de Exteriores, Ramón Serrano Súñer, el ministro de Educación Nacional, el de Industria y Comercio y diversos altos cargos y jerarquías.

La razón de tan ilustre concurrencia es un secreto a voces. El guionista de la película es, en realidad, Francisco Franco, que esconde sus aficiones literarias tras el seudónimo Jaime de Andrade. El guión le ha costado años de esfuerzo y de correcciones, que una obra maestra no se pare así como así, pero la versión oficiosa sostiene que se lo ha dictado a su taquígrafo Manuel Lozano «de un tirón, paseando por el despacho».

La película nos narra la historia de «una familia hidalga, los Churruca, imagen fiel de las familias españolas que han resistido los duros embates del materialismo». Los Churruca, descendientes del ilustre marino de Trafalgar, son los tres huérfanos de un oficial muerto en la guerra de Cuba heroicamente (y cristianamente: antes de expirar besó la medalla de su madre). El mayor, Jaime, fraile, consagra su vida a cuidar niños enfermos hasta que es asesinado por las turbas de la CNT que saquean su convento. El segundo, José —verdadero protagonista, álter ego de Franco— es un militar de heroico comportamiento en la guerra civil. El tercer hermano, Pedro, es un político que apoya a la República hasta que advierte su error, rectifica y predica la verdad de la España sublevada contra la República:

—Los nacionales tienen razón —reconoce ante sus correligionarios republicanos—. Ellos harán una España honrada; nosotros la haríamos de criminales y de asesinos. Siento odio y desprecio hacia vosotros, hacia mí mismo.

Lo asesinan, claro.

Franco retrata en los Churruca a la familia que le hubiera gustado tener. La realidad fue francamente decepcionante.

El padre de Franco, Nicolás Franco Salgado-Araujo, fue un intendente de la Armada, mujeriego y bebedor, que abandonó a una esposa triste y rezadora por una amante alegre. El antiguo intendente de la Armada residió en Madrid, en un piso de la calle Fuencarral, hasta su fallecimiento, al parecer en la cama de otra amante.[207] Franco, muy unido a su madre, una señora abnegada que sobreprotegía a este hijo debilucho, no quiso saber de él.

Los hermanos del Caudillo, Nicolás y Ramón, salieron tan mujeriegos como el padre. Nicolás, el mayor, fue un *bon vivant* manirroto y noctámbulo, que se hizo famoso por sus galanteos extramatrimoniales en Lisboa, donde ejerció de embajador durante la guerra, y después en Biarritz. A su regreso, en 1942, llevó a Madrid a una amante que moriría en accidente poco después.[208]

El guión de *Raza* condensa, en vivas imágenes, el pensamien-

207. El 22 de febrero de 1942. El padre de Franco siempre había sido liberal y mujeriego. De soltero había tenido otro hijo en Filipinas, Eugenio Franco Puey, con una adolescente tagala. (Revista *Interviú*, Serie coleccionable «La dinastía de los Franco», Madrid, 1978, pp. 2 y 3.)

208. De la Cierva, Ricardo, *Historia de la Corrupción*, Ed. Planeta, Barcelona, 1992, p. 278. Entre sus otras amantes figuraron Cristina Albéniz, nieta del músico, a la que doblaba en edad, y la *pin-up* Nina Dyer.

to político del Caudillo. Franco nunca tuvo un ideario político coherente, fuera de los simples principios castrenses de autoridad y de disciplina, unidad y engrandecimiento de la Patria, cuya célula básica es la familia. Posiblemente, aborrecía más el liberalismo que el comunismo.

Para Franco, la degeneración de España, que desemboca en la guerra civil, es culpa de los podridos políticos de la Restauración, que primero postergan al Ejército y permiten la pérdida de las colonias y, después, consienten que los activistas envenenen a la masa obrera y la aparten del sabio magisterio de la Iglesia.

La película tiene una motivación concreta: «Explicar al mundo entero las razones religiosas, políticas y sociales de nuestra Guerra de Liberación, y difundir las esencias de nuestra Cruzada», como leemos en la crítica del diario *Ya.*

Franco delega la elección del equipo técnico y otros detalles menudos en Fontán, ayudante de la Casa Militar del Generalísimo. Dirigirá la película el prestigioso José Luis Sáenz de Heredia, primo de José Antonio. Para protagonista escoge a Alfredo Mayo, el máximo galán español de la época, que encarna en diversos filmes de tema épico al bizarro militar dispuesto al sacrificio.[209] El papel femenino lo desempeña Ana Mariscal, una joven de diecisiete años, guapa y de estupendas hechuras, que el Caudillo admira secretamente.

La película cuesta un millón seiscientas mil pesetas. Se construyen cincuenta decorados y se crean quinientos vestidos. A través de Fontán, Franco sigue de cerca las incidencias del rodaje. De vez en cuando envía al plató un motorista con una carta de instrucciones para el director.

Franco ve la película en la sala privada de El Pardo, en compañía del director, de la Señora y de sus colaboradores más directos. Al terminar la proyección se encienden las luces. Franco,en su sillón de primera fila, tarda unos segundos en reaccionar. Con los ojos arrasados de lágrimas, se vuelve hacia el director y le dice:

—Sáenz de Heredia: usted ha cumplido.

209. Películas de propaganda guerrera como *¡Harka!, Escuadrilla, El abanderado, ¡A mí la legión!, Boda en el Infierno...*

Alfredo Mayo posa de invicto guerrero nacional en uno de sus patrióticos films. Detrás, a pie, una harca de regulares moros.

CAPÍTULO 29

Hambre y gasógeno

Pedrito de la Cruz Expósito es un niño indigente, pero despabilado, con ese ingenio que aguza el hambre. Al padre lo fusilaron los nacionales y la madre murió tísica cuando él tenía seis años. Se ha criado entre una abuela alcohólica y la calle, sin escuela.

Pedrito recoge colillas en los bares y los parques, las limpia de ceniza y las convierte en picadura de tabaco que revende a las viejas cigarreras que deambulan con su estanco colgado del cuello, por tabernas y túneles del metro.

—¡Lo tengo negro y picado! ¡Cerillos! ¡Piedras *pal* mechero!

Cuando hace frío, Pedrito se calienta sobre un respiradero del metro. Cuando hace calor, se mete en una fuente del Retiro, el hatillo de ropa a mano por si llega un guardia y hay que salir pitando. Por la noche, Pedrito se aposta en la puerta del cine Capitol y les pide *la chapa* a los que salen de ver la película. La chapa es, en realidad, de cartulina, un escudito con las armas de distintas provincias españolas, que se adquiere obligatoriamente con la entrada, al precio de

Pedrito de la Cruz Expósito, a los veinte años, cuando las peores experiencias de su vida habían quedado atrás.

50 céntimos (general), o 1 peseta (butaca), como donativo voluntario para Auxilio Social.[210] Cuando reúne una docena de chapas, Pedrito se la vende al taquillero, a 5 céntimos la unidad. El taquillero las vuelve a vender con las entradas y se embolsa en cada una 45 o 95 céntimos, según categoría.

Chapas de Auxilio Social con escudos heráldicos de provincias españolas, trajes regionales y uniformes históricos del glorioso Ejército español.

210. La chapa era al principio de adquisición voluntaria, pero, en vista de la escasa generosidad de la gente, su adquisición se hizo obligatoria desde mayo de 1942 para espectáculos, cafeterías, confiterías y otros establecimientos considerados de lujo. La orden ministerial justifica la medida que pretende castigar a los que «por un egoísmo antinacional, por la inadmisible incomprensión de las necesidades ajenas, o por la voluntad de exteriorizar, de forma pasiva, el espíritu de hostilidad hacia las creaciones del Nuevo Estado».

Pedrito de la Cruz le ha cogido el truco a la catequesis y trashuma de parroquia en parroquia haciendo la primera comunión en diversas iglesias y conventos, donde premian a los comulgantes con un mollete y una onza de chocolate.

Los domingos y días de carreras, Pedrito se desplaza al nuevo hipódromo de la Zarzuela, adonde acuden las duquesas del círculo de doña Petronila a lucir modelos, a apostar y a codearse con las jerarquías del Régimen y con estraperlistas como El Chato Puertas y otros potentados que hacen negocio con las licencias de importación de los ministerios u otras actividades comerciales más o menos legales. Pedrito y otros pilluelos como él aguardan a que terminen las carreras y la gente desaloje el lugar antes de rastrear los aparcamientos y los jardines adyacentes, donde siempre se encuentra algo, colillas de cigarrillos americanos, puros a medio fumar, monedas, billetes de 25 pesetas, incluso una cadenita de oro que un perista le compró por 15 pesetas. También condones usados que, una vez lavados con vinagre, revenden en los bares de putas.

Se han cumplido tres años con Franco al frente de los destinos de la Patria y, a pesar de los grandes logros del Régimen, que los periódicos y las emisoras no se cansan de repetir, el hambre no remite, más bien crece. De hecho, se observa una emigración de la ciudad al campo porque la gente famélica tiende a trasladarse a donde está la comida. A veces, desde las instancias oficiales se realizan actos de piedad y solidaridad para con los pobres, otra forma de justicia social.

En estos días Carmencita Franco, que se está convirtiendo en una muchachita encantadora, preside la inauguración del Ropero del Colegio Seráfico de El Pardo. La recibe a la entrada del centro el padre provincial de los capuchinos y autoridades locales. Tras la ceremonia religiosa en la capilla, se trasladan al salón de actos donde Carmencita entrega a los niños pobres prendas de abrigo y golosinas.

No todo el mundo padece estrecheces. En los pueblos, muchos labradores acomodados mantienen un aceptable nivel de autoabastecimiento que les salva del hambre y les produce incluso plusvalías canjeables por favores burocráticos o profesionales. El

Carmencita Franco y dos amigas vestidas de griegas posan en un cuadro vivo de notable estética no exenta de espiritualidad.

oportuno regalo de una cestita de huevos, de un pollo, o de una ristra de chorizo casero allana muchos obstáculos en la España burocratizada de la póliza por triplicado, el aval y el vuelva usted mañana. El soborno en especie alimenticia, con el pretexto de la Navidad, de la fiesta de la patrona del Cuerpo o de la onomástica del homenajeado, libra al sufrido contribuyente de inspecciones, multas y empapelamientos.

La minoría privilegiada, los verdaderamente ricos y los estraperlistas, comen estupendamente, manteniendo los niveles anteriores a la guerra e incluso superándolos. Ya empiezan a verse gordos por la calle. Es natural porque tocan a más langosta, a más pollo, a más jamón, a más dulces de postre y a más *café-café*.[211] Una familia acomodada se permite almorzar un primer plato de potaje o coci-

211. Cuando escribimos «pollo» nos referimos al exquisito y mantecoso pollo de corral de entonces. Nada que ver con ese triste bicho, insípido y hormonado, que venden ahora.

do; un segundo de carne, generalmente solomillo en salsa negra; un tercero de huevos o friturillas y postre.

Fermín Siles Arizala, el abogado represaliado por rojo, ha encontrado un medio de vida medio decente llevando las cuentas de la chatarrería de El Chato Puertas. Por la mañana, continúa al servicio de la parroquia de San Lorenzo, esperanzado con que muy pronto el obispo de la diócesis va a abogar por él y le va a facilitar un certificado de buena conducta y de adhesión al Movimiento para que le permitan ejercer su profesión. Mientras tanto, compensa la explotación de que es objeto sustrayendo de los velones de los altares el aceite de su gasto doméstico, lo que efectúa con ayuda de una jeringa de veterinario que luego vacía en un tintero Watermann. Es lo que don Próculo llamaría «compensación oculta».

—¡Mecachis y cómo se gasta el aceite! —se queja el cura cuando nota el súbito descenso del óleo—. Vamos a tener que apagar los velones por la noche, cuando no lo vean las beatas.

—Pero lo ve Dios —advierte don Fermín.

—Sí, eso sí.

Las beatas pudientes le traen mucho aceite a las imágenes de santa Rita, abogada de los imposibles; a san Antonio, que te ayuda a buscar los objetos perdidos (y a encontrar novio); y a san Judas Tadeo, para que te salga trabajo. Sin embargo, san Pancracio, el abogado de los negocios, se contenta con una ramita de perejil y una moneda de real ensartada en el dedo.[212] Los empresarios siempre tan tacaños.

Teófilo González lleva unos días en cama debido a un enfriamiento que esperemos no sea un principio de tuberculosis. Su amigo Ambrosio Cepacillo le trae un par de periódicos atrasados para

212. Son de uso corriente las monedas de un real, de níquel, con un agujero en medio, acuñadas en Alemania en 1937, regalo del Führer al gobierno de Burgos.

que se distraiga. Como casi todo el mundo, Teófilo lee las noticias de la guerra mundial y solamente por encima las nacionales, pura propaganda del Régimen. A veces, sin embargo, los diarios locales traen historias entrañables que lo emocionan.

«En la prisión provincial de Jaén, con asistencia de autoridades y jerarquías, se celebraron diversos actos en honor de la Virgen de la Merced. A las diez y media de la mañana, se dijo una misa cantada en la galería alta del crucero central, cuyo altar presidía una artística cruz construida por los reclusos, filiando al fondo las banderas nacional y de la Falange. La misa fue oficiada por el capellán de la prisión, padre Desiderio Pérez, actuando durante la misma el orfeón y orquesta de los reclusos. Concluido el Santo Sacrificio, se sirvió un refrigerio. Por la tarde tuvieron lugar otros actos, que hicieron sumamente grato el día a los allí recluidos.»

Más noticias: «El obrero de la aldea Los Nogueroness de Alcaudete, Francisco Galán Melero, que gana 7 pesetas de jornal y tiene cuatro hijos, ha devuelto a don Antonio Aranda Gutiérrez, de La Bobadilla, aldea de dicho pueblo, una cartera conteniendo 1.500 pesetas, que había extraviado el señor antes mencionado. Para ello tuvo que alcanzar el coche donde aquél viajaba corriendo hasta alcanzar la misma velocidad. El señor Aranda mostró al obrero su más profundo agradecimiento por este rasgo de honradez que nosotros nos complacemos en hacer público para satisfacción del camarada Galán, afiliado a Falange en calidad de adherido.»[213]

Teófilo medita sobre lo que acaba de leer. Imagina al obrero falangista corriendo como Jessie Owens hasta alcanzar la velocidad del automóvil. Sin embargo, la realidad debe matizarse. Un coche equipado con gasógeno apenas alcanza los 40 kilómetros por hora o poco más, velocidad que se reduce considerablemente si tiene que remontar una cuesta. En esta circunstancia es frecuente que se ahogue el motor y el vehículo tenga que ser aligerado de pasajeros o de parte de la carga.

En el caso de los autobuses, no es infrecuente ver a los pasajeros empujar el vehículo para ayudarlo a salvar un desnivel.

213. Diario *Jaén*, 25 de septiembre de 1942.

Un hornillo de gasógeno consume cada 20 o 30 kilómetros un saco de cáscara de avellana, de almendra o de orujo (el residuo sólido resultante de moler la aceituna). También se puede alimentar con leña seca, producto nada fácil de encontrar cerca de la carretera. El calentamiento del hornillo, que se pone casi al rojo vivo, implica frecuentes paradas para enfriarlo. Un viaje de 100 kilómetros puede durar unas cinco horas. Hay que llevar varios sacos de combustible en la baca del vehículo.

En España existen una veintena de empresas que fabrican gasógenos. Los mejores son los de la vasca Azkoyen, con talleres en Bilbao, Barcelona y Madrid, que permiten al vehículo alcanzar hasta los 80 kilómetros por hora. Al menos, eso asegura la publicidad.

Teófilo puede considerarse afortunado. El Chato Puertas, metido como está en mil negocios, a cuál más próspero, lo ha ascendido a encargado de la chatarrería de Jaén, que ya tiene medio desatendida. El sueldo dista de ser generoso, pero el puesto le permite sacarse algunas pesetillas del trapicheo con los traperos que le traen hierro viejo. Teófilo sabe que El Chato abusa y lo explota, pero se siente agradecido. Cuando cumplió los dieciocho, lo llamaron a filas para el servicio militar y El Chato le arregló los papeles para que lo declararan inútil total.

—Te vas a la caja de reclutas y le das al teniente Sigüenza esta tarjeta mía. Te harán un reconocimiento médico y te declararán tísico o cegarruto. En cuanto te sellen la papela del licenciamiento por inútil total, te vienes volando, que hay trabajo.

»¡Ah, y le llevas este paquete de Philip Morris para él y estas medias de nailon, para su señora!

CAPÍTULO 30

Regresa la División Azul

Termina mayo, el mes de las flores a María, el mes de las comuniones, el mes de los ejercicios espirituales obligatorios en colegios, fábricas, cuarteles y prisiones. En Madrid, hace un bochorno de anticipado verano. A la sombra de la marquesina del cine Imperial, El Chato Puertas ve desfilar a los repatriados de la División Azul. Parecen exultantes, aunque se los ve delgados y demacrados. Se rumorea que los mandos han evitado la comparecencia de los abundantes mutilados por metralla o congelaciones, por no deslucir el acto.[214]

Desfilan unos en camiones, otros a pie con chulería militar, pero sin ganas de regresar. Los gastadores que abren el desfile llevan con orgullo las banderas nacional, la de la Falange y la de Alemania. La gente que se agolpa en las aceras los aplaude, pero ya sin el entusiasmo que los acompañó en la partida. Se ve que las privaciones y el hambre restan fervor patriótico.

Los hombres de la División Azul han luchado ininterrumpidamente durante ocho meses y disimulan sus decepciones contando sólo los aspectos positivos de su experiencia en Rusia. Lo que parecía un paseo militar se ha convertido en un infierno, agravado por el terrible invierno ruso, al que los meridionales están desacostumbrados.

214. El día 25 de mayo de 1942.

El Chato Puertas le comenta a su socio Nemesio Lañador:

—¡Menudos desgraciados!

—Sí, pero ahora los enchufarán en las oficinas del Gobierno. Unos meses de fatigas en Rusia y, a cambio, toda la vida tocándose los cojones con un sueldo del Estado.

—No creo que lo tengan tan fácil.

Lleva razón El Chato Puertas. No hay tantos puestos de trabajo para los divisionarios que regresan. Muchos tendrán que ganarse la vida en empleos precarios.

Entre los que han regresado, figura Antonio López Guerra. No ha tenido una actuación brillante porque, más que en ganar la Cruz de Hierro, se ha esmerado en eludir la cruz de madera. Como el panorama que encuentra en la Patria no es muy bueno, porque la albañilería cansa mucho y atracar gasolineras como antaño puede traer malas consecuencias, que esta gente militar te fusila por menos de nada, al final decide enrolarse de nuevo para Alemania, esta vez como productor.

En Alemania le va mal. La disciplina es estricta y los capataces germanos exigen una alta productividad, como si trataran con esclavos. A los cinco meses, Antonio decide que aquella vida no le va. Lo malo es que ha firmado por dos años. Se unta por todo el cuerpo una pomada que provoca un sarpullido parecido a la sífilis. Los médicos alemanes lo reexpiden a España, creyéndole enfermo de venéreas. «Lo que me traje de Alemania fue el cinturón todo lleno de agujas de máquinas de coser Singer, un cinturón ancho de cuero que yo tenía, con dos mil agujas clavadas en el forro.»[215] Las vende a un convento de monjas a 4 pesetas la unidad.

Terminado el dinero, en tabernas, putas y casas de comidas baratas, Antonio López Guerra se dedica a organizar rifas por las ferias: caramelos, corbatas, pantalones, medias, navajas, estilográficas, peines, rifa de todo. Y al estraperlo de café negro portugués pasado por la raya de Extremadura.

El Chato y Nemesio Lañador hacen buenos negocios de estra-

215. Eslava Galán, Juan, *Verdugos y torturadores*, Ed. Temas de Hoy, Madrid, 1993, p. 354.

perlo. En un año que llevan asociados se han enriquecido considerablemente. Ahora el Chato es propietario de una flota de nueve camiones chatarreros, en los que ha instalado un fondo falso, y mantiene en nómina a cinco funcionarios de la comisaría de Abastecimientos de las provincias en las que opera. Ha adquirido, a las afueras de Madrid, un almacén que le sirve de cobertera al negocio del trigo y del aceite, de tabaco, de pasta de sopa, café, azúcar, conservas variadas y garbanzos.

El Chato Puertas y Nemesio Lañador atienden a sus negocios, visitan distribuidores, recogen pedidos de economatos, fondas, cuarteles, hospicios, hospitales y restaurantes, pagan a los proveedores, ultiman acuerdos, visitan un taller mecánico especializado en convertir el obsoleto depósito de gasolina del camión en recipiente para el estraperlo de alcohol o esencia de trementina. De Valencia han recibido un camión de naranjas que en el viaje de regreso llevará una carga de tubos de uralita llenos de garbanzos y alubias, y el neumático de repuesto estofado de salfumán. Visitan también al propietario de la funeraria El Descanso Eterno, que les alquila sus vehículos-carroza y sus ataúdes para el transporte de garbanzos. Si el difunto no es muy voluminoso rellenan los huecos que deja en el ataúd de leguminosas o embutidos que luego recuperan a una prudencial distancia del cementerio antes de entregar el muerto a la doliente familia.

Por la tarde, cansados, los dos socios se toman un *gin-fizz*, la bebida de moda, en el bar de Chicote, museo de bebidas, donde alternan discretamente las putas caras de Madrid, las que sólo se acuestan con señores solventes o con jerarquías del Régimen.[216]

Dos señoritas se les acercan con sendos cigarrillos extralargos y les piden fuego.

El Chato Puertas saca su encendedor Zippo de oro del bolsillo del chaleco y enciende el cigarrillo de la rubia, procurando exhibir la sortija con solitario que luce en el anular.

La chica se percata de que ahí hay dinero.

216. El *gin-fizz*, un cóctel de ginebra, limonada y «agua de bolitas» (gaseosa), cuesta 11,50.

—¿Tú no eres cliente del Chicote, verdad? —pregunta exhalando la primera bocanada de humo en una pasable imitación de Marlene Dietrich.

—La verdad es que no —reconoce el Chato—. Tengo mis negocios en provincias y vengo poco por Madrid.

—¿Y te gusta?

—Mucho. Es la ciudad más bonita que conozco.

La chica da otra calada al cigarro, que es rubio, o virginia, como se dice, y, con un mohín coqueto, proyecta la bocanada de humo hacia el techo.

—Yo nunca he salido de Madrid —confiesa—. Ni ganas. De Madrid al cielo.

Tiene los muslos gordezuelos, como a él le gustan, y el trasero firme le rebosa del taburete; los pechos deben de ser estupendos, si no son falsos rellenos.

—¿Qué tomas? —la invita el Chato.

La chica llama al camarero.

—Cosme, ponme un *porto flip*.

El *porto flip* es un cóctel que, además de bebida, es alimento, por si se tuerce la cena: oporto, yema de huevo y avellanas.

Se vuelve al Chato y le tiende la mano manicurada, las uñas granate:

—Yo me llamo Veronique.

La chica es natural de la aldea zamorana de Gargajo del Obispo y en realidad se llama Rafaela, pero pronuncia su nombre con acento francés: *Vegonik*.

—Yo Ildefonso.

La otra chica, la pelirroja que dice llamarse Olga, conversa, mientras, con Lañador. Después de intimar un poco con sus nuevos amigos, las chicas proponen ir a bailar a la Pasapoga, una sala de fiestas donde tienen concertado un porcentaje del gasto de sus acompañantes. Toman un taxi. El taxista los mira por el retrovisor y calcula si son gente de confianza antes de ofrecerles chorizo de pueblo, pan moreno y garbanzos muy buenos.

—Llevo de todo en el maletero. Hasta café del Brasil y azúcar de Cuba.

Rafaela Gómez Zancajo, también conocida por Veronique, posa con un cigarrillo virginia en compañía del *maître* y camareros de la sala de fiestas Calypso. 1945.

El Chato Puertas y su socio compran un kilo de chorizo, que reparten entre las dos chicas.

—Mejor que un ramo de rosas —comenta Olga, mientras acomoda su parte del embutido en el bolso.

En el Pasapoga, la orquesta hispanocubana Embrujo Caribeño toca un lento bolero. La vocalista, una señora algo trajinada por la vida, pero todavía apetecible, enfundada en un ceñido vestido de lentejuelas que disimula la celulitis pero resalta la incipiente barriguita, canta «Tristeza de amor» con voz sensual frente al voluminoso micrófono cromado. El Chato Puertas saca a bailar a Veronique y se le arrima de lo lindo. La chica bromea:

—¡Oye tú, que eres peor que un pulpo!

—Es que soy más ardiente que el burro de las gaseosas —se excusa él sin dejar de insistir en las zafias caricias.

Veronique está estupenda y no le hace ascos al contacto. Se ve que está curada de espantos. «Ésta, con lo buena que está —piensa el Chato— se habrá pasado la guerra pistoleando tíos para comer.»

O sea: «Cuidado, consumemos el acto con condón.»

Acierta el Chato Puertas en su elemental deducción. El hambre de la posguerra ha arrojado al arroyo a muchas mujeres desamparadas, pero Veronique había cumplido ya su noviciado durante la guerra.

Cuando salen del Pasapoga son ya casi las dos de la mañana.

—Vamos a vuestra casa —propone Nemesio.

—Pero antes tendremos que cenar, ¿no? —pregunta Veronique mientras se retoca el maquillaje—. Es que estamos muertas de hambre.

—A esta hora estará todo cerrado —observa el Chato.

—Nosotras conocemos una casa particular que te pone huevos fritos con torreznos y morcilla de Soria a la hora que vayas.

El restaurante clandestino está instalado en un inmueble sito en una calleja cercana a la Gran Vía. Es un segundo piso. Hay una sala con cinco mesas, de las que dos están ocupadas por alegres trasnochadores.

La patrona les sirve platos generosos de huevos, patatas y chacina frita, con un valdepeñas recio y una hogaza de pan candeal suficiente como para alimentar una familia durante medio mes.

Cuando se aleja, Olga baja la voz y dice a sus acompañantes:

—Esta señora estaba casada con un registrador de la propiedad muy rico.

—¿Y cómo ha venido a menos? —se interesa Nemesio.

—Lo mataron los rojos y se llevó al otro barrio la llave de la despensa. A ella sólo le quedó el piso y el orgullo, por eso nos mira con ese desprecio como si fuéramos putas.

—¡Es que sois putas! —corrobora el Chato con la boca llena.

Herida en lo más profundo, Veronique está a punto de levantarse y marchar, pero los huevos con chorizo y el pan blanco pueden más que su dignidad.

—¡Eres un cabrón!

El Chato ríe de buena gana.

—No te mosquees, mujer, que lo he dicho en broma. Luego tendré un detalle contigo.

Le palmea el muslo. Lo encuentra firme.

Veronique se deja hacer. El chorizo, apretado entre dos rebanadas de pan para que suelte la grasilla, está estupendo.

CAPÍTULO 31

Los alemanes compran piedras

Al vaquero gallego Avelino Carballo ha venido Dios a verlo. De buena mañana, está cabruñando su guadaña para segar el heno, cuando ve acercarse un coche charolado que asciende con dificultad por la calella sorteando baches. El automóvil se detiene a la altura de Avelino y de él se apean dos conocidos tratantes de la comarca, acompañados de un señor que viste abrigo de buen paño, zapatos y sombrero flexible. El forastero no es persona de campo.

Avelino Carballo (primero derecha) celebra la venta de su casa al Reich alemán en compañía de su cuñado y de los dos tratantes que mediaron en el negocio.

Camina con torpeza mirando por donde pisa, que el terreno está minado de plastas bovinas.

—Nino, este señor, que es alemán, te compra la casa —anuncia el tratante más viejo.

—¿Mande?

—Que te compra la casa, solamente las paredes, ¿eh? Se las lleva y a ti te queda el solar para hacer otra. Ofrece veinte mil reales.

Avelino se rasca el colodrillo calvo debajo de la gorra. Un tipo que vende duros a dos pesetas. No lo ve claro. Un tío que se lleva las paredes y te deja el solar. Tiene que haber gato encerrado.

—¡Manda *carallo*! —dice mientras se lo piensa.

Avelino calcula que, con la cantidad que le ofrecen, puede construir otra casa mejor que la que tiene, hasta con retrete, y aún ganará más de la mitad. «Trato hecho.» Firma un documento.

Unos días después llega el alemán con el dinero y con una cuadrilla de peones. Demuelen la casa y cargan las piedras en camiones. Hasta los cimientos se llevan.

Las piedras que usó el bisabuelo de Avelino para construir la casa y una cerca del campo brillan mucho al sol, debido a su alto contenido de tungsteno o wolframio, un mineral estratégico, esencial para la industria de guerra. Añadiendo un 3 por ciento de wolframio al acero se consigue una aleación ultrarresistente, idónea para el blindaje de los *panzers,* para las ojivas de los proyectiles antitanque y para los motores de aviación. El problema es que el wolframio escasea en la corteza terrestre. Los alemanes lo obtienen de Galicia, especialmente de la costa de La Coruña, donde se concentra el 70 por ciento de la producción española, aunque la mina más importante está en el término de Barruecopardo (Salamanca). Allí la afluencia de mineros es tal que se canta:

Barrueco ya no es Barrueco
que es el segundo Madrid.
Cuando se acaben los rollos
vamos todos a pedir.

Los alemanes pagan bien, pero los precios subirán bastante en cuanto los aliados entren en el mercado. No es que a los americanos les falte wolframio, que a ellos les sobra de todo: lo compran para evitar que les llegue a los alemanes. Hasta sesenta millones de dólares anuales invierten los aliados en la compra de wolframio. En el momento álgido de este comercio, un kilo de wolframio se llega a pagar a 243 pesetas, lo que estimula a muchos mineros aficionados que pagan 10 pesetas diarias a los dueños de las fincas por el permiso de extraer wolframio de sus roquedales.[217]

Los ingleses, dueños del mar por el que tiene que llegar el combustible, conceden los *navicerts* con cuentagotas, como medida de presión para obligar a Franco a restringir sus tratos comerciales con Alemania. Si en 1940 entraron en España 310 toneladas métricas de gasolina y 378 de petróleo, en 1942 esas cantidades se reducen a 98 y 81, respectivamente.

El Gobierno aumenta las restricciones de gasolina y decreta que todo vehículo superior a 25 caballos de potencia circule con gasógeno.[218]

Se reduce la hora de suministro de energía eléctrica. En el campo, la gente usa candiles de aceite y carburos. El ingenio consta de un compartimiento inferior que contiene dos o tres piedras de carburo y un depósito de agua superior, con una espita regulable para que gotee sobre el mineral. Al contacto con el agua, el carburo desprende un gas que escapa por una pipeta y, con una cerilla, prende generando luz. El carburo emite una luz aceptable, pero tiene el inconveniente de que la reacción química que se desarrolla en su interior produce un desagradable silbido.[219]

En las ciudades, los apagones en tiendas y viviendas se solucionan con el recurso de las velas y con el Petromax, una lámpara de patente alemana (¿cómo no?) que se alimenta con petróleo y produce una viva luz azul.

Hitler desea que Muñoz Grandes gane laureles en el frente ruso y regrese a España reforzado por un nuevo prestigio que le per-

217. *El Español*, 26 de abril de 1943.

218. El 1 de febrero de 1944.

219. El carburo de calcio al contacto con el agua reacciona exotérmicamente y se descompone en cal apagada (hidróxido de calcio) y acetileno ($H_2 C_2$).

mita desplazar a Franco, pero el toro soviético es tan fiero que no permite faena de lucimiento al diestro. Los ataques rusos, cada vez más virulentos, mantienen a Muñoz Grandes a la defensiva. Finalmente, el general regresa a España.[220] Franco, que quizá recela algo, le concede la Palma de Plata de la Falange y lo asciende a teniente general, pero no le da mando efectivo de tropas.

A los alemanes y a los germanófilos que pululan en la Falange

Agustín Muñoz Grandes (1896-1970), el general que comandó la División Azul.

220. En diciembre de 1942.

y en el Ejército no les hace gracia que Franco se muestre tan tibio. Además, contemporiza con el embajador inglés Hoare y, recientemente, ha recibido al embajador americano Carlton J. Hayes.[221]

El embajador americano Carlton J. Hayes posa con sus colaboradores en traje de gala.

Franco ha comprendido que es el momento de buscarle un sesgo a su Régimen para que se parezca menos a un Estado totalitario y más a una democracia liberal.

Una democracia liberal se caracteriza por la existencia de un parlamento que controla al Gobierno. «¿Queréis Parlamento?» Franco se saca de la manga la Ley de las Cortes Españolas, que establece un parlamento orgánico, una fórmula personal que le permitirá conservar el mando, y al propio tiempo contentará a los que lo critican.

221. El 9 de junio de 1942.

Se promulga una de las grandes ordenaciones institucionales del Régimen: la Ley de las Cortes Españolas establece un parlamento orgánico.[222]

222. El 17 de julio de 1942. Su funcionamiento se aplaza hasta que el desvencijado edificio de las Cortes republicanas se reforme para adaptarlo a su nueva función.

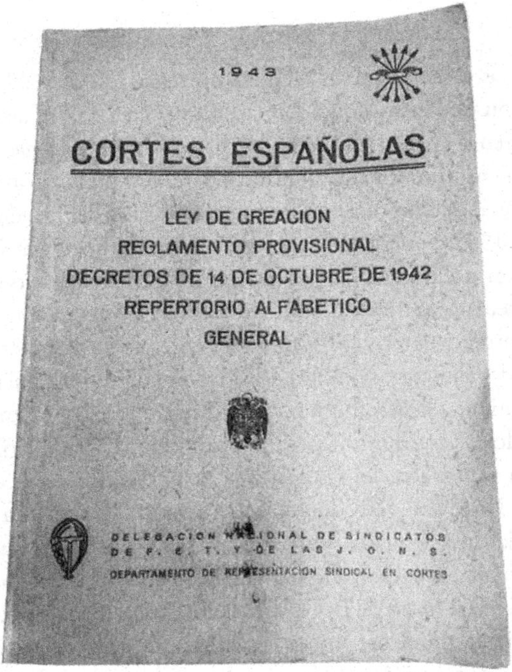

CAPÍTULO 32

Atentado en Begoña

Los carlistas vasco-navarros aceptaron a regañadientes el Decreto de Unificación que los fusionó con la Falange en 1937. Tras la guerra, el descontento crece. La Falange ha ocupado todo el espacio político y ellos apenas pintan nada, aunque la bandera blanca con el aspa de San Andrés o de Borgoña ondee entre las oficiales del Estado. El 15 de agosto de 1942 cientos de requetés se concentran, en un acto de reivindicación política, en la basílica de Begoña, santuario del carlismo. El pretexto es una misa en memoria de los correligionarios caídos durante la guerra civil. Preside la ceremonia el general Varela, ministro del Ejército, notable carlista y enemigo de la Falange.

Terminada la ceremonia, los requetés que salen de misa recién comulgados, y por tanto, listos para ingresar en el Cielo, encuentran en la explanada del santuario a un grupo de provocadores falangistas. La pluralidad ideológica se resuelve en reyerta entre las boinas rojas, que son aplastante mayoría, y las camisas azules. El falangista Juan José Domínguez Muñoz les lanza una bomba de mano, pero la Virgen de Begoña extiende su manto protector e impide que haya muertos, aunque permite que se produzcan más de setenta heridos, la mayoría de escasa consideración.[223] La indignada

223. Quizá ayudó al milagro el hecho de que la bomba fuera una Breda italiana, la llamada «naranjita» por los combatientes de la guerra civil, en su modalidad expansiva, sin metralla, que estalló al topar con la rama de un árbol.

muchedumbre carlista intenta linchar a los falangistas, pero las fuerzas de orden lo impiden.[224]

La investigación del suceso no aclara nada. Los carlistas declaran que los seis falangistas implicados estaban allí para provocar deslucir el acto. Los falangistas aseguran que iban de excursión camino del monte Archanda, que se acercaron a la basílica «para ver qué pasaba» y que cuando escucharon los gritos de «¡Viva el rey!» y «¡Muera Franco!» sintieron hervir en sus pechos patriotas la indignación y replicaron con gritos de «¡Arriba España!» y «¡Viva Franco!». De eso se llegó a las manos, y Domínguez Muñoz, viendo a sus camaradas en apuros frente a la turba enemiga, no se lo pensó dos veces y arrojó la granada que casualmente llevaba en el macuto.

Franco, de vacaciones en el pazo de Meirás, ordena que la prensa silencie el incidente, pero los ministros Varela y Galarza envían telegramas a los capitanes generales y a los gobernadores civiles e informan del incidente como una agresión de la Falange al Ejército. Importantes carlistas dimiten de sus puestos en el Gobierno en protesta por la aparente pasividad de Franco.[225]

Crece el malestar en las salas de banderas. Se rumorea que los militares están dispuestos a «tomar El Pardo si no se ejecuta un castigo ejemplar sobre la Falange».

Franco prosigue sus vacaciones como si nada, pero en cuanto regresa a su despacho de El Pardo destituye al general Varela y a Galarza de sus respectivos ministerios.[226] Al falangista que arrojó la bomba lo condena a muerte un consejo de guerra, y lo fusilan.

—¡Cojonudo, Dionisio! ¡Triunfo en toda la línea! —le dice Miguel Primo de Rivera a Dionisio Ridruejo, al conocer la destitución de los ministros monárquicos.

Franco entrega el escrito con la destitución de los dos minis-

224. Creo que fue Pío Baroja el que definió al carlista como «animal de cresta roja que, recién comulgado, ataca al hombre».

225. Ya sé que es difícil de creer que un español abandone su poltrona oficial voluntariamente, pero todas las fuentes que he consultado coinciden en este dato y yo, aunque carcomido por la duda, lo recojo.

226. El 3 de septiembre de 1942.

tros a su subsecretario de Presidencia y hombre de confianza, Luis Carrero Blanco, para que lo curse. Carrero Blanco pregunta:

—Excelencia, ¿no hay más ceses?

—No.

—¿No está también el ministro de Asuntos Exteriores?

—¿Por qué había de estarlo?

—Porque si no lo cesa habrá vencedores y vencidos: será vencedora la Falange y todo el mundo dirá que aquí el que manda no es su excelencia, sino Serrano.

Luis Carrero Blanco (1903-1973), fiel colaborador del Caudillo y hombre de clara inteligencia, a pesar de su aspecto un tanto tosco, que unida a su capacidad de trabajo lo convirtió en la mano derecha de Franco. Ideológicamente propendía al integrismo.

Franco reflexiona. Carrero Blanco tiene razón. Además, la destitución del *Cuñadísimo* calmaría a los militares descontentos. Telefonea a Serrano Súñer para felicitarle por su onomástica, San Ramón Nonato, y aprovecha para citarle en El Pardo al día siguiente. Después de los saludos le espeta con aquella vocecilla suya, atiplada:

—He decidido prescindir de ti.

Por lo menos tiene la deferencia de comunicárselo personalmente. El procedimiento normal que sigue el Caudillo para destituir a sus ministros es enviarles una nota con un motorista.

Si Serrano Súñer era germanófilo, aunque nunca se dejó arrastrar a la guerra, el nuevo ministro de Exteriores, el general Francisco Gómez Jordana, es anglófilo.

A Franco le preocupa que últimamente los alemanes no cosechen los resonantes triunfos del principio y, sobre todo, la avalancha de hombres y material que los americanos pueden introducir en la contienda. El embajador americano lo ha informado sobre este extremo: buques, carros de combate, camiones, aviones, artillería salen de las cadenas de montaje ininterrumpidamente, noche y día. Son palabras mayores. Quizá va siendo hora de mostrarse más neutral, por lo que pueda venir.

En cuanto a Serrano Súñer, la verdad es que últimamente estaba bastante devaluado en El Pardo. A pesar de sus buenos servicios desde que se convirtió en el principal consejero y orientador político de Franco, en 1937, el *Cuñadísimo* se ha ido desprestigiando a los ojos de Carmen Polo, tan influyente en las opiniones de su marido. La *Caudilla* ha trocado el sincero afecto que le profesaba en los días de Zaragoza por un odio cerval.

¿En qué ha fallado Ramón Serrano para enajenarse el aprecio de la quisquillosa *Señora*? Por una parte, no la adula lo suficiente, a ella, que, desde que es primera dama está tan crecida que adopta los aires de una reina. Por otra, ha aconsejado a Franco que no resida en el palacio Real, como ella pretendía, sino en el mucho más modesto palacio de El Pardo. Finalmente lo ha convencido para que no se asigne los 2 millones de pesetas de sueldo mensual a los que aspiraba doña Carmen, sino sólo 700.000, una cantidad más acorde con los emolumentos percibidos por sus antecesores, el rey y los presidentes de la República. Pero, quizá la gota que ha colmado el vaso haya sido que recientemente Carmencita, su hija de quince años, a la que el Caudillo adora, preguntó ingenuamente en la mesa:

—Mamá, ¿aquí quién manda, papá o el tío Ramón?

Otra posible causa de la reprobación de Serrano Súñer es que tiene una amante, la bella aristócrata María Sonsoles de Icaza, marquesa de Llanzol, de la que acaba de tener una hija. En las altas esferas madrileñas no se habla de otra cosa, y ya se sabe lo severa que es *la Señora* en cuestiones de moral.[227]

Serrano Súñer ha perdido también la jefatura de la Falange, en la que en su época de esplendor consiguió infiltrar a muchos antiguos correligionarios suyos de la CEDA, el partido católico republicano, a los que reconvirtió en falangistas antes de otorgarles el 80 por ciento de los puestos de subsecretarios, directores generales, gobernadores civiles y alcaldes de poblaciones importantes. Esta maniobra indignaba a los falangistas auténticos.

Barrido de la política de un plumazo, Serrano Súñer se retira de la vida pública y vuelve a su bufete para dedicarse, con gran éxito, a la abogacía. Sus relaciones con Franco serán en adelante muy frías, aunque no tanto como las de *la Señora* con su hermana Zita.

En octubre, el Gobierno se alarma ante el desusado aumento de la actividad naval aliada en torno a Gibraltar. Es evidente que los

227. La hija adulterina nacida el 29 de agosto de 1942 fue Carmen Díaz de Rivera e Icaza, una mujer bellísima cuya desgracia fue enamorarse, ya adolescente, de un hijo de Serrano Súñer, ignorante de que era su hermanastro. Cuando el director espiritual de la familia le reveló el impedimento sufrió una profunda crisis que la llevó a ingresar en un convento y después a enrolarse de cooperante en África. A su regreso a España conoció a Adolfo Suárez, a la sazón director general de Radiotelevisión Española, y ya se mantuvo a su sombra a lo largo de la singladura democrática que siguió al fallecimiento de Franco. Carmen falleció de cáncer el 29 de noviembre de 1999. «Pobrecita. Era la hija que más se me parecía», murmuró el anciano Serrano Súñer, de 98 años, cuando lo informaron de su fallecimiento.

Las estampas religioso-patrióticas prefiguran
los años de nacionalcatolicismo.

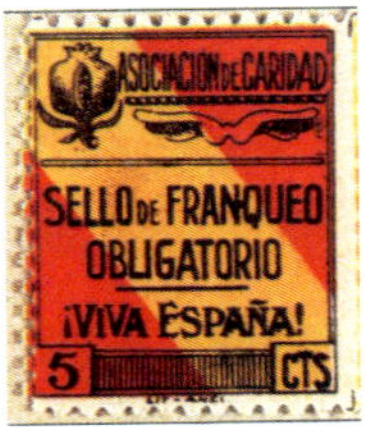

La serie de billetes de Franco que nunca se emitió.

BANCO DE ESPAÑA
PAGARÁ AL PORTADOR
VEINTICINCO
PESETAS
MADRID, 1 de Abril de 1940
EL GOBERNADOR EL CAJERO EL INTERVENTOR
H 123456

BANCO DE ESPAÑA
A 0000000
A 0000000
25
A 0000000
A 0000000
25

FRANCISCO FRANCO CAUDILLO DE ESPAÑA POR LA G. DE DIOS
1949

CINCO PESETAS

ESPAÑA
CORREOS
20
CTS

ESPAÑA

ESPAÑA
1949

50
CENTIMOS

1
PESETA

UNA GRANDE LIBRE
Loteria
38
Décima parte
número, para el
celebrar en M
3 DE ABRIL de m
cuarenta y tres
SÉPTIMA
FCA. NAL. DE MONEDA Y TIMBRE
BANCO
DE ESPAÑA
UNA PESETA
DE CURSO LEGAL
EL GOBERNADOR
EL INTERVENTOR
EL CAJERO
1
1

CÉDULA PERSONAL

DIPUTACIÓN PROVINCIAL DE MADRID

AYUNTAMIENTO DE 2

1940

Nº 368438

CÉDULAS PERSONALES MADRID 1940

368438

Clase 13

Pts. 1,50

3ª 245184

Nombre	SACRAMENTO LORENCIO ABAD
Natural de	Madrid
Nacido el	13 Feb 1914
Estado	S
Profesión	S.L
Habita en	Hortaleza 26, Int Dra
Tarifa y clase	3 - 13 Ptas 1,50

Expedida en 4 JUN 1941 17

POR LA RECAUDACIÓN

EL INTERESADO,

ESTA CÉDULA NO ES VÁLIDA SI NO LLEVA ADHERIDA LA PÓLIZA POR EL VALOR CORRESPONDIENTE Y EL NÚMERO QUE FIGURA EN LA PROPIA CÉDULA

Anuncio, 1950.

Anuncio de la época.

Anuncio, 1940.

ESPAÑA ESTARÁ ORGULLOSA
DE TI SI ERES SUPERIOR
A LOS DEMÁS TRABAJADORES
DEL MUNDO
MINISTERIO DE TRABAJO

LA APRENDIZA
LE DESEA FELICES PASCUAS

GALLINA VIEJA
HACE BUEN CALDO
GALLINA BLANCA
LO HACE MEJOR
CALDO EN CUBITOS
GALLINA BLANCA

EXTRACTO de CARNE POTAX

1935

Endulce su vida...
con
PRODUCTOS ELABORADOS
con
ALMIBAR DE UVA
de Leal y Monserrat
S.L.

Exquisito!
Económico!
PRECIO
1 Pta.
FLAN CHINO
LOUIT
VAINILLA
CALIDAD Y PUREZA GARANTIZADAS

¡Es excelente!
FABRICA
MALTA
LA CIBELES
RAFAEL GOMEZ
MADRID
MALTA
"LA CIBELES"

EL AEROPLANO
Azafrán
MARCA
EL AEROPLANO

CÉRÉALOSE
HARINA ALIMENTICIA
LA MAS RICA EN FOSFATOS Y VITAMINAS

PRODUCTOS
CURIOSIL
MARCA REGISTRADA
ESPAÑA
Curio-sil
PARA LA CONSERVACION
Y LIMPIEZA DE TODA CLASE
DE HORNILLOS, COCINAS,
METALES, ACEROS Y
ENSERES DE COCINA,
PULIDOS EN BLANCO.
CURIOSIL DA UNA GRAN
PRESENTACION A LOS
OBJETOS Y AL MISMO
TIEMPO LOS CONSER
VA Y PREVIENE DEL
OXIDO Y DEL FUEGO
PROLONGANDOLES
UNA GRAN
DURACION
P.V.P. ..... 4'75
TIMBRE .. 0'20
TOTAL .. 4'95
ODO DE USARLO: PONGASE UN POQUITO DE "CURIOSIL"
N UN TRAPITO Y FROTESE CON SUAVIDAD SOBRE EL OBJETO.
PRODUCTO ES ESPECIAL
QUITAR EL OXIDO Y
UN BRILLO PLATEADO
S PARTES BLANCAS
OS HORNILLOS, COCI-
, RADIADORES ETC. ETC.
CURIOSIL
CURIOSIL
ESTE LIMPIA METALES MUN-
DIALMENTE CONOCIDO ES
UTILIZADO POR TODAS LAS
Cñas. NAVIERAS E INDUSTRIA
LES POR SUS EXCELENTES
CUALIDADES Y RESULTADOS.

ARRIBA ESPAÑA
CAMINO D SANTIAGO
NO8DO
SEVILLA
POR EL IMPERIO

Anuncios de la época.

FORMOPECTIN
Formilsulfatiazol - Pectina
En las diarreas estivales
Diarreas infantiles, etc.
Recuerde, Doctor, que
en el
FORMOPECTIN
se asocian científicamente los
efectos bacteriostáticos y qui-
mioterápicos y resuelve to-
dos los casos en que haya
necesidad de un rápido res-
tablecimiento intestinal.

Tabacalera
S. A.

ARRIBA ESPAÑA
UNA GRANDE LIBRE IMPERIAL

abonad
con
NITRATO
DE CHILE

REVISTA
PARA LA MUJER
ESPAÑA
AGOSTO 1939
AÑO DE LA VICTORIA
PRECIO 2,00 PTAS.

LA GUERRA HA TERMINADO

JESÚS CANO
EL CID
MURCIA ESPINARDO ESPAÑA

REIR
TODOS!
¡EL
CIRCO
VUELVE!

HABLAR DE LA
FALANGE
ES NOMBRAR A
ESPAÑA
UNIDAD
UNIDAD
UNIDAD

EMBLEMA
CORRIENTE
30 Cents.
6
AGOSTO
1936
ALGECIRAS

Serie E n.º 3
El genio de
FRANCO
conduce el
CONVOY DE LA VICTORIA
y abre el camino hacia el triunfo de
ESPAÑA
y su Revolución
NACIONAL-SINDICALISTA

Anuncio, 1940.

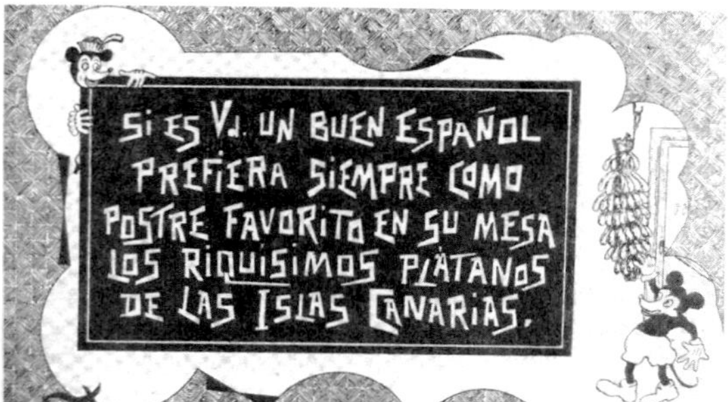

Anuncio, 1939.

angloamericanos están preparando un desembarco en el norte de África. Churchill ofrece seguridades al embajador español en Londres, el duque de Alba, de que su país «no intervendrá en España». El embajador de Estados Unidos en Madrid, Carlton J. Hayes tranquiliza a Franco en el mismo sentido con una carta personal de Roosevelt en la que el presidente norteamericano le garantiza que su gobierno «no tiene intención alguna de violar la soberanía de España ni de perjudicar sus colonias».

El mismo día del desembarco aliado en Casablanca y Argel («Operación Antorcha», la llaman), se reciben en El Pardo dos telegramas de Churchill y Roosevelt reiterando que consideran a España «un país amigo».

Franco, siempre prudente, decreta la movilización parcial del Ejército.[228] Hitler también teme una invasión aliada de la Península. Llega a un acuerdo secreto con Franco para que la mitad de las importaciones españolas desde Alemania sean armas.[229] Puestos en lo peor, prefiere que los españoles tengan con qué defenderse.

España se muere de hambre, en algunos casos literalmente, pero el 63 por ciento del producto nacional se gasta en armamento.[230]

No hace falta ser un gran estratega para advertir que la suerte de la guerra está cambiando. Los alemanes ya no obtienen resonantes victorias con pasmosa facilidad como hace dos años. La entrada de Estados Unidos en la guerra, con sus inmensas reservas de hombres y de material, está poniendo a Alemania contra las cuerdas. Franco sigue persuadido de que Alemania ganará finalmente la guerra, pero prefiere que la prensa no sea tan descaradamente pro germana como hasta ahora.[231] A Franco le gustaría mayor imparcialidad en las noticias sobre la guerra, pero tampoco quiere indicarlo claramente, porque luego todo se sabe.

228. El 13 de noviembre de 1942. La movilización afecta a los reemplazos de los años 1938 al 1941, ambos inclusive.

229. Acuerdo del 12 de febrero de 1943. Poco después llegan unos mil vagones de ferrocarril con las armas prometidas.

230. *El Franquismo año a año*. Tomo 3, El Mundo, Madrid, 2006, p. 11.

231. Por influencia del agregado de Prensa de la embajada alemana, Josef Hans Lazar, amigo de los falangistas que la controlan.

El periódico informa de la batalla que libran los alemanes en las ruinas de Stalingrado, al otro lado del mundo como quien dice. Los rusos, acobardados y exhaustos, se repliegan a los suburbios de la ciudad.

Leyva, el jubilado, observa el mapa de Rusia que acompaña a la crónica.

—Sí que se han ido lejos éstos para defender la civilización cristiana occidental —comenta, con cierta sorna. Los tertulianos de la barbería que pueden oírlo son de confianza.

Pepe, el barbero, cuenta su chiste:

—Nene, escucha, le pregunta Mussolini a Hitler: «Oye, Adolfo, ¿cómo va la guerra?» Y contesta el Führer: «Pues mira, Benito, no va mal, pero desde luego no tan bien como pone el *Informaciones*.»

Para el que sabe leer entre líneas, el agotamiento de Alemania se manifiesta en sus repliegues constantes. En Stalingrado, los soviéticos derrotan al ejército de Von Paulus y le hacen 300.000 prisioneros, que desfilan humildemente, desprovistos de su antigua soberbia, por las fotografías y noticiarios de las agencias aliadas.[232]

Los aliados desembarcados en Marruecos[233] barren al *Afrika Korps* de Rommel del norte de África.

Los periódicos españoles minimizan los reveses alemanes maquillándolos con eufemismos como «defensa elástica», «éxito defensivo de la Werhmacht», «minúsculo avance aliado a elevado coste de vidas y material» etc. El perplejo lector lee que el ejército soviético ha sido «rechazado con grandes pérdidas» de una ciudad y una semana después la ve detrás de la línea soviética, en el mapa de la situación de los frentes. Llegarán los rusos a Berlín y todavía la prensa española seguirá insistiendo en los éxitos tácticos de los nazis y en las pérdidas insostenibles del Ejército Rojo.

Franco, el nadador a favor de la corriente, que además sabe guar-

232. El 2 de febrero de 1943.
233. El 13 de mayo de 1943.

dar la ropa, empieza a considerar la conveniencia de situarse cara al Sol que más calienta. Hace poco apostaba por el triunfo del Eje y peroraba en sus discursos sobre la inevitable victoria alemana (la sigue deseando, pero, si somos realistas, cada vez aparece más problemática). Ahora se muestra mucho más cauto y lamenta esos arranques de locuacidad que sufre a veces, especialmente el referente a su disposición a enviar un millón de guerreros españoles a defender Berlín.[234]

Las nuevas divisiones alemanas se forman con apenas la mitad de efectivos: Hitler ha rebañado el fondo del caldero y no quedan más levas que reclutar. Alemania ha puesto toda su carne en el asador y no tiene con qué contener la oleada de hombres y material de refresco que América le está echando encima.

Estas preocupaciones seguramente no se las participa Franco a doña Carmen en los breves minutos en que dialogan, cada uno desde su cama, por la noche antes de dormirse. El que duerma, porque doña Carmen Polo pasa algunas noches en vela, a base de calmantes, por culpa de unas caries. Acude al mejor dentista de Madrid, que es también el más caro, el doctor Jacobo Schermant, judío de origen alemán.[235] Doña Carmen Polo recibe un total de 35 sesiones del dentista. Dadas las tarifas del doctor Schermant, la factura resulta tan elevada que el dentista prefiere no presentarla. *La Señora* le agradece la gentileza enviándole una fotografía suya. Dedicada, por supuesto.[236]

234. Discurso del 14 de febrero de 1942 en el Alcázar de Sevilla. El discurso completo se publicó en el libro *Palabras del Caudillo. 19 abril 1937-7 diciembre 1942,* Ed. Nacional, Madrid, 1943. A los alemanes no les hizo ninguna gracia esa demostración de apoyo porque implicaba la posibilidad de que, algún día, los soviéticos pudieran asediar la capital del Reich.

235. El doctor tiene un pasado: la guerra civil lo sorprende en San Sebastián, y los falangistas lo encarcelan por su triple condición de judío, dentista de varios republicanos egregios y pecador que vive amancebado con una amante. Un cliente con influencias, el general José Varela, consigue su libertad y el doctor, viéndole las orejas al lobo, se convierte al catolicismo y regulariza su situación, casándose con la amante.

236. Preston, Paul, *Palomas de Guerra*, Ed. Plaza y Janés, Barcelona, 2001, pp. 382-383.

Doña Carmen Polo de Franco sonríe mostrando abiertamente su hermosa dentadura después de pasar por las manos expertas del doctor Schermant.

Teófilo González está saliendo con Visitación Pérez Rubio, aprendiz de modista en el taller de la Engracia. Visi, como él la llama, es delgadita, con las piernas como dos palillitos, pero tiene una sonrisa muy graciosa, y no está mal de pecho y caderas, aunque le falta chicha. Por la noche, Teófilo se masturba pensando en ella y luego, más calmado, se enfrasca en la lectura de *La familia de Pascual Duarte,* de un tal Cela, una novela que le ha prestado don Tomás Santos, un cliente de la tienda. Es la historia tremebunda de un parricida de Badajoz al que acaban ejecutando a garrote vil.

CAPÍTULO 33

Teófilo en el *tontódromo*

Teófilo ha conocido a Visi, y la ha cortejado en el *tontódromo* de Jaén, que es la calle Maestra, junto a la catedral. La más entrañable institución de la clase media posbélica es el *tontódromo* o paseo, donde la gente joven se reúne al atardecer para ver, ser vista y encontrarse. El *tontódromo* de Madrid es la calle Serrano y, los domingos por la mañana, el parque del Retiro; el de Salamanca es la plaza Mayor; en las capitales de provincia, es la calle principal; en los pueblos, la plaza o un tramo de carretera.

Al *tontódromo* acuden pandillas de chicos ataviados con sus mejores galas, lustrados los zapatos, repeinados para atrás o con nítida raya a la izquierda, atusado el pelo con la brillantina de papá o, si son modestos, con agua jabonosa. Al atardecer llegan las pandillas de chicas o, si es día de precepto, a mediodía, después de misa mayor.

Ellas comparecen discretamente maquilladas, perfumadas con agua de colonia de mamá, vestidas de veintiún alfileres, con el plegado brazo de mantis religiosa, sosteniendo devocionario y velo, si es día de precepto y han salido de misa.

Los más jóvenes pasean en grupos de cuatro o cinco, los mayores en parejas, a veces dobles, cada chica actuando como carabina de la otra, o en tríos.

El *tontódromo* se transforma en teatro para la representación más antigua de la humanidad. En los tiempos que corren, con una guerra reciente a la espalda y la amenaza de otra mayor al otro lado de la frontera, la dialéctica de los sexos se tiñe de violencia y el vocabulario erótico apela con frecuencia a la metáfora bélica: conquistar, vencer su resistencia, entregarse, rendir sus encantos, acosar, resistir.

Ellas, como los pescadores, despliegan sus redes en espera del propicio besugo. Ellos, como los cazadores, aprestan el arma en espera de la remuneradora pieza carnal.

Los chicos, salvados los casos de bienintencionados buscadores de novia, de enamorados platónicos y otras especies pías, suelen albergar intenciones pecaminosas, lo que no obsta para que, a menudo, surja un noviazgo que desemboca en indisoluble matrimonio.

Estas chicas de clase media, cuyo único objetivo en la vida es pescar marido, no entregan fácilmente la virginidad, considerada ineludible aportación al matrimonio. Resabiadas por la madre, tías y hermanas mayores, saben que, si sacrifican en balde su más preciado talismán, corren el peligro de quedarse solteras. Cuando decide casarse, el varón español rechaza los platos de segunda mesa y exige que la madre de sus hijos sea virgen impoluta.

Dos muchachas casaderas vestidas con sus mejores galas se encaminan al *tontódromo* de la ciudad.

A Teófilo le gusta más Flora, la amiga de Visi, pero al final se decide por Visi, debido a los antecedentes de Flora. Ha salido ya con dos chicos y probablemente esté toqueteada. Visi, sin embargo, nunca ha tenido novio.

Como las chicas de clase media no se entregan, los chicos se ven obligados a buscar piezas más cómodas en la clase inferior y recurren a las prostitutas o a las criadas, tradicional aliviadero de señoritos rijosos. El servicio doméstico es un lujo que la mayoría de los hogares de clase media puede permitirse. Si un joven se propasa con las chicas de su nivel social puede recibir una bofetada, porque están muy aleccionadas por madres y confesores; si lo hace con la criada, encontrará una discreta resistencia inicial:

—¡Ay, señorito, qué cosas tiene usted, déjeme en paz, suélteme, que se está riendo de mí! Si no se comporta tendré que quejarme a su mamá. ¿Usted se ha creído que porque soy pobre soy una cualquiera?

Sin embargo, es muy posible que la muchacha, acostumbrada a obedecer sin rechistar, acabe aceptando las visitas nocturnas del señorito, e incluso las del señor. De hecho muchas mamás de misa diaria y golpes de pecho tienen en cuenta esta eventualidad a la hora de contratar criada, y procuran que sea limpia y bien parecida, pensando que de dos males debe escogerse el menor y, puesto que los hombres son así, siempre será preferible que el niño se alivie con una criada de confianza en lugar de recurrir a mujeres de la vida que le pueden contagiar algo malo. Así, además, el niño se desfoga en casa y respeta más a su novia.

El hombre sencillo como Teófilo, cuando le llega la hora de casarse, prefiere una mujer corrientita. El galán cinematográfico Julio Peña, entrevistado en 1943 sobre su ideal de mujer, diferencia dos tipos: el de pasarlo bien y el de casarse. La primera debe ser «alta y vistosa»; «la segunda» morena, algo menuda y poco llamativa.[237] A la hora de encontrar marido, la chica demasiado llamativa, de rasgos sensuales, rotunda de curvas, tiene un *handicap* parecido

237. Vizcaíno Casas, Fernando, *Zona roja,* Ed. Planeta, Barcelona, 1986, p. 137.

a la bisoja o nariguda. Pueden acosarla enjambres de admiradores, pero ninguno con intenciones serias. Estar casado con una mujer así es abonarse a un tormento vitalicio: el de saber que si sale sola la acosarán con piropos y proposiciones deshonestas, y ni siquiera la presencia amenazadora del marido conjurará las miradas lascivas: no puede hacer nada por evitarlo y, si se encara con alguno, se coloca en la situación ridícula del marido celoso.

El galán de cine Julio Peña.

CAPÍTULO 34

El hortera de El Brasil

El Chato Puertas ha despedido a Teófilo González de la chatarrería por sospechas (fundadas) de que hacía negocios por su cuenta. Ahora el joven Teófilo trabaja de dependiente en prueba, lo que antiguamente se decía un hortera, en la tienda de comestibles y ultramarinos El Brasil, propiedad de don Segundo Frailes Rapaz. Es una de las mejores tiendas de comestibles de la ciudad, con un mostrador de pino algo desgastado y estantes hasta el techo, en los que ordenadamente se acumulan latas, botellas y paquetes, además de compartimientos para las leguminosas, patatas, cebollas, higos secos, orejones, avíos de matanza o de endulzar aceitunas y otros productos a granel. Sobre el mostrador, hay grandes botes de cristal apilables, con tapadera metálica, en los que se guardan las golosinas, los caramelos y las barritas de regaliz, a salvo de los insectos y de los niños. Uno de ellos contiene cubitos de caldo Gallina Blanca, un producto nuevo muy sabroso y nutritivo que permite improvisar una sopa en un pirpás. A los niños les encanta porque cada caja de cubitos trae cinco cromos.

En las tiendas de comestibles es inevitable que acudan muchas moscas, pero la de don Segundo es de las más limpias. Del techo cuelgan cinco cintas-trampa para insectos marca Orión, pespunteadas de cadáveres de moscas que se posaron en ellas y no se pudieron despegar. Cada pocos días don Segundo dice:

—Teófilo, pon cintas nuevas, que ésas ya están perdidas de

moscas y a las clientas les da asco verlas colgando encima de los garbanzos y de la lata de atún en escabeche.

Y Teófilo cuelga de los alambres que penden del techo un nuevo cartucho, tira de la lengüeta del extremo y desenrolla una cinta ocre nuevecita, que parece mojada, pero en realidad sólo está impregnada de un poderoso pegamento en el que los insectos aterrizan, pero no despegan.

Teófilo gana en la tienda 500 pesetas mensuales, más el bocadillo del almuerzo, que es de medio bollo relleno con los picos del salchichón y la mortadela que sobran en la máquina de cortar. En la tienda viste un guardapolvos color garbanzo que le queda un poco largo y ancho porque perteneció a su predecesor, que era más corpulento. El color del guardapolvos depende de la profesión. Los ferreteros y los mecánicos lo gastan azul marino; los confiteros y mancebos de farmacia, blanco.

A don Segundo Frailes le gusta que el nuevo empleado sea honrado, además de trabajador y educado. Lo del padre rojo no le hace gracia, pero comprende que el muchacho no tiene culpa.

—A ver si no metes la pata como el empleado que había antes —le advierte—, que lo eché por ladrón. Y gracias a que mi mujer, que tiene el corazón de oro, abogó por él y no di parte a la Guardia Civil, que el comandante de puesto es muy amigo mío.

Don Segundo Frailes Rapaz tiene setenta años cumplidos y lleva en el negocio desde que tenía doce. Viste guardapolvos y lleva sobre la oreja derecha una tiza, con la que ajusta las cuentas sobre el gastado mostrador de pino.

Su mujer, doña Enriqueta Canales Villar, anda por los cincuenta y pico, pero como le gusta parecer más joven viste de colores estampados y juveniles. De cara no es guapa, pero tiene muy buenas hechuras y cuando va sola cosecha muchos piropos, especialmente entre productores del gremio de la construcción.

Don Segundo es bastante serio, pero su mujer tiene siempre la sonrisa en los labios, aunque entonces enseña unos dientes desparejados y unas encías retraídas que traicionan su edad.

Le sonríe mucho al mancebo nuevo.

Don Segundo le va enseñando a su aprendiz los trucos del comercio al menudeo.

Doña Enriqueta Canales Villar en la playa de El Palo (Málaga)
con un sobrinito que viste el preceptivo
albornoz. Año 1943.

—Lo principal es saber pesar. A ver, pésame un kilo de garbanzos.

Teófilo abre un cartucho de papel de estraza y le administra una medida de garbanzos con el servidor de hojalata. Lo coloca sobre el platillo de la báscula Arisó y añade garbanzos hasta que marca un kilo exacto.

Don Segundo lo observa con una sonrisa conmiserativa.

—Mira —le dice—: ahora voy a quitarle cien gramos y va a seguir pesando el kilo.

Don Segundo devuelve una porción de garbanzos al cajón, cierra el cartucho plegando el borde y lo deja caer con cierta violencia sobre el platillo de la báscula. La aguja indicadora marca el kilo sobrado. Antes de que descienda hasta un valor inferior, don Segundo ya ha levantado el paquete.

—Lo ves: al golpe pesa más y, si coges el paquete enseguida, el cliente cree que le das un kilo.

—¿Y si comprueba el peso en su casa?

—Nadie tiene báscula en su casa —replica don Segundo—. Ahora vamos con los cartuchos. Tienes que preparar cada día cien antes de abrir la tienda. Antes se usaban hojas de periódico pero desde que lo han prohibido los hacemos con papel de estraza. Eso es bueno para el negocio, porque lo que pesa el papel no lo sirves en producto, ¿comprendes? La parte del fondo de cada cartucho hay que pegarla bien para que no se abra al pesarlo. Para pegarla le pones una plasta de cemento, que no se vea.

—¿No es mejor con pegamento o gachuela de harina? —sugiere el aprendiz.

Don Segundo se sonríe, como si hubiera escuchado una gran simpleza.

—No es mejor por la sencilla razón de que con cemento pesa más y el peso que el cliente se lleve en papel y en cemento no se lo lleva en garbanzos o azúcar, ¿entiendes?

Teófilo va entendiendo. Recuerda una pintada que vio recientemente en los retretes del cine Cervantes entre las lindezas dedicadas al Caudillo: AQUÍ EL QUE NO ROBA ES PORQUE NO PUEDE.

Aquí se refería a España.

Al lado de don Segundo, Teófilo aprende mucho. Los garbanzos, las alubias y las lentejas se separan en cajones rotulados CALIDAD EXTRA y PRIMERA CALIDAD, con precios distintos, aunque procedan del mismo saco.

—A la gente de posibles le hace ilusión pagar un poco más por la satisfacción de consumir productos de calidad —explica don Segundo—. Y nuestra obligación es servirlos.

Teófilo admira las trapacerías y astucias de su jefe para robar a los clientes. La tienda de don Segundo es una de las ocho que tienen licencia en la ciudad para servir el racionamiento de aceite. Don Segundo tiene un surtidor en el mostrador. Se acciona una manivela y el aceite sube de la cántara que hay debajo hasta un cilindro de cristal, marcado de cien en cien gramos. Don Segundo ha insertado en el fondo del cilindro una arandela de cristal grueso que parece parte del aparato, y detrae su volumen en cada medición. El precio del aceite racionado es de 2,50 pesetas por litro. Cuando hay.

El aceite de estraperlo, sumado al que don Segundo sustrae de las raciones, lo vende doña Enriqueta, a 30 pesetas el litro, en el cobertizo que hay detrás de la trastienda. Lo mínimo que se despacha es un cuartillo (un cuarto de litro).

En invierno, don Segundo deja la medida de cuartillo al relente frío de la noche con un fondo de aceite.

—Se va a helar, don Segundo —objeta Teófilo.

—De eso se trata. Mañana, cuando mi mujer le mida un cuarto de aceite a los parroquianos la parte helada se queda en el jarrillo ¿comprendes?

—¡Ah...!

—El cliente piensa que lleva un cuarto, pero en realidad le faltan los cincuenta gramos del aceite helado.

—¡Ah...!

Don Segundo viaja a Madrid de vez en cuando por negocios. Allí come en buenos restaurantes, visita un prostíbulo de lujo y dedica el resto del tiempo a curiosear en las tiendas de la capital. Luego vuelve con ideas innovadoras. Últimamente, le llaman la atención los establecimientos de confección del centro, donde encuentra comercios honrados que prosperan.

—No sé cómo se las apañan, y aquí hay que andar trapaceando para salir de pobres —se queja a doña Enriqueta, después de revisar con papel y lápiz la caja del día.

—Claro, como es la capital, así cualquiera —lo consuela ella.

Don Segundo le cuenta a su mujer la historia de Pepín Fernández, que acaba de inaugurar el primer gran almacén de España, todo un edificio de varios pisos, como en América y Europa, en la calle de Preciados (por eso lo ha llamado Galerías Preciados).[238] El almacén tiene cinco plantas, que ocupan una superficie de 3.000 metros cuadrados. Lo atienden 350 empleados.

—¿Y, aparte de ser tan grande, qué es lo que tiene de particular esa tienda? —pregunta doña Enriqueta.

—El género no está en cajas detrás del mostrador sino a la vista. En realidad no hay mostradores. Todo está abierto. El cliente se pasea como Perico por su casa y puede tocarlo y verlo todo. El de-

238. El 5 de abril de 1943.

pendiente no se mete, pero está pendiente por si lo necesitas. Y todo el género lleva una etiqueta con el precio.

Pepín Fernández es un asturiano de los que se fueron a hacer las Américas. Después de aprender el negocio en La Habana, en los almacenes de tejidos El Encanto, regresó en 1934 y abrió en Madrid una tienda, Sederías Carretas.

Pepín Fernández tiene la habilidad de introducir la larva del consumismo en plena época de recensión económica. Pronto irá desarrollando e imponiendo ideas como la elegancia social del regalo, especialmente en Navidad, las rebajas de la cuesta de enero y los regalos del Día de la Madre y del Día del Padre.

Los medios dedican amplio espacio a la visita de Franco a Almería. Una entusiasta muchedumbre de productores lo ha recibido con pancartas y ha coreado su nombre hasta enronquecer.

Crece la autoestima de *Franquito*. También él, como un español más, es permeable a la propaganda del Régimen sobre su persona. Cada día está más convencido de la trascendencia divina de su misión. En estas circunstancias, sin encomendarse a Dios ni a los santos, concibe la brillante idea de ofrecerse como mediador entre los aliados y el Eje para unas hipotéticas conversaciones de paz.

Otra metedura de pata, como la de mencionar su disposición a defender Berlín con un millón de guerreros españoles.

La propuesta, de la que se hace eco la prensa internacional, indigna a Hitler y a Von Ribbentrop.

—Los aliados pueden interpretar que la idea ha partido de Alemania que, vapuleada en todos los frentes, quiere sondear la disposición enemiga a llegar a un acuerdo —se queja Von Ribbentrop.

—Lo que yo digo —opina Hitler—: este hombre es tonto. ¡En el ejército alemán nunca hubiera pasado de sargento!

En otoño, se repatrían los últimos hombres de la División Azul. Quedan en Rusia unos tres mil voluntarios, encuadrados en la Legión Azul, un regimiento adscrito a la División 125 alemana, que lucha contra los partisanos.[239]

239. Cuando el frente ruso se desmorone, los acantonarán en Estonia. El

En medio de la miseria europea las noticias nacionales son esperanzadoras. El genio de la raza española brilla como nunca en estas horas difíciles de estrecheces y hambre. La autarquía va camino de abandonar el terreno de lo utópico para ofrecer realidades contundentes, gracias a la inteligencia de algunos españoles. Don Francisco Gascón ha inventado un motor movido por agua que se basa en el principio de la «cohesión molecular». En cuanto se fabrique en serie se acabarán los gasógenos y las dificultades del parque automovilístico nacional.[240]

Don Francisco Gascón, inventor del motor de agua, posa con su invento en la azotea de su domicilio-taller de Sevilla, con La Giralda al fondo.

Gobierno español se sentirá incómodo con esta unidad, que recuerda su alianza con el Eje, y conseguirá finalmente su disolución. A pesar de ello, unos centenares de voluntarios, los más fanáticos o los más fieles, según se mire, permanecerán en el ejército alemán y servirán en Polonia y Yugoslavia. Algunos defenderán la cancillería de Berlín en los últimos días del Reich.

240. La noticia aparece en septiembre de 1943 en *El Español.* Luego, como pasa siempre, el asunto no se vuelve a mencionar.

DOS HOMBRES

(un coadjutor y un radiotécnico)

FABRICAN ORO EN EL ESCORIAL

Misteriosas visitas a una fragua antigua y viajes a valles (desconocidos)

Hay también el inevitable "tercer hombre" con muchos millones de pesetas

SAN LORENZO DEL ESCORIAL, 21. (Por teléfono, de nuestro enviado especial, Alfonso Sánchez.)

YA ha comenzado en El Escorial la "quimera del oro". Si esto sigue así, harán bien los veraneantes en ir equipándose con trajes de "cow-boy". Hasta ahora no hay más turistas "extracupo" que nosotros; pero los comenta-

Noticia del periódico. La nueva España se encamina con paso firme a la prosperidad y el imperio.

Pepe, el barbero de El Siglo, muestra a sus contertulios un reportaje de la revista *Fotos*. Lee:

—El capellán castrense, reverendo padre don Francisco Marín, ha obtenido, a partir del estiércol y otros residuos agrícolas, un gas vegetal susceptible de ser usado como fuente de calor o de iluminación. La luz que desprende, blanca y viva, es mejor que la eléctrica. El inventor lo pone a disposición del Estado.[241]

—¿Y qué dices que es el inventor? —pregunta Santiago Orcera, un tertuliano que suele permanecer callado.

—Capellán castrense —responde Pepe.

—¡Así tenían que estar todos los curas! —sentencia Orcera, inapelable.

En la calle hace un frío que pela. Lo más barato es ir al cine donde, por 2 pesetas, te echan una película, a veces dos en sesión continua, en una sala caldeada por el hacinamiento de los espectadores. Además, la oscuridad del blanco y negro favorece la intimidad de las parejas.

Teófilo y Visi van a ver *Malvaloca*, una historia andaluza muy bonita protagonizada por Rafael Calvo y Amparito Rivelles.

—¿Te parece guapa Amparito? —pregunta Visi.

—Sí, pero no tanto como tú —responde Teófilo.

Todavía no se sientan en la filas de atrás, como otras parejas. Llevan poco tiempo de relaciones y no han pasado de tomarse fugazmente de la mano.

Se acomodan en el centro de una fila, donde nos los moleste nadie. Se apagan las luces. Se ilumina la pantalla y aparece la Tierra girando en el espacio con sus mares y sus continentes mientras la sobrevuela un águila imperial. Es el logo del primer *Nodo* (Noticiario Documentales Cinematográficos: «El mundo entero al alcance de los españoles.»).[242]

Antes, los cines españoles proyectaban el noticiario alemán

241. Aparecido en la revista *Fotos*, octubre de 1943.
242. El primer *Nodo* se emite el lunes 4 de enero de 1943.

Actualidades UFA, el italiano *Noticiario* LUCE, o el norteamericano *Fox Movietone*; pero, ahora, tenemos un noticiario específicamente español. Se ve que vamos progresando, aunque con cierta lentitud. A Teófilo González le preocupa la reciente ordenanza que obliga a entregar las suelas de goma de las alpargatas usadas al adquirir un par nuevo. En la tienda, por cada par de alpargatas con suela de goma se vende una docena de pares con suela de esparto. A la gente humilde no le llega el jornal para zapatos. La autarquía.

El *Nodo* presenta a Franco atareado en su suntuoso despacho del palacio de El Pardo. El Caudillo trabaja en su espaciosa mesa de trabajo abarrotada de carpetas y expedientes.

El Caudillo lee, toma notas, confronta datos, escribe. La barricada de papel deja apenas asomar esa portentosa cabeza que aparece en los sellos de correos, en las pólizas, en las postales propagandísticas y en la prensa ilustrada.

En la mesa del Caudillo hay un gran crucifijo y varios teléfonos de baquelita negra con los que se comunica, en un instante, con cualquier rincón patrio donde surja un problema que resolver. «En el palacio de El Pardo —lee entonadamente la voz en *off* del locutor— como en otro tiempo en su cuartel general, el jefe del Estado español, Caudillo victorioso de nuestra guerra y de nuestra paz, reconstrucción y trabajo, se consagra a la tarea de regir y gobernar a nuestro pueblo.»

El *Nodo* le explicará a los españoles, año tras año, que la luz del despacho del *Generalísimo*, permanece encendida hasta altas horas de la madrugada. El Caudillo no tiene horas ni se concede descanso en su abnegada labor de gobernar al país con pulso firme y mano paternal. El Caudillo, siempre preocupado por el bienestar de los españoles y por la justicia social, por la Patria, el Pan y la Justicia.

Después del *Nodo*, viene la película. A mitad de la función se encienden las luces y hay un descanso, para que el operador cambie el rollo del único proyector. Es el momento de entonar el preceptivo *Cara al Sol*, en posición de firmes y con el brazo en saludo fascista.

A la salida del cine, en la calle helada, mientras Teófilo lleva a Visi a su casa los acompañan los compases de la marcha militar *Los Voluntarios*, que emiten los altavoces exteriores del cine.

El NO-DO, el mundo entero al alcance de todos los españoles.

CAPÍTULO 35

El Generalísimo tiene quien le escriba

Solemne inauguración de las nuevas Cortes españolas.[243] Su presidente, don Esteban Bilbao, hace un discurso que, por la voz, por la mímica que lo acompaña y por la sutileza del contenido, nos recuerda vivamente al del alcalde Pepe Isbert en el balcón del ayuntamiento en *Bienvenido Mister Marshall.*

En tiempos de la abominable República, los representantes de este órgano legislativo se elegían, como en el resto de los sistemas democráticos, por sufragio universal y por elección directa. Franco, en su afán por adaptar la democracia a la idiosincrasia del pueblo español, ha ideado el sufragio corporativo, que otorga la soberanía a grupos concretos de ciudadanos merecedores de la confianza del Caudillo. A cincuenta de ellos los elige directamente, a dedo; otros se eligen desde el tercio sindical, controlado por Falange española, o para ser más exactos por el Movimiento, nueva denominación del que antes se denominaba Partido Único. El resultado es un hemiciclo repleto de vistosos uniformes de procurador civil —guerrera blanca-beige cruzada, cinturón, botonadura y hombreras doradas, camisa azul—, de uniformes caquis del ejército con gorras de plato y medallas, de púrpuras episcopales. No hay peligro de que se cuelen elementos liberales o masones.

Los periódicos explican que las Cortes son el órgano superior

243. El 17 de marzo de 1943.

de participación del pueblo español en las tareas del Estado que dictará y aprobará las leyes, cuya sanción corresponde a Franco. O sea, un órgano deliberante y técnico, no político. El jefe del Estado mantiene su capacidad de legislar a su antojo mediante decretos leyes. El papel de los procuradores es suministrar a Franco una conveniente claque para dar a su gobierno una apariencia democrática, ahora que el panorama internacional pinta bastos para las dictaduras.

La mayoría de los procuradores son monárquicos. ¿Qué pretende Franco? ¿Quizá atar corto a los partidarios de don Juan, unciéndolos al carro de su gobierno personal? ¿Los está comprando por las 1.000 pesetas mensuales de gratificación (irrenunciable) a que tienen derecho, más la vanidad del uniforme, el coche oficial y la sinecura?

En los regímenes democráticos, el Parlamento controla al Gobierno; en la democracia orgánica de Franco ocurre justamente lo contrario: el Gobierno controla a las Cortes. El presidente que pastorea al blanco rebaño es un hombre de confianza nombrado directamente por el Caudillo.

En junio de 1943 las Cortes llevan tres meses de legislatura. Los procuradores, muy en su papel, se levantan en el hemiciclo y hablan ordenadamente para mostrarse completamente de acuerdo con las leyes que Franco o su Gobierno proponen. Tienen entre manos la Ley sobre Ordenación de la Universidad Española.[244] Desde el Concilio Vaticano I, la Iglesia quiere controlar la enseñanza, especialmente en sus primeros tramos. De este modo podrá inocular en las mentes todavía moldeables de los niños esos mitos irracionales en los que se sustentan su dogma y su doctrina. Es la mejor manera de dejarlos vacunados contra el pensamiento racional cuando crezcan y entren en contacto con las tendencias laicas del mundo moderno. El Nuevo Estado confesional fundado por Franco ha devuelto a la Iglesia los privilegios que le arrebató la República y ha suprimido la coeducación: «La Ley, además de reconocer los derechos docentes de la Iglesia en materia universitaria,

244. Aprobada el 29 de julio de 1943.

quiere ante todo que la Universidad del Estado sea católica. Todas sus actividades habrán de tener como guía suprema el dogma y la moral cristiana, y lo establecido por los sagrados cánones respecto a la enseñanza.» Los obispos procuradores muestran su satisfacción y son cálidamente felicitados en los pasillos de las Cortes.

No todos los días son de vino y rosas. Veintisiete incautos procuradores que todavía no han advertido que su papel es meramente decorativo, le dirigen a Franco un escrito en el que reclaman el restablecimiento de la monarquía. Franco los destituye fulminantemente.[245]

Poco después, el Gran Consejo Fascista, la institución italiana equivalente a nuestras Cortes, derroca a Mussolini.[246]

Don Juan interpreta la caída de Mussolini como una anticipación de lo que le va a ocurrir a Franco. Envalentonado le dirige al Caudillo un telegrama en el que lo apremia para que restaure la monarquía ya que «sólo un régimen sin tacha de partidismos [...] se hallará en condiciones, cuando la paz llegue, de defender con eficacia los intereses legítimos de la Nación».[247]

La reina Victoria Eugenia, viuda de Alfonso XIII, se ha instalado de nuevo en su lujoso palacete La Vieille Fontaine, en Lausana, Suiza, después de que Mussolini la invitara a abandonar Italia, por sospechas de que espiaba para los británicos. Su hijo, don Juan, ha permanecido en Roma, donde la vida es más divertida, hasta que su consejero Pedro Sáinz Rodríguez lo convence de la conveniencia de mudarse a Suiza y distanciarse del Estado fascista. Es lo que aconseja el sentido común cuando el viento de la historia empieza a soplar contra las dictaduras.

Don Juan se muda a Lausana con el resto de la familia real (que incluye las de sus dos hermanas, las infantas, con sus hijos, y a don Jaime, el infante sordomudo, que pronto será cliente habitual

245. El documento se conoce como *Manifiesto de los Veintisiete.*
246. El 25 de julio de 1943.
247. El 3 de agosto de 1943.

de los principales prostíbulos del país). Al principio, la *troupe* borbónica se instala en el hotel Royal, uno de los más caros de la ciudad. Poco después, don Juan deja el hotel y se traslada con su familia a Les Rocailles, un lujoso chalet en el barrio residencial Ouchy, cerca de la residencia de la reina.[248]

Los niños tienen profesores particulares, entre ellos una de español, Mercedes Solano. La más inteligente, con diferencia, es Margarita, la ciega; Pilar es un poco marimacho; don Juanito, distraído y mediocre como alumno y don Alfonsito, simpático, vivaz y listo como el hambre. En La Vieille Fontaine se come a la francesa y a la inglesa; en Les Rocailles a la española, tortilla de patatas, cocido y paella.

Cada noche, después de cenar, don Juan hace formar a sus cuatro hijos: Pilar, Juanito, Margot y Alfonsito, este último tan pequeño que apenas se tiene en pie, y antes de enviarlos a dormir les pone en el gramófono la *Marcha real* que han de escuchar en posición de firmes.

Los hijos de don Juan visitan a menudo a su abuela, la ex reina Victoria Eugenia, que se esfuerza por enseñarles protocolo. El servicio tiene órdenes de servir primero a don Juanito, en atención a que algún día será rey, cuando suceda a su padre.

Don Juan, asistido por su secretario, pastorea a sus seguidores (o quizá sus seguidores lo pastorean a él, a juzgar por sus cambiantes opiniones) y mantiene su esperanza de ocupar cuanto antes el trono de España.

Por ese lado no hay problema. Franco se ha declarado monárquico de toda la vida. El único escollo es que el Caudillo no quiere ceder la batuta al pretendiente hasta asegurarse «la realización y permanencia de nuestra revolución nacional».[249]

O sea, cuán largo me lo fiáis.

Don Juan envía a Franco un telegrama interesándose por su trono, que el que espera desespera; Franco le aconseja paciencia y

248. En marzo de 1943.

249. Discurso ante el Consejo Nacional del Movimiento, el 7 de diciembre de 1942.

que, mientras tanto, evite «todo acto o manifestación que menoscabe el prestigio y la autoridad del Régimen español».[250]

Pero la ofensiva monárquica no cesa. Ocho prestigiosos generales, Orgaz, Dávila, Solchaga, Kindelán, Saliquet, Monasterio, Ponte y Varela, todos ellos integrantes del Consejo Superior del Ejército, dirigen a Franco una carta colectiva .[251]

Los generales le recuerdan a Franco que fueron ellos los que le entregaron «los poderes máximos en el mando militar y en el del Estado».[252] Ahora le sugieren «con la lealtad, respeto y afecto [...] de unos viejos camaradas de armas y respetuosos subordinados» que «parece llegada la ocasión de no demorar más el retorno a aquellos modos de gobierno genuinamente españoles».[253]

O sea, que restaure la monarquía.

No firman la carta (porque son ministros), aunque están de acuerdo con su contenido, los generales Gómez Jordana y Vigón.

Franco elude responder por escrito. Prefiere convocar, de uno en uno, a los firmantes, en fechas distintas.

Varela llega impetuoso a El Pardo y, sin detenerse en el despacho de ayudantes, entra en el de Franco, fusta en mano, sin llamar previamente ni hacerse anunciar, y dando un portazo. El ministro Girón y otras personas que hacen antesala presencian la escena. A los pocos segundos la puerta se vuelve a abrir y sale un Varela completamente calmado que la cierra tras de sí cuidadosamente para, acto seguido, golpear suavemente con los nudillos y preguntar el preceptivo:

—¿Da vuecencia su permiso, mi general?

250. El 8 de agosto de 1943.

251. Son siete de los doce tenientes generales que existen en España, la máxima graduación en el Ejército exceptuando, claro está, al *Generalísimo*.

252. La carta está firmada el 8 de septiembre de 1943, pero se entrega el día 15. Los generales Kindelán, Orgaz, Dávila y Saliquet apoyaron la candidatura de Franco en Salamanca en septiembre de 1936. Orgaz sugiere incluso la posibilidad de un golpe de Estado.

253. Archivo de Franco, Legajo 172.

La densidad corporal del ministro Girón, con su uniforme falangista, prefigura ya al León de Fuengirola que será en el ocaso del régimen.

Los posibles efectos de la carta acaban de «disolverse».[254]

Franco les explica a sus generales que a monárquico nadie le gana, a él, que fue gentilhombre de palacio y apadrinado de boda de Alfonso XIII. Lo que ocurre es que, dada la delicada situación internacional, con la Guerra Mundial de por medio, que no sabemos cómo acabará, no parece prudente restaurar ahora la monarquía. Habrá que esperar al momento oportuno, cuando se aclare un poco la situación.

El receloso gallego no volverá a confiar en ninguno de sus generales.

Hay que atar corto al personal para que no saque los pies del plato. Por lo pronto, asciende al grado de capitán general a algunos generales de división antimonárquicos y reparte otros ascensos en-

254. Palacios, Jesús, *op. cit.*, pp. 450-451.

tre oficiales más jóvenes que destacaron en la guerra civil, pero carecen de las fidelidades monárquicas de los más viejos. De este modo, amplía la clientela franquista y «crea una nueva mayoría, no monárquica, en el peldaño más alto de la cúpula militar».[255]

En noviembre de 1943, Juan de Borbón le confía a Rafael Calvo Serer, prócer del Opus Dei, una carta confidencial, cerrada y lacrada, para que la entregue en mano al conde de Fontanar. Calvo Serer, que está jugando con dos barajas, la abre al vapor y, al comprobar su explosivo contenido, con acusaciones al mal gobierno de Franco y a su ilegítima usurpación del poder, decide entregársela a Carrero Blanco. También pudiera ser que lo haga porque ha estropeado los lacres y el destinatario lo va a notar. Prefiere decir que se la han robado o que la ha extraviado. Carrero Blanco entrega la carta al Caudillo. Franco le escribe a don Juan, e incluye en el sobre la carta interceptada.[256]

En su respuesta, Franco le advierte a don Juan: «Nosotros caminamos hacia la monarquía; vosotros impedís que lleguemos a ella.»[257] El plural alude a los consejeros de don Juan, que, según el Caudillo, lo malmeten contra él y lo llevan por un camino equivocado. Don Juan los defiende: «Nadie ha intentado persuadirme de la ilegalidad de los poderes que V. E. ejerce.»

Recuperar el trono no es el único desvelo de don Juan por estas fechas. En una recepción conoce a una aristócrata griega, Greta, de la que queda prendado y con la que vive un apasionado idilio. Por ella está dispuesto a divorciarse. Los consejeros le sugieren, unánimes, que se aleje de la griega porque, si se divorcia de doña María, como pretende, es seguro que nunca recuperará el trono. Él está tan encalabrinado que no atiende a razones. El general Vigón le envía a un dominico, el padre Canal, especializado en devolver al redil conyugal a ovejas descarriadas; el Papa le envía otra luminaria, el sacerdote Ángel Herrera. El propio Franco interviene, preocupado. Fi-

255. Togores, Luis E., *Muñoz Grandes*, La Esfera de los Libros, Madrid, 2006, p. 380.

256. De la Cierva, Ricardo, *Los años mentidos*, Ed. Fénix, Madrid, 1993, p. 197.

257. En abril de 1944.

nalmente todo se arregla cuando don Juan asiste a unos ejercicios espirituales y regresa, contrito, al lado de su legítima.

Que don Juan haya sacado los pies del plato no puede achacarse a que esté casado con una mujer triste y aburrida, porque doña María, una mujer de carácter franco y alegre, está siempre dispuesta a divertirse. La policía secreta suiza, que vigila discretamente al pretendiente español, expone en un informe confidencial que

Don Juan y doña María se disponen a abordar uno de sus automóviles en el jardín de su mansión de Suiza.

«don Juan suele salir a menudo y vuelve a su casa a las cuatro o las cinco de la madrugada, muy afectado por el efecto de los numerosos cócteles que ingiere, y también manifiesta que a veces le acompaña su mujer, que tiene bastante abandonado el cuidado del hogar».[258] Su íntimo consejero, Gil Robles, anotará en su diario: «Don Juan estaba entregado al alcohol y a los excesos [...]; el abuso del alcohol le estaba debilitando tanto la inteligencia como la voluntad, ahogaba sus penas en alcohol y en diversiones de todo tipo [...]. Su mujer, doña María de las Mercedes, no se ocupaba mucho de la casa. Estaba todo el día de juerga, se iba con amigotas de dudosa condición y, cuando don Juan no estaba en casa, se marchaba dejando su hogar sin rumbo».[259]

Si la casa de don Juan funciona es porque los vizcondes de Rocamora, que están a su servicio por fidelidad monárquica, sin remuneración alguna, se encargan de todo, desde la intendencia a los colegios de los niños, de llamar al fontanero, del servicio, de la agenda, de las visitas... Lo que se dice de todo.

Don Juan, que es vigoroso, compagina el alcohol y las juergas de la vida nocturna con el afán diurno de reclamar el trono. Franco le da largas. En años venideros el juego se prolongará, don Juan impacientándose con el Caudillo, que no se deja *borbonear*, y Franco *gallegueando* al pretendiente con buenas palabras, que le hacen concebir esperanzas, y algún que otro paternalista tirón de orejas. Al mismo tiempo, rencoroso, planeando que el aspirante que ha osado insubordinársele nunca consiga ocupar el trono. Quizá la clave de todo el asunto resida en la explicación que el Caudillo portugués Salazar ofreció a los británicos en 1946: «En principio, Franco está listo para retirarse a favor de la monarquía, pero en la práctica le ocurre como a muchos católicos con relación al Cielo: quieren ir allí, pero todavía no.»

Las conjuras monárquicas ¿desvelan a Franco? ¿Vela el Caudi-

258. Eyre, Pilar, *Secretos y mentiras de la familia real*, La Esfera de los Libros, Madrid, 2007, p. 116.

259. Rojas Quintana, Felipe Alfonso, *José María Gil Robles, una biografía política*, tesis doctoral citada por Pilar Eyre, *op. cit.*, p. 167.

llo en la alta noche, cuando la lucecita de El Pardo permanece encendida?[260]

Franco decide darse un baño de multitudes para demostrar quién manda aquí.

En su recorrido triunfal por San Sebastián, Zaragoza y Andalucía, Franco cosecha multitudinarias manifestaciones de apoyo a su persona y a su Régimen. Los gobernadores civiles han convocado a los alcaldes (que son al propio tiempo jefes locales del Movimiento) y éstos, deseosos de hacer méritos, fletan autobuses, camiones y coches particulares para movilizar a sus pueblos. Los falangistas locales y los sindicalistas apesebrados del Régimen, que son legión, no pueden faltar a su cita con el Caudillo. Rescatan del baúl la camisa azul que huele a naftalina y se agrupan disciplinadamente debajo de las pancartas de los diferentes lugares: BOLLULLOS DEL CONDADO ESTÁ CONTIGO, CABEZÓN DE LA SAL SIEMPRE A TUS ÓRDENES, MANDA, CAUDILLO, QUE MADRIGAL DE LAS ALTAS TORRES TE OBEDECE, UN PUEBLO Y UN CAUDILLO, FRANCO MANDA; ESPAÑA OBEDECE.

Sólo se echa a faltar el «Vivan las cadenas» con que los tatarabuelos de estos entusiastas recibían a Fernando VII.

Tres años de inteligente propaganda han hecho su efecto, y a eso hay que sumar la fascinación del poder. Los españoles pueden padecer hambre y miseria, pero a pocos se les ocurre pensar que sea por culpa del mal gobierno de Franco. Si el Caudillo no velara por nosotros, nos iría peor.

Triunfa Franco. Las multitudes lo contemplan, egregio, viril, castrense, botas altas con espuelas, banda, Laureada, fajín de *generalísimo* con sus dos borlas cortineras, rodeado de su guardia mora, como un monarca inaccesible. «¡Franco, Franco, Franco!» corean campesinos hambrientos a los que se les ha regalado un día feriado, un bollo de pan moreno, un arenque y un viaje gratis a la capital.[261]

260. El mito de la «lucecita» de El Pardo copia, una vez más, al modelo fascista italiano. También la luz del despacho de Mussolini permanecía encendida hasta altas horas de la noche, como menciona José Antonio Primo de Rivera en el prólogo del libro de Mussolini, *Fascismo*.

261. Estos baños de multitudes apesebradas constituyen una de las per-

Bajo la marquesina de la estación de autobuses, las chicas de Auxilio Social, brazos blancos, apetitosos, remangadas, con sus camisas azules y sus mandiles blancos, reparten racimos de uvas y sonrisas a los expedicionarios que van llegando de los pueblos.

—¡Uvas, qué ricas, camarada!

Y abundantes. Por una vez sobra de algo en la depauperada España. Almería y Málaga han producido la cosecha del siglo, 20 millones de kilos de uva, que no se pueden exportar, a causa de la Guerra Mundial. El Gobierno ordena que las uvas sean el postre obligado al menos en una comida al día.[262]

La autarquía no consiste sólo en arreglarse con lo que se tiene. También hay que consumir disciplinadamente los excedentes. («En casa del pobre, reventar antes que sobre», señala el refrán castellano.)

¿Y la gente pensante? ¿Es que no hay quien denuncie el abismo entre el paraíso que glosa la propaganda y la dura realidad?

Los intelectuales que no se exiliaron son paniaguados del Régimen que escriben loas al Caudillo y exaltaciones poéticas, con el florido estilo falangista que un día quiso ser sobrio, para pregonar los logros del Régimen. Otros, remedan el existencialismo del café Fiore parisino en el Gijón madrileño.

El reloj de San Ildefonso marca las tres. Marcelino Moreira, el sereno del barrio de la catedral, golpea los adoquines tres veces con la contera del chuzo y grita a media voz:

—¡Las tres y sereeeeeno!

Es un trabajo descansado. Hay pocos trasnochadores a los que abrirles el portal. Lo malo es llevar toda la noche a cuestas los 2 kilos 700 gramos que pesa el manojo de llaves.

A esa hora, Teófilo González está enfrascado en la lectura de *Fortunata y Jacinta* de Galdós. Doña Casilda, su madre, aparece en camisón, el pelo envuelto en una gasa que protege la permanente cuando duerme. Lleva en la mano una palmatoria encendida.

---

durables herencias del franquismo que se repiten hasta hoy, organizadas por los partidos políticos de uno u otro signo. Hay instituciones que, si funcionan bien, no hay por qué cambiarlas.

262. Orden del 25 de septiembre de 1943.

—Hijo, ¿qué haces? —pregunta alarmada.

—Ya ves, madre: leyendo.

—¡Ay, hijo, apaga esa luz, que se ve desde la calle y nos estamos *significando*!

Teófilo dobla una esquina de la página y apaga la luz.

—Sí, madre.

La España del miedo.[263]

263. Esta anécdota, que es cierta, me la contó mi amigo Ricardo Artola, al que debo también la idea de este libro y su título.

EL PROXIMO 6 DE JULIO

DEBES VOTAR:

1.° Porque legalmente es obligatorio.

2.° Porque, en el orden moral, no es lícito abstenerse en un asunto que afecte constitucionalmente al porvenir político de la Patria.

3.° Porque los enemigos de España querrían que no lo hicieses.

Y DEBES VOTAR "SI":

1.° Porque la ley de Sucesión garantiza la estabilidad política de España y la sangre de un millón de muertos durante la Cruzada, no puede ser estéril.

2.° Para proclamar ante el mundo la unión de todos los españoles frente a la intervención extranjera y la voluntad firme de mantener a toda costa nuestra soberanía.

Hay quienes siembran el confusionismo con erróneas interpretaciones del SI o el NO en el referéndum.

No hay más que una sola interpretación:

Los que son españoles y están con Franco, votarán SI

Y los malos españoles, que están al servicio del comunismo y contra España, votarán NO

Propaganda del referéndum del 6 de julio de 1947.

CAPÍTULO 36

Asalto en la mansión de la duquesa

Pasada la guerra civil, en cuanto la burguesía se procura casas presentables y un mínimo de excedentes alimentarios, el guateque o fiesta de juventud reaparece.

Doña Petronila Jiménez-Enciso Méndez-Aguilar, duquesa viuda de Pradoancho, tiene una hija de dieciocho años, Petronilita,

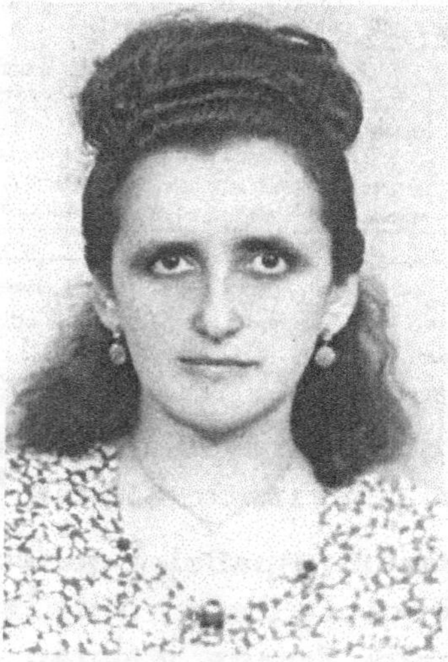

Petronilita, *Lita* para para los amigos, luce el peinado Arriba España de moda en los años cuarenta.

Lita para los amigos, pecosa, bajita y un poco chepuda —le sale a su suegra, que era un esperpento— a la que va a ser difícil casar como Dios manda, es decir, con un buen partido. El marquesado y el mayorazgo los heredará el primogénito Gustavín, así que a Petronilita no le quedan muchos encantos para negociar en el mercado matrimonial. Habrá que ir pensando en bajar el listón. Doña Petronila se conformaría con un subsecretario, un director general, uno de estos chicos despabilados que ascienden en la Falange o en los ministerios. La nobleza de sangre es lo de menos. «Total, el rey se fue y ahora nos manda el Caudillo ese, un piojo resucitado.» Lo que sea con tal de colocarla.

Doña Petronila ha organizado un guateque de los de antes de la guerra, o un «asalto», como ahora los llaman (por el estropicio que causa la gente joven en las bebidas y en los canapés).

La fiesta se celebra en el amplio salón de baile de la residencia, con dos balcones a la avenida de Calvo Sotelo (que la duquesa sigue llamando «de Recoletos»).

Es media tarde. Las amigas invitadas por Petronilita, escogidas por la duquesa entre las menos agraciadas, llegaron temprano y han estado curioseando viejos álbumes de fotos y el ajuar de Lita, bordado por las monjas de clausura. A las siete en punto suena la campanilla de la puerta. En el descanso de la escalera aguarda una docena de jóvenes trajeados, repeinados con brillantina, bigotitos finos los que pueden y flequillo los otros. Les abre la doncella Nicanora, con su cofia almidonada y su mandilito. Los hace pasar a presencia de la marquesa, que los recibe sentada en la *chaise longe* del cuarto de respeto, bajo el óleo del abuelo que fue ministro de Ultramar. El más simpático de los chicos le entrega, en nombre del grupo, un hermoso ramo de rosas rojas y blancas. Presentan sus respetos a la señora, besándole la mano.

La duquesa envía a Nicanora a buscar a las chicas. Entran arracimadas en la salita entre risitas tímidas y leves sonrojos.

—¡Hala, hala, al salón, a bailar! —ordena la duquesa, campechana.

Para romper el hielo, suena en el *pick up* un alegre pasodoble, pero la juventud está más pendiente de las bandejas de canapés y de la enorme sopera de *cup* o ponche. Los invitados devoran los emparedados, las croquetas, los buñuelos de bacalao y otras delicias de cocina, supuestamente elaboradas por Petronilita.

—Hija, no olvides que a los hombres se les caza por el estómago —le advirtió la noche anterior la duquesa—, porque lo otro a los pobrecitos bien poco les dura.

La munición de boca se acaba en un segundo. Mientras Nicanora promete traer más de la cocina, los más lanzados sacan a bailar a las menos feas. La marquesa designa al muchacho que debe bailar con Lita.

Es costumbre que una persona de respeto, generalmente la dueña de la casa acompañada de alguna amiga, presida la reunión y, con el pretexto de velar por la moral, sondee la disponibilidad de los posibles partidos para su hija. Los directores espirituales recomiendan a la joven cristiana que se deje guiar por la superior experiencia de su madre: «Fíate de los informes que buscará tu madre de personas prudentes y de conciencia. Examina las cualidades morales, psíquicas y religiosas del joven y de su familia.»

Doña Petronila también fue en su tiempo joven casadera, y sabe de sobra que la trampa se ceba con carne. De vez en cuando, se ausenta del salón, con el pretexto de supervisar el trabajo de Nicanora, lo que los muchachos aprovechan para acortar distancias. Los más lanzados llegan incluso al *cheek to cheek,* es decir, a juntar las mejillas y refregarse el resto.

El baile finaliza a las diez de la noche.

—¿Lo habéis pasado bien? —inquiere la marquesa, al despedirlos.

—¡Síiiii...!

—El día doce es el santo de Lita. Estáis invitados a un baile de disfraces.

Ese día, Lita y sus amigas se visten de Sherezades, de vestales romanas, de geishas o de nayaderas indias, sin renunciar por ello al peinado de moda, el Arriba España, una coca elevada sobre la frente que las hace parecer más altas. Un fotógrafo inmortaliza el evento para los «Ecos de Sociedad» de las revistas aristocráticas. «Se sirvió una cena fría espléndida, seguida de animado baile, que se prolongó hasta las primeras horas de la mañana, dentro de la mayor alegría», leemos en una crónica social de la revista *Luna y Sol*, ya impresa sobre papel cuché, aunque todavía en blanco y negro.

Los niños de papá tararean los boleros de un centón de vocalistas que intentan renovar el repertorio tradicional con melifluos sucedáneos de copla: los piropos de Jorge Sepúlveda a la mujer española de «mágicos andares pintureros», «al postín» y «al garbo tan airoso y retrechero», y los sentimentales que Antonio Machín, negro azabache picado de viruelas, trae de Cuba. [264]

En los hogares de la clase media, y en los que aspiran a ingresar en ella, la radio difunde la canción española. La tonadilla vive su mejor momento. La copla, fórmula magistral entre lo melodramático y lo erótico, triunfa en una España sin amor, áspera y gris, que piadosamente rescata aquellas canciones pasionales de antes de la guerra: candentes, expresivas y exactas.

La gente vive pegada a la radio. Las emisoras emiten, una y otra vez, las mismas coplas que son memorizadas y reproducidas, a grito pelado, en los corrales de vecinos, en las secretarías de los gobiernos civiles, en los lavaderos públicos, en las cocinas de Auxilio Social, en los patios de las prisiones, en las colas de las panaderías, en las eras de los pueblos cerealísticos, en las cuadras de los cuarteles de remonta, en los talleres de modistillas, en el obrador de la basílica del Valle de los Caídos, en la cubierta de los cascarones de la flota pesquera, en las oficinas del Patronato de Regiones Devastadas y en los prostíbulos de postín, con el beneficiado organista de la Santa Iglesia Catedral al teclado. Incluso las parejas de la Guardia Civil Caminera las cantarían, de no prohibírselo el reglamento. La otra excepción son los campamentos del Frente de Juventudes, que ya cuentan con su propio repertorio: «Montañas nevadas», «Gibraltar, Gibraltar», «Yo tenía un camarada», etc.

Conchita Piquer, Estrellita Castro, Lola Flores y las otras fol-

264. Machín echa raíces en España y se casa con una guapa rubia sevillana. Es un maestro con las maracas: se conoce que el antiguo albañil tiene las muñecas muy trabajadas del palustre y la plana.

clóricas, unas incipientes, otras ya consagradas, concilian con sus voces a la España triunfante con la derrotada y doliente.

Los censores proponen la prohibición de coplas como *Tatuaje* y *Ojos verdes* pero el Régimen que ha cerrado el Parlamento, abolido la Constitución y fusilado a tanta gente no se atreve a suprimir el único desahogo de los humildes.

Son los primeros tiempos en que Lola Flores, todavía no *Lola de España* ni dama de Isabel la Católica, pero ya *Niña de Fuego*, se deja arrastrar por Manolo Caracol, pedregosa voz, rostro feroz de rey godo.

—¡Olé el arte!

El Chato Puertas y su compadre, Nemesio Lañador, quiebran la faria con los dientes y se desengarzan las sortijas de aplaudir. Unas veces van solos o acompañados de putas caras; otras, con sus respectivas mujeres, que de vez en cuando hay que airearlas para que no se amohínen.

La mujer del Chato, Salvadora Corral Almeja, Dora o Dori para las amistades, es una mujer feliz y enamorada de su Fonsi (así lo nombra en la intimidad) que la tiene como una reina.

—Ni leche de hormiga me falta —le asegura a las amigas—. Antes de que abra la boca, ya me está dando lo que pida.

—¡Hija, qué suerte!

—Pues si yo os dijera que mi madre, la pobre, no lo quería. Le parecía poco. Ella se había empeñado en casarme con un sargento...

—Las madres de antes entendían poco de hombres.

—Y eso que la mía estaba acostumbrada a codearse con lo mejor porque papá tenía el mejor hotel de Granada.

Dora ha maquillado sus orígenes, como tantos españoles venidos a más. Las miserias de aquel cuartucho con olor a cloaca que compartía con dos hermanas en la pensión La Higiénica Tolosina le parecen a Dora tan lejanas que está convencida de que le ocurrieron a otra.

Dora ha engordado un poco con los años, pero todavía conserva aquella figura bien hecha y aquellas carnes firmes que engatusaron a Fonsi. Ahora se viste en los mejores modistos de Madrid, se tiñe de rubio, se hace la permanente y la manicura dos veces por semana en el exclusivo Chic Parisién, calle Montera, 18, donde se codea con lo mejor del barrio de Salamanca, señoras bien asentadas en la vida que rivalizan en joyas, aderezos y brillantes.

—Chiquilla, que un día te van a dar un susto —le advierte el Chato, en el fondo orgulloso—, que cada vez que sales a la calle llevas encima un patrimonio.

—¡Las mujeres son como urracas! —le comenta Lañador—. ¡Todo lo que brilla, hala, al nido!

Año 1942. Angustias Cejudo Higueras riega en vino de Valdepeñas unos picatostes azucarados en el bautizo de un sobrino. Todavía no ha llegado el tiempo de su prosperidad conyugal.

La mujer de Lañador, Gusti, en realidad Angustias Cejudo Higueras, es medio amiga de Dora, y compite con ella en esplendores. En tipo la aventaja: Dora es paticorta y anda regular, mientras que Gusti camina erguida, como las artistas de cine.

De sus tiempos de pescadera en el mercado de abastos de la plaza de la Cebada, le ha quedado a Gusti la manía de perfumarse las manos.

El Chato y Dora tienen dos hijos, Alfonsina y José Antonio;

Lañador y Gusti tienen tres: Nemesito, Ramón y Angustitas. Los tienen en colegios de curas y de monjas, de los más caros.

Los vástagos de los estraperlistas, de los jerarcas del Régimen y de las otras especies de nuevos ricos han instalado sus cuarteles en los bares elegantes y en los locales de moda de la calle Serrano, donde intentan reproducir una *dolce vita* a la española. Allí las alegres y despreocupadas hijas de papá como Lita, la hija de la duquesa de Pradoancho, y sus amigas son conocidas como *chicas topolino*, por

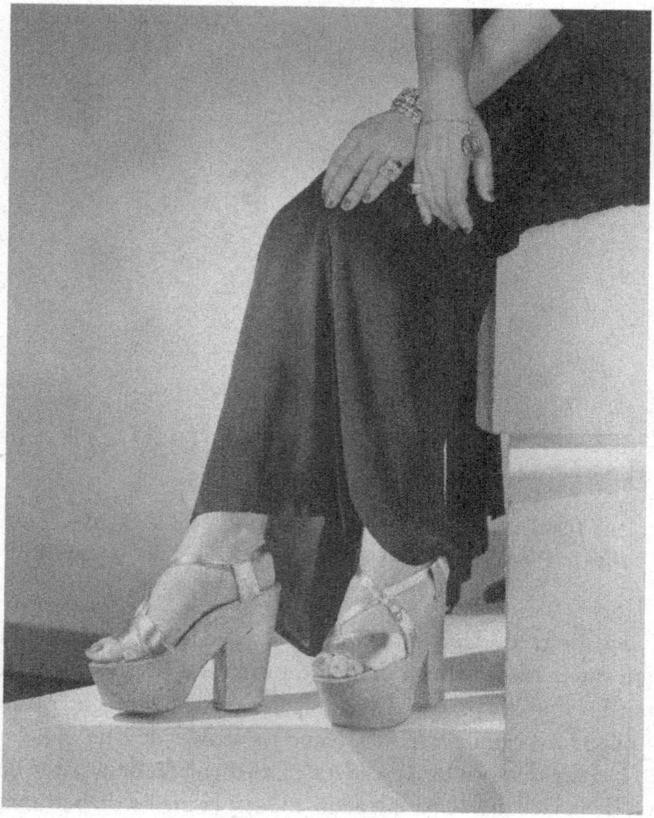

Una modelo luce los zapatos de plataforma que caracterizan a las *chicas topolino*.

el deportivo italiano que algunas conducen.[265] Por extensión, también se denominan así los coturnos un tanto extravagantes, con gruesa suela de corcho, que calzan estas chicas.

La *chica topolino*, y su equivalente masculino, el *chico hot,* triunfan en los locales de moda de Madrid. A ellos, tan elegantes, con sus trajes cruzados y sus corbatas de seda, sus zapatos rutilantes y sus cabelleras repeinadas con brillantina, no les afecta la normativa, que prohíbe el desaliño en lugares públicos y que obliga a los hombres a usar chaqueta en las cafeterías (y albornoz en piscinas y playas).[266]

Una familia en la playa de Chipiona (Cádiz), año 1946. Trajes de baño recatados y preceptivos albornoces.

Los hijos de papá de la calle Serrano contrastan con la miseria del país a cuya costa viven. Ellos no saben lo que es desayunar con aguachirle de achicoria, ni compartir entre tres un boniato asado para la cena. Son ricos, despreocupados, independientes y no conocen más fatiga que la de bailar el *swing*, el *bugui-bugui*, los bole-

265. El *topolino* o ratoncito es ese modelo reducido de *Fiat Balilla*, que el gobierno italiano regaló a Carmencita Franco.

266. Promulgada el 7 de julio de 1943.

ros y las sambas. Como exponentes de la imprecisa frontera entre la aristocracia de sangre y de la nueva clase enriquecida que aspira a ennoblecerse a golpe de talonario, la *chica topolino* y el *chico hot* participan de las características de ambas, con las vacilaciones y contradicciones naturales.

Algunas *topolino* son sexualmente liberadas, pero otras sólo lo fingen, prometen y no dan, desprecian el qué dirán cuando coquetean en público por el placer de escandalizar, pero guardan el virgo. Entonces el *chico hot*, es decir, caliente, se tiene que aliviar con criadas y comadres mercenarias.

CAPÍTULO 37

Los aliados aprietan la tuerca

La contienda entre democracias y dictaduras alcanza su momento culminante en 1943. El músculo alemán no da más de sí, y la balanza se inclina del lado de los aliados, que cuentan con el inmenso potencial industrial, económico y humano de Estados Unidos. Al desastre de Stalingrado, se suman los reveses de los ejércitos del Eje en los campos de Europa, en el océano (donde los submarinos caen por docenas) y en los desiertos de África, donde se rinden 275.000 soldados.[267]

Después, los angloamericanos desembarcan en Sicilia y se preparan para asaltar el continente europeo.[268]

En España, se imponen nuevas restricciones de electricidad.[269] Dejan de funcionar los ascensores y las fábricas sólo trabajan media jornada.

Siempre es un consuelo pensar que otros están peor. Se rumorea que Hitler y Mussolini están perdiendo la partida y que Franco, a pesar de la fama de infalible que le da la propaganda, ha apostado por el caballo perdedor. Digamos en su descargo que tampoco tenía otra opción.

La prolongada luna de miel entre el régimen de Franco y la Alemania nazi comienza a trocarse en desamor y hastío.

267. El 13 de mayo de 1943.
268. Entre el 10 de julio y el 17 de agosto de 1943.
269. El 15 de febrero de 1944.

Aquella amabilidad de los embajadores inglés y americano, cuando persuadían a Franco para que no entorpeciera el desembarco aliado en Marruecos, también se ha trocado en exigencias.

El embajador americano transmite a Franco tres peticiones concretas de su Gobierno: que retire del frente a la División Azul, que expulse a los espías alemanes que controlan el tráfico del Estrecho desde el consulado de Tánger y que restrinja las exportaciones de wolframio a Alemania. El embajador le advierte que, si no cede, deberá atenerse a las consecuencias.[270]

Hayes comenta la entrevista con su colega Hoare, el embajador británico. Éste visita a Franco en el pazo de Meirás y le plantea idénticas exigencias.[271]

Franco aduce los compromisos y deudas que España tiene contraídas con Alemania, pero promete reflexionar sobre el asunto.

Tal como están las cosas, Franco comprende que debe ceder a las presiones aliadas. Quizá recuerde el proverbio árabe con que ilustró a Serrano, después de la entrevista de Hendaya: «Si eres martillo, golpea; si eres yunque, aguanta.» Lo malo es que ahora el yunque está atrapado entre dos martillos pilones que, si le dan de firme, podrían laminarlo. Hitler está perdiendo la guerra, pero es dueño todavía de una potencia militar considerable y, si se considera traicionado, puede revolverse como el jabalí herido. Más vale no irritarlo.

El resultado es que Franco sigue enviando wolframio a Hitler (875 toneladas en 1943). Ya es dudoso que le sirva para ganar una guerra que va de mal en peor.

Segunda ronda. Hayes solicita del ministro de Exteriores, Gómez-Jordana, que España suspenda la exportación de wolframio a Alemania.[272] Unos días después Hoare visita a Franco para plantearle idéntica petición. Franco escucha y se muestra receptivo, pero no ofrece seguridad alguna de que vaya a alterar su política comercial con Alemania. Lo suyo es templar gaitas, que sabe cómo se las gasta el Führer.

270. El 29 de julio de 1943.
271. El 19 de agosto de 1943.
272. Enero de 1944.

A lo largo de 1943, la prensa recibe instrucciones para adoptar una postura más imparcial facilitando noticias de las dos partes.[273] Muchos españoles escuchan los programas que emite la BBC (*La Voz de Inglaterra* y *La Voz de América*). El sutil cambio se manifiesta en muchos detalles. En el tradicional banquete anual ofrecido al Cuerpo Diplomático, Franco comparece sin uniforme falangista ni camisa azul, y no invita a ningún jerarca de Falange. Cuando llega el momento de estrechar, por turno, la mano de cada diplomático, cumplimenta rutinariamente al alemán y al italiano, pero ante el inglés Arthur Yencken, consejero de la embajada, se detiene un momento y murmura «¡Ah, Gran Bretaña...!». El siguiente en la fila es el embajador de Perú, al que Franco estrecha la mano mecánicamente, abstraído en sus pensamientos, mientras Yencken le oye repetir: «¡Gran Bretaña!», lo que interpreta como indicio de que está comenzando a apreciar a su país y a la causa aliada. En el discurso final, Franco recupera el concepto «neutralidad activa» para definir la situación de España, y se olvida de la «no-beligerancia».[274]

El cambio tendrá inmediatas consecuencias en la repatriación de la División Azul.[275]

Una muestra de la renovada sintonía que Franco siente con los aliados es la invitación cursada al embajador Hayes para la fiesta de la puesta de largo de su hija Carmencita, *Nenuca*, en El Pardo, con asistencia de numerosos e ilustres invitados.[276] De madrugada, tras la suculenta cena fría, se ofrece barra libre en el bar atendido perso-

273. Incluso se favorece a Estados Unidos. El 26 agosto de 1944 la Delegación Nacional de Prensa recomienda a los periódicos que traten favorablemente a los americanos en las informaciones relativas a la guerra del Pacífico.

274. El 1 de octubre de 1943. Moreno Juliá, Xavier, *La División Azul*, Crítica S.L., Barcelona, 2005, p. 289.

275. El 5 de octubre de 1943.

276. «La aristocracia remoloneó. Sólo acudieron al ágape unos cuantos títulos, no muchos. Los Franco eran todavía unos *parvenus*. Pero en cuanto el general se afianzó, con el beneplácito de Estados Unidos, en cuanto se hizo evidente que su poder personal cobraba cariz de eternidad [...] la aristocracia se volcó» (Vilallonga, José Luis de, *Memorias no autorizadas*, tomo IV, p. 356).

Entrañable foto familiar de los Franco hacia 1938.
El Caudillo revisa sus papeles y mapas ante la atenta mirada de
su Carmen, sin perlas, y su Nenuca.

nalmente por Perico Chicote. El embajador, cordial, guiña un ojo cuando solicita el cóctel Arriba España.[277]

Al día siguiente, Carmencita y las otras debutantes que se han puesto de largo en la ceremonia, todas hijas de las principales familias del Régimen, sirven personalmente una comida a los 350 ancianos desamparados de la Residencia de las Hermanitas de los Pobres. La crónica social se hace eco del entrañable acto de «este ramillete de rosas de España, que no han dudado en vestir sus delantales blancos almidonados para realizar un acto de honda trascendencia cristiana y social».

277. Cóctel Arriba España: sobre hielo picado en un vaso grande, se vierten 1/6 de copa de bíter Campari; 1/6 curasao; 1/2 vermút Campari; 1/2 Singer's Gin; se agita la mezcla y se adorna con los colores de la bandera nacional: una corteza de limón y una guinda.

En una entrevista con periodistas anglosajones, el Caudillo proclama sin ambages que «España nunca ha sido totalitaria ni fascista». El Régimen por él instaurado se rige por el pensamiento católico tradicional de la sociedad española. Quizá sería más ajustado definir el Régimen de Franco como autoritario, cuartelero y personal. Por una parte hay que considerar que Franco no es persona de complicaciones ideológicas, sino un militar pragmático de ordeno y mando; por otra, que su mentor de los primeros años, decisivo en su formación, el *Cuñadísimo* Serrano Súñer, nunca fue fascista al estilo de tantos falangistas admiradores de Italia, sino un católico de la CEDA, la derecha tradicional española antes de la emergencia de Falange.

En la medida en que se aparta del Eje, Franco se acerca a la ideología católica. Su sintonía con la doctrina política de la Iglesia se manifiesta en su apoyo a actos como la renovación de la consagración de España al Sagrado Corazón de Jesús en compañía de Eijo-Garay, obispo de Madrid-Alcalá.[278] Franco consagra el monumento en su nuevo papel del rey sin corona que asume la antigua sintonía entre el Altar y el Trono, la Iglesia y la Monarquía.

Esta mudanza del Caudillo no pasa desapercibida entre los aliados. De hecho, Churchill le alaba en la Cámara de los Comunes y se declara satisfecho por las últimas medidas del Régimen español, que ha enfriado sus relaciones con Alemania.[279] La intervención de Churchill siembra cierta zozobra en el ánimo del Caudillo: «A ver si vamos a mosquear a Hitler, que todavía tiene fuerza para deshacernos de una tarascada.»

278. El 3 de mayo de 1944, con motivo de cumplirse el vigésimo quinto aniversario de su inauguración. El Monumento al Corazón de Jesús, en el cerro de los Ángeles de Getafe, centro geográfico de España, fue inaugurado por Alfonso XIII el 30 de mayo de 1919, tras su consagración y bendición por el primado de España. El acto se inscribe en el marco de la reacción católica tendente a «recristianizar» España como bastión de la Iglesia, que ha perdido terreno en el último cuarto de siglo ante el «ateísmo liberal imperante en Francia, Alemania e Italia». En 1936, el monumento es fusilado y volado por los milicianos. Tras la guerra se reconstruye.

279. El 25 de marzo de 1944.

CAPÍTULO 38

El Coyote cabalga de nuevo. Teófilo González también cabalga

La electricidad, aunque racionada a unas horas por día, es poca, cara y de mala calidad, con apenas fuerza para poner de color naranja el filamento de las bombillas. También es cierto que muchas familias se las ingenian para practicar conexiones ilegales y burlar el contador, aunque siempre existe el peligro de que el inspector-cobrador sospeche, aparezca sin avisar, descubra el subterfugio y haya que sobornarlo para que no denuncie.

Como cortan el fluido eléctrico por la noche, Teófilo González se ve obligado a leer a la luz de una vela, que sustrae del candelero del Cristo de la Misericordia de la catedral, donde siempre hay abundante cera ardiendo porque es muy milagroso. Aunque se acueste cansado, Teófilo no deja de leer 20 o 30 páginas de una novela de *El Coyote*, o tebeos de *El Guerrero del Antifaz*, que alquila a perra chica en el quiosco de Ibáñez.[280]

280. *El Coyote*, un hidalgo mexicano de origen español que se oculta tras un antifaz para desfacer entuertos, se convierte en el héroe favorito de la literatura popular de posguerra. Su autor, Mallorquí, publicó 130 novelas de *El Coyote* entre 1944 y 1951. Al parecer, Franco leyó algunas.

El Guerrero del Antifaz, con dibujos de Manuel Gago, comienza a publicarse en 1943 y se prolonga hasta 1966. El protagonista, que cela su identidad con un antifaz, es un cristiano de la época de los Reyes Católicos, aunque el ambiente que reproduce correspondería mejor al siglo XIII.

Quiosko La lectura Imperial. Ambrosio Ibáñez Dolado, alquilo, compro, vendo revistas, tebeos y novelas. El que más paga. El que más barato vende. El que tiene más variedad. También forro botones y hebillas. Taladro cueros. Calle del General Mola, 26, bajo. Jaén.

Debido a los apremios de la vida, el joven Teófilo no ha tenido hasta ahora tiempo de culturizarse y de leer. Don Tomás Santos le presta su primera novela del Oeste, *La mascota de la pradera*. El autor es Marcial Lafuente Estefanía, un ingeniero industrial que alcanzó el grado de general en el Ejército de la República y, llegada la paz sufrió persecución por la Justicia y dio con sus huesos en la cárcel, donde ha desarrollado su afición por la escritura.

Otros autores muy leídos son antiguos combatientes o periodistas republicanos represaliados que han encontrado en la novela popular un medio de ganarse la vida.

Pedro Guirao, anarquista con siete años de condena «por pertenencia al maquis y por haber asaltado un banco», cultiva la ficción policiaca desde su celda de la cárcel Modelo de Madrid, bajo el pseudónimo Peter Kapra.[281] Su colega Jesús Rodríguez Lázaro, en la literatura Lucky Marty, anarquista y camorrista, cumple nueve años de cárcel entre la Modelo de Madrid, el penal de Ocaña y la Modelo de Barcelona.

No todos los escritores del «grupo de la Modelo» son presidiarios. A Luis García Lecha, funcionario de prisiones, el ambiente de creación que vive cerca de los escritores reclusos lo anima a componer sus propias novelas del Oeste, que publicará con el pseudónimo Clark Carrados. Para rizar el rizo, el fiscal que los ha metido entre rejas, don Antonio Viader, siente también la llamada de la literatura, y publica novelas populares bajo el pseudónimo Dick Dickinson.

Los republicanos que escriben ficción no tienen problemas con la censura. Sin embargo, lo que son las cosas, al escritor falangista Rafael García Serrano le secuestran su novela *La fiel infante-*

281. A partir del año 1950, en dieciocho años, produjo unos ochocientos libros.

ría, premio José Antonio Primo de Rivera, porque al cardenal arzobispo Pla y Deniel le ha parecido inmoral.[282] También persiguen la novela *La familia de Pascual Duarte*, de Camilo José Cela sin que lo ampare su condicion de censor.

De la censura nadie está a salvo. Incluso al propio Franco le censurarán en 1950 una serie de reportajes sobre la masonería que está publicando con pseudónimo en *Arriba*.[283]

Doña Casilda, la madre de Teófilo González, empeora de su afección pulmonar. El médico le avisa de que está muy débil y le recomienda aires limpios de la sierra, que la ingrese en El Neveral o en cualquier otro sanatorio antituberculoso y que la alimente bien, si es posible con sopitas de jamón.

Existe un dicho: «Cuando un pobre come jamón, o está malo el jamón o está malo el pobre.» El jamón alcanza tal prestigio en la posguerra que llega a simbolizar el bienestar y el éxito y, para los pobres, el sueño inalcanzable. Los héroes españoles por excelencia, los detectives de tebeo Roberto Alcázar y Pedrín, ingieren suculentos bocadillos de jamón. El antihéroe Carpanta (Paco Carpanta Gazuza), la propia personificación del hambre y del fracaso, poblará sus sueños imposibles de jamones y pollos asados.[284] No es casual que en el pío país que venera el Brazo Incorrupto de santa Teresa y la momia de san Fernando eleve dos momias comestibles al altar de sus hambres y sus harturas: el bacalao de los pobres, con su triste raspa acartonada, y el jamón serrano de los ricos.

Doña Enriqueta sorprende a Teófilo llorando en la trastienda de El Brasil.

—¿Qué te pasa, hijo? —se alarma.

—¡Mi madre, que está muy mal! —solloza el empleado.

282. El 15 de enero de 1944.

283. La recopilación de estos artículos aparecerá en 1952 en forma de libro: *Masonería*, firmado con el pseudónimo Jakim Boor.

284. Roberto Alcázar y Pedrín comienzan su andadura en 1940 y la acaban en 1975, justo el tiempo del Caudillo. Los dibujaba Roberto Eduardo Vañó sobre guiones de Juan Bautista Puerto. Carpanta, personaje de la revista *Pulgarcito*, dibujado por Escobar, aparecerá en 1947.

Doña Enriqueta lo abraza y lo consuela. De ordinario, se muestra muy cariñosa con él, como si fuera el hijo que nunca tuvo, y a veces le introduce subrepticiamente alguna pesetilla en el bolsillo del pantalón, mientras le advierte en tono cómplice:

—De esto ni una palabra a don Segundo, que es cosa nuestra.

Él le cuenta su drama familiar. Doña Enriqueta le corta unas cuantas lonchas de jamón, finas y largas, con su poquito de aromático tocino, las envuelve en papel parafinado y se las introduce en la camisa.

—De esto que no sepa nada don Segundo.

—Descuide doña Enriqueta, ¡que Dios se lo pague!

Se ha establecido entre ellos cierta complicidad, que da paso a caricias furtivas de la señora que Teófilo no sabe cómo interpretar, porque a veces no le parece que sean maternales. Él tenía barruntos de que la expulsión del anterior empleado la motivó algún asunto con doña Enriqueta. Un día, la señora lo llama para que le ayude a bajar un paquete del altillo de la trastienda, cuando don Segundo está ausente cobrando facturas. Al bajar de la escalera de mano, se aprieta contra él y lo besa apasionadamente en la boca.

Esa noche Teófilo no puede conciliar el sueño. Ha cohabitado con la mujer de su jefe. Es apasionada y conoce más recursos sexuales que una profesional.

La relación adúltera se formaliza. Una o dos veces por semana doña Enriqueta aprovecha la ausencia del marido para beneficiarse al muchacho.

A Teófilo le aterra pensar que su asunto con la mujer del jefe se divulgue. Piensa en las consecuencias, en el disgusto que se llevaría su madre, tan delicada como está, el trabajo perdido, incluso que lo metan en la cárcel o en que lo apaleen en el cuartelillo de la Guardia Civil.

Un día va a llevar un pedido de vino de misa y chorizo de Cantimpalo a la parroquia de San Lorenzo. Allí trabaja de amanuense un abogado, represaliado por ser de izquierdas, don Fermín Siles Arizala, amigo del padre de Teófilo.

—Don Fermín, ¿le puedo hacer una consulta de abogado?

—Tú dirás.

—Es que tengo un amigo que yo pienso que está metido en un lío con una casada y no sé cómo convencerlo de que lo deje.

—¿No serás tú el amigo? —pregunta el abogado, suspicaz.

—No, don Fermín, yo tengo novia formal —balbucea Teófilo sonrojándose.

—Bueno —acepta don Fermín—, pues dile a tu amigo que está jugando con fuego. La ley no entiende de sentimientos: el adulterio se tipifica como delito, porque la mujer entrega a un extraño el usufructo físico que el marido contrató en exclusiva cuando firmó el acta matrimonial. Es decir, bien mirado se trata de un delito contra la propiedad y, ya sabes lo suspicaz que es la ley en cuanto atañe a la propiedad.

—Yo ya se lo advierto a mi amigo.

—Pues dile que hasta puede matarlo el marido sin que pase nada. Y a la mujer. El parricidio por honor, suprimido en 1931, vuelve a estar vigente:[285] «El marido que sorprendiendo en adulterio a su mujer matare en el acto a los adúlteros o a alguno de ellos, o les causare cualquiera de las lesiones graves, será castigado con la pena de destierro» —cita don Fermín de memoria—. Si el marido se contenta con denunciar a la esposa infiel, la Justicia puede condenarla hasta a seis años de cárcel.

La nueva ley diferencia entre el adulterio del marido y el de la mujer. Para que un hombre casado cometa adulterio es necesario que mantenga una querida de modo público y notorio. La esencia del delito sigue siendo económica: el casado que mantiene una manceba lo hace detrayendo un dinero cuyo usufructo corresponde a la esposa legítima.

El caso de doña Enriqueta no es tan infrecuente como podría parecer. Bajo la falsa capa de religiosidad que el clero impone a la mujer, existen muchas casadas infieles, algunas con amante fijo, otras inclinadas a la aventura ocasional con el carbonero, el panadero, el lechero, el recadero, el cobrador o el repartidor de hielo. Estas esporádicas aventuras, en las que el ama de casa se deja seducir por el menestral, tras fingida resistencia, sobre el tálamo sacra-

285. Lo estará entre 1944 y 1963.

mental (quizá saboreando, además de lo obvio, alguna oscura venganza contra la tiranía de un marido despótico), compensan muchas carencias conyugales y remedian más de una frustración sexual. La esposa se ve obligada a fingir apatía sexual e inexperiencia cuando copula con el calderoniano marido, no vaya a tomarla por puta y le haga la vida imposible; pero con el amante destierra disimulos y dengues, se desinhibe, desvela a la hembra y libera el orgasmo rugidor. El obrero domiciliario, sabedor del caso, cuando le abre la puerta una señora o doméstica de buen ver piensa que, a poco empeño que ponga se la va a llevar al huerto. «Cada vez que le tocaba pintar un piso del Ensanche no se privaba de beneficiarse a las dueñas.»[286]

Si la relación extramatrimonial esporádica de la mujer es relativamente fácil, la estable resulta bastante complicada. La mujer con amante fijo tiene que recurrir a todo tipo de argucias para reunirse con él sin levantar sospechas. La entrada en una habitación de hotel de parejas que no sean matrimonio está rigurosamente prohibida. Incluso se propone la creación de un carnet matrimonial, ilustrado con la fotografía conjunta de los cónyuges, para evitar posibles fraudes.

Causa sonrojo reconocer que la propia religión suministra la mejor coartada a las casadas infieles. Cuando el marido cree a su santa esposa en misa o cumpliendo con el precepto de visitar a algún enfermo, ella se halla en brazos de un sano. En Madrid, Barcelona y otras ciudades grandes existen discretos establecimientos, los *meublés,* que favorecen estos encuentros. Suelen situarse en el casco antiguo, con acceso por algún apeadero reservado que conduce a las habitaciones a través de un dédalo de pasillos y patios. En los más lujosos, cada habitación dispone de baño completo; en los normales, sólo de lavabo y toalla. Lo esencial es la discreción: que nadie vea el rostro de la señora, a veces disimulado con el velo que lleva a la iglesia.

—Aquí no viene la policía —la tranquiliza el acompañante—.

286. Moix, Terenci, *El Peso de la Paja,* Ed. Plaza y Janés, Barcelona, 1990, p. 120.

Ten en cuenta que esto es de Fulanito, que tiene vara alta en el Ministerio.

Y a veces es cierto.

El objeto más frecuentemente olvidado por las señoras que frecuentan los *meublés* es el devocionario.

En ciudades pequeñas, las parejas clandestinas recurren a pensiones de confianza o a viudas respetables y discretas, que abren la puerta sin mirar a la dama, y que viven de alquilar por horas algún dormitorio con cama matrimonial, almanaque de Unión Española de Explosivos, palangana, toalla limpia y alcayata desnuda, sin crucifijo, sobre la cabecera.

Anuncio del *meublé* Casita Blanca de Barcelona.

CAPÍTULO 39

Negocios y estrecheces

La economía española va mal, pero la del Chato Puertas no puede ir mejor. Ahora ha traspasado la chatarrería y se ha instalado definitivamente en Madrid, donde reside en un palacete del barrio de Salamanca. En la planta baja ha instalado una oficina con dos empleados desde la que dirige sus múltiples negocios.

El Chato Puertas se hace implantar un colmillo de oro por don Jacobo Schermant, un judío escapado de la quema que tiene fama de ser el dentista más caro de Madrid, baste decir que entre su clientela figura la señora de Franco y su niña o Nenuca.

El diente, el sortijón con solitario en el anular, el peluco marca Longines, la gruesa esclava en la muñeca peluda y la cadena con medalla de la Virgen del Carmen al pescuezo, todo de oro macizo, no son los únicos detalles elegantes que el Chato Puertas incorpora a su renovada personalidad. También luce trajes de rayas cruzados, con amplias hombreras, camisas a la medida confeccionadas por Lázaro Vilches Pérez, de la camisería La Impoluta, corbatas de seda y pañuelos de hilo con sus iniciales bordadas, que saca elegantemente del bolsillo superior de la chaqueta para limpiarse los labios y los dedos cuando ingiere las deliciosas tortitas de nata y caramelo de la nueva cafetería California, calle de la Salud, número 21, donde camareras jóvenes y guapas, con cofia y delantal, atienden a la distinguida clientela, detrás de relucientes mostradores de cristal. En esta cafetería tipo americano se sirven, además de las mencionadas tortitas de nata y caramelo (6 pesetas) otros manjares exóticos para el comensal español: platos combinados, sándwiches, perritos calientes, batidos de fruta o de helado...

Diego Medina Jódar, el funcionario de Abastos, ojea el periódico de atrás hacia delante, comenzando por las esquelas mortuorias. Son sólo seis páginas, debido a las restricciones de papel. En la sección deportiva se alaban los triunfos del joven ajedrecista Arturito Pomar, un niño que va camino de ser campeón internacional. En los sucesos lee: «Tras un servicio brillante, la Guardia Civil de servicio en la Estación de Atocha, llevó a cabo una inspección en el Expreso de Andalucía procediendo a la incautación de los siguientes géneros: 20 litros de aceite, 50 kilos de arroz, 100 kilos de azúcar, 200 kilos de harina y un quintal de salvado. Todos estos géneros se hallaban en poder de viajeros procedentes de Andalucía, quienes habían escondido su mercancía utilizando los más variados ardides, como vasijas de doble fondo, refajos y falsas garrafas de vino. A un viajero se le ocuparon 10 kilos de longanizas que llevaba colgadas en el exterior del vagón, ocultándolas al llegar a las estaciones.»

No sólo los pobres pasan estrecheces. Muchos ricos de toda la vida empiezan a saber lo que es apretarse el cinturón. La duquesa viuda de Pradoancho, doña Petronila Jiménez-Enciso Méndez-Aguilar, tiene sus heredades en Ávila y en Valladolid, buenas tierras de pan llevar que cultivan sus aparceros. El encargado que las dirige confiesa apesadumbrado que está a punto de tirar la toalla. Siempre ha servido fielmente a la casa, desde los tiempos en que su padre entró al servicio del señor marqués, el padre de doña Petronila, que en Gloria esté, incluso en los malos años de la República, con las huelgas y las revueltas campesinas y los incendios de fincas, pero ahora siente que no puede resolver los problemas que se avecinan. A las malas cosechas, porque los años vienen casi ciegos, los campos agostados por la pertinaz sequía,[287] se suma que no com-

287. Los años 41, 44, 45 y 46 son los más secos del siglo, en especial el 45,

pensa cultivar el campo porque el aparcero no puede sembrar lo que quiere sino lo que impone el Servicio Nacional de Cereales, que le compra el trigo al precio oficial, lo que resulta ruinoso. Algunos aparceros han abandonado las peores parcelas y sólo cultivan el terreno más fértil.

—En suma, que ha descendido la productividad, señora marquesa.

—Entonces, ¿de qué viven esos desgraciados si el campo no les da?

—Pues ya ve usted, una carga de leña por aquí, unos espárragos por allá, unas habitas sembradas en una linde, los conejos que crían en el jaulón del corral, las liebres que cazan con los galgos o con los hurones, las palomas que crían en el palomar y luego las venden para el tiro pichón... ¡Los pobres, se buscan la vida como pueden!

—¡Me parece una vergüenza! —se indigna doña Petronila—. ¡A cualquiera que se le cuente que hemos ganado una guerra para que ahora esos desgraciados se nos suban a las barbas!

El encargado asiente con expresión compungida. El muy ladino le oculta que los aparceros están desviando buena parte de la producción al mercado negro. A él le entregan un porcentaje de las ganancias para que haga la vista gorda.

Si la duquesa leyera la letra pequeña de *ABC*, en lugar de limitarse a las esquelas mortuorias y a los «Ecos de Sociedad», sabría que en España circulan ilegalmente, sólo en esta campaña, hasta trece millones de quintales métricos de trigo, que en parte son suyos, encauzados al mercado negro por sus aparceros. Hasta el ganado se cuela de matute. De la lana utilizada por los fabricantes de textil, sólo un tercio procede del mercado legal.

Doña Petronila, a solas, se acuerda a menudo del marido, fallecido en 1935. A veces, la asalta un súbito ataque de ira que le hace rechinar los dientes.

—¡Todo lo hiciste mal Gustavo, pedazo de inútil! ¡Hasta mo-

---

llamado por antonomasia «el año del hambre». La producción cerealística desciende a la mitad de lo que se recolectaba antes de la guerra civil.

rirte en el treinta y cinco! —le reprocha al difunto—. A ver ¿qué trabajo te hubiera costado aguantar un año más para que los rojos te fusilaran en Paracuellos? Ahora, viuda de guerra, podría pedir un estanco en la Gran Vía, como el de Lupita de Soria-Pozas, pondría al frente a un mancebo de confianza y ganaría mis buenos duros sin moverme de casa.

La hija de la duquesa, Petronilita, *Lita* para los amigos, en vista de que no le sale novio y de que la economía familiar se resiente, ha tenido que pasar por la vergüenza de ofrecerse como secretaria. Habla con las amistades y busca en los anuncios de los diarios. Nada. El trabajo escasea.

El Chato necesita una secretaria con idiomas, conocimientos de mecanografía y buena ortografía para que le lleve la correspondencia exterior de uno de sus almacenes, donde vende piezas de maquinaria y repuestos importados del extranjero a través de Tánger. Un compañero de copas en la cafetería California le recomienda a Lita. La telefonea. Lita se presenta, seria y elegante, ligeramente maquillada, en el despacho del industrial.

El Chato Puertas esperaba una hembra de bandera, como las camareras del California, pero se encuentra a una mujer feúcha y de poca presencia, aunque es evidente que tiene mucha clase con su traje chaqueta, su falda un pelín por debajo de las rodillas y sus zapatos de tacón. Se nota que procede de familia noble.

—Yo, desgraciadamente —le explica el Chato—, no pude ir al colegio. Eran otros tiempos, y me tuve que poner a trabajar de pequeño para sacar adelante a la familia.

La contrata y empiezan a trabajar. A los dos meses, la hace fija y le sube el sueldo.

El industrial don Ildefonso López Puerta, por mal nombre el Chato Puertas, es un lince de los negocios, con buenas aldabas en los ministerios, que está haciéndose de oro. Don Ildefonso López Puerta posee a las afueras de Madrid tres almacenes de materiales de construcción que suministran buena parte de los sanitarios, tuberías, cemento en polvo y vigas de cemento y de hierro usadas por las empresas de la construcción, así como todo tipo de artículos racionados en el mercado libre. El negocio se complementa con las contratas, adjudicaciones, registros y subastas que le adjudican en los ministerios y él subcontrata con empresas emergentes.

—Es que comen en tu mano —se admira su socio Lañador.

—No es porque sea la mía —responde el Chato—, es porque es la que reparte más beneficios. La gente tiene que vivir. Lo que no se puede es quererlo todo, que la avaricia rompe el saco y mira tú cómo acabó el pobre Cosme Laredo.

Alude el Chato Puertas a un colega suyo que montó una industria de falsificación de cartillas y tarjetas. En Navidad de 1943 disparó las ventas sin tomar las debidas precauciones y dio lugar a que la policía le incautara la imprenta clandestina donde tenía almacenadas 50.000 tarjetas de fumador, 20.000 cartillas de racionamiento y vales de gasolina por valor de 30.000 litros. Se libró por los pelos de la pena de muerte porque repartió cuanto tenía en las altas esferas, pero lo condenaron a prisión perpetua.

Los nuevos socios madrileños del Chato, Higinio García Lomas y Manuel Balbín Rodríguez, son constructores que se dedican a la especulación inmobiliaria.[288] Uno de ellos le facilita al Chato Puertas la adquisición de un extenso coto de caza en la provincia de Toledo, Los Bermejales, donde el antiguo chatarrero organiza monterías a las que invita a jerarcas y altos cargos del Ministerio.

El Chato hace buenos negocios porque sabe agradecer los favores. La última Navidad regaló 54 cestas de manjares variados y 120 jamones serranos de la dehesa extremeña. Tampoco olvida felicitar las onomásticas de las esposas de sus benefactores con hermosos ramos de flores y una tarjeta postal con la imagen del santo

288. El déficit oficial de viviendas se calcula en 360.000. Junto a los estraperlistas, hacen grandes negocios los constructores sin escrúpulos que escatiman cemento y hierro para abaratar la obra. En estos años menudean los desplomes de edificios deficientemente construidos: en enero de 1944 un edificio de la calle Maldonado de Madrid se hunde: 114 víctimas; en abril de 1947 se produce un desplome en la calle Velázquez de Madrid, 38 muertos; en 1950, en el barrio de Tetuán, se hunde una casa durante la celebración de un banquete de bodas: 17 muertos y 33 heridos. Recientemente, la habían reformado vulnerando todas las ordenanzas municipales.

o, en su defecto, con la de la Virgen de Fátima, en cuyo reverso escribe, con su más aplicada caligrafía:

Mira al niño Jesús
y verás lo que te dice:
que en el día de tu santo
lo pases muy felices.

La hija de la duquesa de Pradoancho, Lita, admira al jefe. Es un hombre hecho a sí mismo, como los patrones de empresa americanos que biografía el *Reader's Digest*. Quizá no sea muy elegante, pero es indudable que tiene personalidad e inteligencia. Se lleva bien con todo el mundo, desde los despachos de los ministerios al limpiabotas de la cafetería California. Y tiene influencias en lo más alto: ha bastado un telefonazo suyo para que le den por realizado el Servicio Social, un engorro de seis meses sirviendo en guarderías, comedores de beneficiencia o asilos, que es obligatorio para todas las muchachas españolas.[289] Otro detalle revelador: el Chato no ha tenido que perder el tiempo haciendo cola en la comisaría del barrio para sacarse el nuevo documento nacional de identidad (DNI), que a partir de ahora sustituye a la cédula personal expedida por el gobernador civil de la Provincia.[290] Al Chato Puertas lo ha venido a ver un funcionario de Gobernación con el tampón de la huella dactilar y los impresos y fichas, y ha cumplimentado el trámite en su propio despacho. El hombre se ha ido muy agradecido con dos paquetes de cigarrillos Camel que le ha regalado el Chato.

—Don Ildefonso, dentro de una semana le traigo el carnet plastificado.

—¡Muchas gracias, hombre, y transmita mis saludos al subsecretario!

—De su parte, camarada. ¡Arriba España! Adiós.

289. Desde el 26 de enero de 1944.
290. Desde el 2 de marzo de 1944.

CAPÍTULO 40

Caza, casorios

La situación internacional no está para muchas alegrías, especialmente para los germanófilos, que andan mohínos y tristes desde que todo son noticias adversas: lo de Stalingrado, lo del *Afrika Korps*, lo de Sicilia e Italia y ahora el desembarco aliado en Normandía...[291] Ya nadie se cree que sean correcciones de líneas.

—Hay que admitir que Alemania está perdiendo la guerra —opina el teniente José Fernández Rodríguez, con el periódico desplegado por la página que trae las fotos de un submarino alemán capturado en el canal de la Mancha.

—Sí —conviene el teniente Cosme Figueras—. Yo creo que hasta el Caudillo está más tibio con el Führer. ¿No has notado que ya apenas se pone la camisa azul y que cuando levantan el brazo en saludo falangista delante de él hasta parece que le sienta mal?

—Ahora que lo dices...

Cosme se queda pensativo.

—¿Te acuerdas cuando montamos los polvorines enfrente de Gibraltar? —pregunta bajando la voz.

—¡Vaya si me acuerdo! Ya ha llovido desde entonces...

—Llover, lo que se dice llover, ha llovido poco con la pertinaz sequía, pero desde entonces han pasado cosas. Yo me alegro de no

291. El 6 de junio de 1944.

haber entrado en guerra. Ahora a lo mejor éramos capitanes, pero criando malvas.

—Y medalla individual prendida en la bandera que envuelve el ataúd —evoca Pepe Fernández.

—Al burro muerto, la cebada al rabo —concluye Cosme.

En efecto, el Caudillo está más tibio con el Führer. El mismo día del desembarco aliado en Normandía guarda en un cajón de su escritorio las fotografías enmarcadas de Hitler y de Mussolini que tenía sobre la mesa, y deja solamente la de Pío XII, cuyo porvenir no parece cuestionable. En muchos despachos oficiales desaparecen las fotografías del Führer, algunas con falsas dedicatorias.[292]

Celia Gámez se dirige a la iglesia del brazo de su ilustre padrino, el general Millán Astray que se ha vestido de elegante civil para la ocasión.

292. Hacia 1974 el que esto escribe encontró una en El Rastro madrileño, dedicada con letra picuda de la que enseñaban en los colegios de monjas.

Las noticias nacionales atraen la atención del lector, especialmente si aportan cierto picante, como la de la crónica de la boda de la actriz Celia Gámez con el dentista vasco José Manuel Goenaga Alfaro en la iglesia de los Jerónimos.[293]

La gran *vedette* de España, también conocida como «Nuestra Señora de los Buenos Muslos», llega al templo a bordo de un Mercedes charolado. La acompaña el padrino de la boda, su buen amigo y admirador, el general Millán Astray, o lo que queda de él. La novia, que viste traje de encaje negro con sombrerito de visera, sonríe a la multitud y saluda con el ramo blanco de rosas y jazmines que lleva en la mano. Cogidos del brazo, la bella y la bestia intentan abrirse camino entre el entusiasmo de los admiradores que los estrujan, los zarandean y los vitorean. No hay manera de avanzar. Alguna mano devota aprovecha el tumulto para palpar el culo de la novia. Ella, perita en estos lances, descuida la retaguardia, pero se protege las tetas con las flores. De pronto, percibe un hormigueo en la pierna: se le ha saltado una carrera en las medias de cristal. ¡Vaya por Dios! En medio del agobio, el padrino, que aunque vaya de paisano, con traje, botines y sombrero flexible, está rodeado de una nutrida escolta legionaria, grita: «¡A mí la Legión!», y los rudos guerreros se abren paso sin contemplaciones y despejan la entrada de la iglesia, un lance muy celebrado por los admiradores del general.

El ilustre militar, profusamente mutilado, acompaña a la novia hasta el altar mayor, cuajado de flores, donde el dentista aguarda con cara de panoli. Celia hace un breve mutis para refugiarse bajo el púlpito, donde se cambia la media corrida por otra que traía de repuesto. Después, corre a reunirse con los que la esperan al pie del altar. Durante la ceremonia, la muchedumbre guarda un silencio razonable, mientras el barítono Sagi Vela entona el *Ave María* de Gounod.

Concluido el casorio, novios e invitados, entre los que figuran afamados artistas e intelectuales, se trasladan a los locales del barman Perico Chicote donde se celebra un banquete en el que no fal-

293. El 1 de julio de 1944.

tan el jamón recién cortado, el queso curado, las gambas y el pan candeal, además de un surtido escogido de vinos, cervezas y licores.

Al término del agasajo postinero, los recién casados consuman en una suite del hotel Palace. Al día siguiente, parten de viaje de novios, sólo por Portugal, que el resto del mundo no está para muchas alegrías con la que hay liada.

El matrimonio sólo durará unos meses, tras los cuales Celia regresa a los escenarios con una nueva revista, significativamente titulada *Hoy, como ayer*.

CAPÍTULO 41

¡Que viene la moral!

Entre himnos, guirnaldas y brindis patrióticos, entran en París las fuerzas aliadas.[294] Ondean banderas y gallardetes en el aire lleno de pavesas (los alemanes, antes de poner pies en polvorosa, han quemado los documentos comprometedores). Desfilan los carros de combate Sherman por las anchas avenidas bajo la torre Eiffel. Rodean el Arco del Triunfo... A la cabeza de la primera columna marcha el Regimiento de Marca del Chad, con autos blindados tripulados por republicanos españoles de las fuerzas de la Francia Libre. Los vehículos lucen sobre el radiador nombres de batallas de la guerra española: Madrid, Jarama, Belchite, Guadalajara...

La ocasión no es gozosa para todo el mundo. El maquis detiene y fusila a muchos colaboracionistas. A las mujeres que mantuvieron relaciones con militares alemanes se las rapa, se las obliga a beber aceite de ricino para que se caguen las patas abajo y, de esta guisa, se las pasea y se las exhibe entre los abucheos de sus compatriotas.[295]

Mientras la guerra arde en Europa, España arde con el verano. Los españoles que pueden permitirse el viaje y el hotel o la pensión se suman a los que viven en las costas para bañarse en las

294. El 24 de agosto de 1944.

295. El rito infamante también se usó en España con las milicianas y antes en Italia.

playas, la nueva moda que se va extendiendo a capas más amplias de la sociedad.

La Dirección General de Seguridad remite a los gobernadores civiles de las provincias litorales la preceptiva circular sobre normas playeras:

«Queda prohibido el uso de prendas de baño indecorosas, exigiendo que cubran pecho y espalda debidamente, además de que lleven faldas para las mujeres y pantalón de deporte para los hombres.

»Queda prohibida la permanencia en playas, clubes, bares, etc. bailes, excursiones, y, en general, fuera del agua en traje de baño.

»Quedan prohibidos los baños de sol sin albornoz.

»La autoridad gubernativa procederá a castigar a los infractores, haciéndose público el nombre de los corregidos.»

La legislación está clara, pero la gente se relaja en verano y tiende a ignorarla e incumplirla sin reparar en las desastrosas consecuencias espirituales que tal conducta acarrea. Después del baile agarrado, el principal desasosiego de los obispos es la falta de moralidad en las playas. El informe sobre moralidad pública del Patronato de Protección a la Mujer de 1944 señala, como nota destacada, «la enorme mezcolanza de hombres y mujeres en las playas».

En cuanto al obligatorio albornoz, el informe oficial denuncia que «el público es remiso a usar el albornoz».[296] El legislador no entiende que las débiles economías del personal no permiten dispendios inútiles. Cuando alguien ve acercarse a los guardias da la voz de alarma: «¡Que viene la moral!», y los bañistas sin albornoz corren a introducirse en el agua para evitar la multa.

¿Y qué decir de los bañadores? Los hombres usan un simple bañador que sólo cubre de la cintura a las rodillas. El de las mujeres deja al aire los muslos y los brazos. La memoria del Patronato de Protección a la Mujer señala las playas de Barcelona y San Sebastián como «más afectadas por influencias exóticas, con tendencia al desnudismo integral».

296. De Miguel, *op. cit.*, p. 123.

El padre Blanes denomina las playas, con acertada metáfora, «gusaneras multicolores».[297] ¿Se trata de una apreciación exagerada? En modo alguno: «Después del pecado original, y cabalmente a causa de él, somos incapaces de gozar inocentemente al ver las bellezas de un cuerpo humano. Por esto es menester cubrirlo, para no ser a los demás ocasión de pecado, cosa que, por otra parte, es necesaria en nuestro clima.»

Como establece el padre Laburu S. J.: «El peligro de las playas radica en que la exhibición impúdica hace que las pasiones se desborden en lujuriante actividad y violen, por tanto, procazmente los altos fines de la Divina Providencia.»[298]

El padre Laburu S. J. no se limita a denunciar la ponzoña; también señala su antídoto, sus propias ideas sobre la indumentaria playera de la mujer honesta: falda larga hasta media pierna, pantaletas y mangas cortas, y un gracioso escote redondeado que oculte la fea prominencia de las clavículas.[299]

La propuesta obtiene una acogida tibia.

—¡Lo que es tibio es la fe! —sentencia don Próculo.

La bañistas optan por un diseño a medio camino entre el maillot de los años treinta, ya rigurosamente prohibido, y el mandilón diseñado por el polifacético jesuita: el traje de baño de látex con faldas que señoreará playas y piscinas hasta bien entrados los cincuenta.

—Es que, cuando se moja, pesa una tonelada —se queja una señora a su director espiritual.

—Más pesa el pecado, hija. Mejor fastidiarse que condenarse.

El gobernador civil de La Coruña dicta una norma que exige traje de baño a partir de los dos años de edad; en otros lugares la autoridad se muestra más permisiva y fija la edad en cinco.[300]

297. Blázquez, *op. cit.*, p. 87.
298. Abella, *op. cit.*, p. 71.
299. Abella, *op. cit.*, p. 83.
300. Alonso Tejada, *op. cit.*, p. 64.

CAPÍTULO 42

El maquis contra la Guardia Civil

El desembarco de las tropas aliadas en Europa ha provocado una ola de optimismo entre los republicanos españoles y exiliados. Creen que los días de Franco están contados, que los aliados lo derrocarán en cuanto aplasten a Hitler.

El Partido Comunista Español decide adelantarse a lo inevitable e invadir España por su cuenta en la «Operación Reconquista».[301] Sus líderes están convencidos de que Franco es un gigante con los pies de barro. En cuanto la población sojuzgada sepa que los partidarios de la libertad están combatiendo en suelo patrio se levantará en armas y derribará al tirano.

Pequeñas partidas de guerrilleros, algunos ya veteranos de la Resistencia francesa, se concentran en los Pirineos. Vuelve a escucharse el canto de *La Internacional* por las breñas de Roncesvalles y del valle del Roncal.

La fuerza principal, unos tres mil hombres, al mando del comunista Jesús Monzón, invade el valle de Arán con dos carros de combate, un cañón, seis morteros y una ametralladora antiaérea. Al principio, los favorece el elemento sorpresa. Reducen pequeños puestos de la Guardia Civil, ocupan media docena de pueblos y caseríos y progresan unos cien kilómetros, hasta Viella.

301. El 19 de octubre de 1944.

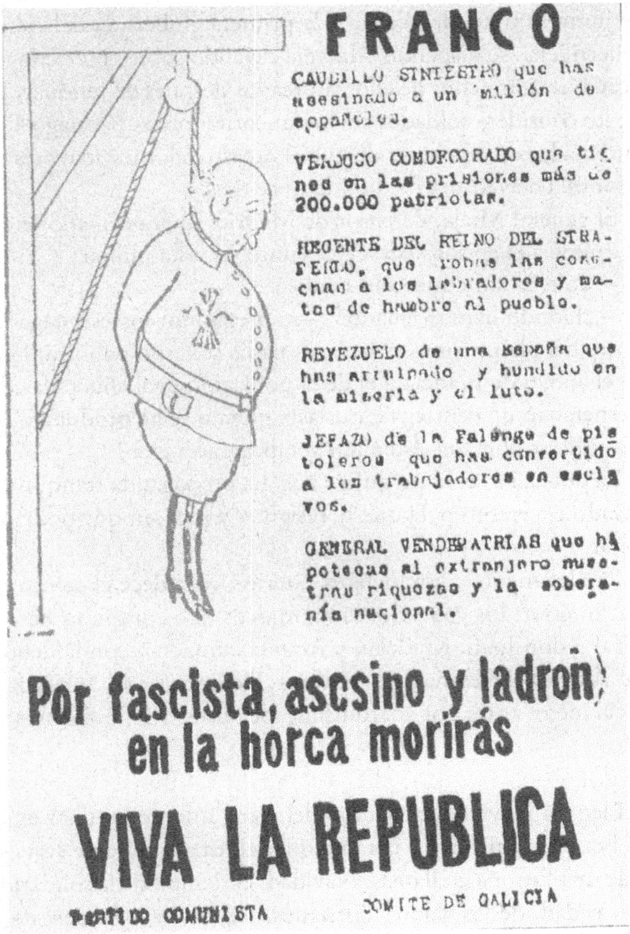

Con la caída de los fascismos europeos, los izquierdistas españoles se animan y sueñan con el regreso de la República. Publicaciones clandestinas como esta hoja impresa en ciclostil circulan en campos y talleres.

Franco envía unos cuarenta mil soldados y policías bien equipados, sin restricciones de gasolina. Al mando de Yagüe, Monasterio y Moscardó, a la sazón capitán general de Cataluña, las tropas avanzan en arco desde Burgos a Lérida. El enfrentamiento se produce junto al túnel de Viella. A la primera embestida del ejército, los guerrilleros se dispersan y huyen, dejando sobre el terreno unos mil cadáveres, muchos de ellos tiroteados después de rendirse, pues no se les considera soldados sino «francotiradores». Santiago Carrillo ordena la retirada antes de que el desastre alcance mayores proporciones. La aventura ha durado once días.

El general Miaja, defensor de Madrid, ahora exiliado en México, enjuicia el episodio desde el punto de vista militar:

—Sólo ha sido una gran memez.

—¿Dónde hemos fallado? —se preguntan los estrategas impulsores del plan. Como es natural, nadie se responsabiliza. Ha fallado el apoyo de Francia y el de la población civil «liberada» de la que esperaban una entrega entusiasta que no se ha producido.

—¿Es posible que estén tan vendidos a Franco?

La población civil no quiere líos. La propaganda franquista les ha lavado el cerebro para que se resignen y piensen que podían estar peor.

Paralelamente a este peligro exterior, reverdece el eterno problema interior: los generales monárquicos que conspiran para entronizar a don Juan. Kindelán y Aranda contactan con la denominada Alianza Nacional de Fuerzas Democráticas, fundada en Francia meses antes por anarquistas, socialistas y republicanos.[302]

Llega la Navidad, el tiempo del recogimiento familiar en torno al brasero de picón y a la radio que caldea el ambiente con el relato de una Europa en llamas. Navidad, el tiempo de la solidaridad, de la caridad, de los valores cristianos, belenes, villancicos, rogativas por la paz en el mundo, misa del gallo, cabalgata de los Reyes Magos, polvorones, anís y mensaje radiofónico del Caudillo...

El país responde generosamente a un llamamiento solidario en favor de familias de los presos que no pueden pagar los alquileres y tienen empeñadas mantas y prendas de abrigo, con el frío que hace.

Franco dona 400.000 pesetas de su peculio particular para

302. Los contactos se producen el 16 de octubre de 1944.

rescatar prendas de abrigo empeñadas en el monte de piedad. «El cuadro de las salas del monte de piedad en la mañana de hoy era emocionante —lee en voz alta Pepe, el barbero de El Siglo en el periódico—. La alegría de las gentes que salían con sus prendas de abrigo, mantas y colchones rescatados se reflejaba en los semblantes.»

—¡Qué bueno es Franco! —exclama Leyva, el jubilado.

Un falangista de los de la camisa vieja, que espera el turno de cortarse el pelo leyendo *Arriba*, lo mira, enarca una ceja y no dice nada.

Mundo Obrero

GRANADA: Dos guerilleros y un cortijero, asesinados

Pero un teniente de la Guardia Civil paga el crimen con su vida

Pese a la brutal ofensiva que el franquismo lleva a cabo en sierras y montes desde hace largos meses, los combates, pues así pueden llamarse que se libran entre los guerrilleros y las fuerzas represivas no ceden en violencia.

Las últimas noticias recibidas de España dan cuenta de un encuentro ocurrido en Motril (Granada), cerca del cortijo Pago Maldonado.

En dicho lugar, un grupo de guerrilleros fué inopinadamente atacado por una sección de la Guardia Civil. Los guerrilleros respondieron bravamente a la agresión y se entabló un encarnizado combate, que se prolongó durante varias horas.

El jefe de la guerrilla, el patriota Serafín Lorenzo, resultó muerto en el ataque, igual que otro de los guerrilleros cuyo nombre se ignora; pero las balas guerrilleras hicieron blanco en el teniente civilero que mandaba la sección, el cual fué retirado del lugar del encuentro gravemente herido. No mucho después fallecía en el hospital Militar de Granada.

Algunos guerrilleros consiguieron retirarse, salvando así sus vidas para la lucha contra el franquismo y para España.

El combate tuvo un epílogo de sangre, un final que es un nuevo crimen de los sicarios de ese régimen hitleriano que no se harta de víctimas. El dueño del cortijo, que fué capturado por los guardias civiles, fué asesinado por éstos frente a su misma puerta y a la vista de su desolada familia.

Otra víctima más, que con los valerosos guerrilleros muertos, reclama justicia y pregona los resultados de la guerra sin cuartel que Franco hace al pueblo como único medio de prolongar su inaudita tiranía.

Muerte de Serafín, el de Cástaras, en agosto de 1947.

CAPÍTULO 43

El cine nuestro de cada día

La sórdida postguerra, cuando la miseria aconseja adormecer los sentimientos individuales, encuentra su válvula de escape en el cine y en la radio. Las comedias y melodramas cinematográficos, y las coplas, seriales y concursos radiofónicos, suministran un sucedáneo de sentimientos colectivos, la droga cotidiana que la población necesita para olvidar momentáneamente la estrechez del presente.

Las películas americanas o alemanas proyectan sobre la pantalla recosida del cine de barrio un ambiente de lujo, bienestar y felicidad absolutamente inalcanzables para sus embobados espectadores, y colman los íntimos anhelos *voyeuristas* de una sociedad reprimida. La muchedumbre famélica y aterida madura sus sueños en la placenta colectiva de la sala a oscuras y se identifica, durante unas horas, con los galanes y las estrellas de Hollywood.

La Iglesia pierde su batalla contra el cine, como la pierde contra el baile agarrado. El cine, «aquella escuela de perversión, aquel vehículo de inmoralidad, aquel pudridero de conciencias, aquella guillotina del alma, aquel albañal inmundo», es objeto de preferente atención de obispos y de confesores. Según el autorizado veredicto del padre Ayala: «El cine es la calamidad más grande que ha caído sobre el mundo desde Adán acá. Más calamidad que el diluvio universal.»[303] Monseñor Olaechea, obispo de Pamplona, lo ex-

303. Abella, *op. cit*, p. 78.

presa con otras razones: «Son los cines tan grandes destructores de la virilidad moral de los pueblos, que no dudamos en que sería un gran bien para la Humanidad que se incendiaran todos.»[304]

Esta idea enlaza, en curiosa simetría, con la de la Semana Contra el Cine Inmoral: si del cine habían salido los incendiarios de las iglesias, parece razonable que de las iglesias salgan los incendiarios de los cines. A un nivel más científico, el dictamen del psicólogo es igualmente condenatorio: «Después de haber escuchado a algunas muchachas asiduas concurrentes a los cines, he sacado una impresión poco halagüeña: son tontas.»[305] El médico no le va a la zaga: «Es doctrina comúnmente admitida en la ciencia patológica que el cine es causa principal de no pocas enfermedades que atormentan a la juventud, y que afectan, sobre todo, a los ojos y al sistema nervioso.»[306]

Las organizaciones católicas más radicales demandan la supresión del cine, pero sólo consiguen que se prohíba a los menores de catorce años.

¿Por qué fracasa la cruzada eclesial contra el celuloide? No se trata solamente de que el propio Franco sea un devoto cinéfilo (y autor del guión de *Raza*), es que, además, cualquier gobierno con dos dedos de frente sabe que el pueblo necesita pan y circo, y que cuando el pan escasea, como es el caso, no es prudente escatimar el circo.

Por otra parte, el Régimen usa la incipiente producción nacional con propósitos de propaganda y como instrumento de regeneración moral del pueblo. Con este objeto, se fomenta la producción de *españoladas*, con sus dos subgéneros: el edificante y el sevillaneo. El primero se nutre de dramones históricos con decorados de cartón piedra, barbas y levitas, personajes calderonianos y damas virtuosas. Otros filmes testimonian la santidad y la abnegación de los misioneros hispanos, subliminar vocación imperial, en ignotas tierras. En éstos aparecen jóvenes nativas frazadas en visillos que les abaten las pujantes tetas. Abundan las plúmbeas películas

304. Blázquez, *op. cit.*, p. 53.
305. *Ibid.*, p. 56.
306. Alonso Tejada, *op. cit.*, p. 125.

históricas en las que Aurora Bautista se desgañita, y graves varones vestidos de figuras de El Greco testimonian la bravura y religiosidad de la raza española. Se proponen virtuosos modelos de conducta, se exalta el ardor guerrero que vibra en nuestros pechos, pero el otro ardor, el sexual, brilla por su ausencia.

El sevillaneo, por el contrario, es alegre y popular, se nutre de patio andaluz con pozo, cacharros de cobre y macetas de geranios en las paredes blanqueadas, guitarras, gitanería, faralaes y hembras de rompe y rasga con un corazón de oro.

El amor, cuando aparece, es un reposado sentimiento hecho de abnegación y retórica. Los enamorados no rebasan los castos límites del plano medio, separados por una maceta de aspidistras o por un reclinatorio. A pesar de ello, la fuerza de la costumbre crea mitos sexuales, modelos de carne y hueso con los que los espectadores proyectan sus fantasías. Al principio, cuando Alemania va ganando, los españoles admiran a Marika Rokk y Zarah Leander, dos macizas estrellas de la UFA. Las españolas, por su parte, suspiran por el conde Ciano, tan guapo y apuesto en sus vistosos uniformes. Luego, cuando la suerte de la guerra se enturbia, el público se repliega a la cantera nacional y triunfan Mercedes Vecino, Amparo Rivelles y Josita Hernán. Estas dos últimas forman pareja ideal con Alfredo Mayo y Rafael Durán, respectivamente.

Todavía dura la guerra cuando en la España nacional se constituyen los primeros organismos de censura cinematográfica. En ellos, el representante de la Iglesia tiene derecho de veto sobre cualquier película. Esta censura se redondea imponiendo la obligatoriedad del doblaje, lo que permite que las películas extranjeras exhibidas en salas españolas sean manipuladas para suprimir cualquier contenido pecaminoso, y el guión modificado a gusto del censor para que los adúlteros y libertinos resulten castigados, aunque sea por una oportuna voz en *off*.

La censura se ceba con las películas, pero los productores idean modos de burlarla para ofrecer al espectador su ración de morbo y de erotismo. La fórmula que permite salvar el escollo consiste en presentar situaciones eróticas bajo el pretexto de guiones moralizadores y claramente catequísticos que la censura no tiene más remedio que tolerar, aunque siempre con cierta reticencia. La película *El escándalo* (1943), que presenta una relación adúltera, atrae muchedumbres de enfervorizados espectadores; *La pródiga* (1946) repite el récord de taquilla con la vida de una mujer fácil y su aleccionador final; *La fe* (1947) resulta aún más morbosa, porque presenta a una bella mujer encaprichada por un joven y atractivo sacerdote que termina en apoteosis de la virtud triunfante, pero aun así el cardenal Segura la prohíbe en su feudo sevillano bajo amenaza de excomunión.

Amparo Rivelles y Alfredo Mayo, *la pareja de la simpatía*, vive un idilio fuera de la pantalla. Cuando el noviazgo se rompe, provoca duelo nacional en los talleres de modistillas.

Alfredo Mayo es el *sex symbol* del primer lustro de los cuarenta, pero se identifica demasiado con los uniformes de sus primeras películas y los espectadores empiezan a estar hartos de uniformes y de soflamas patrióticas. El nuevo ideal masculino de las señoras se orienta hacia un tipo de galán menos macho, más delicado y romántico: Tyrone Power, Robert Taylor o los más accesibles e his-

El productor cinematográfico Cesáreo González (a la izquierda) en compañía de Lola Flores, su esposo El Pescaílla y otras actrices del cine español.

pánicos Jorges: Jorge Negrete, el barítono, cuyos corridos mexicanos machistas e ingenuos populariza la radio, y Jorge Mistral.

El cine español de los años siguientes será, en gran medida, hechura del productor Cesáreo González, un gallego enriquecido que estuvo diciendo *pinícula* hasta que aprendió a decir *flin* y que «llegó a fabricar un *star system* a la española. No le importaba sacar los millones que fuera de su bolsillo con tal de tocarles el culo a las actrices» (Berlanga). Este gallego «lleno de humanidad y empuje» (Fraga Iribarne) se adueña del tecnicolor y acapara la exclusiva de las grandes: el trío folclórico (Carmen Sevilla, Lola Flores, Paquita Rico), Emma Penella, Sara Montiel y hasta la distante y hermosa María Félix.

Muchas aseveran que le negaron sus favores por más que él, terco, las cortejara. Vaya usted a saber.

Cesáreo González entre Marujita Díaz y Mikaela.

CAPÍTULO 44

Ganarán los buenos

—¿Qué nos traerá el año 1945? —se pregunta José María Pemán, el fino escritor gaditano, en su artículo de fin de año.

—Es posible que se firme la paz —responde, prudente, la sibila.

—¿Y quién ganará la guerra? —inquiere Pemán.

—A eso puedo contestarle con certeza: ganarán los buenos. Tenga por seguro que los que ganen habrán luchado por la civilización y por el progreso de la Humanidad.

Mientras los alemanes se baten en retirada acosados por los angloamericanos en el Oeste y por los rusos en el Este. Los españoles siguen las noticias con interés, tan sorprendidos como Franco del sesgo que han tomado los acontecimientos. Hace tres años los alemanes se estaban merendando el mundo y ahora están contra las cuerdas, como el boxeador sonado que todavía se resiste a tirar la toalla, aunque tiene la cara partida y los ojos como dos berenjenas.

—Hay cierta grandeza en esa derrota —comenta Diego Medina, glosando lo que trae el periódico.

—¡Lo que hay es mucha gilipollez! —replica su amigo José Ramón Rivas—. Hay que ser tonto para no firmar la paz con la paliza que están recibiendo.

Signal y *Adler* dejaron de publicarse, pero su hueco lo han cubierto revistas americanas y fotos de agencia que muestran la eficiencia de los aliados en el acoso de Alemania. Enormes bombarderos americanos reducen a escombros las ciudades alemanas durante el día. Los ingleses toman el relevo durante la noche para que no decaiga la fiesta.

Por lo demás, en la pacífica España, la vida continúa con pocos sobresaltos. Los obispos envían sus pastorales y sus «Normas de Moralidad Cristiana» hasta la más remota parroquia. Los gobernadores civiles envían las circulares de la Dirección General de Seguridad hasta el más remoto cuartelillo de la Guardia Civil. El párroco vigila al feligrés; el comandante de puesto vigila al ciudadano. La Iglesia y el Estado velan por la reserva moral de Occidente. En las covachuelas del poder «todo organismo con un mínimo de jurisdicción de mando se monta su propia censura».[307] El vecino vigila al vecino, el compañero de oficina al compañero de oficina. La vida discurre por sus cauces habituales, siempre que no te signifiques.

Teófilo González prosigue con su guerra particular por buscarse la vida. Su madre falleció hace dos meses en el sanatorio antituberculoso de El Neveral, donde había ingresado gracias a las influencias de don Próculo Orbaneja, el párroco de San Lorenzo, que es amigo de la familia de Visitación, la novia del muchacho, y hasta come con ellos de vez en cuando. El padre de Teófilo sigue en el Valle de los Caídos, redimiendo prisión por el trabajo. Todos los meses le escribe. Ya no pica piedra en el túnel porque anda mal de los pulmones. Ahora lo han puesto de encargado del barracón de las herramientas. Hace poco vio al Caudillo y a su mujer, *la Señora*, en una de sus periódicas visitas a las obras. Ahora se da cuenta del gran hombre que es Franco y de lo equivocados que estaban los que siguieron a la República. Teófilo no sabe si su padre es sincero cuando escribe eso o si lo hace para conformar a la censura que examina la correspondencia de los presos. Le quedan dos años de condena. Ya se lo aclarará cuando esté libre.

Teófilo sigue viviendo en la buhardilla de la calle Hurtado,

307. Vizcaíno Casas, Fernando, *La España de posguerra (1939-1953)*, Ed. Planeta, Barcelona, 1978, p. 122.

pero ahora gana unas mil pesetas al mes, el sueldo de un español de clase media, entre lo que le paga don Segundo en la tienda y lo que saca en las horas libres como representante de anís El Mono y cobrador a domicilio de seguros El Ocaso (la modesta cuota mensual que asegura a la gente humilde el derecho a un nicho o una zanja sepulcral en el cementerio).

Su amigo Paco Lupión se queja de la vida.

—Vive uno en la cuerda floja, sin saber si mañana tenemos trabajo, ni cómo acabará esto. Porque la radio Pirenaica dijo anoche que más vale que echemos las barbas a remojar si esto da la vuelta.

—No te quejes, que otros viven peor —le aconseja Teófilo. Quizá recuerda las cifras que trae el periódico. En Sevilla se hace el primer censo oficial de mendigos: 3.157, de ellos 235 niños (la ciudad tiene 345.524 habitantes).

Paco Lupión tiene motivos para sentirse apesadumbrado, aparte de la posible repercusión de la guerra europea en su futuro. Es que la novia, Pilarín, está impaciente por casarse y tener hijos. Llevan novios desde 1935 y ya está un poco harta de esperar.

—¡Es que se me va a pasar el arroz! —protesta la muchacha—. Todas mis amigas tienen ya niños crecidos.

Paco suspira. Se arma de paciencia:

—¡Mira, mujer, que los hombres no somos escopetas!

Pilarín, por la noche, en la intimidad de su alcoba, se mira desnuda en el espejo del ropero. Sus hermosas tetas, que nunca ha tocado un hombre, están ya caídas. Se pone el camisón, se acuesta, se tapa la cara con el embozo y llora desconsoladamente.

Hermoso Busto. Hermosa mujer. Use Píldoras Circasianas. Venta en principales farmacias o por correo en el apartado 481. Barcelona.

En febrero los mandatarios aliados, Churchill, Roosevelt y Stalin, se reúnen en Yalta, un tranquilo balneario ucraniano, para tratar sobre la marcha de la guerra y repartirse el mundo en áreas de influencia.

En la conferencia se menciona a España entre «los países que han gravitado en la órbita del nazismo». Los tres estadistas se muestran partidarios del derrocamiento de Franco y de la restauración borbónica, pero no precisan cómo ni cuándo.

Radio Pirenaica se hace eco. En España la gente de izquierdas concibe ciertas esperanzas de que los aliados desalojen a Franco de su poltrona.

Todo el mundo espera o teme el momento en que dé la vuelta la tortilla. Los carceleros tratan mejor a los presos, por lo que pueda venir.

La censura, más suspicaz que nunca, prohíbe una inocente canción venezolana, *El caimán*, porque la gente empieza a ver en su letra una alusión a la provisionalidad del Caudillo:

Se va el caimán, se va el caimán
se va para Barranquilla.
Se va el caimán, se va el caimán...

—¿Barranquilla dónde está?

—¡Qué más da!

Don Juan es de los que esperan que el caimán se vaya. El pretendiente, que es montero y cazador de safaris, vende la piel del oso antes de haberlo cazado y se comporta como si ya fuera rey, convencido de que su entronización es inminente.

Mientras, Franco juega sus cartas con astucia. El activo principal que puede esgrimir para hacerse perdonar por los aliados es la neutralidad mantenida a lo largo de la guerra. No sólo ha librado a los españoles de la terrible contienda sino que, con su prudente actuación, ha ayudado a las democracias. Si él no hubiera frenado las ambiciones de Hitler, la suerte de la guerra habría sido muy distinta: los alemanes habrían tomado Gibraltar y dominado el Estrecho, la situación de Inglaterra, sola y a punto de desplomarse, se habría agravado. Los aliados le tenían que estar agradecidos. Si en algún momento se vio obligado a realizar gestos de simpatía hacia Hitler y el fascismo fue debido a la delicada situación y sólo por salvar a su Patria de la guerra, pero él, en su corazón, sólo anhelaba la paz.

¿Ha olvidado Franco los submarinos alemanes repostando en puertos españoles, la cobertura diplomática dispensada a los espías nazis, la División Azul, el wolframio? ¿Ha olvidado que en febrero de 1942 pronunció un discurso en Sevilla en el que se comprometió a que si alguna vez los soviéticos invadían Alemania «no será una división de voluntarios la que acuda, sino un millón de españoles los que se ofrezcan para defender Berlín?».[308]

Tal parece. Aquello fueron sólo pequeños gestos conciliadores para evitar que el tigre alemán nos propinara una tarascada. ¿Y los españoles que todavía luchan al lado de Alemania, aquella Legión Azul que se desgajó de la División? El Gobierno español niega, en una nota oficial, que existan españoles luchando junto a los alemanes.[309]

LA ASTURIANA. Empleando malta y achicoria de esta marca se obtiene siempre un buen café. Fabricante: R. Vila. Oviedo.

—¿Os habéis fijado en las fotos de Franco? —pregunta Pepe, el barbero de El Siglo—. ¿Qué cambio notáis?

Los tertulianos observan la foto del periódico.

—Un poco más gordo —dice uno—. Está echando una buena papada y cuando está parado se echa para atrás para parecer más alto y le sale más panza.

—Eso es porque es *recortaíto* —justifica otro.

—Yo lo que veo es que se ha afeitado el bigote —apunta un tercero.

—¡No, hombre, otra cosa! —se impacienta el barbero.

—¿Qué cosa?

—¡La camisa, hombre! Antes iba siempre de camisa azul, pero desde que los alemanes han capotado se la pone casi siempre blanca.

—¡Claro, la camisa! Los demócratas la usan blanca; los alemanes, parda; y los italianos, negra.

308. *Palabras del Caudillo*, Madrid, 1943, p. 204.
309. 14 de marzo de 1945.

—¡Pues ahí está! Que no quiere que lo relacionen con ciertas amistades.

—¡Anda que no es listo el gallego!

Otros indicios sugieren que a Falange, la de las camisas azules y banderas al viento, le aguarda un futuro incierto. Se estrena en el cine Capitol de Madrid la película *Rojo y Negro* que glorifica la figura de José Antonio, interpretado por Ismael Merlo. El filme provoca desavenencias entre falangistas y otros miembros del Gobierno. Franco zanja la cuestión ordenando retirar la película y quemar todas las copias.

CAPÍTULO 45

El manifiesto de Lausana

En marzo comienza la primavera en Lausana, Suiza, la residencia de la familia real, de la reina Victoria Eugenia y de su hijo don Juan, el conde de Barcelona.

En estos días llegan muchos coches al chalet de Don Juan. El pretendiente, sus consejeros y secretarios desarrollan una actividad febril. Las noticias de Yalta lo colman de satisfacción. Si los aliados van a derrocar al dictador español en cuanto acaben con Hitler, es el momento oportuno para presentarse ante ellos como la alternativa democrática que España necesita para la nueva era de paz que se prefigura en Europa. El único que no se muestra optimista en el entorno del pretendiente es su consejero Sáinz Rodríguez.

—*Franquito* cree que no pueden sentarse dos culos en el mismo trono, si no coge la tisis o alguien le pega un tiro este cabroncete nos entierra a todos.[310]

Allen Dulles, jefe del contraespionaje americano en Europa, está maquillando el pasado de don Juan para que aparezca ante la opinión pública como un campeón de la democracia. Es una tarea difícil porque don Juan nunca ha sido demócrata, sino todo lo contrario. En 1935 simpatizaba con el reaccionario partido Acción Española; en la guerra civil intentó dos veces unirse al bando nacional (pero Franco lo impidió); hasta el otoño de 1942, se ha declarado

310. Anson, Luis María, *Don Juan,* Ed. Plaza y Janés, Barcelona, 1994.

afín a la ideología totalitaria de Franco y ha alabado su labor. Al principio de la guerra coqueteó con Berlín, cierto, pero después ha sabido rectificar y ha adoptado posiciones pro aliadas en vista de la evolución de los acontecimientos. En enero de 1944, cuando es evidente que el Eje pierde la guerra, Dulles le comunica el plan aliado aprobado por el Estado Mayor Conjunto («Operación Imoff»): desembarcar en España, derrocar a Franco e invadir la Europa nazi desde los Pirineos.

Parece que va en serio. Don Juan, oportunista, se desmarca de Franco y le muestra su rechazo en una carta contundente.[311]

Franco barrunta el plan aliado. Decide enfrentarse a los invasores con un par, estilo legionario, hasta salvar el honor y luego, si no hay más remedio, exiliarse en Portugal.

Los embajadores angloamericanos comunican a Franco el ultimátum de sus gobiernos para iniciar una escalada de desencuentros que justifique la invasión. Se acabaron las contemplaciones con el dictador. En vista de que los alemanes siguen recibiendo wolframio español, se cancelan los envíos de trigo y carburante, incluso los que ya estaban pagados. [312] Gómez Jordana, ministro de Exteriores, se entera por la prensa.

Privada de gasolina y con una oferta eléctrica que sólo cubre en un 70 % sus necesidades mínimas, la endeble economía española colapsará en menos de un mes si no ocurre un milagro.

Y el milagro ocurre.

Cuando parecía que la suerte de Franco estaba echada, Stalin objeta que la península Ibérica queda demasiado lejos para abrir en ella un segundo frente. Para que el desembarco aliado en Europa sea efectivo debe realizarse cerca de Alemania, en el norte de Francia. Ése es el plan alternativo, la «Operación Overlord». Los angloamericanos aceptan y desembarcan en Normandía.

O sea, lo que son las cosas: Franco salva el pellejo por una imposición de Stalin.

311. La carta, fechada el 25 de enero de 1945, se la escribe López Oliván y desde Lisboa le dan el visto bueno Sainz y Gil Robles.

312. El 28 de enero de 1944.

Franco, que le ha visto las orejas al lobo, se apresura a complacer a los aliados: disminuye drásticamente el suministro de wolframio a Alemania[313] y expulsa a los espías nazis de Tánger.[314]

Otros lo tienen igualmente difícil en su parcela particular. Camino del trabajo, Teófilo González pasa todos los días ante el escaparate de Autos Valdivia y contempla embobado la moto Soriano, diminuta, compacta y potente, que acaba de salir al mercado.[315]

Un día se decide y entra en la tienda.

—Oiga ¿cuánto vale la moto? —le pregunta al dueño.

Onofre Valdivia levanta la mirada del catálogo francés de lencería que está repasando y observa los zapatos desfondados pero bien lustrados del presunto comprador.

—Demasiado cara para ti, muchacho —le dice—. Te aconsejo que te compres una bicicleta. Las hay muy buenas de segunda mano.

Onofre vuelve a concentrarse en la lencería. Onofre no lee el periódico. «Total, de las cosas gordas ya me enterarán», dice.

La noticia del día no es la marcha de la guerra. En Madrid, hace días, cinco comunistas asaltaron el cuartel de Falange de Cuatro Caminos y asesinaron al conserje y a un empleado. Al día siguiente, una espontánea manifestación de protesta y apoyo al Régimen recorrió las principales calles de la capital. La policía ha detenido a diez hombres. Un consejo de guerra sumarísimo condena a muerte a siete de ellos.

Por la tarde, la radio comenta una noticia interesante para Onofre Valdivia: el primer camión español, el Pegaso, se comienza a fabricar en Barcelona, en los talleres del Instituto Nacional de Industria. Onofre mira la hora en el reloj de propaganda de Ford que preside la oficina bajo el retrato de Franco. Descuelga el teléfono y marca el número del Chato Puertas.

313. El 29 de abril firmará un tratado con los americanos y los ingleses por el que se compromete a reducir a 20 toneladas mensuales el suministro de wolframio a Alemania.

314. El 2 de mayo de 1944.

315. Su diseñador fue Ricardo Soriano, marqués de Ivanrey.

—¡Arriba España! Dígame.

—¿Ildefonso?, aquí Valdivia, ¿tú me podrías agenciar un cupo de camiones de esos que están fabricando en Barcelona?

—¿Camiones?

—Lo han dicho en el «parte».

—Eso está hecho. Déjame que llame a Industria.

En 1945, la tortilla europea ya ha dado la vuelta y don Juan, atento a la dirección del viento, como veleta generosamente engrasada, se presenta como demócrata de toda la vida. Siglos antes un Borbón histórico decidió que París bien valía una misa. Para don Juan, el trono de España bien vale declararse demócrata. Una vez más, don Juan se ofrece, machacón, como alternativa de Franco.

En realidad, don Juan y Franco, tan distintos en casi todo, se parecen como dos gotas de agua en un detalle esencial: están dispuestos a cualquier cosa con tal de alcanzar el poder o de mantenerse en él. Las ideologías los traen al fresco. Cada uno tiene una pésima opinión del otro, especialmente Franco, que considera al heredero de la Corona un borracho libertino y un tipo sin criterio propio que se deja manipular por los cortesanos que lo rodean.[316]

Allen Dulles le sugiere a don Juan la conveniencia de condenar públicamente el régimen franquista. Don Juan publica el llamado *Manifiesto de Lausana* en el que «requiere solemnemente al general Franco para que, reconociendo el fracaso de su concepción totalitaria del Estado, abandone el poder y restaure el régimen tradicional de España, único capaz de garantizar la religión, el orden y la libertad», una monarquía tan reformada como «demande el interés de la nación», constitucional, de reconciliación nacional, que reconozca la identidad de las diversas regiones españolas y acabe con el aislamiento internacional de España.[317]

316. También lo corroboran los informes que Franco tiene sobre la mesa. Joaquín Ruiz-Jiménez y Alfredo Sánchez Bella, que visitaron a don Juan en Lausana a finales de abril de 1945, comunican a Franco que el heredero «no es una persona muy rigurosa en su pensamiento». Suárez, Luis, *Don Juan, la defensa de la legitimidad,* Ed. Ariel, Barcelona, 2007, p. 135.

317. El 19 de marzo de 1945. Don Juan encomienda la redacción del *Manifiesto* a sus consejeros López Oliván y Vegas Latapié, con el visto bueno de

Antes de publicar su *Manifiesto*, don Juan le envía una copia a Franco con un emisario, el joven oficial Beltrán de Osorio y Díez de Rivera, al que ha aleccionado para que justifique el documento: los aliados que han acordado en Yalta la liquidación del Régimen franquista le exigen que lo condene públicamente. Él ha cedido por patriotismo, porque, si se niega, impondrían una república, y eso sí que sería malo para España, para Franco y para él mismo.

Esta vez, Franco se muestra comprensivo y no se enfada. Pudiera ser que en esos días no le llegue la camisa al cuerpo, con el futuro más que incierto. Pero también podría ser que disimule la irritación y se guarde la ofensa para devolverla cuando se presente la ocasión. ¡Cualquiera sabe lo que pasa por la cabeza del Caudillo! Quizá sea éste el momento en el que decide que don Juan nunca será rey.

Doña Enriqueta ha instalado en la trastienda de El Brasil un receptor de radio para escuchar *Radio Fémina, consultorio femenino de doña Montserrat Fortuny*, que emite Radio España de Barcelona. Una de las oyentes ha expuesto un caso parecido al suyo: está casada y se ha enamorado de un empleado de su marido, con el que mantiene relaciones. Montserrat Fortuny (en realidad, la actriz Mercedes Laspra), la abronca y lamenta contar entre sus oyentes con una persona tan inmoral. Doña Enriqueta se sonroja hasta la raíz del cabello, desconecta la radio y pasa la mañana sumida en un hondo malestar. Está firmemente decidida a confesarse con don Próculo y limpiar su alma de ese horrendo pecado.

Por la tarde, bastante aliviada la mala conciencia, nuevamente se une sexualmente con Teófilo sobre un saco de azúcar.

Sigue sin llover. La situación del campo es angustiosa. Ya no quedan reservas de trigo ni para simiente. La próxima cosecha peligra. En su homilía dominical, don Próculo cita a los feligreses a una función especial el jueves siguiente para impetrar la lluvia.

—¡Queridísimos hermanos en Cristo!: la fe mueve montañas.

Allan Dulles. Él carece de la formación necesaria para abordar un documento tan complejo.

La fe lo puede todo. Si tenemos fe, Dios se apiadará de nosotros y lloverá. Os lo prometo.

El jueves siguiente, el oficio religioso, lejos de ser multitudinario, como se esperaba, sólo registra media entrada. Don Próculo se muestra bastante desanimado:

—¡Queridísimos hermanos!: no tenemos fe, y sin fe difícilmente se apiadará Dios de nosotros para enviarnos la lluvia que tanto necesitamos. ¡No tenemos fe! ¡Nos hemos reunido para impetrar la lluvia del Señor y hemos venido sin paraguas! ¡Hasta yo, cura pecador, he olvidado el mío...!

HAS DE SALVAR TU ALMA.

Si la pierdes, todo lo has perdido : De nada te servirán riquezas, honores, diversiones ni padecimientos.

Oye la voz de Dios y asiste a los Santos EJERCICIOS ESPIRITUALES que para hombres y jóvenes predicará en la PARROQUIA DE LOS SANTOS JUSTO Y PASTOR el Rdo. Dr. Juan Lladó, Pbro. los días del 1 al 7 de Marzo.

HORARIO

Mañana: 7'30 — Misa y Plática.
Tarde: 7'45 — Rosario.
» 8 — Meditación y Plática.

La Liga de Perseverancia te invita: No faltes.

CAPÍTULO 46

Herraduras de goma

El primero de abril se celebra en Madrid, como todos los años, el desfile conmemorativo de la Victoria. Desde París, Santiago Carrillo ha convocado a huelga general, para ver si estropea la fiesta. En el País Vasco, se producen manifestaciones de protesta por la carestía de la vida.

Franco se concentra en el desfile, la gran manifestación anual de su poder. La novedad es que este año no lo va a presidir desde la tribuna de honor. El Caudillo va a participar personalmente en la cabalgata, a caballo, luciendo su apostura militar. Otros generales suyos, también vencedores de la guerra, lo seguirán, igualmente a caballo. «¡Que se vea que, a pesar de las panzas y de las papadas, estamos en forma y dispuestos a todo en defensa de la Patria!»

El día amanece lluvioso. Franco se asoma a la ventana de su despacho; ve el asfalto mojado y llama a su asistente.

—Que le pongan a mi caballo herraduras de goma.

La legendaria prudencia de Franco, su paso corto y su vista larga, se manifiestan una vez más cuando sus colegas, los generales Asensio, Moscardó y Muñoz Grandes, avanzan penosamente por la Castellana, entre resbalones de sus corceles, en actitudes poco gallardas, frente al pueblo de Madrid, mientras Franco abre el desfile, con la cabeza alta, invicto, seguro de sí mismo y disimulando su media sonrisa de conejo.

Desfila el anticuado ejército español cuyo mantenimiento (con el de la Policía y la Guardia Civil) consume ahora más de un 45 % del presupuesto nacional.[318]

El plan aliado para desalojar a Franco del poder consiste en infiltrar guerrilleros por los Pirineos. Esta vez no se repetirá el fiasco del valle de Arán. Cuando se produzcan los primeros enfrentamientos con el ejército, los aliados intervendrán con el pretexto de evitar una guerra civil, derrocarán a Franco e impondrán a don Juan.

Antes de que acabe el mes, habrán muerto Mussolini (ametrallado por los partisanos comunistas en Bonzanigo)[319] y Hitler, que muerde una cápsula de cianuro al tiempo que se dispara un tiro de su pistola Walther en el cielo de la boca. La detonación se ahoga en el estruendo de la artillería soviética que remueve las ruinas de su cancillería.[320]

Fermín Siles Arizala, el abogado, lee la noticia en el periódico *Informaciones*: «Cara al enemigo bolchevique, en el puesto del honor, Adolfo Hitler muere defendiendo la chancillería [...] Adolfo Hitler, hijo de la Iglesia católica, ha muerto defendiendo la Cristiandad.»

Poco después, Alemania se rinde incondicionalmente a los aliados.[321]

La noticia sume a Diego Medina, José Ramón Rivas y otros germanófilos españoles en un estado catatónico. «¿Cómo pueden haber acabado tan desastrosamente sus admirados alemanes, los invencibles guerreros arios, los superhombres que hace nada, ayer como quien dice, asombraron al mundo con sus conquistas y con

318. El número de oficiales se había sobredimensionado desde la guerra civil. Todavía en 1970 el que esto escribe hizo la mili en una Biblioteca Militar obsoleta donde había unos tres mil volúmenes custodiados por un teniente coronel, un comandante, un capitán y seis soldados que pasaban la mañana leyendo el periódico y bostezando, porque lectores había pocos.

319. El 29 de abril de 1945.

320. El 30 de abril de 1945.

321. El 8 de mayo de 1945.

sus armas futuristas?» Quizá la respuesta esté en una carta que el pensador Ortega y Gasset, formado en Alemania, escribe a su hija Soledad: «Los alemanes, que tienen magníficos motores, no tienen frenos, y por eso hacen cosas tan extravagantes en la historia.»[322]

Volverán las oscuras golondrinas, y hallarán Gallina Blanca en las cocinas. Gallina Blanca. Extracto de carne. Caldo en cubitos elaborados a base de carne argentina, legumbres y hortalizas.

322. Morán, Gregorio, *El maestro en el erial*, Ed. Tusquets, Barcelona, 1998, p. 502.

INFORMACIONES

CARA AL ENEMIGO BOLCHEVIQUE, en el puesto de honor, ADOLFO HITLER MUERE DEFENDIENDO LA CANCILLERIA

El almirante DÖNITZ, nuevo FÜHRER de ALEMANIA, continuará la lucha contra el comunismo y contra los aliados occidentales en tanto entorpezcan la defensa alemana

RESUMEN DE LA JORNADA

1.º de mayo. Muere y triunfa ADOLFO HITLER

EL NUEVO FÜHRER

VON RUNSDTEDT PRISIONERO

Karl Dönitz

FÜHRER

CAPÍTULO 47

De piojos y bacilos

En la casa de la Uruguaya, el Chato Puertas y Nemesio Lañador están brindando con champán Dom Pérignon. Al Chato le gusta más el anís seco que rasca la garganta, pero se pliega a las modas de la gente fina.

—¿El champán?: una mariconada.

¿Por qué brindan los dos prósperos industriales? Por el nuevo negocio. Las perspectivas futuras no pueden ser más halagüeñas. Hace tiempo que el Chato suministra a la Uruguaya morfina y otros medicamentos, que sus contactos detraen de los hospitales y de la farmacia militar. Ahora le amplía la oferta a un nuevo producto.

—¿Y eso nos va a dar dinero? —pregunta la Uruguaya, todavía dudosa. Ha husmeado el contenido de la lata que le ha traído el Chato y le parece que huele a rayos.

—Para perfumarse no sirve —aclara el Chato—. El que quiera perfume que se compre un frasco de Maderas de Oriente. Pero esto, tan mal como huele, nos va a hacer ricos. Con tu diez por ciento, te vas a forrar, Uruguaya. El DDT es el mayor invento de la Humanidad después de la corrida de toros.

El DDT. Se acabaron los piojos, los chinches, las liendres, el tifus exantemático, la miseria. Los laboratorios del ejército de Estados Unidos han desarrollado este poderoso insecticida para el uso de sus soldados en el Pacífico. Ahora se fabrica en todas partes; incluso en España.[323] La producción es todavía limitada, porque una parte importante va a parar al mercado negro, para que avispados industriales como el Chato Puertas, obtengan su beneficio.

Una chica extremeña, Casilda Ronzal Abrojo, recién llegada, todavía meritoria hasta que engorde un poco y se fijen en ella, está fregando el salón de la Uruguaya y canta:

Virgen de la Macarena
anda y convence al Caudillo,
que nos quite los cardillos
y nos regale habichuelas.[324]

Casilda es ahora huérfana de padre y madre, y el escribiente de notarías de Zafra que la contrató no ha tenido más remedio que ponerla de patitas en la calle, forzado por su señora, que ha descubierto que mantenía relaciones extramaritales con la criada.

Casilda, sin perrito que le ladre, sola en el mundo, y con los cuatro hermanos ya colocados, dos en el otro mundo y los otros dos guardando marranos, en la dehesa extremeña se lo ha pensado mejor:

—Me voy a Madrid y, de aquí en adelante, el que quiera metérmela, que pague.

323. Desde el 13 de marzo de 1945.

324. Los cardillos o tagarninas, una planta espinosa silvestre, entonces comida de pobres y hoy, con las vueltas de la vida, bocado exquisito. (Cuando se encuentra.)

CAPÍTULO 48

La baraka del Caudillo

Muerto Hitler y rendida Alemania, los aliados deberían volver sus armas contra Franco, según los esperanzados cálculos de don Juan. Pero pasan los días con su cruel monotonía, el pretendiente pendiente del teléfono y de la BBC, y no se produce movimiento alguno en las altas esferas. Es que ni se habla de España. Al parecer, los aliados han aplazado el asuntillo español hasta una próxima conferencia.

Los monárquicos españoles empiezan a sospechar que la condena del Régimen de Franco va a ser meramente verbal. Bastante trabajo tienen las potencias aliadas con la ordenación de Europa, arruinada por la guerra.

¿Qué ha ocurrido para que cambien de opinión? El plan era bueno, pero el fallecimiento del presidente Roosevelt lo ha aparcado en la vía muerta. Su sucesor, Truman, no es tan partidario de meterse en jardines ajenos. Personalmente, detesta a Franco, pero no hasta el punto de declararle la guerra. Sáinz Rodríguez le resume la situación a don Juan:

—Ese cabrón de Truman lo ha dejado a vuestra majestad con su real culo al aire.

—¡Qué podía esperarse de un camisero!

Mientras tanto, Franco se emplea a fondo en su cambio de imagen. Aparta a la Falange de la luz y pone en su lugar a la tradición católica como orientadora de la política de la *Nueva España.*

Agradecido, el primado Pla y Deniel, o sea, la Iglesia, le echa una mano con una pastoral en la que diferencia franquismo de fascismo.

A la caída de Berlín medio millar de españoles, entre residentes, funcionarios de la embajada, combatientes y obreros contratados por el Gobierno alemán, son evacuados a Suiza, donde los instalan en el campo de refugiados de La Plaine. El Gobierno francés acepta facilitarles un visado colectivo y un tren que los devuelva a España. Los españoles embarcan sin novedad en la estación de Cornavín, pero al llegar a la de Chambery, una multitud de comunistas enfurecidos, asalta el tren y lincha a los pasajeros (las cifras de muertos y heridos difieren bastante según las fuentes).[325] Los supervivientes regresan a Suiza.

Informado del incidente, Franco decreta el cierre de la frontera con Francia y suspende el paso por territorio español de 30.000 franceses procedentes de Argelia y Marruecos.

La diplomacia mundial, que sale escaldada de la guerra, busca un recambio para la obsoleta Sociedad de Naciones. Los representantes de 51 Estados ratifican en San Francisco, California, el acta de fundación de las Naciones Unidas.[326] Pensando en España, aunque sin mencionarla, México consigue que se excluya de la organización a países no democráticos. El Gobierno republicano en el exilio, tan desnortado como de costumbre, lo celebra como la confirmación de que Franco tiene sus días contados.

Tres días después, Franco aprovecha el inicio de las emisiones de Radio Nacional de España en América Latina para pronunciar un discurso en el que acusa a la masonería internacional de orquestar una campaña de descrédito contra su Régimen. La propaganda arrecia también en el interior, en la prensa, en la radio, en el *Nodo*, en los sermones dominicales, los españoles ven una imagen de España en paz, eso es lo principal, en medio de un mundo en ruinas.

325. El 15 de junio de 1945.
326. El 26 de junio de 1945.

—¿Que tenemos problemas? —pregunta don Próculo a su rebaño en las meditaciones después del rosario—. ¡Claro que los tenemos! Como dijo santo Tomás: «Cada día trae su afán.» ¡Problemas! ¿Y quién no los tiene? ¿Que pasamos hambre? ¿Que escasea el trabajo? ¿Que la vida se ha puesto por las nubes? Sí, por supuesto: hay muchas cosas que arreglar pero ¡estamos vivos! Gracias al Caudillo, que nos ha librado de las calamidades que aquejan al resto del mundo, gracias a ese hombre enviado por la Divina Providencia que cada día aúpa un poco más a la Patria en su camino hacia el Imperio y hacia la prosperidad. ¡Oremos por él!

El lavado de imagen de la dictadura incluye la aprobación de dos medidas aparentemente democráticas que «cambiarán la vida de los españoles»: la promulgación de un Fuero de los Españoles,[327] equivalente a una constitución, y una remodelación del Gobierno que posterga a la Falange.

Cine REX. Sesiones continuas 11 mañana, 6 tarde. Numeradas, 9 tarde, 11 noche. Este salón, por disponer de grupo electrógeno, no suspende ninguna de sus sesiones y garantiza una temperatura deliciosa.

Póngase el traje más viejo que tenga, porque se tumbará en el suelo de risa cuando vea a Cantinflas en El gendarme desconocido.

327. El 17 de julio de 1944.

CAPÍTULO 49

El Fuero de los Españoles

El Fuero de los Españoles, aprobado en las Cortes por aclamación, como es natural, es una ampulosa declaración de derechos ciudadanos que prueba el carácter democrático del Gobierno español. En realidad es un brindis al Sol para convencer a la opinión internacional de que España es una democracia «orgánica», que en lugar de basarse, como las otras, en el sufragio universal, lo hace en el sufragio más restringido pero igualmente válido, de «familia, municipio y sindicato».

En sus 36 artículos, el Fuero reconoce el derecho de los españoles a la libertad personal, a la propiedad privada, a la libertad de expresión, a la intimidad, a reunirse libremente, al secreto de la correspondencia y a la educación «para que ningún talento se malogre».

La carta de derechos parece refrendar una voluntad democrática, pero la letra pequeña revela la insinceridad del legislador: la libertad de expresión se tolera «mientras no se atente contra los principios del Estado»; la libertad de reunión se limita hasta veinte personas, si excede el número es necesario un permiso escrito de la autoridad. Finalmente, por si quedara algún resquicio, «el Gobierno se reserva la potestad de suspender temporalmente estos derechos en caso necesario». O sea, papel mojado.

Los vencedores de la guerra se reúnen por fin en Potsdam, cerca de Berlín, para discutir la situación internacional.[328]

328. Las reuniones comienzan el 18 de julio y terminan el 2 de agosto de 1945.

Stalin propone derrocar a Franco con una intervención armada; pero Churchill se opone. El sagaz *premier* británico tiene sus motivos. Los soviéticos han ocupado toda la Europa del Este y media Alemania y, según pasan los días, no se les ve intención alguna de replegarse a sus fronteras. El futuro se adivina incierto. Media Europa es botín de guerra soviético y ha caído detrás de un «telón de acero» como profetizó Goebbels, una expresión que Churchill se apropia. El *premier* británico prefiere que el sur de Europa no se desestabilice. «Si tenemos que convivir con Franco, convivamos con él. Los asuntos internos de España no nos conciernen.»

Estados Unidos, por su parte, se inhibe. Está demasiado ocupado en el Pacífico, donde la guerra contra Japón prosigue más enconada que nunca. Llama a consultas a su embajador en Madrid y deja la embajada en manos de un encargado de negocios. El embajador no volverá hasta 1951.

Al final, la única exigencia de los aliados será que Franco devuelva Tánger, ocupada al principio de la guerra.[329] Franco dejará pasar unos días, para que no parezca que lo intimidan, y sacará discretamente sus tropas de la ciudad magrebí, acción que justifica con notable cinismo aduciendo que «la ocupó para garantizar el orden». Ahora, pasado el peligro, la reintegra generosamente a su estatus de ciudad internacional «en aras de la concordia».

Mientras los gigantes de la política mundial conferencian en Potsdam, Franco nombra nuevo gobierno.[330] El Régimen se orienta hacia los católicos y se olvida de su pasado azul. Releva a los falangistas del gobierno anterior (Lequerica, de Exteriores; Arrese, secretario general; Miguel Primo de Rivera, en Agricultura), y designa a notorios monárquicos que militan en las filas de la democracia cristiana.

Falange ha dejado de ser útil, aunque mantiene tanto su estructura como la poderosa burocracia que generó, como elemento nivelador al que se puede recurrir en caso necesario. El Caudillo,

329. Lo exigen el 5 de septiembre de 1945. Franco abandona Tánger el día 18.

330. El 18 de junio de 1945.

siempre cauto, busca equilibrios entre las familias del Régimen. Sólo integra en el nuevo gobierno a falangistas que han demostrado ser más fieles a él que a la idea joseantoniana (Girón, en Trabajo; Fernández Cuesta, en Justicia).

Para el delicado puesto de ministro de Asuntos Exteriores designa a Alberto Martín Artajo, un hombre grandón cuya amplitud de espalda define el mordaz Agustín de Foxá como «anchos lomos de elefante sagrado». También se atribuye a Foxá el chiste que corre esos días:

—En los tiempos de Serrano Súñer, en los de Jordana y en los de Lequerica, telefoneabas al Ministerio y te decía el telefonista: «¡Arriba España! Ministerio de Asuntos Exteriores.» Desde que han hecho ministro a Martín Artajo te dice: «¡Ave María Purísima! *Monasterio* de Asuntos Exteriores...»

Franco le explica a Martín Artajo que el Régimen desembocará próximamente en la monarquía. Quiere que transmita esa idea a las democracias, a fin de que desistan de derribarlo. El crédulo don Juan se lo cree.

Llega agosto, con sus calores, cuando la zarzamora rinde sus frutos y el caqui madura. Entonces estalla la gran noticia: los americanos han arrasado una ciudad japonesa, Hiroshima, con una bomba atómica.[331]

Se espera la rendición inmediata del País del Sol Naciente, hoy Poniente, más bien. En vista de que no se produce, los americanos destruyen otra ciudad, Nagasaki, con una segunda bomba.[332] Esta vez los japoneses envían parlamentarios. El emperador Hiro Hito anuncia la rendición por radio.

La Segunda Guerra Mundial ha terminado.

Los exiliados están seguros de que le ha llegado el turno a Franco: «¡Ahora, sí!». Desde que el Eje comenzó a flaquear, han alentado esperanzas de que el hundimiento de Hitler arrastre consigo la dictadura franquista. Socialistas y republicanos han fundado en México la Junta Española de Liberación. Se configura una

331. El 5 de agosto de 1945.
332. El 8 de agosto de 1945.

Alianza Nacional de Fuerzas Democráticas que propugna la celebración de elecciones para decidir el futuro del país.

Exultantes, los republicanos españoles exiliados en México eligen presidente de la República Española a Diego Martínez Barrio. José Giral designa un gobierno en la sombra, con participación de socialistas, republicanos, sindicalistas y nacionalistas vascos y catalanes. Sin comunistas, que «lo único que saben es enredar». Es un gobierno sin utilidad práctica alguna, pero muy consolador porque parece que prefigura el regreso a la Patria añorada.

Paralelamente se reactiva en España cierta actividad guerrillera antifranquista. La Agrupación Guerrillera de Levante y Aragón infiltra partidas en las sierras entre Teruel y Andalucía. Faltos de apoyo popular, los guerrilleros luchan en condiciones precarias, hambrientos y enfermos, acosados por la Guardia Civil y por el Ejército.[333]

Aranda, Kindelán y otros generales monárquicos reclaman de nuevo el trono para don Juan, pero ya no alcanzan tanto eco como hace un par de años. Ahora existe un creciente número de generales que apoyan a Franco y hacen méritos para impulsar sus carreras en el escalafón.

El mismo día de la bomba de Hiroshima, entra en España, por el puesto fronterizo de Fuentes de Oñoro, Salamanca, un Packard Coupé negro en el que viajan el pensador José Ortega y Gasset, su esposa Rosa Spotorno y su hijo José, además del conductor y propietario del vehículo, José Torán. Ortega y Gasset regresa a España casi de puntillas, pero con las bendiciones del Régimen.

Franco aprende rápido y adquiere confianza cuando ve que pasa la tormenta europea y nadie lo mueve de su trono, ni gobierno en el exilio, ni monárquicos de don Juan, ni potencias aliadas. La baraka no lo abandona. La autoestima del Caudillo crece. Ya no se siente acomplejado ante las personas de superior cultura. Prueba de ello es su reacción cuando recibe una carta de Serrano Súñer.[334]

333. El último de ellos, Juanín, fue abatido a tiros en Santander en 1967.
334. El 3 de septiembre de 1945.

El antiguo *Cuñadísimo,* creyendo inminente la restauración monárquica, le aconseja que designe un gobierno de transición en el que figuren algunos intelectuales prestigiosos y con fama de liberales como Ortega y Gasset y Marañón.

¡Qué lejos quedan los tiempos en que Franco, ignorante de los asuntos de Estado, se dejaba guiar por su sagaz cuñado! Ahora, ni se digna responder a Serrano. Escribe al margen de la carta: «Je, je, je», y la archiva.

En 1946, Ortega y Gasset utiliza al secretario general de Propaganda, Pedro Rocamora, para dirigirse a Franco:

—Excelencia —dice Rocamora—, don José Ortega y Gasset quisiera saber quién le hace los discursos.

Es evidente que el filósofo está buscando ese empleo a la sombra del Caudillo. Oigamos a Rocamora:

«El Generalísimo me escuchó con atención, apenas unos minutos, y luego se levantó, como dando por terminada la audiencia. Dio unos pasos hacia la puerta para despedirme y sólo me respondió:

»—¡Rocamora, Rocamora, no se fíe usted de los intelectuales!».

Cuando Rocamora comunica al filósofo el resultado de su gestión, Ortega y Gasset responde desdeñoso:

—¡Él se lo pierde!

Al final, el ilustre filósofo acabará siendo un paniaguado del Régimen. «El Ministerio lo jubiló con su sueldo máximo (40.917 pesetas) en función de cuarenta y dos años de servicios. Es decir, [...] a don José se le reconocía el sueldo desde que ingresó como catedrático en 1910, como si no hubiera faltado un solo día a su obligación. Él, que no había pisado la Universidad de Madrid desde el verano de 1936, se encontraba ahora como un catedrático perfecto, con el sueldo íntegro de profesor adicto [...]; Ortega es rehén del Régimen y de su propia impostura [...] con la jubilación a cargo del Estado pagada con su cómplice silencio.»[335]

335. Morán, Gregorio, *Op. cit.*, pp. 486-487.

EL BARATO LE ESPERA. Estos últimos días de rebajas de artículos de temporada a los que se le han agregado gran cantidad de objetos A PRECIOS DISPARATADOS que se rematarán irremisiblemente entre miércoles, jueves y viernes por el Sistema Progresivo. Vean los escaparates. Aprovechen la ocasión estos últimos días.

Nenuca, la hija de Franco, la princesa del régimen, representa la mujer española: bella, racial, hirsuta, frondosa, sensual, pero cristiana y decente.

CAPÍTULO 50

Maquillaje

No basta con arrinconar a la Falange. La gente no aprende de la sutileza del Caudillo y sigue saludando brazo en alto en las oficinas y dependencias oficiales. Dadas las circunstancias, el gesto compromete a un Régimen que intenta no parecer lo que era o lo que es. Por lo tanto, Franco suprime oficialmente la obligatoriedad del saludo fascista.[336] «El saludo, de rancio abolengo ibérico, espontáneamente adoptado en pueblos y lugares; saludo que ya en los albores de nuestra historia patria constituyó símbolo de paz y de amistad entre los hombres» se deroga porque «circunstancias derivadas de la contienda mundial han hecho que, lo que es signo de amistad y cordialidad, venga siendo interpretado torcidamente [...], en servicio de la Nación se estima aconsejable abandonar aquellas formas de saludo.»

La Falange se mantiene como un aparato burocrático pero dentro del Gobierno cede terreno a los Propagandistas de Acción Católica, los cristianodemócratas discípulos de Herrera Oria.[337]

336. Decreto del 11 de septiembre de 1945.

337. Ángel Herrera Oria es una de las figuras destacadas del catolicismo español, abogado del Estado, director del diario católico *El Debate* en tiempos de la República, más adelante se ordenará sacerdote y llegará a cardenal. Fue el mentor de los democristianos europeos.

Los católicos que llegan al Gobierno albergan cierta preocupación social, pero Franco los desactiva encomendándoles ministerios de influencia limitada. A Alberto Martín Artajo, que aspira a la cartera de Trabajo, le confía la de Asuntos Exteriores. A Joaquín Ruiz-Giménez lo nombra primer director del nuevo Instituto de Cultura Hispánica. Sitúa en Trabajo y Justicia a dos falangistas que no van a cambiar nada (Girón y Fernández Cuesta) porque son dóciles y le comen en la mano.

Para culminar su tarea gubernativa, Franco desciende a la menudencia de la nueva Ley de Régimen Local: los alcaldes de municipios de menos de diez mil habitantes serán elegidos a dedo por el gobernador civil (a su vez elegido a dedo por el Gobierno); los de municipios que superen los diez mil habitantes, los designará el Ministerio de la Gobernación.[338]

Leyes no faltan. Lo que falta es pan, electricidad, carburantes, medicinas y ropa.

El mulero Manolo Ruiz, *el Sereno*, pasa con su yunta frente al cementerio de Mengíbar. Recientemente ha aprendido a leer y a escribir y tiene por costumbre pararse a leer todo lo que ve, sea rótulo o papel.

En la tapia del cementerio, junto a la puerta, una mano anónima ha escrito con un ripio de yeso:

Si no eres estraperlista, hortelano o panadero
este invierno aquí te espero.

338. Las primeras elecciones municipales se celebran en 1948 sin excesivo entusiasmo de los votantes, con una participación inferior al 30 %.

CAPÍTULO 51

El hongo milagroso

El Chato Puertas ha reservado un salón privado en el restaurante de moda de Madrid, el Jockey, calle Amador de los Ríos, número 6.[339] Celebra la llegada a España de la droga milagrosa y el negocio que va a hacer con ella.

Restaurante y bar americano Jockey, le ofrece una perfecta organización de cócteles, lunch, *fiestas de sociedad y comidas a domicilio.*

—¿La qué...? —pregunta la Uruguaya.

—La «pinicilina» —responde el Chato Puertas, que solamente tardará unos días en nombrarla correctamente: penicilina.

La penicilina, una sustancia antibacteriana descubierta por el escocés Alexander Fleming, está destinada a convertirse en el antibiótico universal.

El contacto que tiene el Chato en Sanidad le ha dado el soplo.

—Los ingleses la descubrieron durante la guerra pero la mantuvieron en secreto para que no aprovechara a los alemanes. Gracias a estas inyecciones se han salvado decenas de millares de soldados que de otro modo habrían muerto de septicemia y de infecciones.

339. Inaugurado en marzo de 1945.

Sólo se fabrica en Inglaterra y en Estados Unidos. La sacan de un hongo, el *Penicillium notatum*. Esto va a ser el negocio definitivo.[340]

—¿No será como lo del hongo milagroso, que no curaba nada? —objeta el Chato Puertas.

—¡Que no, hombre, que esto es serio!

En un principio el Chato Puertas no lo ve claro. Hasta que su interlocutor menciona la palabra mágica.

—Con un par de inyecciones se cura la sífilis.

—¡Coño!

El Chato Puertas ve el negocio. La sífilis hace estragos y tiene mala compostura.

La penicilina obra tales maravillas que muchos moralistas la consideran, junto con las medias de cristal, un invento inspirado por el diablo para extender impunemente el vicio. «Aparece un señor con una blenorragia violentísima, un lunes y nos dice: "Mire doctor, qué tragedia. Por diferentes circunstancias, he retrasado mi boda varias veces; ahora ya es imposible. Me caso el jueves próximo y mire cómo estoy." El sábado anterior había celebrado una despedida de soltero y adquirió una buena colonia de gonococos. Pues bien, este enfermo se casa el jueves con toda tranquilidad y sin el menor asomo de peligro de infección para su señora.»[341]

Es delicioso. Orange CRUSH. Se bebe en todos los países del mundo.

En la tertulia de la barbería El Siglo se comenta el juicio de Nuremberg que comenzó ayer.[342] El periódico trae las fotos de los acusados, la cúpula del poder nazi.

340. Empezará a venderse en algunas farmacias autorizadas a partir del 10 de febrero de 1947, con el límite de 500.000 unidades por receta.

341. Algora Gorbea, José, *El hombre, la mujer y el problema sexual*, Zaragoza, 1952, p. 165.

342. El 20 de noviembre de 1945.

—A ver, han perdido la guerra y ahora tendrán que pagar los platos rotos —comenta Pepe, el barbero— ... el que pierde, paga.

—¡Es que éstos han roto muchos platos! —precisa Benito Albanchez, el corredor de fincas.

—Sí, eso sí.

En el taller de modistas de Purita Lapiedra se interrumpen las conversaciones para escuchar la radio. Es la hora del consultorio de Montserrat Fortuny en Radio España de Barcelona, con asesoramiento religioso del padre Soler.

—Hija mía —responde el padre Soler a una oyente—, esos ardores de los que me hablas son una manifestación fisiológica debida a la plenitud de tu edad. No hay pecado en ellos a no ser que te refociles en pensamientos impuros. Son completamente normales y desaparecerán en cuanto te cases. El matrimonio es la sedación de la concupiscencia:[343] «El goce es permitido y querido por Dios, pero subordinado siempre al fin primario del sacramento.» No obstante daré un consejo a las oyentes que preparan su boda. Vuestro matrimonio tendrá más firmes cimientos si se sustenta sobre la observación de las noches de Tobías. Os preguntaréis: «¿Qué son las noches de Tobías?» Yo os voy a responder. «Los casados piadosos deben hacer actos de sacrificio a costa de sus apetitos sexuales: las noches de Tobías son una práctica piadosa que consiste en diferir durante al menos tres días con sus noches todo intento de consumación del matrimonio.»[344] En lugar de dejaros arrastrar por vuestros instintos, aunque estén santificados por el amor y la bendición divina, cuando os asalte la tentación, arrodillaos al pie de la cama y, mirando al Cristo que preside el tálamo, rezad el rosario. A cualquier hora de la noche.

El padre Soler previene a las casadas contra los intentos masculinos de prolongar una luna de miel ficticia. «Nada de trucos anticonceptivos», que te pierdes. Nada de reiteración del débito por mero placer, cada vez que lo pida el esposo. Tú no eres una cosa. Si

343. Mazzel, Maximiliano, *Pureza y alegría (instrucciones a las señoritas)*, Ed. Paulinas, Vizcaya, 1947, p. 34.

344. Clavero Núñez, Antonio, *Antes que te cases*, Valencia, 1946, p. 38.

quieres retener a tu marido dale hijos pues «nada ata tanto como el vínculo de la sangre que establecen los hijos. Ellos son la garantía de la permanencia de la unión»; «no te olvides de lo expuesto que resulta aplazar o retardar la llegada del primer hijo [...]; es muy cruel la mano de la naturaleza y muy amarga la esterilidad que nos acusa de irresponsables».[345] Además, «el control de natalidad es quizá una de las principales causas del tremendo castigo que Dios nos ha enviado con la guerra».[346] No obstante, en el aspecto moral «no existe obstáculo alguno en emplear medios lícitos, es decir, en la abstención periódica».[347] «Ningún método es compatible con la conservación de la buena salud orgánica, del equilibrio psíquico y de una floreciente sexualidad», de otro modo «este fraude que se hace a la naturaleza [...], fatalmente conduce a la desavenencia conyugal, a la neurastenia y al daño físico particularmente en la mujer al verse privada del supuesto efecto beneficioso que sobre su funcionalismo pudiera tener el semen absorbido por la vagina».[348]

Ambrosio Cepacillo, el amigo de Teófilo González, ha conseguido por fin consumar la unión sexual con Puri. No ha sido nada fácil convencerla, pero al fin ha cedido. Un par de veces al mes, por la tarde, acuden a la casa de la viuda doña Engracia Cobert, donde alquilan una habitación por horas. Al principio, practican el coitus interruptus; pero eso no le gusta a Ambrosio, que prefiere el preservativo. Le cuesta trabajo convencer a Puri de que la goma no es propia de putas.

La distribución y el uso de estos productos sólo beneficia a una exigua minoría. Los condones que circulan en el mercado español, casi todos procedentes del contrabando norteafricano, son multiuso, poderosamente recauchutados, sólidos y resistentes como neumáticos. Con un mínimo mantenimiento de lavado, aceitado, secado y empolvado con talco se les alarga la vida, y dan para su buena docena de prestaciones.

345. Clavero Núñez, Antonio, *Antes que te cases*, Valencia, 1946, p. 263.
346. Mazzel, *op. cit.*, p. 77.
347. Clavero, *op. cit.*, p. 225.
348. *Ibid.*, p. 236.

CAPÍTULO 52

Un vaso de leche

Ha terminado la guerra mundial, y la vida no mejora. Se empalman las posguerras propias con las ajenas, y se juntan el hambre con las ganas de comer.

En la misa mayor, don Próculo sube con calculada parsimonia los nueve peldaños del púlpito. Va a dirigir la palabra a sus fieles en el sermón dominical. Carraspea ligeramente para aclararse la voz, y recorre con la mirada experta de un melonero el centenar de cabezas expectantes. Angustias, la criada del Chato Puertas, está con las otras fámulas al fondo; la cabeza cubierta con el mantón que le disimula, además, los pechos valentones. Doña Dora, la señora del Chato Puertas, ocupa un lugar preferente, a los pies del púlpito, cerca del altar. Lleva en la cabeza un velo de encaje de Flandes y en las manos un rosario de plata, y un devocionario encuadernado en piel, del que jamás ha leído una palabra. Doña Dora ocupa un reclinatorio de madera tallada. El reposabrazos está adornado con sus iniciales en tachuelas.

—Amadísimos hermanos —resuena en las bóvedas del templo la voz campanuda de don Próculo, aumentada por el altavoz—. Este pueblo español, estirpe de santos y de héroes, es orgulloso y sufrido. ¡No nos vamos a dejar asustar por el liberalismo disolvente que viene del extranjero! ¡Ni nos van a comprar por un costal de trigo! Como decía el hidalgo: «*Pa* poco pan, ninguno.»

Predica don Próculo la resignación cristiana, la conformidad frente a las inclemencias de la vida. Hay hambre, hay frío, hay restricciones eléctricas, faltan medicinas, pero tenemos lo principal, tenemos paz. Y tenemos algo de lo que carecen los otros pueblos. Tenemos al Caudillo Franco, el enviado por la Providencia, que es garante de esa paz y que, como un padre providente, administra nuestra casa común para que el socorro les llegue a los más desfavorecidos. ¿Que son tiempos de apretarse el cinturón? ¿Quién lo duda? Pero en la historia de España hemos salido de situaciones peores. Unámonos como una piña en torno a quien nos guía, sobrellevemos las privaciones con resignación cristiana, que después de esta noche vendrá el día y, como dice san Juan de la Cruz, «amanecerá Dios y medraremos».

Todo lo sobrellevan los pobres con estoicismo. Antes tenían el consuelo de que el mundo estaba ardiendo y España en paz. Ahora, tienen la esperanza de que pasen pronto las vacas flacas. Lo dice la radio; lo dice el No-Do; lo dicen los periódicos. Cada año se inauguran varios pantanos. Muy pronto, habrá regadíos, habrá cosechas, aunque no llueva, y habrá electricidad barata. Muy pronto acabará el hambre. Habrá hartazgo.

Mientras llega ese día soñado, el fútbol y las corridas de toros, los seriales radiofónicos y la lotería, la copla española y la murmuración cumplen con su meritoria labor social de entretener e ilusionar a los españoles.

El Chato Puertas no acompaña este día a su señora a misa mayor porque le ha surgido la ocasión de participar en una cacería en Sierra Morena, a la que van a concurrir varios ministros. El Chato Puertas conduce por la carretera de Andújar su magnífico coche, un Lincoln, modelo 1945, azul falangista, con alerones cromados. Se va arrepintiendo de haber escogido el itinerario más corto porque el firme está hecho una pena, con cascajo suelto, baches y grietas. Pasado Fuerte del Rey, deja atrás el manantial de Regomello, al que acude por agua la gente del pueblo, con burros cargados de cántaros. Al salir de una curva, encuentra a tres mujeres de mediana edad, con vestidos negros y sombreros de paja, que le dicen adiós con la mano cuando las reboza con la polvareda que el coche levanta. Mira por el retrovisor, le parece percibir que una de ellas tiene buenas hechuras, y obedeciendo un impulso, detiene el Lincoln y aguarda a que lleguen a su altura.

—¿Adónde vais?

—A la *Cañá* —responde la que parece mayor—. Es una cortijada a tres kilómetros.

—*Subirse*, que os acerco.

Las mujeres se miran. Titubean. No está bien subirse al coche de un desconocido, pero, por otra parte, ¿cuándo volverán a tener ocasión de dar un paseo en un coche tan lujoso?

—¡Ay, muchas gracias, buen hombre! —acepta la mayor.

Se acomodan en el asiento de atrás. El Chato Puertas le echa un último vistazo a la que está buena, y arranca.

—¿Qué, vais a trabajar? —pregunta.

—¡Ay, no señor, que trabajo no hay! —responde otra vez la de más edad—. Vamos porque en el cortijo hay una señora, una santa, que tiene una vaca, *La Marquesa*, y le da un vaso de leche a todo el que llega. Nosotros vamos un par de veces al mes, que no queremos abusar.

—¿Y la señora es marquesa?

—No, señor, la señora se llama Segunda. *La Marquesa* es la vaca. Le han puesto ese nombre porque es muy maja.

Llegan a la Cañada de Zafra y el Chato Puertas detiene el coche a la sombra de un higuerón para que las mujeres se apeen. Observa el trasero de la joven y lamenta no tener ocasión ni tiempo de tirarle los tejos.

El Chato Puertas lleva varios jamones en el maletero por si tiene que agasajar a los ministros. Por un momento piensa en regalarle uno a las mujeres, pero consigue dominar el impulso y sólo les regala un bollo de pan blanco a cada una.

—Para que lo mojéis en la leche.

—¡Ay, muchas gracias, señor, que Dios se lo pague!

El Chato Puertas mantiene amante fija en Madrid, aquella chica extremeña, Casilda Ronzal Abrojo, que la Uruguaya tenía de novicia en su establecimiento. Le cayó en gracia porque era callada y estaba buenísima, y la ha instalado en un apartamentito de tres piezas, cocina, *living* y dormitorio con baño, en la zona de Atocha. En aquel nido bien amueblado y coqueto no falta ni un pañito bordado para encima de la radio, ni un cenicero que le trajo el Chato de Fátima, ni un revistero con ejemplares atrasados de *Hola* y *Semana*, ni la escobilla del váter. La querida del Chato Puertas se considera afortunada. Algunas colegas suyas, de natural poco despabiladas, creyeron que en el oficio de la entrepierna les iba a resultar fácil ascender de categoría y llegar a emperatriz de Bizancio, quizá embaucadas por el más reciente caso de *La Zarzamora* cantado por Lola Flores:

...primero fue de un tratante y olé,
y luego fue de un marqués.

La triste realidad es que muchas pasaron «de mano en mano» sin conseguir protector fijo, y fueron decayendo «como la falsa *monea*, que de mano en mano va, y ninguno se la *quea*», hasta acabar de putas rasas por la cuesta de Moyano o en sitios menos literarios y, por ende, peores.

La esposa legal raramente acepta el apaño, y doña Dora, la legítima del Chato, no es ninguna excepción, pero el Chato resulta de lo más persuasivo cuando se lo propone:

—¡Eso es lo que hay! —le advierte—. Si te parece bien, seguimos como estamos y si no te doy puerta, que ya me tienes hasta los cojones de caprichos, encima de que te tengo mejor que una reina. Si lo que quieres es volver a hacer camas y a fregar suelos en La Higiénica Tolosina, por mí tienes la puerta abierta.

La Dora se rinde ante la sutileza del razonamiento y opta por transigir. «Los hombres son así.» Con el tiempo, hasta simpatizará con la querida y asumirá su existencia, como parte del patrimonio familiar porque, al fin y al cabo, tener querida es un signo exterior de riqueza. Es conocido el caso de una esposa que, tras examinar desde un palco del Liceo a la querida de un competidor del marido, le comentaba orgullosamente al cónyuge:

—Ni es guapa, ni tiene tipo, ni vale nada: me gusta más la nuestra.

Fácilmente puede Vd. ganar 10 ptas. CACAO EN POLVO. Moner y Llacuna, S.A. Concurso de frases publicitarias. Para optar a este concurso es preciso enviar a Azor, Reina, 25, Madrid cuantas frases publicitarias se le ocurran, encaminadas a destacar en breves palabras el gran poder alimenticio y la economía que representa el empleo de este acreditado producto.

¿Un desayuno exquisito? Sí, pero con cacao Moner y Llacuna.

Aeródromo de Portela de Sacavem, Portugal. A la hora indecisa del anochecer se encienden las luces de la pista principal, salvo las fundidas, y aterriza el avión de línea regular procedente de Londres en el que viajan, en clase preferente, don Juan de Borbón y su esposa, doña María de las Mercedes.[349] Al pie de la escalerilla, los cumplimenta Nicolás Franco, embajador de España en Lisboa y hermano del Caudillo.

Hace ya un par de años que don Juan, orientado por su Consejo Privado, intenta mudar su residencia a Portugal para acercarse a España, pero, hasta ahora, el dictador Salazar le ha negado el permiso, a instancias de Franco. Finalmente le han concedido tres meses.

Los niños han quedado en Suiza, al cuidado de la abuela, aunque a Juan Carlos, el mayor, de ocho años de edad, lo han internado en el colegio de marianistas de Friburgo, un centro con fama de severo. Don Juan espera que los frailes metan en vereda a este niño «malcriado, maleducado y con un nivel muy bajo de conocimientos».[350]

Don Juan se quiere instalar en la localidad costera de Estoril, cerca de Lisboa, un elegante núcleo residencial; el equivalente portugués de la Riviera francesa. Hay abundantes palacetes y residen-

349. El 2 de febrero de 1946.
350. Eyre, Pilar, *op. cit.*, p. 128.

El niño don Juan Carlos de Borbón posa vestidito de militar con su hermana mayor.

cias de potentados; hay campos de golf, pistas de tenis, hipódromo, cabarets, salas de fiestas, restaurantes de lujo, puerto deportivo, putas de lujo, casino... En fin, todo lo necesario para llevar una vida regalada, al margen de la Europa depauperada que ha dejado la guerra.

En el cosmopolita Estoril se ha refugiado la realeza europea desalojada del trono: los ex reyes de Italia, de Francia, de Rumanía, de Rusia... gente desocupada que vive unas eternas vacaciones, rodeados de fieles aristócratas que los sirven abnegadamente porque les reconocen derechos dinásticos emanados del propio Dios.

—Una de las estupideces más notables de la humanidad —sentencia Pepe, el barbero—. Y pica, incluso, gente de apariencia sensata —añade.

Los vizcondes de Rocamora, por ejemplo. Llevan toda la vida al servicio de don Juan y de doña María de las Mercedes hasta extremos increíbles de servilismo.

Don Juan y su esposa se instalan provisionalmente en Villa Papoila (o sea, Villa Amapola), un lujoso chalet propiedad de la marquesa de Pelayo. Lo primero que hacen, al día siguiente, es inscribirse como socios en el club de tenis.

Cuando el Gobierno portugués le conceda el permiso de residencia indefinido (con la venia de Franco), el pretendiente comprará la que va a ser su residencia en Estoril durante muchos años: el edificio de un antiguo club de golf, rodeado de 3.000 cuadrados de jardines.

El edificio principal ha sido reformado para vivienda; pero don Juan acomete nuevas obras para transformarlo en un cómodo palacete de 51 habitaciones, dos plantas, sótano y pabellón aparte, para garajes. Se llamará Villa Giralda, en memoria del yate de Alfonso XIII. Los sufridos vizcondes de Rocamora se encargan de la mudanza; cuelgan cuadros, cortinas y lámparas, y colocan las camas en los dormitorios, la vajilla en las vitrinas, la ropa en los armarios, los pucheros en las baldas de la cocina, los perros en la perrera, los automóviles de don Juan (tres rancheras Ford, un Mercedes, un Bentley, un Mercury y varias motos) en el espacioso garaje. Cuando el palacete está listo, llega el servicio: 17 personas entre criados, secretarios y colaboradores. Finalmente, con la casa instalada y funcionando, hacen su entrada triunfal los condes de Barcelona y sus hijos.

La familia real.

A lo largo de varios decenios, muchos monárquicos españoles peregrinarán a Villa Giralda para cumplimentar al llamado «Juan III»

Don Juan con sus amigos a bordo del yate *Saltillo* departe distendidamente mientras espera impaciente la ocasión de regir los destinos de su amada España.

y regresarán a España contando que la familia real «vive austeramente, en un discreto chalecito de clase media».

Instalado en su nueva residencia, don Juan organiza una pequeña corte en torno a su augusta persona. Los nobles españoles se disputan el honor de rotar en el cargo de gentilhombres de servicio y damas de honor en turnos de quince días, «y es que no se puede estar "desguarnecido", como decía la reina Victoria Eugenia».[351]

351. Eyre, Pilar, *op. cit.*, p. 132.

El único plebeyo que participa en el servicio real, y se esmera más que los demás para hacerse perdonar esa tacha, es el potentado bilbaíno don Pedro Galíndez, que cede a don Juan su yate *Saltillo*, de 30 toneladas y 26 metros de eslora. Don Juan lo disfrutará durante diecisiete años, sin pagar ni un duro, pues tanto los salarios de la tripulación como el mantenimiento del barco corren por cuenta del propietario.

La vida de los condes de Barcelona discurre plácidamente, sin sobresaltos, con más placeres que trabajos. Pasan las tardes en el club de golf, donde se reúnen con amigos y beben vermut, *whisky* y ginebra. Los camareros, aleccionados por el *maître* saben que deben servirles ración doble.[352] Mientras doña María juega sus partiditas de *bridge*, don Juan se despista en el jardín con sus conquistas femeninas. El matrimonio suele almorzar en el exclusivo restaurante El Pescador, donde don Juan se hace popular porque, nada más traspasar la entrada, grita con su vozarrón de marino:

—¡A ver, el *vinho* Barca Velha!

A don Juan le va el lenguado rosa, un bocado exquisito, al alcance sólo de bolsillos pudientes; a doña María, los langostinos y las gambas. La pareja riega sus manjares con abundante vino; varias botellas en cada comida.

Después de cenar, van de copas al bar del hotel Palacio. Allí se hospedan las hermanas Gabor: Eva, Magda y Zsa Zsa, exiliadas húngaras, notablemente hermosas y ambiciosas. Mientras les llega el visado necesario para emigrar a Estados Unidos, donde piensan casarse con millonarios, las Gabor entretienen la espera y pagan las facturas ejerciendo una prostitución encubierta del más alto nivel entre los acaudalados huéspedes del hotel. A don Juan se le hace la boca agua ante las suculentas curvas de Zsa Zsa, pero la húngara, que es un lince, advierte que el pretendiente a la Corona española

352. A pesar de las abundantes libaciones, a doña María nunca se la ve borracha: aguanta el alcohol como una señora.

quiere beneficiársela sin pasar por caja, sólo por ser quien es, y pasa de él. Don Juan, más adelante, se lamentará amargamente:

—Sólo me puedo tirar gratis a las monárquicas.

Tiempo después, alardeará de haber gozado a todas las hermanas Gabor, algo que un verdadero caballero nunca haría. Lo cuenta José Luis de Vilallonga:

«"¡Yo me las he cepillado a las tres!", afirmó rotundo, un día en que se había excedido en copas el inquilino de Villa Giralda; lo que, naturalmente, sonaba a mentira.»[353]

Don Juan, como tantos españoles de su tiempo, adolece de cierto machismo. Es uno de esos hombres para los que «todas las mujeres son unas putas».[354]

Después de reconfortarse con unas copas, don Juan y doña María suelen acabar la velada en el casino de Estoril, en torno a una mesa de juego, hasta altas horas de la madrugada.

Quizá el lector esté sacando la impresión de que don Juan y doña María son un par de manirrotos o vivalavirgen. Nada de eso. También miran por la peseta, como cualquier españolito que se apriete el cinturón en los años del hambre. A veces organizan recepciones a las que acuden monárquicos deseosos de hacerse una foto con su majestad, el rey Juan III, para lucirla, luego, enmarcada en el despacho. Don Juan olfatea el negocio con seguro instinto borbónico y contrata a un fotógrafo, César Cardoso, para que le haga fotos con quien lo desee. Cardoso toma nota de la dirección de la persona y le envía, contra reembolso, las fotos encargadas. Don Juan y Cardoso se reparten la ganancia al 50 por ciento.

Los aristócratas y los monárquicos que cumplimentan a don Juan en onomásticas y aniversarios suelen regalarle bandejas de plata. Ni siquiera la dedicatoria del donante grabada lo disuade de revenderlas a un joyero lisboeta con el que ha llegado a un acuerdo.

Gil Robles, el jefe del Consejo Privado de don Juan, organiza

353. Vilallonga, José Luis, *Memorias no-autorizadas*, vol. IV, *La rosa, la corona y el marqués rojo*, Ed. Plaza y Janés, Barcelona, 2003, p. 177.

354. Eyre, Pilar, *Op. cit.*, p. 171.

La familia real posa en su dorado exilio de Estoril.

la Confederación de Fuerzas Monárquicas, el partido político del *juanismo*, cuyo objetivo es desbancar a Franco y conseguir el apoyo de las fuerzas democráticas y republicanas del exilio para la instauración de una monarquía democrática.

La mesa de Franco, en el despacho de El Pardo, sigue abarrotada de carpetas, informes y papeles. Hoy se suman unos folios impresos que el general Kindelán le ha traído esta mañana.[355]

355. El 13 de febrero de 1946.

—Lo denominan el *Saluda*, excelencia —informa el general—. Está circulando por los círculos monárquicos.

Antes de leerlo, Franco repasa las firmas, que ocupan un folio entero: 458 personalidades de la política, la economía y la cultura españolas. Banqueros, militares y ex ministros refrendan el documento, en el que llaman rey a don Juan, y se congratulan de que esté tan cerca de España y de su trono legítimo.

Franco despide a Kindelán sin hacer comentario alguno y se toma unos días para meditar antes de mover ficha. Cuando los firmantes del documento creen que lo está considerando favorablemente, les llega su respuesta: destituye fulminantemente a todos los que ocupan puestos oficiales. A Kindelán, el emisario, lo confina en Tenerife.

Las críticas al Régimen arrecian en el extranjero. Franco lo achaca a la masonería, infiltrada en muchos gobiernos, y a las «calumnias frenéticas de los órganos moscovitas de propaganda». Sólo así se explica que la asamblea general de la ONU rechace la candidatura española tras debatirla, a propuesta de Panamá.[356]

Dentro de la campaña internacional contra la Patria, Francia cierra su frontera en represalia por el fusilamiento de Cristino García Granda, un héroe de la Resistencia francesa que «liberó tres departamentos». Había entrado clandestinamente en España, para dirigir la Agrupación Guerrillera de Madrid.[357] El ministro de Exteriores galo, Georges Bidault, declara «España es un peligro para la paz mundial».

Esto confirma que es mejor aplicar la «ley de fugas» que fusilar, con todo el papeleo y los gastos que conlleva un consejo de guerra. De todas formas, el resultado va a ser el mismo: «Europa no quiere comprender que el único desvelo del Caudillo es asegurar a los españoles la Patria, el Pan y la Justicia.»

356. El 9 de febrero de 1946.
357. El 1 de marzo de 1946.

EL NIÑO DÉBIL FRACASA. Esa situación debe combatirse facilitando a su organismo fósforo, calcio y hierro en dosis que alejen el peligro de la anemia y el raquitismo.

Un buen reconstituyente que posee tales elementos en forma asimilable es el Jarabe de Hipofosfitos Salud. Aprobado por la Real Academia de Medicina.

CAPÍTULO 53

Huelgas y quinielas

Abril, el mes más cruel, según el poeta T. S. Eliot. En la redacción del diario *Arriba*, el redactor, Casimiro Cejudo, joven meritorio que en sus ratos libres compone deficientes sonetos garcilasianos, entrega al jefe de redacción un comunicado de agencia que se acaba de recibir.

—Huelgas en Estados Unidos, camarada. Los trabajadores portuarios y los de transportes.

—Pues ya sabes. Redacta un suelto y le das publicidad.

—A tus órdenes, camarada.

La consigna es presentar a España como un oasis de paz y de justicia social gracias a los desvelos del Caudillo. Casimiro Cejudo redacta los titulares de la noticia: «Ola de huelgas en Estados Unidos. "Muy sombrías perspectivas", reconoce el presidente Truman.»[358]

La prensa no dice una palabra de las huelgas que se producen en España. En Cataluña, los obreros del textil protestan por las difíciles condiciones en que viven. Primero, son los productores de la fábrica de tejidos Tolrá, en Castellar del Vallés; después, los de la fábrica Beltran i Serra, de Manresa. El paro se extiende al resto de las fábricas de la ciudad y a los comercios. Las conversaciones entre las partes se saldan con la victoria de los trabajadores, que reciben una prima mensual.

358. Nota de EFE, 31 de mayo de 1946.

Más adelante, se suman a la huelga Construcciones Aeronáuticas, de Getafe; Manufacturas Metálicas, de Madrid; las papeleras de Alcoy; las fábricas de calzado de Elche; las de muebles de Sueca; los talleres Ajuria del País Vasco; los hornos y las fábricas de Bilbao; las minas asturianas... Incluso Construcción Naval, en El Ferrol del Caudillo, sin miramiento alguno a que es la patria chica de Franco.

La policía reprime con dureza el sindicalismo independiente. Varios líderes mueren a causa de las torturas; otros son encarcelados; algunos, ejecutados. Al cabo de un par de años, los dirigentes obreros cambiarán de táctica: en lugar de oponerse frontalmente al franquismo, se infiltrarán en el sindicato vertical como enlaces de empresa para socavarlo desde dentro (el «entrismo»).

Pepe, el barbero, lee la crónica de Íñigo de Santiago, desde Buenos Aires, en el diario *Arriba*: «La ofensiva internacional del odio contra España alcanza ahora el paroxismo. España lucha bravamente contra un mundo que le echa en cara las taras que a él lo enlodan.» Por ello el diario argentino *Tribuna* considera un «deber de sangre» ayudar a España.[359]

Jacobo Morcillo Uceda, comisario de policía en la comisaría del Retiro y excombatiente de la División Azul, viaja en tren a Galicia por motivos profesionales. Por los montes de León, a la luz indecisa del amanecer, atraviesan un prado verde y recién llovido. Cerca de la vía, mirando pasar el tren, hay una hermosa vaca, de hocico sonrosado y ubérrimas ubres. El comisario se siente inspirado, saca su bloc de notas y anota:

Tengo una vaca lechera,
no es una vaca cualquiera:
me da leche merengada,
¡ay qué vaca tan salada,
tolón tolón, tolón tolón!

359. El 4 de mayo de 1946.

A su regreso a Madrid, el comisario Morcillo visita al maestro Fernando García Morcillo, que trabaja en el club J'Ai, de la Gran Vía, y le propone que ponga música a la letra de su canción. El músico accede, amedrentado por el rango policial de su interlocutor. Dos meses más tarde, la pegadiza canción se coreará en toda España.

Los tertulianos de la barbería El Siglo se reúnen al atardecer, pasado el calor, en torno al botijo que Pepe saca del hueco de la escalera, el lugar más fresco de la casa.

—Oye, Pepe, tú que lo sabes todo, ¿qué es un atolón?

—No lo sabía, pero lo he mirado esta mañana en el diccionario: es una isla del Pacífico con un lago en medio, como si fuera una corona de tierra. Hay muchas, y no vive nadie en ellas, porque no producen nada.

Los periódicos y la radio no hablan de otra cosa. Los americanos han explotado una bomba atómica en el atolón de Bikini, en el Pacífico. La bomba ha hundido varios barcos vacíos que habían fondeado en la zona como cobayas del experimento.[360]

—¡Coño!

—Parece que lo de tirar la bomba ha sido un aviso de los americanos a los soviéticos —prosigue Pepe—. Desde que acabó la guerra, la amistad se ha enfriado. Ahora los rusos andan por su lado y los demócratas por el suyo.

—¿Y España?

—Nosotros hacemos bien en no meternos, por si llueven palos el día menos pensado. Yo creo que el Caudillo lo tiene claro y nos va a mantener al margen.

El Caudillo está más pendiente de las intrigas de los españoles que quieren moverle la silla que de las potencias aliadas. En abril, Estados Unidos, Inglaterra y Francia emitieron una declaración conjunta en la que se pronunciaban a favor de la retirada de Franco y de su sustitución por un régimen democrático. Sugieren el establecimiento de un gobierno provisional que promulgue una Ley

360. El 1 de julio de 1946.

de Amnistía y convoque elecciones libres; pero, como casi todas las ideas respecto a España, el proyecto se queda en buenas intenciones y en papel mojado. Bastante tienen con atender a sus propios problemas.

Lo que desvela a Franco, y mantiene encendida la lucecita de El Pardo, son los contactos entre los monárquicos y los rojos de la Alianza Nacional de Fuerzas Democráticas (que agrupa PSOE, CNT e Izquierda Republicana). Una unión contra natura que no prospera, debido a los recelos mutuos. Los de izquierdas temen que la connivencia con los vencedores les enajene el apoyo de sus bases, gente elemental que no entiende de componendas; los de derechas, especialmente los generales monárquicos, temen que los rojos prescindan de ellos en cuanto consigan su objetivo. El general Aranda expresa sus dudas en una carta a Beigbeder: «Quieren que neutralicemos al Ejército y que derribemos a Franco sacándoles las castañas del fuego para luego eliminarnos con apariencia de legalidad.»

Una copia de la carta llega a manos de Franco, que la guarda y, por ahora, disimula su conocimiento de la conspiración. El cauto general se mantiene informado de los contactos entre monárquicos y republicanos, y practica su táctica de paso corto y vista larga. Los monárquicos quieren que don Juan ocupe el trono y, después, se convoque referéndum para decidir si los españoles prefieren monarquía o república. Los republicanos quieren el referéndum primero y después obediencia a la voluntad popular. No hay acuerdo y se rompe la baraja.

Lea El liberalismo es pecado. *De Feliz Salvá y Salvany, Presbítero. Cuatro pesetas. Se envía contra reembolso de 5 pesetas. Pedidos a Misión. Cruz, 1, 1º Madrid.*

César Martínez lleva a la barbería la noticia del día.

—¡Macho, nos vamos a hacer ricos! —informa—. ¡Han sacado una lotería futbolística! Nada de suerte: inteligencia y conocimiento para llevarte el premio.

—¿Y eso cómo se come? —pregunta Leyva.

—Tú rellenas un boleto, donde pone los siete partidos más importantes de esa semana. Si adivinas el resultado, te llevas el premio.[361]

—Y eso ¿quién lo paga, la Lotería?

—No un Patronato de Apuestas Deportivo-Benéficas. Ya tiene oficinas en Madrid, Barcelona, Sevilla, Bilbao, San Sebastián, La Coruña y Vigo. Pronto las habrá en todas las capitales de provincia. El boleto vale dos pesetas.

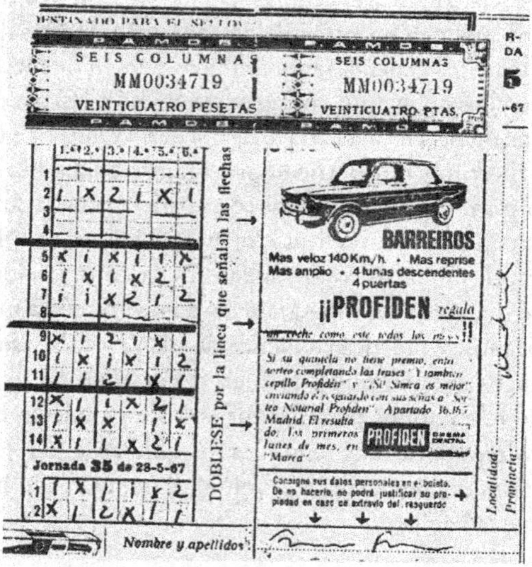

Histórica quiniela que ganó Franco cuya firma, deliberadamente ilegible, aparece al pie.

Las quinielas, una invención que pronto se va a convertir en la gran pasión de los españoles. Incluso el Caudillo juega su boleto semanal.[362]

361. Sólo a partir de la tercera temporada se adoptará el sistema de 1 X 2 todavía vigente.

362. Y acertó una de doce, en 1967; lo que le reportó un milloncejo.

CAPÍTULO 54

Nosotros tenemos dos

Sesión solemne en el palacio Real: el embajador argentino entrega a Franco la más alta condecoración de su país, el Collar de la Orden del Libertador.[363] Franco corresponde concediendo a Perón el Collar de Isabel la Católica.

—El collar que me traéis —declara el Caudillo— y el que en este día se ofrenda por mi nación a vuestro presidente, unen de nuevo en la Historia los nombres de la reina descubridora [...] y del creador de vuestra personalidad como nación.

Como colofón del idilio entre los dos regímenes autoritarios, el general Perón firma solemnemente, en el Salón Blanco de la Casa Rosada, el nuevo y ventajoso tratado comercial con España por el que Argentina se compromete a cubrir el 90 por ciento del déficit de trigo español durante los próximos cinco años.[364] toneladas de carne congelada, 5.000 de carne salada, 10.000 de panceta y 50.000 cajas de huevos. España enviará a Argentina papel de fumar, corcho, aceite de oliva, plancha de hierro y plomo.

Teófilo González y Visi escuchan la radio en su buhardilla helada. En el programa de discos dedicados se repiten tanto las can-

363. El 12 de octubre de 1946.
364. El 30 de octubre de 1946.

ciones que a uno le da tiempo a meditar sobre el profundo mensaje que contienen. Jorge Sepúlveda, el cantante de moda, enumera nuestras verdades fundamentales, a saber: que el olor de los claveles españoles no lo pueden otras flores igualar; que el pasodoble español es superior a otros ritmos *underground* y que «verás que en el mundo entero lo que vale es lo español».

Pepe Blanco, otro cantante de moda, antiguo taxista, no le va a la zaga en su loa al cocidito madrileño, repicando en la buhardilla, plato pobre pero honrado, casto y familiar.

La copla patriótica reconforta mucho, cierto es, pero no alivia los estómagos vacíos y las gélidas noches invernales en torno al desmayado brasero.

¿Sabañones? Yo no. Yo uso Pedicalor. Usted se da una friega de nuestro producto y tendrá los pies calientes todo el día y toda la noche.

En Madrid hace un frío que pela. La gente lo combate como puede, quemando chisco en braseros asfixiantes, y frazándose con tres camisetas y dos jerséis. El Chato Puertas, enfundado en un abrigo cruzado de grueso paño gris, con el yugo y las fechas de plata en el ojal, penetra en una oficina de la Telefónica, solicita línea a la señorita telefonista, saca un cigarrillo Lucky Strike de su pitillera de oro extraplana y lo enciende con el Zippo de oro, que cierra con un elegante chasquido, a lo Humphrey Bogart. La muchacha se apresura a cumplir el encargo: ya ha advertido que está tratando con alguien importante. El Chato se pavonea un poco más. Observa con descaro las piernas de la muchacha, delgaduchas; los pechos, poca cosa. «No vale la pena.» El depredador abandona su presa y se concentra en su tarea. Al otro lado del hilo tiene al subsecretario de la Vivienda, otro funcionario de su nómina informal, que le gestiona los permisos de obras en el extrarradio de Madrid.

—¿Tienes el papeleo, camarada?

—Lo tengo, pero hoy no va a poder ser.

—¿Y eso?

—¿No te has enterado? Mañana tenemos manifestación de apoyo al Caudillo en la plaza de Oriente. ¿No vendrás tú?

—¿Demostración falangista?

—De todo: falangistas y españoles de orden en general. Patriotas. Hay que apoyar al Caudillo y demostrarles a esos extranjeros que no nos van a imponer sus podridas democracias.

Al Chato Puertas, estos actos de adhesión al Régimen le parecen una pérdida de tiempo y de dinero, pero comprende que, cuando se es alguien, como es su caso, debe asistir y hacerse ver.

—¡Claro que iré!

Al día siguiente, el Chato Puertas viste su camisa azul de seda con dos condecoraciones que nunca le concedieron y se suma a la centuria de altos cargos del Movimiento que se han dado cita en la puerta de la Subsecretaría para acudir, todos juntos, a la plaza de Oriente.

El Régimen se defiende con un baño de masas. Oficinas, comercios y centros de enseñanza han cerrado. Una muchedumbre entusiasta, en la que se integran algunos intelectuales como el dramaturgo Benavente y el doctor Marañón, se congrega en la plaza de Oriente para testimoniar al Caudillo su inquebrantable adhesión al Régimen.[365] Franco, en el balcón principal, rodeado de ministros del Gobierno, se dirige a sus entusiastas seguidores, acarreados por gobernadores y alcaldes, desde diversos puntos de España.

Va a hablar el Caudillo. Mientras aguarda a que se haga el silencio, Franco contempla las pancartas que se alzan sobre el mar de cabezas:

> SI ELLOS TIENEN ONU
> NOSOTROS TENEMOS DOS.
>
> SOMOS ESPAÑOLES, NO MUÑECOS.
>
> ESPAÑA NO QUIERE QUE LA GOBIERNEN DESDE FUERA.
>
> FRANCO ESTAMOS CONTIGO.
>
> FRANCO MANDA; ESPAÑA, OBEDECE.

365. El 9 de diciembre de 1946.

Multitudinaria manifestación en la plaza de Oriente. Desde el balcón, Franco, rodeado de jerarcas del movimiento, dirige su elocuente palabra a la muchedumbre.

El Caudillo pronuncia un discurso trascendental, de hondo contenido:

—... Volvemos en la Historia a polarizar la atención del mundo... Prueba de que nuestro resurgimiento es llevar al mundo colgado de los pies.

La multitud corea con entusiasmo el nombre del Caudillo: «¡Franco, Franco, Franco, Franco...!»

El salvador de España respira hondo, con genuina emoción, porque en el fondo es un sentimental. Y, sin duda, está convencido de que es «el salvador de España, el enviado de Dios».

Al día siguiente, la prensa especula con el número de asistentes a la manifestación. La cifra más baja propuesta es medio millón de personas.[366]

La campaña contra España alcanza su cenit cuando la Asamblea General de la ONU aprueba, por treinta y cuatro votos a favor, seis

366. En *El Franquismo año a año, 6* (1946), El Mundo, Madrid, 2006, p. 17 se estima entre 161.600 y 242.400.

en contra (Argentina, Costa Rica, República Dominicana, Ecuador, El Salvador y Perú) y trece abstenciones, una resolución de condena al Régimen español, al que tachan de fascista y totalitario.[367] La ONU recomienda a sus miembros que retiren los embajadores y dejen de comprar productos españoles. «Esa decisión nos beneficiará contra lo que ellos esperan —observa un analista— porque va a favorecer la independencia nacional contra la injerencia extranjera.»

Tras la desbandada diplomática, sólo permanecen en Madrid el nuncio del Vaticano y los embajadores de Suiza, Portugal e Irlanda.

Agustín de Foxá expresa sus reservas sobre las consecuencias del aislamiento internacional:

—¡Menuda patada le van a dar a Franco en nuestro trasero!

El relativo aislamiento (las embajadas seguirán funcionando aunque atendidas por funcionarios de rango menor) se prolongará durante cuatro años, hasta el 4 de noviembre de 1950, en que la ONU revoca su «recomendación». La creciente guerra fría entre las potencias occidentales y el bloque soviético (culminado por el bloqueo de Berlín por los soviéticos en marzo de 1948) convertirá a Franco, furibundo anticomunista, en un apreciable aliado.

Llega la Navidad con sus fríos, y con sus deseos de paz y de amor. España tiene problemas, no hay más que ver los periódicos, pero don Segundo tiene también sus problemas particulares; los que aquejan a cada industrial cuando llegan estas fechas entrañables.

—¡Coño, es que con el pretexto de la Navidad hay que darle a todo el mundo, y a ti nadie te da!

Don Segundo Frailes, de ultramarinos El Brasil abomina de la Navidad por el dinero que se le va en aguinaldos de obligado cumplimiento: al cartero, al sereno, al basurero, al bombero, a las monjitas de la Caridad, a las señoras del Ropero Parroquial... Y luego, el incordio de los niños del barrio, que forman coros de zambomba, carraca, pandereta y botella de anís con rascador; se te

367. El 12 de diciembre de 1946.

plantan en la puerta del establecimiento, molestando a los parroquianos, y te cantan:

¿De quién es esta casa grande
con tantísimos balcones?
Pues es de Segundo Frailes
que tiene muchos millones.
Al kikiriquí, al kikiricuando
de aquí no me voy
sin el aguilando.

Y las criaturas te dan la matraca hasta que cedes y sales con una bandeja de mantecados, de los baratos, claro, y una botella de anís aguado, para que se sirvan y se marchen con la música a otra parte. Eso, si son hijos de clientes conocidos. Si no lo son, con un puñado de cacahuetes van que arden.

Para la cena de Nochebuena, en la mesa camilla con faldas de paño, al calor del brasero de herraje, encendido desde la mañana, para que el comedor esté caldeadito, el matrimonio tiene un pollo relleno de castañas que doña Enriqueta ha asado en el horno de la panadería La Flor de la Harina Ecijana. Le ha servido la pechuga a don Segundo, con guarnición de relleno, y va a la fresquera de la cocina a por la botella de sidra espumosa El Gaitero, con la que se disponen a brindar por el Niño Dios, «que nace esta noche». Sobre la cama tienen dispuestos y planchados los trajes y los abrigos que van a llevar a la misa del gallo.

Este año no habrá misa del gallo.

Cuando doña Enriqueta regresa de la cocina, se encuentra a don Segundo muerto, con la cara apoyada sobre la pechuga del pollo. Un infarto fulminante. Y ella creía que aquel hombre no tenía corazón...

A doña Enriqueta se le viene el mundo encima. Ahora, que empezaban a ser felices...

Indiferente a la tragedia, Radio Intercontinental emite incansable su repertorio de villancicos, entreverados de anuncios comerciales.

ALMORRANAS (Hemorroides). Tumores venosos. Varices mal formadas. Ulceraciones. Fisuras de ano, Verrugas. Epiteliomas (cáncer), etc. Tratamiento por diatermocoagulación. Este método permite al paciente hacer su vida normal y viajar inmediatamente después de tratado por no precisar guardar cama ni hospitalizarse. Dr. García Pérez. Ex ayudante de cátedra en Facultad de Medicina de Madrid. Plaza de la Cruz, 7.

CAPÍTULO 55

Don Juan en el ojo del huracán

Doña Enriqueta se ha portado como lo que es, como una señora. Ha traspasado la tienda porque se quiere ir a vivir a Madrid, con su hermana, y para que su empleado, Teófilo González, al que quería como a un hijo, no se quede desamparado en la calle, le ha prestado el dinero necesario para el traspaso de una tienda de alimentación en Villarejo del Horcajo.

Teófilo González se plantea irse a un pueblo que dista cuarenta kilómetros de la capital, por mala carretera. La Visi se le planta.

—O nos casamos ahora o adiós muy buenas.

Se casan. Una ceremonia sencilla, oficiada por don Próculo, seguida por banquete para los familiares, el cura, media docena de amigos y el director regional de *El Ocaso*. Los invitados les hacen regalos humildes y útiles: una cafetera, una maquinilla de hacer mayonesa, un juego de café, una lámpara Petromax, un estuche de afeitado, un costurero y una Sagrada Cena con la mano de Cristo articulada a la que se le propina un golpecito y te bendice la mesa. El director de *El Ocaso* les regala la entrada para un nicho en el cementerio, que podrán pagar a la compañía en cómodos plazos mensuales.

No queda dinero para un viaje de novios. Con toda la ilusión del mundo, los nuevos casados parten para el pueblo. Hasta que encuentren vivienda, residirán en un cuarto alquilado de la fonda de Bienvenida, en la calle de las Torres.

La ventana da directamente a una farola del alumbrado callejero, amarilla, de pocos vatios. Después de la consumación del matrimonio, satisfactoria para entrambas partes, Visitación se queda profundamente dormida con una expresión de felicidad. A la luz espectral que se filtra por las rendijas de los postigos, Teófilo vela el sueño de la amada y traza planes para el futuro.

No es el único que no concilia el sueño esa noche en España. Trescientos cincuenta kilómetros al norte, la lucecita del despacho de El Pardo brilla con más fuerza.[368] Franco respira aliviado. Inglaterra y Estados Unidos han suspendido el proyecto de acabar con el Régimen, pero los monárquicos siguen erre que erre, reclamando la entronización de don Juan. El fulminante destierro a las Baleares del general Aranda no los amilana.[369] Hasta han impreso sellos de correos —de circulación alegal— en los que conmemoran al pretendiente como si ya fuera Juan III.

El presidente de las Cortes, Esteban Bilbao, trenza su panegírico: «Franco merece el clamor de estas Cortes por haber sido dos veces salvador de España.»

Franco idea la manera de contentar a los monárquicos sin soltar prenda o, por lo menos, de tenerlos entretenidos para que incordien menos: una Ley de Sucesión a la Jefatura del Estado que someterá a referéndum.[370] Lo consulta con su subsecretario de la Presidencia, Luis Carrero Blanco, que se está convirtiendo en su mano derecha. Carrero es un hombre de orden, católico, monárquico, prudente, trabajador infatigable y, sobre todo, fiel, la

368. Debe ser porque el 22 de febrero de 1947 terminaron las restricciones eléctricas. El 13 de agosto se suspendió el racionamiento de la gasolina, que volvió a venderse libremente, a 2 pesetas el litro.

369. Tampoco fue un castigo para echarse a temblar: dos meses confinado en un castillo.

370. El 31 de marzo de 1947. La Ley de Sucesión formará parte de las Leyes Fundamentales de la Nación junto con el Fuero de los Españoles, el Fuero del Trabajo, la Ley Constitutiva de Cortes y la Ley del Referéndum. Más adelante se añadirán la Ley de Principios del Movimiento (1958) y la Ley Orgánica del Estado (1967). La Ley de Referéndum Nacional, de 22 de octubre de 1945, le concede al jefe del Estado la potestad de consultar a la ciudadanía.

Los monárquicos editan una serie de sellos de correos con la efigie del añorado Juan III que, lógicamente, nunca llegó a circular.

cualidad que más aprecia el Caudillo. Su pinta de bruto no está reñida con la preclara inteligencia que anida detrás de sus frondosas cejas.

La Ley de Sucesión declara a España un «Estado católico, social y representativo que, de acuerdo con su tradición, se declara constituido en Reino», pero deja a la discreción del jefe del Estado vitalicio, o sea de Franco, la designación de su sucesor a título de rey o regente. Además crea un Consejo de Regencia y un Consejo del Reino integrados por autoridades militares, religiosas o civiles de reconocido prestigio.

Al día siguiente de la aprobación de la Ley por el Consejo de Ministros,[371] Franco envía a Carrero Blanco a Estoril para que se la comunique a don Juan.

Carrero Blanco viaja en tren y se hospeda en el palacio de Palhavaa, embajada de España en Lisboa. Antes de partir para Estoril, le pregunta al embajador Nicolás Franco:

371. El 28 de marzo de 1947.

Las cortes españolas, expresión máxima de nuestra democracia orgánica: uniformes de procurador, de militar, de obispo, de ujier.

—¿Qué tratamiento debo darle a don Juan?

—Alteza real y señor.

La entrevista se celebra en Villa Bellver, residencia provisional de don Juan. Carrero se franquea con el Borbón y le confiesa de entrada que «lo mismo que me crié católico, me crié monárquico; pero no soy ni político ni cortesano». El trato es cordial al principio. Don Juan cree que Franco ha decidido retirarse y le envía a Carrero para acordar conjuntamente los detalles de la transmisión de poderes. La cordialidad desaparece cuando el emisario del Caudillo lo saca de su error y le entrega el texto de la Ley de Sucesión. Don Juan lo lee. Cuando acaba, levanta la vista y comenta visiblemente indignado:

—¡Bueno, esto es una monarquía electiva!

—No, alteza —aclara Carrero—, en todo caso, será hereditaria y selectiva.

Don Juan no da un paso sin consultarlo con sus consejeros (y las pocas veces que incumple la norma, mete la pata). Aplaza la discusión y llama al gentilhombre de servicio, el vizconde de Rocamora, para que acompañe al visitante a la salida.

—Mañana lo llamaré por teléfono dándole hora para volver —le dice—. Entonces le expondré mis impresiones sobre la ley.

Antes de despedirse, Carrero entrega a don Juan varios ejemplares de las Leyes Fundamentales mencionadas en la Ley de Sucesión.

El enviado de Franco regresa a Lisboa. Por el camino recuerda que ha olvidado algo fundamental.

—Dé usted la vuelta —le ordena al chófer.

Suena el timbre en Villa Bellver. Abre la puerta de nuevo el gentilhombre de servicio.

—He olvidado decirle al príncipe que el Caudillo dará a conocer la ley por la radio, esta noche, a las diez. Quizá quiera oírlo.

Don Juan se enfurece. O sea que ni consulta ni pollas en vinagre: ¡un hecho consumado, muy al estilo de Franco!

Aquella tarde, comenta en un cóctel:

—Ese cabrón de Carrero ha estado aquí para ver si me callo.

El comentario, pronunciado ante un grupo numeroso de personas, llega a oídos de Carrero. El marino, que está muy sensibilizado por cierto problema matrimonial, se toma al pie de la letra lo de «cabrón».

Carrero Blanco es hombre de odios reposados. Al motejarlo públicamente de «cabrón», don Juan se ha cobrado un enemigo mortal para el resto de su vida, un poderoso enemigo cuya influencia creciente sobre Franco ayudará a que el dictador se ratifique en su decisión de alterar el orden dinástico y nombrar rey al nieto de Alfonso XIII, saltándose al hijo.[372]

Mientras don Juan disfruta de su cóctel, sus consejeros reunidos en Villa Bellver examinan la Ley de Sucesión y acuerdan las decisiones que se deben tomar.

Rocamora telefonea a Carrero.

—Don Juan lo recibirá mañana, a las once.

Nueva reunión. El pretendiente se queja de que el Caudillo haya publicado la ley sin consultársela previamente. Carrero lo jus-

372. Ya lo sugiere Quevedo en la última página del *Buscón*. «Ciertas cosas, aunque sean verdad, no se han de decir.»

tifica por la provisionalidad de la ley, que deberá ser aprobada por las Cortes.

—La ley es inaceptable —añade don Juan—: atenta contra el principio básico de la monarquía, que es el principio hereditario.

La discusión se prolonga sin que los dos interlocutores alcancen acuerdo alguno. Deciden que lo más conveniente será una entrevista personal entre Franco y don Juan.

Antes de despedirse, Carrero le sugiere a don Juan que se abstenga de manifestar públicamente su desacuerdo con la ley, lo que podría perjudicar su posición como principal aspirante al trono.

Don Juan lo consulta con sus consejeros. De guardar silencio, nada. Eso sería transigir con la arbitrariedad del general Franco. Hay que publicar un *Manifiesto*, aclarando la postura del rey. Que lo redacte Gil Robles y lo revise Vegas Latapie.

Así nace el *Manifiesto de Estoril*, por el que don Juan rechaza la Ley de Sucesión y reclama, una vez más, el trono.[373]

Franco empieza a estar harto de esta mosca cojonera que le ha salido en el hijo de Alfonso XIII. Siente colmada su paciencia y decide in péctore que, mientras él viva, e incluso después de su muerte, don Juan no será rey. ¿Quién manda en España?: él. ¿Quién ha rescatado a España del abismo republicano en que la abandonaron la monarquía y los monárquicos?: él.

Pues entonces, se va a saltar el principio hereditario y hará rey a su hijo don Juan Carlos en su condición, prevista por la Ley de Sucesión, de «príncipe de mejor derecho».

Eso contando con que sea más dócil y bien mandado que el padre.

Trajecitos de niño. Elegantes modelos para solemnizar el Domingo de Ramos. Regalamos magníficos palmones para la procesión de la Entrada de Cristo en Jerusalén a los niños que adquieran su traje primaveral. Casarramona. Hospital 23. Madrid. Recuerde señora: Domingo de Ramos, el que no estrena, no tiene manos.

373. El 7 de abril de 1947.

Después de unos años de pertinaz sequía ahora le ha dado por llover y se pasa el día jarreando agua, que ni salir a la calle se puede, especialmente en la Castilla profunda, donde usar paraguas es propio de señoras o de maricones.

Diego Medina y José Ramón Rivas se han refugiado en un portal de la Gran Vía, sin paraguas ni gabán, y esperan que escampe un poco para ir al cine a ver *Casablanca.*[374]

—Esto es lo que trae sacar tantos santos en procesión y hacer tantas rogativas impetrando la lluvia —señala Diego—. Ahora, toda la corte celestial se ha puesto de acuerdo en mandarnos agua.

El poder de la Corte Celestial está desatado: nieva en la Mancha, el Tajo ha desbordado su cauce y se extiende por los campos como un mar. En Córdoba, las calles cercanas al río están inundadas; el Pisuerga baja tan crecido que en Palencia se toman urgentes medidas contra la riada. Toda España sufre inundaciones, desde Sevilla a Padrón, en Galicia. Hasta el Manzanares, arroyo aprendiz de río, ha conseguido el caudal necesario para derribar un puente.

—Nunca se vio tan macho, esta mierda de arroyo —comenta José Ramón.

Franco, en pijama y pantuflas, contempla la lluvia tras los cristales de su dormitorio de El Pardo, como un español más. Al paso que va esto, adiós montería del viernes. Se consuela pensando en los pantanos que estarán a rebosar. Carrero Blanco le ha comunicado que sólo la cuenca del Guadalquivir ha embalsado 72 millones de metros cúbicos.

Eso significa electricidad, regadíos, cosechas, potencia industrial. «Esto marcha.»

«Si no fuera por el incordio este de don Juan.»

También lo preocupa la opinión internacional. Hay que mejorar la imagen del Régimen. La prensa internacional, manipulada por la masonería, da una publicidad muy negativa a los fusilamien-

374. La versión española de *Casablanca*, queremos decir, en la que Rick (Humphrey Bogart) nunca llevó armas a la República española, como en el guión original, sino a Abisinia, invadida por los italianos. *Casablanca* se estrenó en el cine Callao el 19 de diciembre de 1946.

tos de Franco. Eso va camino de arreglarse. Ya ha emitido una circular a las autoridades policiales: «Teniendo en cuenta la intervención de representantes diplomáticos acreditados en España, con motivo de algunos juicios celebrados contra criminales [...] contra la seguridad del Estado y contra el buen nombre de la Patria, se hace saber que, en lo sucesivo, las fuerzas encargadas de la represión de actos de bandidaje y de terrorismo aplicarán con rigor el castigo [...]. No habrá, pues, prisioneros a menos que haya testigos sospechosos o se produzcan circunstancias que puedan dar lugar a una publicidad que aprovechen nuestros enemigos.»[375]

Es decir: la barbarie decimonónica de la «ley de fugas», elevada a norma jurídica, el asesinato legalizado sin pantomima de proceso, siempre que se perpetre sin testigos. Todo por la Patria.

375. Biescas, J.A., y Tuñón de Lara, M., *España bajo la dictadura franquista (1939-1975)*, Editoral Labor, Barcelona, 1980, p. 247.

Casablanca en el cine Callao de Madrid. EFE.

CAPÍTULO 56

La blanca doble

Los negocios del Chato Puertas marchan francamente bien. A pesar del aislamiento internacional, o precisamente por él, algunos productos básicos siguen llegando a España y se canalizan a través de organizaciones como la suya, que agrupa una docena de empresas de lo más variado, a nombre de testaferros discretos.

Después de una jornada de trabajo agotadora, el Chato Puertas se relaja contemplando a las alegres chicas de Colsada en la revista musical *La blanca doble,* que le ha recomendado su amigo Lañador.[376]

—Te hartas de reír y sale un bombonazo, Florinda Chico.

—¿Está buena?

—Para ponerle un piso.

El Chato recoge a su señora en su residencia de la calle Claudio Coello. Dora luce muy guapa, con su vestido de terciopelo bordado, con rosas de perlitas y de azabache, aunque quizá vaya excesivamente maquillada, perfumada y enjoyada.

—Pepe, al teatro de la Latina —le indica al chófer.

Una muchedumbre se agolpa a la entrada del teatro, y no todos son parroquianos. Un nutrido grupo de adolescentes de pantalón corto y piernas peludas está lanzando botes de tinta contra los carteles anunciadores del espectáculo, que ocupan toda la fachada.

376. Estrenada en Madrid el 14 de abril de 1947.

Los dirige un sacerdote corpulento, moreno, cabreado, que va de un lado a otro arengando a sus huestes y atropellando a los espectadores, en la confianza de que nadie va a levantar la mano contra su intimidante sotana.

La tinta azul, roja y negra chorrea por los intersticios de la marquesina del teatro.

Un señor al que han manchado se lamenta:

—A ver cómo me presento yo mañana en la oficina, que esta chaqueta es la única que tengo.

Una señora llora amargamente porque los gamberros le han estropeado el peinado «Arriba España» tan laborioso, que se le ha venido abajo y le cuelga flácido sobre la frente.

—¡Son los Luises, los Luises y el padre Llanos! —acusa un testigo.

Los Luises. Una banda de niñatos de buena familia reclutados entre los miembros de la Congregación del Apostolado de los jesuitas. El padre Llanos es un jesuita que dirige su particular cruzada contra la inmoralidad con ayuda de esos jóvenes fundamentalistas. Andando el tiempo se convertirá al comunismo y se arrepentirá de su época de feroz cruzado contra la concupiscencia. Él mismo confesará, contrito, sus actividades: «Iba yo con mis chicos, los Luises, y entrábamos en los estancos donde exhibían postales con besos, con los besos que podía haber entonces, y yo decía: "¡Quítelas todas ahora mismo!" Y la estanquera, al ver que un cura decía que las quitara, las quitaba todas. Después nos íbamos a la Ciudad Universitaria, a cazar parejas. Y cualquier pareja que estaba allí queriéndose, los pobrecillos, llegaban los Luises con el cura Llanos y ¡cataplum!, a apartarse, que eso era inmoral. Y luego, las películas...»[377]

377. Blázquez, Feliciano, *La traición de los clérigos en la España de Franco (Crónica de una intolerancia, 1936-1975)*, Ed. Trotta, Madrid, 1991, p. 82. Obsérvese que, en el matizado verbo del padre Llanos, las parejas estaban *queriéndose*. Ni en su etapa más ferozmente liberal lograba el buen cura aceptar que una pareja pueda achucharse simplemente por placer, sin la coartada del amor. Las víctimas del padre Llanos podían darse con un canto en los dientes y bendecir su

Después del resonante éxito en la Villa y Corte, al que no es ajeno su condena por la Iglesia, *La blanca doble* hace su triunfal recorrido por provincias, siempre acompañada por el escándalo. En Sevilla el cardenal Segura decreta excomunión contra los feligreses que asistan al «diabólico espectáculo donde la procaz exhibición de mujeres casi desnudas incita en los hombres las más bajas pasiones de su concupiscencia». Como es natural, el anatema del prelado provoca una avalancha de reprimidos deseosos de ver lo que prohíbe el cardenal. Ni los más viejos del lugar recuerdan haber visto semejantes colas delante de las taquillas. Gracias a esta publicidad gratuita, la obra cobra tal popularidad que aún hoy muchos españoles de aquella generación recuerdan sus pícaras y pegadizas canciones, en particular la titulada «Toma un bombón de mi bombonera» y la que tenía por estribillo:

¡Ay, qué tío, ay, qué tío!
¡Qué puyazo le ha metío*!*

en el que algunas mentes retorcidas adivinaban una posible doble lectura.

El obispo de Canarias, monseñor Pildain, desautoriza igualmente *La blanca doble* y envía a un grupo de enlutadas beatas a reventar la función. Las señoras se apostan junto a la taquilla del teatro y, cuando alguien se acerca para adquirir la entrada, prorrumpen a coro: «Recemos un padrenuestro por el alma de este pecador que va a incurrir en pecado mortal y se va a condenar. Padre nuestro, etc.»[378]

---

suerte. En otras provincias de más recias costumbres la guerrilla pía lapidaba a los pecadores.

378. Monseñor Pildain se hará famoso por su defensa de la moral a lo largo de su prologando y celante episcopado. A finales de los años cincuenta prohibió a los sacerdotes de su diócesis que vieran la televisión.

TEORÍAS. Desde que el Hombre pisó este cochino mundo —cochino precisamente desde que él lo pisó— la única ley económica que rige la Humanidad es la de la oferta y la demanda.

La verdadera revolución económica no ocurrirá hasta que se inviertan los términos de lo mercantil. Por ejemplo, el día que nosotros anunciemos: Vea en nuestra planta baja y en nuestra planta primera la gran variedad de niños, señoras, caballeros y matrimonios que ofrecemos para camas y dormitorios de todas clases. EL PALACIO DE LAS CAMAS. Plaza del Ángel, 6.

CAPÍTULO 57

Evita abrazos Evita

Ni el Plan Marshall, que va a reconstruir Europa con dólares americanos (del que se excluye España, por fascista),[379] ni la solemne aprobación por las Cortes de la Ley de Sucesión,[380] concitan tanto interés en el pueblo español como la anunciada visita de Eva Perón, *Evita*, la «madre de los descamisados», la defensora de los pobres, la agraciada esposa del mandatario argentino Juan Perón.

Cuando parecía que el mundo boicoteaba a Franco, Argentina, regida por el general Perón, le ha tendido su mano votando a favor de España en la ONU y firmando un tratado comercial hispano-argentino por el que se concede a España un crédito de 350 millones de dólares que asegura el suministro de trigo, carne congelada, lentejas y maíz.

Evita Perón llega a Europa como embajadora extraordinaria de su país en una gira de diecisiete días que recorrerá España, Italia, Francia, Mónaco, Holanda, Suiza y Portugal.[381] En España, los medios silencian esta circunstancia para que parezca que ha venido expresamente a vernos a nosotros.

Evita, nacida hija natural en el seno de una familia humilde y desestructurada, escapó de una turbia juventud en un polvoriento

379. El 5 de junio de 1947.
380. El 7 de junio de 1947.
381. Desde el 8 de junio de 1947.

suburbio de Buenos Aires para hacerse famosa como actriz, primero en seriales radiofónicos y, después, en el ínfimo cine folletinesco que entusiasma a las masas populares. La envidiosa burguesía argentina atribuye a la madre de Evita, una aldeana simplona, las siguientes declaraciones: «Mis hijas han hecho siempre una vida ordenada: de casa al *cotorro* (prostíbulo) y del *cotorro* a casa.»

La beldad argentina, criada descalza sobre suelo terrizo y ascendida después a taconear sobre los mármoles jaspeados de la Casa Rosada, adora el lujo y, como tiene un palmito que lucir, ha reunido un guardarropa de más de cuatrocientos vestidos de alta costura, más de cien abrigos de pieles, más de ochocientos pares de zapatos (algunos adornados con diamantes hasta en los tacones) y otros tantos sombreros y pamelas. Las joyas que luce se evalúan por encima de los seiscientos millones de pesetas (de entonces).

El general Franco recibe a Evita Perón con un casto abrazo (como demuestra el movimiento pendular de la borla cortinera de su fajín).

Evita concilia ese lujo con sus preocupaciones como oficiosa ministra de Bienestar Social, que reparte generosas limosnas entre la gente necesitada, y funda hospitales, escuelas y comedores para indigentes.

Para su histórico viaje, Franco tira la casa por la ventana y le envía un Douglas DC-4 matrícula EC-ACE de la compañía estatal Iberia, especialmente acondicionado con dormitorio y sala de estar. Evita trae su guardarropa de viaje en otro avión: 22 baúles y 9 metros cúbicos de bultos para alojar los 60 vestidos, 2 mantos de pieles, pamelas y joyas que va a usar en su gira europea.

A punto de partir, Evita concede una rueda de prensa.

—En mi Gira Arco Iris parto hacia el Viejo Mundo con un mensaje de paz y esperanza —declara—. Soy la representante de los trabajadores de mi patria, de mis amados descamisados, a quienes dejo mi corazón.

Evita aterriza en Barajas, donde la están esperando Franco, su esposa, el Gobierno en pleno y las altas representaciones institucionales, incluido el obispo de la diócesis. Se le tributan honores de jefe de Estado. Evita revista a las tropas, mientras la banda de música interpreta los himnos nacionales de los dos países hermanos. Varios coches oficiales se hacen cargo de su séquito de doncellas, secretarias, modistas, peluquero, y hasta médico y director espiritual, el jesuita Hernán Benítez, que ha conseguido que Pío XII acceda a recibirla, siguiendo el ejemplo de Cristo con la Magdalena.

En Barajas, Franco, de uniforme, con todas sus bandas y sus brillos, se inclina para besar cortésmente la mano de Evita, mientras Carmen, la esposa, observa la escena con mirada glacial.

Evita Perón, bella y desenvuelta, aporta harina y *glamour* a una España desnutrida que sueña con amamantarse en sus pechos y que funde lo alimenticio con lo erótico.[382] La leyenda de Evita cir-

382. No estoy haciendo literatura. Ahí están los piropos de aquellos años: «Me gustas más que el cocido»; «Morena: eso es carne y no lo que mi patrona le echa al guisado»; «Niña: estás para chuparte hasta los huesecillos de los pies».

cula de corro en corro en casinos y talleres de costura, en sacristías y mercados, en salas de banderas y patios de prisiones.

España se rinde ante la belleza y la gentileza de la argentina: agasajos, entusiasmo desbordante, recibimiento apoteósico; cien mil madrileños aclamándola en el marco incomparable de la plaza de Oriente, abierta como estómago agradecido, para aplaudir sus pamelas, sus trajes sastre y sus tacones vertiginosos.

En la barbería El Siglo se celebra el chiste del supuesto telegrama de Perón: *Evita Abrazos Evita. Stop. Juan Domingo.*

La gira triunfal de Evita por España, en el Douglas DC3 Dakota matrícula EC-ABC, incluye visitas a Madrid, El Escorial, Toledo, Granada, Sevilla, Huelva, Santiago, Vigo, Zaragoza y Barcelona. En el Palacio Real, Franco le impone, con cierto azoramiento, porque nunca ha visto tan de cerca a una mujer tan bella, la Gran Cruz de Isabel la Católica. Vítores y aclamaciones de una multitud de más de cien mil personas que abarrota la plaza de Oriente. Evita, ataviada con una lujosa capa de marta cibelina (a pesar de que es 9 de junio y hace un calor asfixiante), se siente tan halagada por el entusiasmo de la multitud que se vuelve al Caudillo, en plan *coleguis*, y le dice:

—Cuando necesites de una multitud tan fervorosa como ésta, no dudes en llamarme, mi general.

Cuando ve a su Paco tratado por la criolla con esa familiaridad, *la Señora* traga saliva y acentúa su glacial sonrisa.

Al día siguiente, toca visitar Ávila, el Alcázar de Toledo, el castillo de la Mota, sede de la Sección Femenina, y El Escorial. Ante la magnificencia del monasterio herreriano, la ex actriz exclama:

—¡Che, qué monada!

Pero tras recorrer sus numerosas dependencias comenta:

—Podrían dedicar este enorme edificio a algo útil, por ejemplo una colonia para niños pobres. ¡Se ven tantos...!

Ya va haciendo menos gracia Evita, especialmente a la orgullosa señora de Franco que, obligada por el protocolo, debe acompañarla a todas partes y se siente disminuida ante una mujer que la supera en todo: en poder, en belleza, en juventud, en vestidos, en joyas, en desparpajo... Con la diferencia de que la *Caudilla* procede de una antigua familia asturiana, emparentada con la pequeña no-

Evita en un gesto característico que concita el entusiasmo de las masas. Doña Carmen, a su lado, tuerce el gesto e intenta disimular su fastidio y la humillación que le produce servir de telonera de la diva argentina.

bleza, y de que esta criolla salió del arroyo, y sepa Dios de qué artimañas se ha valido para llegar adonde está.

Se rumorea que, en las tórridas siestas australes, le prodiga tales caricias a Perón que lo vuelve loco.

Carmen Polo, cuarenta y cinco años algo apergaminados, también conocida como *la Collares,* la sonrisa más hierática que nunca, con aquellos dientes *king size* que el doctor Jacobo Schermant no logró reducir, no sale bien parada en la sorda competencia que se establece entre las dos primeras damas, local y visitante, por lucir elegancia, especialmente sombreros.

Evita Perón, en Sevilla, bajo una lluvia de flores, la ciudad en la calle gritándole «¡Guapa, guapa, guapa!», y un repertorio esmerado de piropos. Evita en la catedral hispalense, contemplando la presunta tumba de Colón. Evita en la basílica de la Macarena, orando ante la famosa Virgen, mientras los fotógrafos inmortalizan el momento.

—¡Linda la Virgen, che!

Evita en los astilleros de El Ferrol (del Caudillo). Evita a bordo del yate *Azor*, con Franco al timón, recorriendo la bahía, el brazo esbelto levantado sosteniendo la pamela que la brisa se quiere llevar. Evita en Vigo, otro baño de multitudes. Ya van notando las autoridades que, en cuanto ve un micrófono, se lanza a por él, la costumbre de cuando era locutora, y larga un discurso a los descamisados españoles que aquí, dadas las características del Régimen, resulta de lo más subversivo:

—¡En Argentina trabajamos para que haya menos pobres y menos ricos! —exhorta al auditorio—. ¡Hagan ustedes lo mismo!

Las autoridades acompañantes se cruzan miradas de alarma. Algún amago de desmayo. Dedos trémulos que se introducen en el cuello de alguna camisa azul aflojando el nudo de la corbata de la jerarquía que la viste, a la que le falta el resuello. La diva argentina pretende que le organicen alguna reunión con trabajadores, lo que los organizadores se cuidarán de evitar.

Evita en Zaragoza, ante la Virgen del Pilar, la patrona de la Hispanidad. Evita en Barcelona, donde vuelve a insistir en que «las autoridades españolas deben mover el culo para erradicar tanta pobreza como se ve».

Y la que no se ve.

Evita se despide en el aeropuerto del Prat de un Franco aliviado porque se va, y no digamos la *Franca*...

«La fractura entre España y Argentina comienza desde el mismo momento en que se cierran las puertas del avión. Para Eva, Franco es un tirano que ha vencido por la fuerza de las armas [...], su mujer una rancia señora que mira a los obreros como rojos peligrosos en vez de cándidas víctimas. En España unos pocos viven bien y el resto pasa hambre. El concepto de Hispanidad, tan esgrimido hasta ahora por Perón [...], irá desapareciendo en favor del concepto latinidad, para aproximarse a Italia.»[383]

—¿Qué te pareció Franco? —le pregunta Perón sudoroso, en el descanso tras la primera efusión del reencuentro.

—No sé que te diga, che —responde Evita, expulsando hacia la lámpara el humo del cigarrillo—. No sé qué ves vos en él: es bajo, regordete y tiene pinta de almacenero. Me recuerda a Catarla, el pollero de mi pueblo.

Franquito tendrá pinta de recovero, pero se mantiene en su puesto de «centinela de Occidente» contra viento y marea, con un par. Con el tiempo, ha mitigado su perfil castrense y se ha confec-

El yate *Azor,* navío de recreo y pesca del generalísimo que paseó a Evita por aguas gallegas.

383. Merino, Ignacio, «Los españoles se rinden ante Evita, patrona de los descamisados», *El Franquismo año a año, 1947*, El Mundo, Madrid, 2006, p. 27.

cionado unos cuantos trajes de paisano que le hacen parecer aún más bajito, a pesar de las discretas alzas que usa en los zapatos. Gusta el Caudillo de realizar gestos populistas y de retratarse con personajes populares: artistas, toreros, futbolistas... La propaganda muestra a un infatigable trabajador que vela por el bienestar de los españoles, pero también a un español sencillo, como de clase media, «uno de los nuestros». En el No-Do, su mesa de trabajo sigue apareciendo abarrotada de carpetas, de sobres y de archivos. Sin embargo, las *Memorias* de su primo y ayudante, Franco Salgado-Araujo, revelan que dedica gran parte del tiempo a cazar o pescar (sus dos pasiones), que juega al golf o al mus, que pinta al óleo y que navega en el yate *Azor*. Es, además, muy aficionado al cine y, en su momento, lo será a la televisión. Sigue puntualmente la Liga de fútbol y juega a las quinielas.

Un español más.

LA VANGUARDIA
ESPAÑOLA
BARCELONA
Llegada a Madrid de la esposa del Presidente de la República Argentina general Perón

CAPÍTULO 58

Vuelta a las urnas

Teófilo González está leyendo una hoja de periódico atrasada de las que le sirven para envolver el jabón que fabrica Visi en la trastienda con aceite usado y sosa caústica. Por lo visto los americanos se han inventado una medicina todavía más potente que la penicilina. Se llama estreptomicina y combate eficazmente la tuberculosis.

—¡A buenas horas, mangas verdes! —murmura el tendero recordando a su madre muerta.

Dos falangistas jóvenes, camisa azul remangada con manchas de sudor en las axilas, irrumpen en la tienda.

—¿Camarada González? —pregunta uno después de consultar su nombre en una lista.

—¡Presente!

—Venimos a traerte la papeleta del voto.

Le entrega una octavilla gris en la que se lee: «¿Ratifica con su voto el Proyecto de Ley sobre Sucesión en la Jefatura del Estado aprobado por las Cortes Españolas en siete de junio de mil novecientos cuarenta y siete?»

Debajo hay un recuadro donde el votante debe escribir *Sí* o *No*. En el facsímile que le han llevado los falangistas pone Sí, pero le entregan otra papeleta en blanco.

—Esta que pone Sí es la muestra —explica el falangista del bigotito fino—, porque la gente de poca cultura no entiende de votos, es para que sepan cómo se rellena, pero esta papeleta no sirve.

La válida es esta otra que está en blanco. Ahí es donde debes escribir tu SÍ, camarada.

Se despiden con el saludo fascista. Aunque ya no es obligatorio, Teófilo se lo devuelve y dice: «¡Arriba España!» Se lo recomendaba su madre que en paz descanse: «Con éstos, más vale pasarse que quedarse cortos.»

Franco está echando toda la carne en el asador para persuadir a los españoles de la necesidad de acudir a las urnas y de votar afirmativamente. En la prensa y en la radio menudean los anuncios:

—Católico, Vota SÍ en el referéndum: esto hace Franco.

Tu prelado ha señalado en una exhortación pastoral cuál es tu deber ante el referéndum:

—Si no cumples con tu obligación de votar, sin grave excusa, faltas gravemente.

—Vota sin otras miras que has de servir a Dios y a la Patria.

—Vota pensando sólo en Dios y en España.

—Ten presentes las lecciones de la experiencia.

—Medita las consecuencias de tu Sí y tu No.

—Escribe lo que la conciencia te dicte a sabiendas de que habrás de responder ante Dios de tu voto.

CATÓLICO: VOTA SÍ.

El día de las urnas, Teófilo González guarda una larga cola ante el colegio electoral instalado en el apeadero del Gobierno Civil.

—¡Ay, qué miedo me da a mí esto: ya estamos votando, como en los tiempos de la República! —se lamenta una señora.

—Señora, esto es distinto —la corrige un joven de camisa, azul—, esto es para votar el referéndum sobre la Ley de Sucesión para la Jefatura del Estado, y lo manda Franco.[384]

—¡Si lo manda Franco, bien está! —se conforma la señora.

En Madrid, en el colegio electoral instalado en el número 6 de la calle Mayor, vota Puri Millán Pasiego, la vicetiple que fue amante de Diego Medina. En pleno verano viste su abrigo de astracán que no tiene nada que envidiar a los que trajo la Perona. Cuando vio que el

384. El 6 de julio de 1947.

oficial de Abastos no pensaba casarse con ella lo dejó por otro admirador, el industrial Nemesio Lañador, que le ha puesto un piso muy majo y la tiene como una reina.

También votan Lázaro Vilches, el camisero de La Impoluta, que se casó con Pitita Bermúdez. Pitita dejó su trabajo como mecanógrafa del Ministerio y ahora se dedica plenamente al hogar y a los hijos; dos, Adolfo y Benito.

Nemesio Holgado vota en el colegio de La Hermandad de Caballeros Mutilados por la Patria. Le dan el correspondiente certificado sellado que deberá presentar en ventanilla cuando cobre su pensión a primeros de mes.

Pedrito de la Cruz Expósito, el colillero, no vota. No por falta de ganas sino porque tiene menos papeles que una liebre y no cuenta con domicilio fijo, ni figura en el padrón ni sabe dónde ni cuándo nació, ni quiénes fueron sus padres. El único documento que justifica su existencia es una ficha de transeúnte en la comisaría de Vallecas, y su propia mismidad, su carne mortal que viaja en los topes de los tranvías y de vez en cuando pasa por el cuartelillo a que le practiquen una sangría.

Vota casi todo el mundo: unos por la novedad, otros por patriotismo, otros porque lo manda el Caudillo, otros por miedo a *significarse* si no lo hacen. Votan en las fábricas, en los talleres, en los conventos, en las hermandades, en los gremios, en los Casinos de Labradores.

España vota SÍ.

El resultado del referéndum satisface a Franco: un 93 por ciento de los españoles ha aprobado su Ley de Sucesión.

El resultado fue que «don Juan dejó de ser un rey en el exilio para convertirse, desde el punto de vista de la legalidad vigente en España, en un simple pretendiente. Con desgarro borbónico le dijo a Antonio de Senillosa:

—Prefiero que me llamen maricón a que me llamen pretendiente».[385]

385. Borràs Betriu, Rafael, *El rey de los Rojos. Don Juan de Borbón, una figura tergiversada*, Vergara, Barcelona, 2005, p. 241.

Don Juan, siempre tan fino.

Alfredo Kindelán le escribe una carta, como para levantarle los decaídos ánimos: «Franco se encuentra estos días, según me dicen, en plena euforia. Es hombre que tiene la envidiable condición de dar crédito a cuanto le agrada y olvidar o negar lo desagradable. Está, además, ensoberbecido e intoxicado por la adulación, y emborrachado por los aplausos. Está atacado del mal de altura: es un enfermo del poder.»

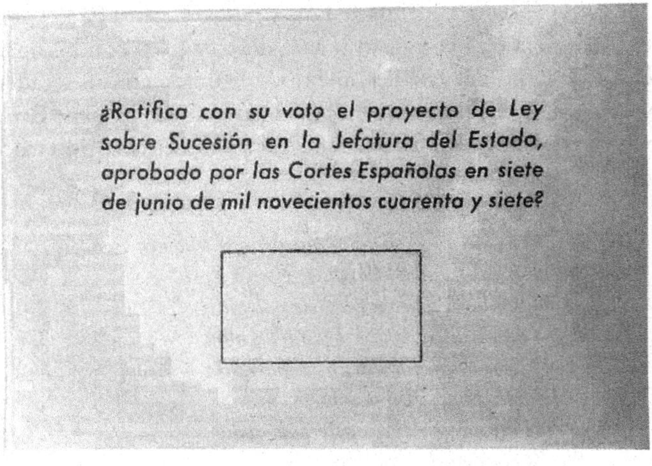
¿Ratifica con su voto el proyecto de Ley sobre Sucesión en la Jefatura del Estado, aprobado por las Cortes Españolas en siete de junio de mil novecientos cuarenta y siete?

CAPÍTULO 59

Cocidito madrileño

Pedrito de la Cruz Expósito vende cigarrillos y cerillas en el metro, pero apenas saca para un plato de cocido a mediodía, en la taberna de María, *la Guarra,* callejón de Los Arrastraos, cerca de la Latina. Mientras espera que le traigan la taza desportillada con la sopa, el receptor de radio del establecimiento, asegurado con una cadena, sobre una repisa de la pared, emite la inspirada loa de Pepe Blanco al plato autárquico nacional, el centralista e imperial cocido madrileño:

No me hable usted de los banquetes que hubo en Roma
ni del menú del hotel Plaza en Nueva York,
ni del faisán ni los fuagrases *de paloma*
ni me hable usted de la langosta Termidor.
Pues lo que a mí, sin discusión, me quita el sueño,
y es mi alimento y mi placer,
la gracia y sal que al cocidito madrileño
le echa el amor de una mujer.

Cocidito madrileño,
repicando en la buhardilla,
que me sabe a yerbabuena
y a verbena en las Vistillas.
Cocidito madrileño
del ayer y del mañana

pesadumbre y alegría
de la madre y de la hermana:
a mirarte con ternura
yo aprendí desde pequeño
porque tú eres gloria pura (bis)
cocidito madrileño.

Dígame usted dónde hay un cuadro con más gracia
con el color que da la luz del mes de abril,
cuando son dos y están debajo de una acacia
y entre los dos un cocidito de albañil.
Cuando el querer de una mujer le dice al dueño
de su hermosura y su pasión:
«Toma, mi bien, tu cocidito madrileño
que dentro va mi corazón.»

Ya se ve que el cocidito de la copla, a falta de más sustancia, lleva mucho amor femenino: de madre, de hermana, de esposa; y algo de pesadumbre. Carne, poca, si exceptuamos el corazón de la cocinera mencionado en la última estrofa. Por eso, como la vida da tantas vueltas, Pepe Blanco, humilde taxista logroñés de la primera posguerra, en cuanto se ha hecho de un nombre y de una cuenta corriente, se ha apartado de los garbanzos y se ha entregado al bistec con patatas y al jamón de veta.

La copla patriótica conforta, pero no alivia los estómagos vacíos en las gélidas noches invernales en torno al desmayado brasero. La radio informa de que varios industriales gallegos de Gures, en la costa de la Muerte, están comercializando carne de ballena, como en Japón.

—Allí es natural —declara Pepe, el barbero—. Después de las bombas atómicas se han *achantao* y se comen lo que se les mande.

—Pues si no nos rendimos a la carne de ballena; los gallegos van a tener que meterse a serenos —opina Leyva.

Los serenos de Madrid son casi todos naturales de Cangas de Onís. Lo mismo sirven para un roto que para un descosido. Abren puertas, hacen recados, evitan robos, buscan medicinas...

En la Andalucía profunda (tan profunda que muchos ciudadanos se las ven y se las desean para salir a la superficie), los hambrientos hacen chistes con su hambre.

Va un gañán a su señorito y le dice:

—Don Felipe, que hace ya cinco días que no como.

Y don Felipe le contesta:

—Pues ándate con ojo, que con el estómago no se juega.[386]

Dentífrico Denticlor. El que usa la princesa Cunegunda que enamoró al trovador. (Venta en los mejores establecimientos y en perfumerías.)

386. Juan Martínez Alier, en «Nosotros, los pobres», Prat, Joan *et alii*, *Antropología de los pueblos de España*, Ed. Taurus, Madrid, 1991, p. 690.

CAPÍTULO 60

Si no sabes torear ¿por qué te metes?

Ventiocho de agosto del año 1947. Feria de San Agustín en Linares. La plaza llena hasta la bandera, bajo un sol de justicia. En los pasillos de los tendidos de sombra, Tomás Segura Sierra, chaquetilla blanca de camarero y caja al hombro, pregona «¡Gaseosas frescas, cigarros, piedras de mechero, cerillas; al rico caramelo mentolado».

Aleteo de abanicos en las manos de las señoras. Los hombres en mangas de camisa se enjugan el sudor con el pañuelo de hierbas. Muchos gastan sombrero cordobés o de paja y gafas de sol. Otros, se improvisan una gorra anudando los cuatro picos del pañuelo. Las moscas incordian lo suyo. Sudan las axilas de las barreras y los sobacos del tendido, nivelando clases sociales, que el sol luce para todos.

Lo natural de una tarde de toros: sol y moscas.

En la arena, Manuel Rodríguez Sánchez, *Manolete*, treinta años, 1.200 reses muertas en su haber, se ha lucido en la faena con *Islero*, el quinto toro de la tarde, un toro de tres años y 495 kilos, astigordo, entrepelado y bragado, de la ganadería de don Eduardo Miura. El diestro ha concitado el entusiasmo de la afición con sus naturales, sus molinetes, sus pases por alto y sus manoletinas mirando al tendido.

Manolete practica un toreo sereno y natural, quieto y vertical, serio, sin adornos; el muletazo, corto; los pies, juntos, sin adelantar la muleta, invadiendo los terrenos del toro, cerca de los pitones.

Terminada la faena con *Islero*, el torero entra a matar, la muleta a la altura de la cintura, casi en cámara lenta, aprovechando su aventajada estatura para buscar el hoyo de las agujas. Cuando ha introducido gran parte del estoque en el morrillo del Miura, el animal se arranca y le asesta una cornada en la ingle. La plaza de Linares se pone en pie con una exclamación de estupor.

La cuadrilla lo traslada en seguida a la enfermería. Manolete, en volandas por el callejón, con el rostro contraído por un gesto de dolor. La cornada, de 25 centímetros, le ha entrado por la ingle, en el llamado «triángulo scarpa». Le ha roto la vena femoral y parte del músculo sartorio, pero no ha afectado a la arteria femoral. En el boquete abierto cabe un puño. Los doctores Carbonell y Garzón le operan de urgencia en la misma enfermería, con la camilla cubierta de capotes de faena, a falta de sábanas. Después de ligarle los vasos seccionados, le practican una transfusión, con sangre del cabo de la policía municipal Juan Sánchez, y le inyectan suero, efedrina, Cardiazol y antitoxinas. Después, lo trasladan al hospital de los Marqueses de Linares, donde se dispone de mejores medios, y lo operan de nuevo.

Al anochecer, Manolete está consciente; le da unas caladas a un pitillo, y conversa brevemente con Camará y con el doctor Jiménez Guinea. Los facultativos no saben si practicarle una quinta transfusión, esta vez de plasma.

—Si le entra una gota más de sangre o de plasma, se lo cargan —opina el doctor Corzo.

—Llega a la enfermería un moribundo —señala el doctor Garrido— y ahora entregamos a un enfermo, aunque sea grave.

—Le vamos a transfundir un plasma que se ha utilizado en Cádiz con buen resultado —decide el doctor Jiménez Guinea.

No hace mucho, en Cádiz, explotó un depósito de minas y torpedos que voló un barrio entero.

Le practican al diestro la quinta transfusión. Manolete está consciente todavía.

Llega al hospital su amante, Lupe Sino, que ha recibido la noticia en el balneario de Lanjarón, Granada. El apoderado, José Camará, sempiternas gafas negras, y el albacea, Álvaro Domecq, le cortan el paso. No quieren que vea al torero.

—No te ha llamado. Cuando te llame, pasas —argumenta Camará.

A la única que ha llamado ha sido a doña Angustias, la posesiva madre, pero la señora no acudirá a tiempo de despedirse. Está veraneando en San Sebastián, en un lujoso hotel que le paga su hijo.

Hace unos días, después de una corrida triunfal en el coso del Chofre, dos orejas y salida a hombros, Manolete se reunió en el hotel con doña Angustias:

—¿Ves como sigo siendo el mejor, madre? —le dijo al abrazarla—. Los malos fueron tus maridos, que entre los dos no fueron capaces de tenerte como una reina.

Los dos maridos que tuvo doña Angustias Sánchez fueron toreros de poca monta.

Manolete y Lupe Sino veraneantes felices en el pueblo de la beldad.

Lupe Sino goza de escasas simpatías en el entorno de Manolete. Doña Angustias, la posesiva madre, no puede ni ver a esta mujer de turbio pasado que ha engatusado a su hijo. Otro tanto ocurre con el apoderado Camará, y con los subalternos de la cuadrilla.

—El maestro está *encoñao* con esa tía.

—¡A ver, es que está muy buena!

A Lupe Sino, los mozos de la cuadrilla la apodan *la Serpiente*.[387] Están convencidos de que es la responsable de la baja forma física del diestro.

Ahora, Manolete está agonizando en el hospital de Linares y Lupe Sino insiste en verlo. Se lo niegan de nuevo.

—Cuando te llame, entras.

—Ésta a lo que viene es a casarse *in articulo mortis*, para trincar la herencia... —sospecha Camará.

Camará entra a ver al maestro.

—Pepe, ¿ha muerto el toro? —le pregunta Manolete.

—Sí.

—¿Me han dado algo?

—Dos orejas y rabo.

Se abre un silencio. El torero respira con dificultad. Sólo está medio consciente cuando comenta:

—¡Cómo va a sufrir mi madre!

Después de un minuto exclama:

—¡No veo, encended la luz! ¡David, David!

Alfredo David, su peón de confianza.

Manolete expira al amanecer, después de recibir la extre-

387. Lupe Sino se llama en realidad Antonia Bonchalo Lopecino. Ha nacido en Sayatón, Guadalajara, en 1917, en una familia humilde y numerosa. «Sobrevive gracias a su encanto personal» en el Madrid de la postuerra, con frecuentes visitas a la barra del Chicote, donde intima con varios toreros famosos. En 1941 se casa con Antonio Rodríguez, correligionario del anarco-sindicalista Cipriano Mera. En 1942 rueda su primera película *La famosa Luz María*. Lupe y Manolete se conocen en el bar Chicote, del que ella es asidua. «¿Vio Lupe al soñado mirlo banco que le brindara una vida regalada? ¿Cayó él en las redes de una mujer de mundo a la que en un principio tomó por aventura pasajera? Sean cuales fueren los comienzos, al final parece que triunfó el amor.»

maunción. En las tertulias taurinas se especula todavía sobre la causa de su muerte. Unos dicen que por un error en la transfusión, porque le inyectaron el plasma equivocado; otros, que la cornada era de muerte. El doctor Máximo García Padrós, especialista en cirugía taurina, zanjaría la cuestión años después: «el plasma que le aplicaron a Manolete era muy fuerte. Le provocó una reacción alérgica y, posteriormente, un intenso *shock*.»

Ha muerto el *monstruo*. España y México se llenan de crespones negros. En México por genuino pesar, porque los mexicanos lo adoran; en España, en parte, por mala conciencia, porque después de glorificarlo durante un tiempo, los aficionados le han cobrado inquina, quizá celosos de sus triunfos, y le achacan que lidia toros escasos de trapío y *afeitaos*. Algunos concurrían a las corridas provistos de silbatos para abroncarlo al menor fallo. Hasta le habían dedicado un ofensivo pasodoble que comienza:

Manolete, Manolete,
si no sabes torear, ¿por qué te metes?

Muerto Manolete, el cielo se cierra en tormenta. Se suspende la feria. No habrá más toros en Linares este año.

CAPÍTULO 61

La boda del siglo

En octubre, Sevilla se viste de gasa nupcial con el sol del membrillo mientras los vendedores de paloduz y los aguadores ambulantes dan por concluida la temporada veraniega. El pueblo sevillano se echa la calle con sus mejores galas, que dada la pobreza imperante tampoco son muchas, para asistir a la procesión nupcial de la bella aristócrata Cayetana Fitz-James Stuart y Silva, duquesa de Monto-

Cayetana, futura duquesa de Alba, en su boda del siglo.

ro, que contrae matrimonio con Luis Martínez de Irujo y Artacoz, hijo de los duques de Sotomayor.[388]

La «boda del siglo» se celebra, por privilegio especial, en el altar mayor de la catedral de Sevilla, en una ceremonia oficiada por el arzobispo de Valencia, doctor don Marcelino Olaechea. La carroza nupcial, coche a la andaluza tirado por mulas atalajadas con arreos blancos («símbolo de la virginidad de Cayetana»), parte del palacio de las Dueñas, residencia de la novia, y recorre las calles de Sevilla en loor de multitudes, entre aclamaciones y aplausos del sencillo pueblo, que adora a la novia por su simpatía y cordialidad. La futura duquesa de Alba, nariz rematada en tersa bola, viste para la ocasión un sencillo y elegante vestido de novia con 4 metros de cola y un velo de tul ilusión, prendido de una diadema de perlas y brillantes que vale, ella sola, un patrimonio. Causa admiración su collar de perlas, de gran tamaño y oriente perfecto. No le van a la zaga las ilustres invitadas que siguen al cortejo, todas recién duchadas y peinadas, y alhajadas con lencería de seda y trajes de diseño. Los soberbios aderezos cuajados de piedras preciosas relampaguean a la luz de las velas en la penumbra del templo mayor. Los caballeros van de chaqué o frac, muchos de ellos con condecoraciones civiles o militares.

Tras la ceremonia, los recién casados se dirigen, en coche de caballos, a la iglesia de San Gil, a rezarle a la Macarena, que desde la visita de Eva Perón, hace cuatro meses, no ha recibido a nadie de tanto lustre.

El *lunch* se sirve en los patios y jardines del palacio de las Dueñas. A los mil y pico invitados sentados se suman otros mil, de menos alcurnia, que comen de pie, estilo *buffet.*[389] Doña Petronila Jiménez-Enciso Méndez-Aguilar, la duquesa viuda de Pradoancho, es de los que comen sentados y cerca de la mesa de los novios. Ha llevado con ella a su hija Lita, a ver si hay suerte y la coloca con algún soltero de la flor y nata de la nobleza allí reunida.

388. El 12 de octubre de 1947.

389. ¡Coño: un anglicismo y un galicismo en el mismo párrafo, y Franco había prohibido los extranjerismos!

—Qué, hija, ¿nada?

—Nada.

—Yo no sé cómo están los hombres, que parece que tienen horchata en las venas; con lo apañada que eres.

Doña Petronila usa el mortificante «apañada», un adjetivo consolador para las que no se pueden llamar «guapa» o «hermosa» sin faltar gravemente a la verdad.

Se comenta que el duque de Alba no ha invitado a Franco, a pesar de haber sido su embajador en Londres. Tampoco quiso, hace años, que Carmencita Franco se pusiera de largo conjuntamente con su hija. Al enviado del Caudillo que se lo propuso le respondió:

—Decidle a su excelencia que todavía hay clases.[390]

En medio del fasto y el tronío, se sirven mil comidas a los pobres, por expreso deseo de la duquesa, y se reparten cestas de comida entre el vecindario más modesto del palacio. Además, el duque de Alba entrega un importante donativo al alcalde de Sevilla para socorro de los necesitados.

Tras el banquete nupcial, en el que el duque de Alba brinda por el rey Juan III, los recién casados se retiran a su finca La Eminencia, término de Dos Hermanas, donde pasan una noche de bodas sin sobresaltos. Después, emprenden un viaje a Londres y embarcan para Nueva York en el famoso trasatlántico *Queen Mary*.

—¡Menudo viaje! —comenta don Alfredo Martínez, el nuevo propietario de ultramarinos El Brasil, ante las páginas de *ABC* que narran el evento.

—Más viaje fue el de don Juan, el rey, que duró seis meses, y que dio la vuelta al mundo —replica doña Felipa, su santa.

—Muy enterada te veo de los chismes.

—Es que una lee *Lecturas*.

Volviendo a Cayetana, a poco, ya casada, Picasso le propone pintarla desnuda, por repetir la supuesta historia de Goya, al que su

390. Ya sé que es difícil de creer que el duque de Alba le hiciera ese desaire al Caudillo, pero algunos historiadores acreditan el episodio. Yo ni quito ni pongo rey.

antepasada Cayetana Alba había «enviciado en la galantería». Pero el marido de Cayetana, aquel «gran caballero que había de ejercer de gran sufridor hasta su muerte» (esto es de Jaime Peñafiel), se negó a que su esposa posara desnuda como una bandeja de plata. Picasso, contrariado, se dio a pintar las matanzas de Corea y nos privó del más notable desnudo de nuestra pintura contemporánea.[391]

VEA confeccionar su gabardina. EL TALLER. Vía Augusta, 65 (frente a Santa Teresita). San Andrés, 23.

391. Le queda a uno la duda de si don Jesús Aguirre se hubiese mostrado más liberal y mundano en un trance similar.

Cayetana de Alba de adolescente.

Cayetana de Alba posa para *Vogue*. Fotografía de Cecil Beaton (Condé Nast Archive).

CAPÍTULO 62

La rebelión de los pecadores

Febrerillo el loco atiza aguanieve y rachas de viento que vuelven los paraguas y quieren levantar las faldas.

Diego Medina Jódar y su amigo José Ramón Rivas hacen cola ante la taquilla del Palacio de la Música. Van a ver *Gilda*, la película que causa sensación en España.[392] Don Próculo, veinte obispos y quince mil púlpitos la están boicoteando por inmoral y por disolvente. Incluso amenazan al rebaño cristiano con la excomunión, pero Rita Hayworth ha extendido su brazo desnudo y torneado, se ha quitado el guante, les ha echado un pulso y les ha ganado. Un grave revés, una campanada de aviso, para la negra cenefa del celante Episcopado, que tanto abusa de las preeminencias y favores del Caudillo.

—Es que la gente empieza a estar harta de mear agua bendita —opina Rivas.

—Eso será —corrobora Medina.

Ya el daño está hecho. Aunque los púlpitos y los directores espirituales clamen contra *Gilda*, quizá precisamente por eso, todo el mundo quiere verla. En los pueblos donde los empresarios cinematográficos no se atreven a proyectarla, por no indisponerse con el cura, los aficionados organizan excursiones a la capital para ver la

392. Se estrena en España el 22 de diciembre de 1947, en el Palacio de la Música de Madrid.

Rita Hayworth en una postal dedicada (falsa, naturalmente) que se entregaba con la entrada de *Gilda*.

película. Autobuses enteros con el pretexto de ir al médico, al abogado, al notario o, lo que es peor, a besar la sagrada reliquia del Santo Rostro.

El caso es que los cines se abarrotan de cristianos que prefieren perder el alma a perderse *Gilda*. También es cierto que muchos se confiesan, contritos, al día siguiente, para reconciliarse con Dios. Por si las moscas.

Gilda no engaña a nadie. Es una mujer por derecho. Dice: «Los hombres en mis manos son juguetes» y «Hago lo que quiero, con quien quiero y cuando quiero».

Todos los varones españoles, además de Diego Medina, José Ramón Rivas, el Chato Puertas, su amigo Lañador, Teófilo, José Camará, apoderado que fue de Manolete, los tenientes José Fernández y Cosme Figueras, el camisero Lázaro Vilches, el caballero mutilado Nemesio Holgado y hasta el portero del hotel Palace, con su gorra de plato, sueñan con ser juguetes en las manos de Gilda.

No consta si Franco, devoto cinéfilo, se la hace proyectar en El Pardo. Ya queda dicho que *la Señora* es ríspida en cuestiones morales y ata corto al gallego.

El padre Gutiérrez, capellán de una centuria juvenil del Frente de Juventudes, manda a sus huestes a arrojar tinteros contra los carteles publicitarios. Las chicas de Sección Femenina rezan oficios colectivos en desagravio. Los adeptos a Acción Católica se aprietan el cilicio, hasta que les salta la sangre. Damas parroquiales de riguroso luto, casi todas viudas o solteronas *desecho de tienta* (por emplear la repugnante expresión machista de la época) entonan a coro el rosario a las puertas de los cines «por las almas de estos desdichados que se van a condenar».[393]

El obispo no se explica cómo se le ha podido colar una película tan inmoral al censor de la diócesis.

—Se dormiría durante la proyección, o le habrán sobornado —aventura el presidente provincial de Adoración Nocturna.

—Yo la he visto, por razón de mi cometido, naturalmente —precisa el asesor religioso—, y debo decir que la encontré diabólica, pero más por lo que insinúa que por lo que muestra.

—¿Cómo?

—Muestra bien poco. La cómica aparece en la pista de un cabaret con un vestido negro, de satén o algo así, demasiado ceñido para mi gusto, pero quizá no gravemente escandaloso, si bien hay que hacer la salvedad de que, por arriba, lleva los hombros y la espalda al aire.

—¡Vergonzoso! —exclama el adorador nocturno.

—Lo peor es cómo se quita el guante.

—¿Lleva guantes? —se interesa el obispo.

—Sí, de esos largos, de vestido de noche, creo que se llaman.

393. Ha cundido el ejemplo de las abnegadas damas canarias que boicotearon *La blanca doble*.

Se lo quita así, como enrollándolo despacito —el censor acompaña con el gesto—, un guante negro que le llega casi hasta el hombro, y va dejándote ver el brazo blanco, modelado, ebúrneo, de una manera que, francamente, como para encalabrinar al santo Job.

—Y ¿no le has cortado nada a esa película? —pregunta el obispo—. ¿Qué clase de censor eres?

—Es que no había nada que cortar, Ilustrísima. Incluso hay partes edificantes como cuando Glenn Ford le arrea un sopapo. Uno piensa: «Se lo tiene bien merecido, por liviana y ligera de cascos.»

—¡Más tenía que haberle dado! —aprueba el adorador nocturno—. Pero a mí me ha aseverado un amigo fraterno que en la versión íntegra de la película, Gilda, después de descalzarse el guante, se desnuda entera, como su madre la trajo al mundo, bebe champán en un zapato y, vergüenza me da decirlo, se deja cubrir por un garañón.

—¿Cubrir? —inquiere el obispo.

—Ilustrísima, no sé cómo expresarlo: realizan el acto del matrimonio, sin estar casados, sino amancebados, de una manera repugnante y gravemente desedificante, con suspiros, aullidos animales, con una energía, un afán y unas posturas que ni el contorsionista Pop, *el Hombre de Goma*, el del Circo Price, tiene las coyunturas tan sueltas. Y con un miembro viril que no cederá en calibre al del cirio pascual, ilustrísima, y dispense la manera de señalar.

Al obispo le entran sudores.

—¿Es posible tanta liviandad?

—Ya lo ve, ilustrísima. Y, según dicen, se lo encaja entero.

—¡Qué descoco, qué desatino!

De la noche a la mañana, Rita Hayworth se convierte en el *sex symbol* de España. Las revistas de cine revelan que en realidad se llama Margarita Carmen Dolores Cansino y que es hija de Eduardo Cansino, un bailaor sevillano emigrado a Nueva York, y de Olga Hayworth, una vicetiple. En sus comienzos formó *troupe* con su padre y con su tía —The Dancing Cansinos— y, poco a poco, después de un oscuro noviciado en infectos locales nocturnos, se ha metamorfoseado en la estrella favorita de la Columbia Pictures.

Diego y José Ramón se acomodan en el centro de la sala, que pronto se llena a rebosar. Después del No-Do, que les resulta más inoportuno que nunca, con sus noticias de productores felices, de inauguraciones de obras públicas por el jefe del Estado, de barcos de alimentos que llegan de Argentina y del partido de fútbol entre los dos seculares rivales, el Real Madrid y el Atlético de Aviación, comienza la película.

Hay un silencio expectante, casi litúrgico. Apenas se percibe el rumor de las pipas de girasol tostadas, con sal, con las que los espectadores matan el hambre en las sesiones de cine, desde que las pusieron de moda los tanquistas rusos en la guerra civil.

Gilda es la esposa de Mundson, dueño de un casino que le sirve de tapadera para su negocio de contrabando de wolframio. La dama arrastra un turbio pasado, pues antes fue amante de Johnny Farell, que ahora trabaja para su marido y que todavía siente algo por ella. El inspector Obregón nos describe la situación con su olfato de policía: los dos ex amantes «componen la mezcla más explosiva de amor y odio que he tenido el privilegio de contemplar».

Gilda sabe excitar a los hombres. Llena la pantalla con su sabio contoneo que resalta sobre el negro satén sus flexibles formas de pantera, lo que, unido a la epidermis luminosa y radiante del busto y a la oscuridad cómplice de la sala, provoca en el gallinero (el graderío de las localidades a 2 pesetas) una trepidación de alpargatas, a la que se suman relinchos e imprecaciones salaces.

El acomodador de la linterna, al borde del colapso, se muestra impotente ante aquella marabunta desbordada.

—¡*Callarse*, borricos! ¡Como coja a uno gritando, le voy a machacar la cabeza!

—¡Asesino, asesino, asesino...! —prorrumpe la improvisada masa coral.

En el descanso, para cambiar el rollo, la empresa del local advierte por megafonía: «Se ruega al distinguido público que se comporte y que observe una actitud correcta y caballerosa, como corresponde a la hidalguía del pueblo español, porque, de otro modo, esta empresa se verá obligada a suspender la sesión de las nueve o, inclusive, la exhibición del filme. Se advierte que, el que rompa la butaca correspondiente a su localidad, será multado. Ya se ha avisado a la Guardia Civil.»

A la salida del cine Diego expresa sus reservas.

—No sé, chico, yo le encuentro los pechos caídos, las piernas feas, con esas pantorrillas demasiado altas, y escurrida de caderas.[394] Además parece que está embarazada, con esa barriga.[395] ¿A ti te ha gustado?

—¡A mí me ha puesto como un berraco en celo! —responde José Ramón.

En los bares, aparece un pincho denominado *Gilda* que combina guindilla verde, anchoa y aceituna. En la escuálida billetera de muchos españoles conviven durante un tiempo, en pacífica armonía, la estampa de la patrona del pueblo, la foto de la novia, al presente oronda esposa, y, en el más apartado sanctasanctórum raramente visitado por billete mayor, la trucada fotografía de Gilda desnuda, que un avispado fotógrafo comercializa a cuatro duros la pieza, aprovechando el bulo que sostiene que, en la versión original, no se detiene en el guante y hace *striptease* completo.

Pedrito de la Cruz Expósito pregona en El Rastro, y en las bocas de metro, su estraperlo. Hoy no es pan candeal, ni chorizo de Cantimpalo, ni salchichón de Vich: hoy es la carne palpitante de Gilda.

—Llevo fotos de los cortes de Gilda —le susurra a un señor de traje con pinta de aficionado al género, que lleva un ejemplar de *Arriba* bajo el brazo.

—¿Las fotos de la película?

—Sí, señor, en la película *Gilda* de Francia, que sale desnuda. Valen cinco duros.

—A ver.

Doña Enriqueta, la viuda de don Segundo, entra en la merce-

394. Y eso que Diego Medina ignora que Rita tiene depilada la frente. De su natural el pelo le nacía casi a un dedo de las cejas, como a la tonadillera Isabel Pantoja. Así aparece en las primeras fotografías de su carrera, cuando todavía se llamaba Rita Cansino.

395. Es que lo estaba, de seis meses, aunque el diseñador del vestuario, Jean Luis, se las arregla para que apenas se note. El padre de la criatura que Rita lleva en su vientre es Orson Welles.

ría La Hilandera Catalana, Preciados, 4, y solicita a la dependienta unos guantes de fiesta negros.

—¿Lisos o de encaje?

—Lisos.

La dependienta alcanza una caja, la abre, aparta el papel de seda y le muestra unos guantes.

—¿No los tiene más largos? —inquiere doña Enriqueta.

—¿Más largos? —se extraña la dependienta—. ¿No los querrá usted como los de Gilda?

—Sí, así —corrobora doña Enriqueta—. Son por un encargo —se justifica.

La dependienta cierra la caja y la devuelve a su lugar.

—Pues no, no tenemos, señora. Había una caja que estaba ahí muerta de risa, sin salida, y el otro día se los llevó todos una clienta, que por lo visto tiene un colegio de novicias.

Se refiere a la Uruguaya. Los clientes le solicitan chicas vestidas de Gilda.

La gente está tan entusiasmada con lo de Gilda que las noticias de interés nacional, la apertura de la frontera francesa[396] o la constitución del Consejo del Reino[397] pasan desapercibidas. También el escándalo del Consorcio Harinero de Madrid, una asociación de panaderos que desviaba a sus negocios clandestinos decenas de toneladas de trigo argentino destinado a la beneficencia española.[398]

En 1948, el bloqueo ruso de Berlín y la expansión del comunismo en China despejan las nubes del horizonte patrio. Franco, visceral anticomunista, concita simpatías en el Congreso de Estados Unidos y en el Parlamento británico. Él, conocedor del suelo que pisa, se proclama más anticomunista que nunca, como hace unos años se proclamaba totalitario para halagar a Alemania y, después, católico para distanciarse del derrotado Eje. Ahora toca ser anticomunista.

Cuando ve alejarse las nubes amenazadoras, el Caudillo cobra

396. El 10 de febrero de 1948.
397. El 21 de febrero de 1948.
398. Enero de 1948.

confianza y anuncia: «Los tiempos difíciles han pasado.» Luego, pensando en la depreciación de la moneda y en la creciente inflación, atempera su optimismo y añade, como si su fe en la autarquía zozobrase: «Necesitamos imperiosamente producir.»[399]

En la confianza de los buenos tiempos se acuñan y ponen en circulación pesetas con la efigie de Franco y la leyenda «Francisco Franco, Caudillo de España por la gracia de Dios».[400] Los rojillos que quedan emboscados en la *Nueva España* propagan un chiste: «En la próxima emisión van a poner *Caudillo de España porque Dios es muy gracioso.*»

VENDO PISO SUNTUOSO. Primera planta, propio representaciones diplomáticas, 4 grandes salones exteriores, «hall», 8 dormitorios, 3 baños, servicios, etc. Hermosilla, 19.

399. De hecho el 3 diciembre de 1948 se establece un cambio flexible de la peseta con diversas divisas para eliminar la rigidez del cambio único.

400. El 27 de julio de 1948.

CAPÍTULO 63

Llegan la cigüeña y el doctor Fleming

El hogar de Teófilo González se llena de alegría. A los diez meses y cuatro días de la boda, el domingo 7 de marzo de 1948, Teófilo y Visitación han tenido su primer hijo, un varón, largo como un conejo, más bien feo, con mucha frente, al que bautizan con el nombre de Vicente. El niño hace el número 27.957.463 de los españoles censados.

—¿Cómo se va a llamar el niño? —pregunta don Basilio, el cura de San Martín.

—Vicente.

—En ese caso se llamará Vicente, Tomás Bonoso Maximiano de la Santísima Trinidad —precisa el presbítero.

—No, no, sólo Vicente —insiste el progenitor.

El cura le dirige una mirada bondadosa.

—Claro, como eres forastero no sabes que en este pueblo es costumbre que a todos los nacidos se les imponga, además del nombre familiar, el del santo del día, en este caso santo Tomás, y luego los nombres de los dos patronos del pueblo, san Bonoso y san Maximiano, los gloriosos centuriones romanos martirizados por defender la fe cristiana en tiempos del emperador Diocleciano; y, finalmente, la Santísima Trinidad, como reconocimiento del dogma fundamental de nuestra Santa Madre Iglesia Católica y Romana.

—Si es así, no se hable más —otorga Teófilo.

Vicentito (por el abuelo materno) recibe las heladas aguas bautismales, y se mea en el acto, sin consideración alguna al sacramento.

Otra familia española, la constituida por los aspirantes al trono, ha celebrado por esos días la primera comunión de su hijo Alfonsito, que transcurre con más pena que gloria, en la estricta intimidad familiar. Se conoce que los entusiasmos legitimistas de los monárquicos se han enfriado cuando han comprendido que hay Caudillo para rato.

En primavera, don Juan y su esposa han viajado a París (hotel Maurice), luego a Suiza a ver a la anciana reina Victoria Eugenia y de allí a Roma, donde los recibe el Papa Pío XII, ceremonioso y más frío que una llave. Sin volver por Estoril, enlazan el viaje con un crucero por el Caribe y Cuba.

Mientras sus padres toman el sol en Varadero, donde trasiegan abundantes mojitos dobles, don Juanito continúa interno en su sombrío colegio de Friburgo. Una infección grave del oído aconseja practicarle una trepanación. Don Juan y doña María están en paradero desconocido; al Caribe dijeron que iban, y no llaman a la familia ni han tenido la precaución de dejar un número de teléfono en el que contactar con ellos si se presenta una emergencia. Finalmente, la propia reina Victoria Eugenia se responsabiliza y da el permiso para operar al niño.

La verdad es que los condes de Barcelona tienen bastante abandonados a sus hijos. Cuando Juan Carlos se traslade a España para iniciar sus estudios a la sombra del Caudillo, un momento de gran trascendencia en su vida, sus padres no acudirán a despedirle a la estación: dos días antes se fueron de safari a Kenia.

Con la primavera, que en Alemania es brumosa y fría, los antiguos aliados anglosajones y soviéticos han roto las conversaciones y han pasado de las palabras a los hechos. Los soviéticos cierran sus fronteras. Berlín queda aislado en el territorio de la jurisdicción soviética. Ya que no le pueden suministrar víveres por carretera, los angloamericanos emprenden la tarea de enviarlos por aire: un puente aéreo que abastezca los tres tercios de la ciudad pertenecientes al mundo libre.[401]

Los tenientes Rodríguez y Figueras discuten sobre la posibilidad de una nueva guerra mundial, esta vez de Occidente contra el Sóviet, que se ha merendado media Europa y que amenaza a la otra media, tal como Franco y Churchill avisaron en su momento y como la Propaganda del Régimen no deja de recordar. Los españoles, cada vez más aislados, no siguen con gran interés las noticias internacionales. Lo que en estos días ocupa espacio en los periódicos es el periplo triunfal, por diversas capitales españolas, del doctor Alexander Fleming, descubridor de la penicilina. Ésta se considera la panacea universal para muchas enfermedades, especialmente para las venéreas. Al sorprendido escocés, le reciben en todas partes como a un héroe.

La Uruguaya en Madrid y la Cangrejera en Sevilla no son las únicas casas de lenocinio que entronizan, en la zona más noble del establecimiento, un azulejo o un cuadro con la figura del doctor

El doctor Fleming encantado de las manifestaciones de cariño que recibe en su gira triunfal por España.

401. El bloqueo comienza el 5 de mayo de 1948.

franqueado por dos farolillos en señal de devoción. En casa de la Uruguaya, que además comercia con la penicilina, no le faltan a san Alexander Fleming, una guirnalda fresca, flores y lamparillas de aceite aromático.

El reconocimiento popular al doctor Fleming no desluce el oficial. Las autoridades y jerarquías del Movimiento le reciben con gran pompa; las universidades se disputan el honor de investirlo doctor honoris causa.[402]

—Todo es poco para este hombre —dice la Uruguaya.— Si viniera por aquí yo misma me ocupaba con él, y le iba a hacer un trabajo como para que se acordara de mí toda la vida, porque cuando yo pongo interés en la faena, eso no se olvida.

—¿Bajarías al pilón? —inquiere el Chato Puertas, ya asiduo de la casa, además de socio.

—Le haría de *to*, ¡hasta que berreara de gusto!

En la tienda de Teófilo, el tema del día es la llegada del actor y cantante mexicano Jorge Negrete a la estación del Norte de Madrid. Otro que llega en loor de multitudes.[403]

—En cuanto el tren se paró y Jorge Negrete apareció en la portezuela —explica el representante de los polvos de lavar Norit—, las mujeres que lo esperaban, más de tres mil, algunas gritando y llorando, se abalanzaron sobre el divo y, en el tumulto, le arrancaron los botones de la chaqueta como recuerdo, y me han dicho que también los de la bragueta.

—¡Qué barbaridad!

Corren tiempos muy fetichistas, en que los enamorados intercambian fruslerías, rizos y recuerdos, y los brazos incorruptos de santa Teresa o de san Francisco Javier se reciben con nubes de incienso, Tedeums y cohetes en las capitales de provincia.

En la barbería El Siglo, Pepe propone un acertijo:

402. Lo será por la Universidad Complutense de Madrid el día 12 de junio de 1948.

403. El 31 de mayo de 1948.

El cantante mexicano de rancheras Jorge Negrete llega a Madrid en olor de multitudes. Un momento después perderá los botones en un arrebato entusiasta de sus admiradoras.

—¿Por qué le dicen a Franco «el rana»?

—Ni idea.

—Porque va de pantano en pantano.

El poeta exiliado León Felipe lo ha llamado, en un poema, «El sapo»:

Franco, ese sapo iscariote y ladrón,
... sentado en su silla de juez,
repartiendo castigos y premios...

recita Leyva de memoria.

—¿Eso dónde lo has aprendido? —pregunta el Fígaro.

—En la Pirenaica. ¿Dónde va a ser, si no?

CAPÍTULO 64

Entrevista en el *Azor*

Franco y don Juan se van a encontrar, después de dieciocho años sin verse. Franco, que ha cumplido los cincuenta y cinco, está algo fondón; don Juan tiene treinta y cinco y se conserva alto, apuesto, la nariz borbónica; el pelo fuerte y peinado hacia atrás. Se han citado en la mar, frente a la costa vasca, a 5 millas del monte Igueldo, adonde acudirán en sus respectivos yates, el *Saltillo* y el *Azor*.

Don Juan acude crecido a la entrevista. Recuerda unas palabras, hace tiempo, de su consejero Pedro Sainz Rodríguez:

—*Franquito* le lamerá el culo a vuestra majestad las veces que haga falta para tener a don Juanito en España.

Don Juanito es don Juan Carlos, el niño de diez años que un día heredará la Corona. Lo que no está claro es de quién, si de su padre o del Caudillo.

El plan inicial es que Franco visite primero el *Saltillo* y después de departir unos momentos con don Juan, los dos, Franco y el Borbón, pasen al *Azor*, donde mantendrán las pertinentes negociaciones; pero ese día la mar está algo picada y Franco, temeroso de hacer el ridículo bajando a la barca por una inestable escalera de la nave, opta por enviar un bote del buque escolta, el dragaminas *Tambre,* para que recoja a don Juan y lo lleve al punto de reunión. Don Juan accede y se traslada al *Azor*, acompañado por el duque de Sotomayor.

Cuando don Juan pisa la cubierta del yate, el contramaestre

del navío lo recibe con las pitadas de ordenanza correspondientes a un almirante, un gesto de respeto que complace al invitado. Franco sale al encuentro del Borbón con su mejor sonrisa y lo saluda cordialmente, con los ojos arrasados de lágrimas.[404] También el Borbón se emociona, aunque se repone enseguida.

Franco va vestido con un terno gris y zapatos a la moda, blancos y azules; don Juan ha escogido un atuendo deportivo, de capitán de yate: chaqueta *blazer* azul marino, y pantalón y zapatos blancos. Franco trata de *alteza real* al Borbón; don Juan, a Franco, de *excelencia*. Franco aduce que no le da el tratamiento de *majestad* porque aún no está coronado.

Al principio, charlan distendidamente del tiempo y del estado de la mar, marejadilla. Después, pasan a la cámara, donde conversarán durante tres horas, mientras el piloto costea entre Zarauz y San Sebastián una y otra vez.

Franco y don Juan departen animadamente en la cubierta del *Azor*. Todavía no habían servido el insatisfactorio almuerzo.

404. Ya queda dicho que el Caudillo era muy sentimental, pero, aunque no contuviera las lágrimas, sabía contener los actos.

Roto el hielo, Franco entra en materia. Le dice a don Juan que se encuentra sano y con ganas de trabajar. Puede seguir al frente de España por lo menos otros veinte años. Don Juan disimula la contrariedad. Le aclara que su urgencia por ocupar el trono sólo responde a los intereses de España.

O sea, que son un par de patriotas filántropos. Todo por la Patria.

Franco menciona a Alfonso XIII, y vuelve a derramar unas lágrimas. Al reproche de don Juan sobre la Ley de Sucesión, que podría habérsele consultado antes de publicarla, Franco responde:

—No lo hice porque quería tener a vuestra alteza como un gallo tapado.

El tema principal de la reunión es don Juan Carlos, el primogénito y heredero de don Juan. Franco desea que se eduque en España.

—¿Cómo voy a mandar a mi hijo a España mientras sea un delito gritar «¡Viva el rey!», o se multe a quienes se reúnen para hablar de la monarquía [...], y se persiga a los que me son más fieles? —pregunta don Juan.

—Todo eso puede arreglarse —promete el Caudillo.

Este niño, que algún día será rey, debe educarse en España. En eso están los dos de acuerdo, aunque don Juan tiene sus reservas sobre el plan de estudios que su hijo debe seguir y sobre las condiciones de su estancia.

A la hora del almuerzo abordan el *Azor* los acompañantes de don Juan, entre ellos su hermano, el infante don Jaime, el sordomudo. Se sirve un cóctel. Don Juan observa el servilismo del general Martín Alonso, que ofrece una bandeja a Franco, inclinándose como un camarero.

El menú, que don Juan, acostumbrado como está a los mejores restaurantes, calificará como «una mierda» consiste en entremeses y en huevos a la americana, ternera Benicarló y patatas a la duquesa, y bizcocho helado y palitos de hojaldre. El vino, detestable; casi de garrafón para don Juan, que está habituado a las mejores añadas de los caldos más escogidos.

Ocupan las dos presidencias del comedor Franco y don Juan.

En la conversación, relativamente distendida, Franco se refiere a una reciente montería en la sierra de Gredos.

—Tengo entendido que se abatieron cabras con ametralladora —comenta malévolamente don Juan.

—Sólo se disparó a las que huían heridas —responde el Caudillo, algo molesto.

—De todos modos —replica don Juan—, eso es muy poco deportivo.

La conversación deriva hacia la pesca del salmón. Franco expone sus últimos conocimientos en la materia. Uno de los consejeros reales asistentes, Real de Asúa, lo corrige con superior conocimiento.

Llega la hora del café, la copa y el puro. Don Juan se despide cordialmente.

Don Juan y sus acompañantes regresan al *Saltillo*. Deja en el *Azor* a Sotomayor, que está demasiado mareado para acompañarlos.

«En la entrevista en el *Azor* —escribe Anson— don Juan le ha proporcionado a Franco lo que éste necesita para salir de su aislamiento: el príncipe, cuya presencia en España significa un argumento decisivo para alcanzar la normalización de la situación internacional española.»[405]

Significa algo más: «Un día se producirá la ruptura generacional; aquel niño, que es un Capeto, terminará, ya adulto, alineándose junto al poder. Franco, entonces, se dará el gusto de derrocar a don Juan, al designar a don Juan Carlos.»[406]

Después de ocho años de tiras y aflojas entre los monárquicos y el Caudillo, «Franco les había metido un gol que decidió el resultado del partido».[407]

405. Anson, *Don Juan,* p. 285.

406. Anson, *op. cit.,* p. 286.

407. Borràs Betriu, Rafael, *El rey de los Rojos. Don Juan de Borbón, una figura tergiversada,* Ediciones B, 2005, p. 257. Muchos años después comprendería su error cuando declaró que «de haber sabido que enviar al príncipe a España significaba que un día sería rey en mi lugar, no lo habría enviado». (Vilallonga, *El Rey,* p. 146.)

Después de la entrevista, Gil Robles anota en su diario: «El rey ha dado un paso de esta gravedad sin contar con sus habituales consejeros [...]. Ha habido un especial empeño en que yo ignorase lo ocurrido [...]. Me temo que todo esto sea de consecuencias funestas.»[408] «No es consciente de la trascendencia del paso que ha dado, y hoy está entretenidísimo con las regatas internacionales de balandros en Cascaes.»[409] Cuando puede hablar con él, vuelve al diario: «Está obcecado. Comprende que no habrá acción internacional contra Franco. Habla lleno de desprecio hacia los anglosajones y dice que no queda más salida que entenderse con el dictador.» Más adelante escribe: «Tengo una larga y penosa conversación con el rey. Por sí y ante sí, rodeado de una camarilla de idiotas, ha accedido a enviar a España al príncipe dentro de unos días [...] Ante esta triste claudicación, no hay nada que hacer. El rey está entregado.»[410]

Vicente Gay es de una opinión parecida: «La monarquía ha terminado hoy, ha sucumbido definitivamente. Nos ha *borboneado*. Este verbo lo inventó el general Primo de Rivera cuando recibió la patada de Alfonso XIII. Eso mismo ha hecho el hijo con nosotros ¡Al fin, Borbones! [...] Don Juan está loco y no tiene dignidad. Es un traidor más a la causa de España.»

El general Aranda, ya regresado de su destierro, es otro de los monárquicos escandalizados: «La monarquía ha sucumbido [...]; nunca pensé que el rey iba a ponerse de rodillas ante Franco [...]: baja de su yate y sube al de Franco a ponerse en sus manos. [...] Y luego le entrega al hijo como rehén, y a petición propia. ¡Es lo último!»

Cinco días después de la entrevista, los representantes monárquicos firman un pacto con los socialistas en San Juan de Luz. Cuando informan a Indalecio Prieto de la reunión de don Juan con Franco, el líder socialista se indigna («Me ha puesto los cuernos»), y renuncia a toda negociación futura.

408. Gil Robles, *La Monarquía por la que yo luché. Páginas de un diario (1941-1954)*, Madrid, 1976, p. 265.
409. *Ibid.*, p. 267.
410. *Ibid.*, pp. 279-280.

En los meses siguientes, Franco no se muestra tan solícito como don Juan esperaba o, por decirlo con las palabras de Sainz Rodríguez:

—*Franquito* no le lame el culo con la delectación que él esperaba.

Diego Medina, en su despacho de Abastecimientos, introduce en el rodillo de la máquina de escribir Underwood cuatro folios de papel de seda y los correspondientes intermedios de papel carbón Kores. Lleva toda la mañana haciendo copias para la prensa de las nuevas disposiciones:

«A partir del día primero de octubre próximo se eleva el racionamiento de pan para las cartillas de tercera categoría a 200 gramos diarios y se modifica el correspondiente a las cartillas infantiles. Las de primera categoría tendrían una ración de 80 gramos; las de segunda, 100; y las de tercera, los 200 anunciados. En las infantiles, las del primer ciclo, correspondientes a niños menores de seis meses, sometidos a régimen de lactancia natural, y como sobrealimentación a la madre, ración de 100 gramos de pan, y para los del tercer ciclo, niños de uno a dos años, ración de 100 gramos.»[411]

Don Juan Carlos, el niño rico que no conoce la escasez, pero sí el desamor, emprende su viaje a España en el *Lusitania Express*. Lo acompaña un séquito formado por varios aristócratas, entre ellos el duque de Zaragoza, con mono azul de mecánico porque es ingeniero y quiere ser el conductor honorífico del tren que devuelve la dinastía a España.[412]

Los monárquicos, conscientes de estar escribiendo la Historia, tienden a solemnizarlo todo.

Juan Carlos está a punto de cumplir los once años. Nunca ha

411. Agencia Cifra, 28 de septiembre de 1948.
412. El 9 de noviembre de 1948.

estado en España; el ignoto país que tan presente está en las conversaciones de su familia, en la memoria de su padre, el patriota.

El tren llega sobre las ocho y media a la estación de Villaverde. Fin del trayecto. Los mozos de cuerda bajan las maletas y dos baúles.

El niño se deja llevar. Lo primero es oír misa en el convento de las carmelitas. Luego, lo trasladan al Cerro de los Ángeles, para un acto de afirmación católico-monárquica consistente en hacerle leer un comunicado frente a las ruinas del monumento que inauguró su abuelo. Está en ruinas porque los rojos lo dinamitaron en la guerra.[413]

Con su español vacilante, tiritando, porque en aquel promontorio desarbolado hace más frío que pelando rábanos, el niño lee: «... adelantado de mi augusto padre, vengo ante el monumento al Sagrado Corazón de Jesús a repetir el acto de consagración de España que en este mismo lugar pronunció mi abuelo en 1919».

Don Juanito y sus compañeros de colegio lanzan un globo en presencia de sus educadores y del atento sacerdote que vela por la formación cristiana de los educandos.

413. Por eso Franco le ha concedido el título de «mutilado por la Patria» al montón de escombros.

Cálidos aplausos de los pocos espectadores, en realidad un pretexto para calentarse las manos arrecidas.

Juan Carlos y su séquito se dirigen a la finca las Jarillas, propiedad de los marqueses de Urquijo, sita en el kilómetro 19 de la carretera de Colmenar Viejo. Allí, Franco ha improvisado un colegio, que don Juanito compartirá con otros nueve alumnos de su edad, procedentes de familias nobles, y otros tantos profesores escogidos. El joven príncipe va a cursar sus estudios de bachillerato en una especie de «laboratorio pedagógico» hecho a su medida. Los compañeros de Juan Carlos comparten habitaciones dobles. Él, por ser quien es, disfruta de una individual, con saloncito y todo. Los profesores se dirigen al ilustre alumno tratándolo de alteza real y de señor; él, los tutea, siguiendo la costumbre borbónica de tutear a todo quisqui.

El colegio dará resultado: si hasta ahora don Juan Carlos era un estudiante más bien mediocre en el colegio suizo, en el español, el augusto alumno sólo obtendrá matrículas de honor.[414]

Unos días después, llevan a Juan Carlos a El Pardo, para que Franco lo conozca personalmente.[415]

Don Juan le había advertido de cómo tenía que comportarse en presencia de Franco:

—Escucha bien lo que te diga, pero habla lo menos posible. Se cortés y responde con brevedad a sus preguntas, que «en boca cerrada no entran moscas».[416]

Se celebra la entrevista en el saloncito de El Pardo. Mientras Franco le habla, el niño observa distraído un ratoncito que se mueve entre las patas del sillón del Caudillo.

A Franco le agrada aquel niño rubio y guapo, tímido y prudente. Al despedirse le regala una escopeta de caza adecuada a su

414. «Se hubiera necesitado tener mucho valor, y una independencia económica de la que no gozaban los profesores, para darle una nota por debajo del sobresaliente», opina Eyre, Pilar, *op. cit.*, p. 163.

415. El 24 de noviembre de 1948.

416. Borràs Betriu, Rafael, *El rey de los Cruzados*, Flor del Viento Ediciones, Barcelona, 2007, p. 136.

edad. Algún día le regalará un reino. A Juan Carlos le parece que Franco es «un señor muy simpático».

Empiezan a gustarse.

La señora de Franco, que aparece en la fase final de la entrevista, le parece menos simpática.

EL DESCANSO DE PERICO..

¡MIRAD CON QUE SE CONFORTA...!

1945 / L. P. Solero / c1-86

Anuncio, 1945.

CAPÍTULO 65

Nuestra verdad se abre camino

En la barbería El Siglo, Pepe está afeitando a don Fermín Siles. Otros dos parroquianos madrugadores aguardan turno, sentados junto a la estufa de palos.

Pepe los mira y dice:

—Ahora que estamos los cabales, ¿sabéis el de Franco y el tornero?

No lo saben.

—Está Franco visitando una fábrica y se para a charlar con un tornero, para que lo saquen los del No-Do.

—¿Está usted contento con su trabajo? —le pregunta.

—Sí, don Claudio —responde el hombre, cagándose las patas abajo.

—Y con su salario. ¿Está usted contento?

—Sí, don Claudio.

—¿Tiene usted vivienda propia?

—No, don Claudio —responde el tornero, avergonzado de su pobreza—. Vivo de alquiler.

Se vuelve Franco al ministro de la Vivienda y le dice:

—Apúntame a este productor para las próximas casas baratas que se hagan. Que le den una.

—¡Gracias, don Claudio, que Dios lo bendiga! —exclama el tornero emocionado.

—Oiga —le pregunta Franco, antes de proseguir—. ¿Y por qué me llama usted don Claudio?

—Hombre es que, como todavía no tenemos confianza, me da corte llamarlo «Claudillo».

El Chato Puertas siempre elegante, diente de oro, peinado hacia atrás con abundante brillantina, bigotito recortado, traje a rayas cruzado, chaleco con leontina de oro, zapatos bicolores a la moda, abultada cartera de hombre de negocios. Ya ha dejado de usar la camisa azul, como casi todo el mundo, pero conserva en el ojal de la chaqueta el yugo y las flechas de plata, aunque en un modelo más pequeño que el anterior.

El Chato Puertas desciende en el ascensor de caoba, excesivamente barnizado, que conduce a la planta baja del Ministerio de Industria. El Chato conoce los nombres de todos los bedeles y secretarios, y anda por los despachos como Mateo por su casa.

El Chato se acoda en la barra de la cafetería del Ministerio, atestada de funcionarios que desayunan sin prisa y que fuman, mientras charlan de fútbol, de toros y de mujeres. Sus vecinos mantienen esta conversación:

—Hay que aumentar la productividad, Jacinto. Necesitamos inversiones y maquinaria que sólo pueden venir del extranjero.

—Pero, Tomás, eso contradice la autarquía.

—¡Coño! ¿En qué mundo vives? ¿No has notado que hace años que no sale esa palabreja en los discursos? Ya la arrumbaron y ahora se arriman a la economía de mercado. Se va a abrir la mano en las importaciones. Cosa de meses. Vamos a ver si el camarada Lequerica tiene suerte y nos devuelve al terreno de juego.

José Lequerica, el viejo diplomático falangista, ahora inspector de embajadas, un cargo nuevo hecho a su medida que, en realidad, encubre una delicada misión que lo ha llevado a Estados Unidos con el mismo traje diplomático que luce en España en las grandes ocasiones y con su chistera. Si en Estados Unidos la política depende de los *lobbies*, lo que España necesita es disponer del suyo propio. La misión de Lequerica es crearlo. Para eso, va a entablar negociaciones con altos funcionarios, militares, políticos y empresarios, sobornando a quien sea menester.

José Lequerica (1891-1963),
el hombre que situó España
en la órbita de Estados Unidos.

Lequerica comienza por el influyente abogado Charles Patrick Clark, al que el Ministerio de Asuntos Exteriores español asigna un sueldo anual de 25.000 dólares. Así logra crear un *lobby* que apoya la normalización de relaciones con España.

El Chato Puertas queda favorablemente impresionado.

De regreso a la oficina, se topa con un periodista conocido:

—¿Oye, tú sabes lo que es un *lobby*?

—No sé, ¿un lobito pequeño?

—¡Vete a la mierda!

A media mañana consigue enterarse de lo que es un *lobby* por otro de sus contactos, que ha sido secretario de embajada.

—Un grupo de presión. Eso se dice en Estados Unidos: el *lobby* judío, el *lobby* industrial, el *lobby* de las compañías petrolíferas... Cada *lobby* tiene a cierta cantidad de senadores y de congresistas en nómina, como si dijéramos, para que favorezcan sus intereses.

—¡Coño, lo mismo que yo hago: untar manos para que lo dejen a uno vivir! —se congratula el Chato—. Ahora resulta que llevo años haciendo alta política sin enterarme.

—¡A ver —dice el funcionario—, en todas partes cuecen habas, camarada!

Las gestiones de Lequerica dan sus frutos. El Departamento de Estado americano sugiere la conveniencia de crear «un ambiente amistoso» hacia España, dado que la resolución de la ONU que buscaba derribar a Franco ha fracasado.

Estados Unidos e Inglaterra quieren integrar a España en la comunidad internacional, pero prefieren que la iniciativa parta de un tercer país, quizá una de esas repúblicas bananeras sudamericanas, tan amigas de Franco.

Confortado con las buenas noticias, el Chato Puertas visita a Casilda, su mantenida. Después de la primera prestación sexual, mientras se recupera para la segunda, el Chato fuma un Philip Morris pensando en sus asuntos. (Dora, la legítima, le prohíbe fumar en la cama.)

Casilda regresa del bidet y se tiende a su lado.

—¡Qué rica estás, Casi! —la alaba palmeándole el trasero—. Y qué poderío tienes, potranca. Más poderío que un *lobby*.

—¿Qué es un *lobby*?

El Chato se lo explica.

—¡Hay que ver lo que sabes! —exclama la mujer con genuina admiración.

El Chato le resta importancia:

—Dos veces me han querido hacer subsecretario, y de ahí a ministro se llega fácil, pero yo gano más como estoy.

—De ministro no podrías tener una querida —objeta Casilda melosa—. Si se entera *la Collares,* te echan.

—¡Mujer, los ministros tienen todas las queridas que quieren!

Casilda Ronzal se ha acomodado a su condición de querida, como la de la copla de Concha Piquer, «La otra». Quiere al Chato Puertas, que es bueno con ella y, en dos años que llevan juntos, sólo le ha pegado tres veces; una de ellas porque se habían terminado los callos con manitas de cerdo que al Chato le gusta tomar, después del amor, con un vaso de valdepeñas con sifón. Casilda no se plantea nada más. A veces piensa en el futuro, cuando envejezca y el Chato la cambie por otra más joven. Él le ha prometido que un año de éstos le va a poner una mercería o una tienda de ultramarinos finos, «para que no quedes desamparada el día que yo te falte».

Quien calcula compra en Sepu. Grandes almacenes Sepu lanzan la semana del duro. Sepa, respetado cliente, que podrá comprar por un duro dos vasos de vino irrompibles, técnica americana, cinco ceniceros, tres perchas, tres moldes de flan, un infiernillo de latón...

Amanece en Madrid. Dos empleados municipales conectan una manguera a una boca de riego y baldean generosamente el asfalto parcheado de la avenida del Generalísimo. Faltan tres horas para que comience el décimo Desfile de la Victoria.[417]

El Chato Puertas está invitado a presenciarlo desde una de las tribunas. Viste para la ocasión camisa azul de seda, debajo del traje oscuro con la medalla de Sufrimientos por la Patria en la solapa. Ha adquirido la medalla recientemente, tras largo chalaneo con la oficina correspondiente, que se resistía a concedérsela. El puntilloso

417. 1 de abril de 1949.

funcionario interpretaba que romperse una pierna al rodar la escalera del refugio en una alarma aérea no era, propiamente, un acto de guerra. El Chato inclinó la balanza de su lado con el simple expediente de enviar al jefe de negociado correspondiente un jamón de Trevélez y un saquito de garbanzos manchegos, sellados, como si procedieran de Fuentedueñas.

Comienza el desfile: remendados carros de combate, cañones recién pintados tirados por ganado mular, camiones en trance de jubilación; compañía de esquiadores con sus esquís a cuestas, todos de blanco; la mayoría, gente de secano que nunca ha visto la nieve, compañía de ciclistas en bicicleta con la carabina en tercerola; compañía de infantes de Marina vestidos de marinerito...

Dos *cameramen* del No-Do con gabardina, encaramados al techo de una furgoneta, no pierden imagen, especialmente cuando desfila, a paso marcial, una unidad de la Legión, liderada por un carnero de retorcidos cuernos pintados de purpurina dorada, que despierta el entusiasmo de los espectadores.

Frente al estandarte legionario, portado por un robusto barbudo remangado, tatuado, la camisa abierta hasta medio pecho, luciendo rubia pelambre pectoral, el Caudillo, de pie en su tribuna; la expresión, impenetrable y concentrada, del centinela de Occidente: siente erizársele la piel y contiene apenas las lágrimas.

—¡Esto es la gloria! —se entusiasma una espectadora del pueblo—. ¡Todos los días debería ser uno de abril!: no hay cortes de agua ni de luz, tenemos ración extra en las cartillas y han levantado restricciones a la circulación de automóviles.

—¡Qué lujo!

Con un Ejército así, España debería estar en la OTAN, la Organización del Tratado del Atlántico Norte, una alianza militar recientemente creada por los antiguos aliados para preparar un eventual enfrentamiento con el bloque soviético (que responderá, a su vez, con el Pacto de Varsovia).

Pues no. El pacto de la OTAN se firma con exclusión de España.[418] Franco, molesto, declara a la prensa:

418. El 4 de abril de 1949.

—El Pacto Atlántico sin España es como una tortilla sin huevos.[419]

Anuncio, 1949.

419. Como es sabido, España no ingresará en la OTAN hasta después de la muerte de Franco.

CAPÍTULO 66

Días de vino y rosas. (Y salmones)

Los dos bloques, mundo libre y mundo comunista, siguen moviendo sus fichas en el tablero internacional. A la creación de la República Federal Alemana en los sectores del antiguo Tercer Reich ocupados por Estados Unidos, Inglaterra y Francia,[420] replican los soviéticos con la creación de la República Democrática Alemana, en la parte que ellos ocupan.

Diego Medina no tiene mucho trabajo y pasa la mañana repasando el *ABC*. Hoy, los titulares resaltan que el Comité Político de la ONU ha votado sobre el caso español: 26 votos a favor, 15 en contra y 16 abstenciones.

—¿Eso qué quiere decir? —le pregunta Rivas.

—Quiere decir, que si lo ratifican los dos tercios de la Asamblea General, se deja al arbitrio de cada país mantener o no relaciones con España.

Pero muchos países, especialmente los hispanoamericanos, no esperan a la Asamblea General y envían sus embajadores. España sale de su aislamiento de cuatro años, que sólo ha servido para consolidar el Régimen. El Caudillo se sale con la suya: no ha aplicado ninguna de las reformas que le exigía la ONU (libertad de culto, de prensa, de asociación...) y, sin haberse movido un ápice de donde estaba, se encuentra con que Estados Unidos le tiende una

420. El 23 de mayo de 1949.

mano amistosa porque lo necesitan como aliado en la Guerra Fría.

En septiembre, la escuadra americana en Europa visita El Ferrol del Caudillo. Mientras la alegre marinería invade la ciudad y deja sus dólares en casas de comida y casas de lenocinio, sin miedo a las diarreas ni a la gonorrea, su jefe, el almirante Connaly, visita a Franco en el pazo de Meirás.

La necesidad de integrar de algún modo a España en el bloque occidental se hace más apremiante en agosto, cuando los rusos detonan una bomba atómica de 22 kilotones en Semipalatinsk (Kazajstán). Los aliados occidentales sabían que los soviéticos estaban fabricando la bomba, pero creían que el proyecto estaba todavía en mantillas. Ahora resulta que se han equiparado a Estados Unidos en armamento nuclear, una razón más para preocuparse.

La prensa española no se lo cree y ofrece a sus lectores la explicación pertinente.

—¡Qué imbéciles son! —exclama el teniente Rodríguez, señalando la noticia del periódico—. Han hecho estallar treinta toneladas de trilita en una mina abandonada para que los americanos crean que tienen la bomba atómica.

Los americanos, mejor informados, saben que lo de la bomba soviética *Joe*, como la llaman, es cierto. Ahora rondan a Franco, furibundo anticomunista, centinela de Occidente y propietario de un país que, militarmente, puede ser un cero a la izquierda, pero está situado en una posición estratégica envidiable: punta de Europa, dominador del Estrecho y enlace entre dos mundos.

Doña Carmen, *la Señora*, sonríe, triunfa y respira. Ya pasaron los malos tiempos. Ahora todo el mundo advierte lo acertado que estaba su Paco al declararse anticomunista. Es que cuando otros van, él está de vuelta.

El Caudillo puede relajarse y prestar un poco de atención a su vocación de escritor y pensador, que la tenía muy abandonada.[421] Con el pseudónimo Jakim Boor publica una serie de artículos contra la masonería en el diario *Arriba* (algunos no se libran del tijere-

421. De hecho, Franco tiene el carnet número uno del Registro Oficial de Periodistas.

Franco pesca en un descanso de su agotadora labor
como gobernante al frente de los destinos de España.

tazo del censor, lo que el Caudillo encaja con humildad cristiana). También su mano derecha, Luis Carrero Blanco, escribe y publica, con el pseudónimo Juan de la Cosa.

El Caudillo va de pesca a los ríos gallegos Sar, Eo, Eume; o a los asturianos Narcea y Sella. Cerca de Cangas de Onís, el Sella forma una poza, la Olla, de unos veinte metros de diámetro, al pie de una represa de cemento. La presa tiene un aliviadero lateral que proyecta un grueso caño de agua por el que saltan los salmones para remontar el río hacia las zonas de desove. Cuando el Caudillo va de pesca, los guardas forestales tapan el aliviadero de la represa con una plancha de madera. Privados de su camino natural, los salmones se concentran por cientos en la Olla y resulta facilísimo pescarlos. Franco entrega sus capturas en el banco del salmón, donde los más expertos pescadores tienen cuenta.

El Caudillo se relaja. El Régimen se relaja. El Caudillo incluso le da trabajo (no penado, remunerado) a un antiguo rojo. El escultor Juan de Ávalos, que se exilió en Portugal debido a su filiación socialista, regresa a España para presentar su escultura *Héroe muerto* en la Exposición Nacional. Franco visita la exposición y se queda prendado de la escultura. Llama al jefe de su Casa Civil:

—Éste es el gran escultor que necesita España.

Ávalos esculpirá las estatuas colosales que adornan el Valle de los Caídos.[422]

En la barbería El Siglo, Pepe aprovecha que sólo han quedado los de confianza para imitar la voz atiplada de Franco:

—¡Españoles!, en los años pasados habíamos llegado hasta el borde mismo del abismo. Hoy debemos alegrarnos porque, por fin, hemos dado un gran paso adelante.

Llega el verano con sus calores, sus moscas y sus albarillos maduros de las huertas del Guadalbullón. Sólo los españoles más pudientes se van de vacaciones a la playa, al pueblo o a la sierra. El resto, se queda donde está, con el abanico y el botijo, y las ventanas abiertas en las noches calurosas, para que la corriente de aire refresque las habitaciones.

Franco está contento como un niño con zapatos nuevos porque se bota, con cierto retraso, su nuevo yate *Azor* que viene a sustituir al anterior, desde ahora conocido como *Azorín*.[423] El nuevo *Azor* es más grande, con nueve camarotes dobles, comedor para

422. Con un presupuesto de 27 millones de pesetas, del que le quedan limpias 300.000, después de pagar materiales y ayudantes.

423. El 9 de junio de 1949.

dieciocho personas y una tripulación de cuarenta y ocho hombres. Franco ignora lo cerca que ha estado de no disfrutarlo.

Su baraka lo ha librado, una vez más, de la muerte. Había un plan anarquista para asesinarlo durante la inauguración de la XVII Feria de Muestras de Barcelona.[424] El «Plan Mil Uno» implicaba la actuación de unos cien comandos, vestidos con trajes típicos españoles, o sea de militares, de guardias civiles y de curas. Cuando Franco saliera del coche para pasar revista a las tropas que le rendirían honores, unos conjurados le dispararían con metralletas y le arrojarían varias granadas de mano, mientras los restantes crearían confusión entre el público. Tras asesinar al tirano, huirían en coches preparados al efecto. El plan parecía bueno, pero falló porque un enlace portador de documentos confidenciales fue abatido por la Guardia Civil cuando intentaba pasar los Pirineos.

El atentado se desconvoca. Otra vez será.

Asesinar a Franco con terroristas disfrazados de curas quizá no sea una buena idea. La sotana no es ningún salvoconducto cuando se trata de la seguridad del Caudillo, como algún clérigo descubre en sus carnes. Imaginemos la escena: Franco visita el poblado de colonización de La Quintería, cerca de Andújar, aprovechando una jornada cinegética en la vecina Sierra Morena. La comitiva cruza la calle principal: primero un coche negro con edecanes y con secretarios; después, en coche abierto, cuatro escoltas uniformados, cada uno de ellos corpulento como un armario de tres cuerpos; a continuación, el Caudillo, en coche cerrado y blindado, gafas de sol, gesto serio, manita levantada saludando sin mucho entusiasmo a los niños de las escuelas que a un lado y a otro de la calle lo aclaman «¡Franco, Franco Franco!», y agitan banderitas nacionales de papel de seda con una estampa del Perpetuo Socorro pegada en el centro. El cura del pueblo, que está al frente de su rebaño de feligreses enronqueciéndose de tanto clamar «¡Franco, Franco, Franco!», siente un impulso irrefrenable de demostrar al Caudillo su adhesión personal y se acerca a la ventanilla del automóvil para testimoniarle su fervor. Inmediatamente, los cuatro gorilas saltan del coche descu-

424. El 10 de junio de 1949.

bierto, lo sujetan por los brazos y se lo llevan en volandas a la vuelta de la esquina, donde otros dos policías, éstos de paisano, revisan sus papeles y lo amonestan.[425]

—Pero hombre, padre, ¿por qué ha hecho esa tontería? A punto hemos estado de pegarle un tiro.

—No sé —balbucea el presbítero—, quería cumplimentar al Caudillo.

—Pues de lejos, hombre, ya sabe usted: lo cumplimenta de lejos, como todo el mundo. Ni se le ocurra volver a acercarse a Franco.

425. El incidente ocurrió el 21 de abril de 1961. Lo menciona Manuel Rodríguez Arévalo en *Historia de La Quintería*, Ayuntamiento de Villanueva de la Reina, 1997, p. 66.

CAPÍTULO 67

España como problema

En estos días tranquilos, el estanque de aguas calmas que es España se anima algo con el rifirrafe intelectual entre el pensador falangista Pedro Laín Entralgo y el monárquico juanista, y miembro del Opus Dei, Rafael Calvo Serer (el que páginas atrás abrió al vapor una carta de don Juan y se la entregó a Carrero Blanco).

Laín Entralgo ha publicado el libro *España como problema* en el que propone cierto entendimiento del catolicismo tradicional con los intelectuales de la izquierda liberal, marginados tanto por el exilio interior como por el exterior. Al fin y al cabo, tanto unos como otros «son parte integrante de nuestro patrimonio; cosa nuestra».

Replica Rafael Calvo Serer, con otro libro, *España sin problema*, en el que, siguiendo las trazas de Menéndez Pelayo, se afirma en una España fundada en la religión católica y en la monarquía tradicional, que llegará a ser «el factor principal de Occidente». Por tanto, debemos mantenernos firmes en las convicciones católicas y, si se establece un diálogo con los intelectuales exiliados, que sea para sacarlos de su error y devolverlos al redil de la Patria. «Nada de compromisos: que cambien ellos. Nosotros estamos en posesión de la verdad.»

El Opus Dei, en particular, y el catolicismo, en general, están en alza. Los nuevos curas han notado que el *hombre macho* se está tornando descreído y que relega la práctica religiosa a la esfera de lo femenino. «Hay que ganar para la Iglesia a esa dispersa legión de hijos pródigos.» Se fundan los Cursillos de Cristiandad, un nuevo estilo de cristianismo dirigido a los hombres de pelo en pecho, un cristianismo que se deja de flores a María y dengues teresianos para apelar a la virilidad, a la combatividad, a la hombría del español. «Jesucristo es un amigo al que traicionas cuando pecas.» Al final del cursillo acelerado, el aborregado creyente, en un estado de «incandescencia espiritual» lindero con la memez, entona el himno *De colores:*

De colores es el arco iris que vemos lucir
y por eso los bravos amores me gustan a mí.[426]

Rosarios del alba, cofradías, tríduos, quinarios, *tedeums*, oficios, adoración nocturna y peregrinaciones del brazo incorrupto de San Francisco Javier perfuman el ambiente de incienso y de ceras procesionales. Por los poblados campos de España (40 por ciento de población rural) peregrinan a Santiago los entusiastas muchachos del padre Llanos, tan sexualmente desinformados que, en lugar del tradicional *Ultreya* medieval, gritan *¡Uretra!*, sin advertir la diferencia.

La espiritualidad alcanza sus cotas más altas: la gimnasia trentina de los ejercicios espirituales produce 200.000 comuniones en Málaga, 300.000 en Valencia; otras tantas en Madrid...

España se muestra más católica que nunca y, sin embargo, el cáncer de la lujuria corroe su tejido social. «¿Adónde van las costumbres? —se pregunta el padre Vega—. Causa estupor ver a las mujeres montar en bicicleta, jugar a la pelota, a la barra, al tresillo [...], ver a las parejas de novios sin vigilancia.»[427]

Hasta el propio Franco parece que ha bajado la guardia y que cultiva menos sus devociones, o acaso las trueca por otras más mundanas... Los honores.

426. La versión original, la que decía: «y por eso las niñas bonitas de muchos colores me gustan a mí» fue censurada. Natural.

427. Vega, Daniel, *Costumbres nuevas y pecados viejos*, Ed. Paulinas, Madrid, 1958, p. 89.

En el otoño brumoso, Franco visita Portugal, el país hermano. El Caudillo llega a Lisboa con toda su pompa, a bordo del crucero *Miguel de Cervantes*, escoltado por otros dos cruceros y seis destructores.[428] En el mar de la Paja no se había visto una concentración semejante de naves españolas desde que Felipe II envió la Armada Invencible contra Inglaterra.

La ocasión lo merece. La prestigiosa Universidad de Coimbra inviste al Caudillo, en gracia a los méritos intelectuales, políticos y militares que lo adornan, doctor honoris causa. «No entiendo cómo la censura ha dejado pasar las fotos del acto: imaginaos a Franco vestido con la toga doctoral que le llegaba a los pies, y de holgada valona, que lo convertía, literalmente, en una peonza.»[429]

En la barbería El Siglo no tardan en contar el chiste de Franco en Portugal:

—¿Sabéis cómo empezó su discurso de agradecimiento? —pregunta Pepe, el barbero.

—Anda, dilo —lo anima Leyva.

—Pues ¿cómo lo va a empezar?: «Españoles y lusos...» —recita, imitando la vocecilla atiplada.

Nadie se ríe.

—¿No lo habéis entendido? Españoles «ilusos», ¡que somos unos ilusos, hombre!

—Tú sigue contando chistes de Franco que un día te vas a encontrar una bolsa sin dineros —le advierte Hernández, el hojalatero.

Entre las menudas preocupaciones que arrastra el Caudillo está la de la educación del príncipe Juan Carlos. Su padre, el pretendiente don Juan, se ha cabreado porque no le parece que Franco favorezca a los partidarios de la monarquía, como dio a entender en la entrevista del *Azor* («Eso puede arreglarse»). En un arranque de los suyos, decide romper la baraja y que el niño permanezca en Estoril, en lugar de regresar a Las Jarillas para el curso siguiente.

428. El 22 de octubre de 1949.
429. Calvet, Agustí, *Meditaciones en el desierto, (1946-1953)*, Ed. Destino, Barcelona, 2005, p. 232.

—¿Qué culpa tengo yo de que la gente no sea monárquica? —le dice Franco a Pemán, el eterno navegador entre dos aguas, corazón partido entre dos amores: don Juan y Franco.

—Desde luego, mi general —responde Pemán con gracejo gaditano—. Pero la gente tampoco es budista, ni kantiana, ni apache. ¡Milagro sería que fuera una cosa que, ni conoce, ni ha vivido nunca!

Franco entiende lo de budista y lo de apache. Lo de «kantiana» se le resiste un poco más, pero disimula. Luego, lo mirará en el diccionario. El Caudillo es un hombre ávido de aprender.

«La decisión de don Juan deja "colgados" a los compañeros de su hijo que contaban con regresar a Las Jarillas y no se han matriculado en ningún colegio.»[430]

El real cabreo de don Juan durará unos meses. Después, el príncipe don Juan Carlos retoma sus estudios en España, esta vez en el palacio de Miramar, en San Sebastián, antigua residencia de verano de la familia real.

España va a más, pero sus criaturas más desfavorecidas se siguen ganando la vida a salto de mata, como buenamente pueden. Pedrito de la Cruz Expósito, el hospiciano arrojado al sumidero de la calle, ha encontrado una nueva forma de ganarse el pan con «el timo de la niña ingenua»: una cimbel o gancho, menor de edad, Carmencita, hija de su compadre Medio Peo (que se lleva un 30 por ciento) se deja ligar por un desconocido en El Retiro. El primo, el *julay* o el *cabrito*, en la jerga profesional, se la lleva detrás de unos arbustos y le ofrece un duro para que le enseñe el chichi y le permita acariciarlo e introducirle un dedito, «el meñique; tranquila

430. Eyre, Pilar, *op. cit.*, pp. 164-165. ¿No resulta enternecedora esa conformidad sumisa de los monárquicos a los caprichos reales y a las reales putadas? Eso deriva de la creencia de que los reyes lo son por derecho divino y, como es sabido, los designios del Altísimo son inescrutables. Si la realeza recae en un tipo impresentable, Dios tendrá sus razones. Por otra parte hay que tener en cuenta que «fuera de la institución monárquica, la aristocracia pierde su sentido, no significa nada», como señala el aristócrata José Luis de Vilallonga en sus *Memorias no autorizadas*, tomo IV, p. 347.

que no te voy a hacer daño». La niña, que a su corta edad tiene ya más conchas que un galápago, se finge inocente y lo deja hacer. Cuando están en lo más emocionante, el primo enarbolando sus poderes y dispuesto a penetrar a la niña, aparece Pedrito de la Cruz hecho un basilisco y muestra su placa de policía (falsa, naturalmente) en un gesto que deja entrever una pistola Astra, de madera y betún, ensartada en la sobaquera. Al primo se le vienen abajo la virilidad y el ánimo, balbucea confusas disculpas, eleva protestas de inocencia, suplica... «hizo la guerra con los nacionales y ahora colabora en obras parroquiales con los Hijos de San Vicente...». Al final, propone un arreglo entre caballeros: echa mano de la cartera y le entrega al falso policía todo el dinero que lleva encima, para los Huérfanos del Cuerpo de Policía, además del reloj, de la pitillera y del cinturón, que era nuevo, a cambio de que disculpe su «transitoria debilidad».

—Le aseguro que soy un hombre cabal y un caballero —asevera—. Sólo que he tenido esta debilidad transitoria.

—¡Ea! Váyase usted antes de que me arrepienta, y no ande detrás de las niñas; con la cantidad de mujeres hechas y derechas que hay, todas a cual más puta, deseando follar —lo despide el falso policía.

—Lleva usted razón, señor inspector. Le juro por la gloria de mi madre que no volverá a ocurrir.

CAPÍTULO 68

Gravemente peligrosa

Teófilo González tiene ya casa propia y está terminando de pagar a doña Enriqueta, bendita sea por su bondad, el dinero que le prestó para el traspaso de la tienda. Como muchos españoles de clase baja o media, Teófilo, Visi y el pequeño Vicentito pasan el invierno en la cocina, la habitación más calentita de la casa, con su hornilla de carbón empotrada en el poyo de mampostería y con su acogedora mesa camilla.

Los españoles se sientan en sillas de anea en torno a la mesa camilla, redonda y con faldas, más o menos espaciosa, según el número de miembros de la familia. En la mesa camilla se come, se conversa de sobremesa, se juega al parchís, se cose, se estudia, se repasan las cuentas, se escriben cartas y se realizan, en fin, las mil actividades hogareñas que pueden realizarse sentado.

La mesa en invierno está provista de faldones de paño y oculta en su tarima inferior un brasero, en el que, de vez en cuando, la persona más habilidosa remueve («echa una firma») con la paleta, para apartar las cenizas y avivar así la combustión. En verano, la mesa se viste con faldas de tela ligera. A la hora de comer, se extiende sobre ella un hule que, terminada la comida, se limpia con un paño húmedo y vuelve a enrollarse sobre una caña de escoba.

El complemento necesario de la mesa camilla es la radio, el entretenimiento favorito de los españoles, con sus programas de discos dedicados, en los que se escucha la copla popular de Conchita

Piquer o el bolero de Machín, y con sus concursos. El padre de familia impone silencio cuando llega la hora de las noticias que, desde la ya lejana guerra civil, se siguen llamando «el parte» y se anuncian con un toque de clarín cuartelero.

Las habitaciones están heladas. Las sábanas, tan frías que parecen mojadas. Después de cenar, Visi caldea la cama de Vicentito con un calentador, una especie de sartén cerrada de latón, con mango de madera, en la que introduce las últimas brasas del fogón.

Se acuestan temprano, que hay que madrugar para disponerlo todo antes de abrir la tienda.

Los cuartos de baño con grifos dorados, de los que brota un chorro de agua caliente o fría, a voluntad, sólo se ven en las películas de Hollywood y en las viviendas de los potentados. En España, de la clase media para abajo, no se dispone de cuarto de baño ni de agua caliente.

En algunas casas, el retrete es colectivo, situado en una zona común. En otras, es individual, en un cuartito angosto que sólo deja espacio para el inodoro y para un clavo en la pared, al alcance del usuario, en el que se ensartan recortes de periódico reciclados como papel higiénico. Sólo en las casas de los pudientes se gasta auténtico papel higiénico, por lo general moreno y basto, de una sola capa, marca El Elefante.

En los pueblos hay pocos retretes. Por lo general, las necesidades se hacen en el corral, acuclillado, con una vara en la mano para mantener a raya a las voraces gallinas que se disputan el producto. Las mujeres, más finolis, se limpian con hojas de higuera; los hombres de pelo en pecho, con cantos de río o ripios de yeso, que son más suaves y absorbentes. A veces hay una caseta en el corral con un agujero abierto en el suelo de cemento que comunica con un pozo negro.

Las instalaciones higiénicas de los que carecen de cuarto de baño, que son la mayoría, se limitan a un lavabo portátil con sus tres elementos: jarra para el agua limpia, zafa con agujero de desagüe y cubo para el agua sucia. Cuando está lleno, se vacía en el fregadero, en la calle, en el corral o en el excusado, si queda cerca.

Más de la mitad de los españoles no disponen de agua corriente y tienen que traerla en cántaros de la fuente pública. Las amas de casa la administran con sabiduría. Enseñan a sus hijos a lavarse por partes con la misma palangana, sin cambiar el agua: primero la cara y los brazos hasta el codo, después, las axilas; a continuación, con la zafa en el suelo, las partes pudendas; y, por último, las piernas y los pies, sentados en una silla baja, de las de costura.

Vicentito se lava a diario la cara y las manos, cuantas veces sea necesario, y el baño completo se lo da el sábado, cuando se cambia de ropa interior y de camisa («Sábado, sabadete»). En invierno, su madre calienta el agua en una olla grande, sobre el fogón y la vierte en el barreño de cinc, en la misma cocina calentita. Cuando llega el buen tiempo, la madre de Vicentito pone el barreño de agua en la terraza para que se caliente al sol, y baña al niño a mediodía.

Teófilo y Visi viven sin estrecheces ni larguezas, mirando por la peseta, procurando ahorrar algo, como casi todos los españoles de esa clase media que aspira a una vida mejor. La ventaja de ser tendero de ultramarinos es que hambre no pasas y siempre puedes trapichear un poco con el género comprado a precio de estraperlista. No obstante, confían en mejorar su suerte con la lotería de Navidad, porque el cupón de los ciegos, aunque te toque, de pobre no te saca. Los españoles son muy aficionados a la lotería, que inspira incluso canciones románticas de exacerbado idealismo, como la famosa «El gordo de Navidad»:

Comer bien, vestir mejor
es la vida que he soñado yo.
Te voy a regalar
más joyas que un sultán
y mi mansión será
como un edén.
Cásate, no lo pienses más,
aprovecha la ocasión, mi bien.

Si la comparamos con la propuesta de Jorge Sepúlveda, unos años antes, en su «Casa portuguesa»:

Una casa portuguesa tengo yo
no me importa su pobreza,

se percibe que el número de los realquilados decrece y que un nuevo optimismo sustituye a la estoica conformidad de los años precedentes, por más que Radio Pirenaica (la emisora de los rojos) informe, con cierto regodeo, de que el presidente Perón ha suspendido sus envíos de trigo, en vista de que Franco no cumple con su parte de lo pactado.[431]

Más descontentos quedan los exiliados de izquierdas. Francia declara ilegales a los comunistas extranjeros y los invita a abandonar toda actividad de Partido, lo que afecta a Santiago Carrillo y a sus desanimadas huestes.

El Gobierno republicano en el exilio languidece, falto de apoyos internacionales y traicionado por las democracias que ya dieron la espalda al Gobierno legítimo durante la guerra civil. Indalecio Prieto, desanimado, abandona su lucha particular, que es la del PSOE, por derribar a Franco, aunque sea aliándose con los monárquicos:

—He fracasado por completo —confiesa—. No hay nada que hacer.

Don Juan de Borbón comparte este pesimismo. Comprende que no va a conseguir la Corona por la fuerza y regresa a la adulación. La carta que escribe al Caudillo para felicitarle la Navidad (de 1950) y agradecerle las atenciones que dispensa a sus hijos Juan Carlos y Alfonsito en el colegio de Miramar termina:

«Me admira la serenidad de V.E. durante todo este tiempo, dando ejemplo al pueblo español, que dignamente ha sabido mantenerse firme. Le saluda con todo afecto, Juan.»

Unos meses después, una segunda carta ratifica lo dicho y ahonda un poco más en la adulación y en el servilismo: «Se me ha acusado, creo que maliciosamente, por la propaganda antimonár-

431. Los izquierdistas que la escuchan de tapadillo creen que emite desde algún lugar de los Pirineos. En realidad las emisiones proceden primero de Moscú y luego de Belgrado. Se escucha sólo regular, debido a las interferencias que introduce en su frecuencia la contrapropaganda franquista.

quica, de no estar identificado con el Movimiento Nacional, al que dos veces me ofrecí como voluntario.»

Entonces, ¿por qué había pactado con los socialistas y con los republicanos exiliados enemigos del Régimen? Para esto, don Juan tiene también una explicación, candorosamente cínica: fue una estratagema para «neutralizar la posible tendencia revolucionaria de sectores obreros españoles anticomunistas, encauzándolos por rumbos de cooperación social y patriótica».[432]

Franco le entrega la carta a Carrero Blanco.

—¿Qué hacemos con esto? —pregunta el marino.

—Darle toda la publicidad posible. Que se enteren bien, los monárquicos y los de Prieto.

Don Próculo ha recibido un sobre azul con el membrete del Obispado. Es para informarle de que la Iglesia española, descontenta con la lenidad de la censura civil, a pesar de que en cada comisión censora figura un representante eclesiástico con derecho a veto, ha creado una Oficina Nacional de Vigilancia de Espectáculos, que evaluará las películas con arreglo al siguiente baremo: 1, apta para todos los públicos; 2, para jóvenes; 3, para mayores; 3R, para mayores con reparos; 4, gravemente peligrosa. Para mayor claridad, también se clasifica por colores: el blanco es *para todos los públicos* y el rojo (¿cómo no?), *gravemente peligrosa.*

Una semana después, llegan las primeras fichas técnicas de la censura. Don Próculo ha encargado al carpintero de la parroquia un panel de madera con seis casillas, que albergarán otras tantas fichas bajo su cubierta de cristal. Lo coloca en el atrio de la iglesia, bien a la vista de la parroquia, junto al tablón que anuncia las amonestaciones de las próximas bodas, los cursillos de cristiandad y las noticias parroquiales. Además, don Próculo advierte en el sermón dominical:

—La película de esta noche es gravemente peligrosa. Ya saben que, el que la vea, peca.

Paco García Enciso y sus amigos intercambian una mirada cómplice, como diciendo «Gracias, don Próculo, por orientarnos».

432. Carta del 10 de julio de 1951.

La censura eclesiástica se ha convertido en un arma de doble filo, pues muchos feligreses la usan para seleccionar su película del domingo, escogiendo la de más alta clasificación, la que les garantiza la visión fugaz de los portentosos muslos de Silvana Mangano en medio de un arrozal. También releen con fruición ciertos pasajes eróticos de la novela *Sinuhé el Egipcio*. El ejemplar de la biblioteca del Frente de Juventudes está tan sobado que se abre automáticamente por las páginas más solicitadas.

En su sermón a los catequistas, don Próculo cita un esclarecedor estudio en el que el padre Ramos demuestra que el que hace caso omiso de la censura cinematográfica peca de tres maneras distintas: «Peca por escándalo: tal vez puedes ver una determinada película por no ser para ti ocasión de pecado, pero tu asistencia puede causar efectos desastrosos en los que te han visto a la puerta del cine y, luego, en la butaca: pecas por cooperación con el cine inmoral. La empresa cinematográfica Mercurio Films se ha quejado amargamente (con gran consuelo nuestro) de que se le está creando una situación difícil ante la oficina de la censura de la Iglesia por medio de la Comisión de Ortodoxia y de Moralidad. Pecas por indisciplina: los españoles somos tremendamente indisciplinados. Somos como los niños [...]: basta que les digan que no hagan una cosa, para lanzarse con más ansia a la hazaña. Basta que lean que los obispos califican una película de peligrosa [...] para que corran desbocados a la taquilla.»[433]

—Es que aquí peca uno por un quítame allá esas pajas —protesta un feligrés cinéfilo.

—¡Precisamente! —remacha el cura.

La censura se ocupa también de las canciones, que últimamente se presentan con letras subidas de tono. «Bésame mucho» merece el anatema porque fomenta la inmoralidad (*Bésame mucho, como si fuera esta noche la última vez*; luego están en la cama); «Espinita», porque fomenta el adulterio (*Yo quisiera haberte sido infiel y haberte pagado con una traición*).

433. Padre Ramos, «¡Infeliz la que nace hermosa!», Revista *El Perpetuo Socorro*, número 739, Madrid, julio de 1953, p. 249.

El padre Venancio Marcos (1907-1978), predicador, director espiritual, líder de audiencia en la radio, actor cinematográfico... Campeón de la Iglesia.

Entre 1950 y 1952, la revista *Ecclesia*, órgano oficial de Acción Católica, publicará 42 pastorales sobre moralidad de costumbres.[434] El padre Ayala, con amarga ironía, promete «gratificar al que se encuentre la perla del pudor que se ha perdido».[435] El padre Venancio Marcos, desde la privilegiada atalaya de su consultorio religioso de Radio Nacional, deplora la extensión de las malas costumbres. Hasta la canción del verano de 1948 se hace eco de esta honda preocupación cuando advierte:

434. Blázquez, Feliciano, *op. cit.*, p. 53.
435. Ayala, S. J, Ángel, citado por Amilibia, J. L., y Yale, *op. cit.*, p. 88.

Niña Isabel, ten cuidado
donde hay amor, hay pecado...

Ni por ésas. En los tiempos que corren, las promesas de celestiales recompensas o las amenazas de infernales castigos no bastan. Hay que apelar a procedimientos más científicos, hay que demostrar, con la complicidad de píos médicos, que la castidad es un bien per se, que «el hombre que se educa para ser continente ha recibido una perfecta educación sexual».[436] ¿Qué beneficios aporta la castidad desde el punto de vista científico?, se pregunta el padre Ramos en su tanda de ejercicios espirituales. «La memoria, hácese pronta y tenaz; el pensamiento, rápido y fecundo; la voluntad, robusta; y el carácter se templa [...]; la pureza da al muchacho un rayo de inteligencia y de fortaleza; a la doncella, el don mismo de la hermosura [...] la castidad, semejante a la mirra, que es su símbolo, esparce en torno suyo suavísima fragancia.»[437] Por el contrario, la lujuria, también desde el punto de vista médico, debilita la voluntad y estraga el organismo: «Puedo contar hasta una veintena de enfermedades que son fruto de la lujuria.»[438]

Los moralistas se suman a la modernidad con nuevos textos, dirigidos a jovencitas de distintas edades, dado que «una doncella de quince años no conviene que sepa lo que debe conocer otra de veinte». Títulos como *Capullos en flor*; *La muchacha y la pureza*; *Pureza y alegría*; *Luz en el camino* o *En espera de las bodas* constituyen la lectura casi exclusiva de muchas jovencitas burguesas destinadas a ser «piadosas vestales que, sobre el altar cristiano, mantengan viva la llama de la virtud».[439] Por defender la pureza hay que dar la vida, si preciso fuera, como demuestra en su martirio Josefina Vilaseca, la santa Goretti nacional.

Fuera de los colegios de monjas, que educan a las jóvenes de clase media, las tendencias son muy distintas. Las muchachas de

436. Vallejo-Nájera, Juan Antonio, *Antes que te cases*, Ed. Plus Ultra, Madrid, 1946, p. 140.
437. Mazzel, Maximilian, *op. cit.*, p. 50.
438. *Ibid.*, p. 51.
439. *Ibid.*, p. 10.

la clase alta abrazan perniciosas costumbres foráneas: «Tenemos que asistir al espectáculo triste y lamentable de la mujer que fuma, que no quiere hijos [...], que se dedica a los más violentos ejercicios deportivos y anda en pantaloncitos cortos o pantalones largos, suscitando ásperas y justas repulsas de la parte más sana del pueblo.»[440] Debido a un comprensible mimetismo social, estas costumbres no tardan en propagarse a las pupilas de los colegios religiosos. Muchas que durante el invierno se comportan como perfectas cristianas, aprovechan las vacaciones veraniegas para soltarse la melena lejos del colegio y del ambiente represivo de la ciudad. «¡Qué miedo me da a mí el verano! —confiesa apesadumbrado el padre Enciso—. ¡Son tantos los jóvenes de uno y otro sexo que en él se estropean! He visto repetidas veces marchar a veranear a muchachos y muchachas equilibrados, sensatos, puros, con ideales y con aspiraciones nobles, y les he visto regresar tales que nadie podía conocerlos: inquietos, ligeros, con desasosiego pasional, perdido el equilibrio, con sueños de tontería y sensualidad.»[441]

440. *Ibid.*, p. 8.

441. Ruiz Rico, Juan, *El sexo de sus señorías*, Ed. Temas de Hoy, Madrid, 1991, p. 185.

CAPÍTULO 69

Los Franco casan a su Nenuca

Como cualquier matrimonio de la clase media española, los Franco procuraron casar a su hija con un profesional liberal de buena familia. En el caso de los Franco, doña Carmen, con su fijación por la aristocracia, no podía aceptar un novio que no se presentara con un título bajo el brazo. Lo encontró en la persona de Cristóbal Martínez-Bordiú, vástago de una familia andaluza cargada de títulos, pero escasa de liquidez. Cristóbal, alto, guapo, bronceado, el pelo peinado hacia atrás con mucha brillantina, el bigotito lineal a la moda, arranca suspiros en las chicas de la calle Serrano cuando se pasea con su moto Guzzi verde, a la espera de que abran la *boîte* Larré, de la que es asiduo. Otras veces, lo encuentras en la cafetería Roma o en el bar El Aguilucho. El *play boy* es, además, persona de provecho: cursó bachillerato en el colegio del Pilar y, después, medicina y cirugía.

La *Franca* se rinde a los encantos del joven Cristóbal que es, además, marqués de Villaverde. A Franco le gusta menos el pollo, pero no se atreve a contrariar a su mujer. Después de un noviazgo blanco, su Nenuca se casa virgen, intacta, con el experimentado marqués.[442]

En uno de los nuevos trolebuses de Madrid, Lita, la secretaria del Chato Puertas, lee la crónica de *ABC* camino de la oficina: «La

442. El 10 de abril de 1950.

novia, que estaba bellísima, vestía un traje del modisto Balenciaga, elaborado en faya de seda natural y totalmente cerrado el escote. De los hombros, pendía un manto de 4 metros de longitud, recubierto con velo de tul espuma y sujeto con una diadema de brillantes y perlas, regalo de sus padres. En la muñeca, lucía la pulsera de pedida, y enmarcaban su rostro unos pendientes de perlas, únicas alhajas de las que era portadora. El novio vestía el uniforme de caballero de la Orden Militar del Santo Sepulcro [...]; bendijo la unión el cardenal primado Pla y Deniel [...]; en el pueblo de El Pardo se repartió un donativo consistente en mantas, prendas de vestir, calzados y lotes de víveres conteniendo aceite, azúcar, arroz, pasta de sopa, patatas, chocolate, pan, carne y tabaco.»

«Villaverde se vistió de domador, se puso plumas en la cabeza, pagó sus deudas en diferentes bares e inició su chaplinesco viaje estelar por la vía láctea del franquismo.»[443]

La musa popular saluda el acontecimiento con una coplilla:

La niña quería un novio;
la madre quería un marqués,
el marqués quería dinero:
¡ya están contentos los tres!

Nadie podía sospechar que aquel apuesto muchacho, alegre, cordial, expansivo, que el día de la boda lucía como un príncipe de zarzuela en su bizarro uniforme, se revelaría un día como la eminencia nacional en el campo de la cirugía cardiovascular y que sería autor del primer trasplante de corazón efectuado en España (con resultado de muerte inmediata para el paciente). Era natural que, un hombre adornado de tales prendas, y yerno del Generalísimo por añadidura, suscitara envidias.[444]

443. Vilallonga, José Luis, citado por Pilar Eyre, *op. cit.*, p. 78.

444. Él, siempre fiel a sus sólidos principios morales, desafió paladinamente «el qué dirán», y eso, en este país, se paga. Resulta aleccionador que una persona liberal y discreta, cariñosa y llana, amable y caballerosa (que ni siquiera condesciende a desmentir los infundios que sus enemigos propagan acerca de su vida sentimental y financiera) despertara recelos en El Pardo, donde no siempre

A los pocos días de la boda, algunos de los coches oficiales que acudieron a El Pardo están aparcados frente a los merenderos y restaurantes de la Cuesta de las Perdices, con los chóferes en animada tertulia, cuando se presenta un vetusto Ford del Ejército, que porta sobre el guardabarros el banderín del capitán general de la Primera Región Militar.[445] El chófer, un brigada de uniforme, abre la portezuela. Se apea el general Muñoz Grandes. «Enterado del mal uso que se hacía de muchos coches oficiales, fue con su ayudante a la sala de fiestas Villarromana, situada en la Cuesta de las Perdices, en la carretera de La Coruña, y ordenó a todos los coches oficiales allí aparcados, con sus correspondientes chóferes, que regresaran inmediatamente a sus cocheras. Al salir del establecimiento, las autoridades que usaban estos vehículos se llevaron una buena sorpresa y tuvieron que regresar en taxi.»[446]

Cuando se lo cuentan, Franco sonríe: «¡Este Agustinico...!» Franco sabe que Muñoz Grandes y él son los únicos que no roban en España. Lo aprecia a pesar de las veleidades que tuvo con Hitler hace unos años. Eso está casi olvidado.

Año Santo en Roma. Las púrpuras cardenalicias, los mármoles, los pórfidos y los bronces de los palacios vaticanos relumbran en tan especial ocasión. Dora, la mujer del Chato Puertas, negra mantilla, rosario de plata trabado en la muñeca, magna medalla del Carmen al pecho, asiste, con otros miles de peregrinos españoles, a cuál más pudiente, a la canonización del padre Claret, un santo varón confesor de la reina Isabel II (¡lo que oiría bajo confesión!), y quizá la persona más reaccionaria que haya producido la Iglesia

---

fueron correctamente interpretados su paternal desvelo por las muchachas en flor, su españolísima admiración por las folclóricas, su ocasional interés por la ruleta o el bacarrá y su proclividad al *whisky* (vasodilatador de efectos medicinales).

445. A Muñoz Grandes lo nombran para este puesto el 3 de marzo de 1950.

446. Togores, Luis E., *Muñoz Grandes,* La Esfera de los Libros, Madrid, 2007, p. 394.

española a lo largo de su historia.[447] El papa Pío XII recibe en audiencia a los peregrinos españoles; Carmen Polo de Franco, mantilla de blonda, guantes de encaje, sin más perlas que las de su sonrisa filial, le entrega al santo padre dos mil pares de zapatos españoles «para los necesitados».

A don Próculo Orbaneja le hubiera gustado desplazarse a Roma con los peregrinos de la provincia, pero el obispo le ha encomendado la representación de la diócesis en el I Congreso de Moralidad en Playas y en Piscinas organizado por la Comisión Episcopal de Ortodoxia y Moralidad.

El tren que lleva al sacerdote a Valencia es un «Rápido» lentísimo, que se detiene en todas las estaciones y que a veces permanece durante horas varado en una vía muerta, hasta que pase otro preferente que llega en dirección contraria. Intenta don Próculo leer el breviario, pero las conversaciones de los otros viajeros le impiden concentrarse.

Don Próculo, por un acto de mortificación, viaja en un vagón de tercera, sentado en un banco de listones de madera bruñidos por el roce de varias generaciones de posaderas.[448] Un aldeano de chaleco gastado y boina abre una tartera de aluminio y le ofrece tortilla de patatas y chorizo:

—¿Usted gusta, padre?

—No, hijo mío, que aproveche.

Piensa don Próculo, con cierta melancolía, que hace unos años le habrían pedido que bendijera la tortilla. Ahora, no. El mundo empieza a secularizarse.

A través del sucio cristal de la ventanilla, observa el cura urbano los campos empobrecidos, donde hombres y mujeres requemados por el sol se afanan en las labores agrícolas; sin maquinaria, como en la Edad Media.

Vendedores ambulantes que suben en una estación y que se bajan en la siguiente recorren el tren vendiendo dedales, agujas, en-

447. El 5 de marzo de 1950.

448. Los vagones de primera disponen de asientos de cuero; los de segunda, de cretona.

cajes, navajas, queso, garbanzos tostados, cacahuetes, galletas, piedras de mechero y tabaco. Pasa un tuerto con chaqueta de pana y con unos gastados y mugrientos pantalones de torero. Se coloca en la plataforma, entre dos vagones, y emite su pregón, mirando unas veces a un vagón y otras al otro:

—¡Vamos señores y señoras, préstenme un poco de atención si son tan amables! Algunos de ustedes me habrán visto torear y se acordarán de mí: soy el Niño de Baracaldo, el que en la segunda corrida de las fiestas de San Isidro, hace cuatro años, sufrió una cogida y perdió el ojo. Con un ojo solo, no puedo torear; pero yo, aunque no tengo medios, no pido limosna por dignidad torera. Lo que voy a hacer es rifar entre ustedes este jamón y esta mantelería. A peseta el cartón, con veinte cartas. ¡Siempre toca!

El cartón es una sobada tablilla en la que se ha pegado un bloque de sellos, que representan naipes de la baraja española.

Cuando ha vendido todos los cartones, el torero tuerto vuelve a pasar por todos los vagones, mostrando en alto un mazo de naipes.

—¡Señores y señoras: vamos a proceder a la rifa! El que quiera presenciarla que se dirija al primer vagón. De todas formas, yo volveré a recoger los cartones y les diré el naipe afortunado.

En el primer vagón, baraja los naipes concienzudamente y se los ofrece a un niño de siete años.

—A ver niño, una mano inocente que escoja un naipe de la baraja, sólo uno.

El niño saca el tres de oros.

—¡El tres de oros, señores! —dice el tuerto mostrando el naipe—. ¿Quién tiene el tres de oros? ¡El tres de oros! ¡El premio es para el tres de oros!

Recorre los vagones pregonando el premio y recogiendo las tablillas, hasta que una señora de cierta edad grita emocionada:

—¡Mío, mío, yo lo tengo!

El torero tuerto examina la tablilla de la señora.

—En efecto, enhorabuena señora: usted es la ganadora. ¿Quiere el jamón o la mantelería?

La señora titubea.

—¡Ay, deme usted la paletilla, buen hombre, que mantelerías tengo!

En la siguiente estación el tren se detiene, y la señora del jamón se apea, se mete en la cantina y se pide dos cafés.

El torero rifador se sienta a su lado. Mueve su café con la cucharilla y se lo bebe de un trago. Chasquea la lengua con satisfacción. Se cambia el parche al otro ojo.

—Date prisa con el café, madre —le dice a la señora—, que el tren de vuelta pasa dentro de cinco minutos. Tú te subes en el primer vagón y yo en el tercero.

Y se va con la paletilla al hombro.

En la estación de Albacete hay un azulejo amarillo, con la silueta de un jinete en negro, que anuncia Nitrato de Chile. Cuando el tren se detiene, el andén se llena de vendedores ambulantes que pregonan su mercancía: navajas, torrijas, barquillos, quesos manchegos, anís, gaseosas, pan de higo, agua en botijo...

Transcurre media hora sin que el tren se mueva. La gente no se inquieta: estará acostumbrada.

—¿A qué esperamos? —pregunta una señora enlutada, que se va a vivir con su hija a Valencia después de enterrar al marido.

—Se ha pinchado una rueda —informa un gracioso.

Don Próculo, sudoroso, se pasa un dedo por el cuello de hule y lo retira tiznado. La carbonilla que desprende la locomotora se cuela por las grietas y las ventanillas mal ajustadas y pone perdidos a los viajeros.

—¿Me bendice a la gallina ponedora, padre? —solicita una señora, ofreciendo la cesta de mimbre en la que lleva el animal.

—¿Y a mis niños? —le pide otra.

Don Próculo reparte bendiciones.

La viuda se ausenta camino del retrete.

—¿En qué se parece una viuda a una berza? —pregunta el gracioso, aprovechando la ausencia de la aludida.

Nadie lo sabe.

—¡En que las dos tienen el troncho bajo tierra, ja, ja, ja!

Nadie le ríe la gracia. La gente está cansada del viaje.

Dos viajeros comentan que en Orense ha nacido una gata

con alas. Desde que apareció la primera, en Madrid, hace un mes, no dejan de aparecer gatas con alas en distintos lugares de España.

La conversación deriva hacia los platillos volantes que se han avistado en el mundo.

—¡Lo único que faltaba, que ahora vinieran los marcianos! —dice el viajero gracioso—. ¡Éramos pocos y parió la abuela!

Don Próculo piensa en sus cosas. Como sacerdote se preocupa por la moralidad y por la salvación del rebaño que apacienta, ¿quién lo duda? Pero también le preocupa su futuro profesional. Ya hace más de diez años que terminó la guerra y él, a pesar de sus méritos, sigue al frente de una parroquia de barrio de una capital de tercera, mal comunicada y provinciana. Le gustaría marchar a Madrid, buscar nuevos horizontes. Se siente un poco hastiado de hacer las mismas cosas con la misma gente.

Un colega que es coadjutor en Orcasitas le ha comentado que el Gobierno está ultimando un acuerdo con la Santa Sede para restablecer la jurisdicción eclesiástica castrense, con jerarquía propia. Don Próculo, en sus insomnios, acaricia la idea de encontrar acomodo como capellán en algún cuartel de Madrid. Un puesto bien remunerado, bien considerado, con oportunidades de viajar y, además, en una gran ciudad, donde uno se puede sumir en el propicio anonimato mientras use un sombrero o una gorra que le oculte la tonsura.

—¿La tonsura? —se extraña su amigo—. ¡Qué antiguo eres! Cuando no te convenga la tonsura te untas el rodalillo con un corcho quemado y no se te nota.

—¿Y tú, para qué te untas el rodalillo? —se atreve a preguntarle.

El otro le guiña un ojo.

—¡Mucho quieres saber tú! Tengo una hija de confesión, una señora magnífica que está desatendida por el marido y yo le brindo algo más que consuelo espiritual.

Don Próculo, aunque escandalizado por la impudicia de su colega, se abstiene de reprenderlo. Tiene la sensación de que se está perdiendo algo en aquel encierro suyo de provincias. El mundo gira, la sociedad cambia y él no se entera.

Comienzan las sesiones del Congreso de Moralidad. Un perito del Opus Dei diserta sobre la recuperación económica de Europa: se nota en que comienzan a llegar turistas estivales, deseosos de disfrutar de los precios baratos y del sol de España. Modrego Casaus, obispo de Barcelona, da la voz de alarma: «Aparecen en lugares públicos, con deficiente y procaz indumentaria [...]; la conducta de los turistas es, por doquier, gravemente pecaminosa a juicio de cualquier moralista, por laxo que sea y, entre nosotros, además, pecado de escándalo, y ofensa e insulto al pudor cristiano de nuestro pueblo.»[449]

A pesar de todo, en los escaparates comienzan a aparecer, tímidamente, bañadores Meyba para hombres, justo hasta el ombligo, y modelos femeninos desprovistos de faldita.

—¡Un paso atrás que nos retrotrae a los pecadores años de la República! —fulmina el obispo.

De nada sirven las actitudes extremas ni que el obispo Pildain niegue la absolución a los que se bañen en playas o en piscinas mixtas, y que suspenda la licencia de confesar a los sacerdotes que contravengan su orden. Tampoco dan resultado las novenas para impetrar la protección divina contra la inmoralidad que traen los turistas. Lo que había de ocurrir, fatalmente ocurre.[450]

449. Enciso Viana, *op. cit.*, p. 126.

450. En 1950, cuando el biquini estaba todavía prohibido en España, la prensa mundial publica una foto de Nicolás Franco, hermano del Caudillo, luciendo bañador en la playa de Cannes. El político gordicalvo y sesentón se acompaña con la bella modelo Nina Dyer, desvestida con un biquini demasiado sucinto para la época. Como Nicolás es, a la sazón, embajador en Lisboa, el católico ministro de Asuntos Exteriores, Martín Artajo, se cree en la obligación de informar personalmente a Franco con la esperanza de que, a resultas del escándalo, lo destituya. Pero Franco, más liberal que sus ministros y dotado de retranca gallega, contempla apreciativamente la foto y se limita a comentar: «Nicolás está un poco gordo. Tiene que adelgazar.» Otra versión asegura que en cuanto lo vio le ordenó: «De ahora en adelante, báñate en privado, en casa y con la puerta cerrada.» Por cierto, que aquella inquieta Nina Dyer, mantuvo luego un romance con el barón Thyssen, el de Tita Cervera.

En la barbería El Siglo, Pepe cuenta un chiste nuevo:

Va un mulero con sus bestias por medio del campo y de pronto ve a mucha gente que aguarda a los lados de la carretera. Cree que va a pasar el Caudillo y se pone a gritar:

—¡Franco, Franco, Franco!

—No, hombre —dice uno de los espectadores— es la Vuelta.

—¡Ya era hora de que diera la vuelta la tortilla! —exclama el rústico, y se pone a gritar— ¡Viva la República! ¡Viva la República!

—No, hombre —lo corrige el otro—. He querido decir la Vuelta Ciclista a España.

Demasiado tarde. La pareja de la Guardia Civil ha localizado al que gritaba y se aproxima con cara de pocos amigos.

—¡Viva la República de Franco! —grita el mulero—. ¡Arriba España!

A ver si cuela.

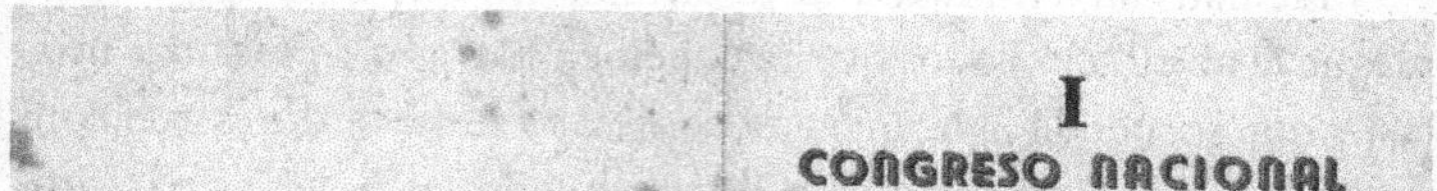

CAPÍTULO 70

Mil perdices

Unos suben y otros bajan. El Chato Puertas es de los que suben. Sus variados negocios marchan viento en popa; en particular los inmobiliarios. Gracias a sus contactos ministeriales, controla una buena cartera de contratas oficiales para realizar casas-cuartel rurales de la Guardia Civil, casas de peones camineros, casetas para guardas de pasos a nivel, Casas Baratas, regadíos y poblados de colonización. Ha creado una red de empresas que suministran el material, con lo que el negocio se duplica o se triplica porque los ladrillos, el cemento y el hierro salen de sus filiales. En las obras de cierta entidad llega a vender hasta tres veces el mismo camión de ladrillos sobornando al encargado contador para que haga la vista gorda cuando el vehículo entra por una puerta y sale por otra con la carga intacta.

El Chato Puertas juega fuerte. Ya ha conseguido que Perico Chicote, con el que comparte negocios de penicilina, le presente al presidente de las Cortes, Esteban Bilbao Eguía, y al vicepresidente segundo del Gobierno, don Luis Carrero Blanco, cuando visitaron el Museo de Bebidas del famoso barman.[451] Ahora se ha propuesto conocer al propio Franco, al Caudillo. Va a ver a un director general del Ministerio de la Vivienda, con el que tiene confianza.

—Camarada Romerales, yo me sentiría muy honrado, y sería

451. El 12 de enero de 1951.

la culminación de mi devoción por el Caudillo, si tu ministro invitara al Caudillo a una cacería en mi finca, Los Nogueroness.

—Pudiera ser: al Caudillo le gusta mucho la caza.

—Allí hay la mar de perdices, pero cuando vaya el Caudillo soltaremos más, que quede contento.

El día de la cacería se reúnen en la finca hasta doscientos invitados, entre ministros, directores generales, militares de alta graduación, industriales y diplomáticos. Entre los artistas que ponen la nota de color, destacan la guapa actriz Carmen Sevilla, el cantante Luis Mariano y el cantaor Juanito Valderrama, uno de los favoritos del Chato Puertas. El anfitrión ha contratado a dos guitarristas flamencos y ha alquilado un piano. En el caserón de la finca, un edificio de treinta habitaciones que imita un chalet alpino, no falta un detalle. El servicio le ha sacado brillo a los adornos de cobre que cubren las paredes, y hasta se han barnizado las cuernas de las cabezas de ciervo y los colmillos de las cabezas de jabalí, todos adquiridos en El Rastro, que atestiguan la afición cinegética del dueño.

Llega Franco, en un coche negro, escoltado por otros dos de policía y por una docena de motoristas. Otros guardias civiles, a caballo, merodean por la finca desde hace horas. Los invitados aplauden la llegada del Caudillo. Franco se apea, serio. Viste de cazador, calzones bombachos verdes, de lana prensada, sin tejer, austriaca, chaleco de lo mismo y botas de las que le regala Segarra. Se protege del sol con una montera con pluma. Un asistente le lleva las escopetas, en fundas de cuero.

El Chato ha tirado la casa por la ventana. Cuando el ministro le presenta al Caudillo, le estrecha la mano con firmeza, pero sin apretar demasiado, se inclina respetuosamente, murmura unas palabras de agradecimiento que trae ensayadas (se las compuso Lita, la secretaria) y sonríe ante el fotógrafo que, apercibido, toma varias fotos. Una de ellas, el Chato estrechando la mano del Caudillo, presidirá su despacho, hasta que la evolución de la Historia le aconseje sustituirla por otra de Juan Carlos I.

Lo único que no cambia es el marco, que es de plata.

Después de la jornada cinegética, que se salda con más de mil perdices muertas, sin contar las que escapan malheridas, se celebra una comida al aire libre, servida por Lhardy, en la explanada de la casa, a la sombra de los potentes eucaliptos. De las bebidas se encarga Perico Chicote. Barra libre, naturalmente. El Chato Puertas va de corro en corro ejerciendo de anfitrión, sonriendo mucho, con mundología aprendida y diente de oro. Los invitados aprovechan el ambiente relajado y de franca camaradería para hacer negocios. El Chato está atento a las informaciones que le puedan indicar perspectivas de futuro. El próximo julio se va a abrir el mercado libre de divisas de Madrid.[452] Eso significa oportunidades para los inversores avispados. Tiene que informarse mejor de eso de la Bolsa, «no vayamos a estar persiguiendo la calderilla mientras otros trincan los billetes a paletadas».

—¿Es verdad que sólo con papel y con firmas crece un dinero que no tiene uno? —le pregunta a uno de los secretarios del ministro de Comercio.

—Bueno, no es exactamente así, pero se parece —responde el otro agitando su cóctel—. El dinero no se ve. Sólo telefonazos y números; pero, al final, te ha crecido en la cuenta.

—¡Me cago en la leche, lo que inventan los listos! —exclama el Chato. Y piensa para su caletre: «¡la de maneras de robar que hay en el mundo!».

Alcanza una copa de jerez que un camarero le trae en bandeja plateada y se acerca al corrillo del ministro, al que alguien acaba de preguntar si es cierto que en España se va a fabricar la penicilina.

—Muy cierto —afirma el ministro—. Estamos en tratos para instalar nuestros propios laboratorios.

La noticia preocupa al Chato Puertas. Se le acabó ese negocio. «En cuanto la penicilina se fabrique aquí, se abaratará.» Más vale que se vaya desprendiendo de las reservas y de la infraestructura antes de que corra la noticia. «Mañana mismo hablo con Pepe Rodríguez y que me quite esa manta de encima.»

El ministro explica el futuro de la industria automovilística, que es espléndido. Nada de coches con motor de motocicleta y con

452. El 21 de julio de 1950.

chapa delgada como el papel; nada de dos cilindros asmáticos.[453] «En adelante, fabricaremos coches homologables, con lo mejor de la industria internacional.» Se ha creado la Sociedad Española de Automóviles de Turismo (SEAT), con capital del INI y licencias de la FIAT italiana. El 42 por ciento de sus acciones estará en manos de seis grandes bancos privados.[454] El mercado está ávido de automóviles, por lo que habrá que hacer cola por una concesión. En principio, se van a fabricar tres modelos; después, ya veremos. El Chato Puertas se promete visitar al subsecretario. Quiere formalizar la reserva de diez coches de cada clase, por lo que pueda venir. Se ha empezado a construir un magno complejo siderúrgico en Avilés.

—Pero ¿tendremos gasolina para mover tanto coche? —pregunta un cazador.

—Nos va a sobrar —promete el ministro de Industria—. Se están acabando las instalaciones de una gigantesca refinería de petróleo en Escombreras, Murcia.[455]

España se incorpora al mundo industrial: la Refinería de Petróleos Sociedad Anónima (Repesa) está funcionando plenamente tras superar algunas dificultades iniciales.[456] La Empresa Nacional de Siderurgia Sociedad Anónima (Ensidesa) de Avilés está llamada a convertirse en una de las industrias punteras de Europa.

Uno de los aduladores comenta lo orgulloso que se siente, como patriota, del tren TALGO, el más moderno del mundo, en un país donde eran tradicionales los trenes que llegaban siempre con retraso, incómodos e infectados de parásitos.[457]

453. Se refiere a los coches fabricados desde 1945 en Barcelona por la empresa Eucort S. A., propiedad de don Eusebio Cortés, que desarrolla cuatro modelos de automóvil de tres cilindros, capaces de alcanzar hasta 90 kilómetros por hora. La competencia del nuevo SEAT determinará el cierre de la fábrica en 1953.

454. El 9 de mayo de 1950.

455. Se inauguró el 26 de junio de 1950.

456. Inaugurada el 25 de julio de 1949.

457. El TALGO (Tren Articulado Ligero Goicoechea y Oriol) es una creación del ingeniero Alejandro Goicoechea en combinación con el financiero Luis Oriol. El viaje inaugural, con Franco a bordo, lo hizo entre Madrid y Valladolid el 2 de marzo de 1950. Las primeras pruebas datan, sin embargo, del

El tren TALGO recorre los campos
de la nueva España,
asombrando al mundo.

El Chato Puertas, que ha visto y sufrido la vida desde el otro extremo, piensa para sus adentros que el TALGO es un brindis al sol que tardará mucho en llegar al pueblo aperreado y hambriento, el que viaja en tercera. Cuando viaja.

En el corrillo de las señoras se comenta la detención del capitán de Intervención Militar Ricardo Enciso. Enamorado de una conocida actriz de teatro y de cine, se fugó con ella a México, llevando consigo los haberes de los generales de la Primera Región Militar a los que tenía acceso como pagador; en total, varios millones de pesetas. Los servicios secretos españoles lo atrajeron hasta Cuba con un señuelo, lo secuestraron y lo repatriaron. Todo ello con la connivencia de las autoridades de la isla.

---

28 de octubre de 1942, en que el prototipo alcanzó los 115 kilómetros por hora entre Madrid y Guadalajara.

—¿Y qué ha sido de él?

—No saben si fusilarlo o si meterlo preso en un castillo. Por lo visto, uno de los generales perjudicados era el propio Franco.

—Que lo metan preso, porque si hubiera que fusilar a todos los ladrones, España se despoblaba —comenta una dama que lleva varios *gins* en el cuerpo.

Silencio helado en la concurrencia.

—Oye, ¿y si hablamos de trapos? —rompe otra el hielo—. ¿Habéis visto las tendencias que trae *Moda y Hogar* para esta primavera?

—¿Sabéis lo de Muñoz Grandes? —pregunta una de las señoras.

El corro se cierra de nuevo en torno al chisme, como la anémona que abraza la presa.

—Me lo ha dicho mi prima Cuqui, que tiene una cuñada en Barcelona. Pues que el otro día se encontró Muñoz Grandes en un hotel con el general González Gallarza.

—¿El ministro del Aire?

—No, su hermano Joaquín, el presidente del Patronato de Casas Militares. Pues como os decía se encuentran los dos y, como Gallarza es tan monárquico y Muñoz Grandes tan falangista, discutieron y se liaron a tiros. Gallarza resultó herido y lo tuvieron que atender de urgencia en la clínica del doctor Arruga.

—Eso no le habrá hecho gracia a Franco —comenta la señora de los *gins*.

—¿Por qué no se lo preguntas? Ahí lo tienes —le dice otra.

—¡Eres muy graciosa!

El Chato Puertas se acerca al corrillo de los cineastas. Le tiene echado el ojo a Cesáreo González, el avispado productor que se está haciendo de oro con las películas folclóricas, y de paso se beneficia a las artistas. El Chato no descarta aventurarse en el mundo de la producción. La conversación gira en torno a la nueva versión de la película *Raza* (1942), el famoso filme cuyo guión se debe al Caudillo, que ahora han revisado para actualizarla y se reestrena como *El espíritu de una raza* (1950).

—¿Tan distinta es? —pregunta un invitado.

—No, la película es la misma —explica el realizador—, pero se han suprimido las alusiones ofensivas a Estados Unidos que contenía la primera y las escenas donde salen personajes saludando brazo en alto, especialmente la de Alfredo Mayo enseñándoselo a un niño.

—Ahí se ve la sabiduría y la prudencia del Caudillo. Ahora somos amigos de los americanos y el saludo brazo en alto parece que está mal visto.

—Pues yo lo llevo en el corazón.

—¡Toma! Y yo. La Patria se lleva dentro.

Los invitados acuden a cumplimentar al Caudillo, un trámite obligado. Franco, inexpresivo, les saluda por turno, mientras piensa en las perdices abatidas.

El Chato Puertas ha previsto que Juanito Valderrama amenice la sobremesa con alguna canción. Se ha traído dos guitarristas, al efecto. Con desparpajo anfitrión toma al cantaor de la manga y lo lleva a presencia del Caudillo.

«Y Franco me tendió aquella mano que te ponía con tanta frialdad —recordará, años después, Juanito Valderrama—, la manita así, medio cerrada, sin sentimiento.»

El Caudillo le sugiere que cante *El emigrante.*

El cantaor traga saliva. Le parece a él que la canción *El emigrante* no es del todo correcta, aunque continuamente la están radiando y jamás ha tenido problemas con la censura, porque alude a los muchos emigrantes, una sangría nacional, que marchan a hacer las Américas a Venezuela, Argentina, Brasil y Cuba.

Franco espera. Juanito hace de tripas corazón, llama al *niño Ricardo* para que lo acompañe a la guitarra y hace una señal al maestro Quiroga, que aguarda sentado al piano. Se aclara la garganta y empieza a cantar:

Tengo que hacerme un rosario
con tus dientes de marfil
para que pueda besarlo
cuando esté lejos de ti.

Sobre sus cuentas divinas
hechas de nardo y jazmín
rezaré pa *que me ampare*
aquella que está en San Gil.[458]

Y adiós mi España querida,
dentro de mi alma
te llevo metida.

Y aunque soy un emigrante,
jamás en la vida
yo podré olvidarte.

Cuando salí de mi tierra
volví la cara llorando
porque lo que más quería
atrás lo iba dejando.

Llevaba por compañera
a mi virgen de San Gil
Un recuerdo y una pena
y un rosario de marfil.

Más adelante, la canción asevera que el emigrante lleva en su pecho un estandarte con los colores de España.

Franco se emociona y le dice al cantaor «con aquella vocecita chillona suya»:

—Valderrama, muy bonita esa canción, es muy patriótica. ¿Usted sería tan amable de cantarla otra vez?

Juanito, que creía haber salido bien librado del lance, se preocupa de nuevo. Se ve que Franco ha notado algún mensaje subversivo en la letra y que quiere comprobarlo antes de enviar al cantaor a la cárcel. Juanito canta de nuevo la canción con el sentimiento que él pone. No había motivo de preocupación. Franco, que por

458. Se refiere a la famosa Virgen de la Esperanza Macarena, cuyo santuario está al lado de la iglesia de San Gil. No hay que confundirla con Su competidora, la Esperanza de Triana.

algo es gallego, región emisora de emigrantes, ha entendido el sentimiento que anida en la letra y lo ha interpretado benévolamente. *El emigrante* figurará entre las canciones favoritas del Caudillo junto con *Angelitos negros* de Machín.

Anuncio, 1940.

CAPÍTULO 71

¡Gooooooooool...!

Se aproximan las vacaciones de verano. Don Próculo, el padre Ramos y los demás directores espirituales hacen lo posible por vacunar a sus discípulas contra las tentaciones de la carne que acechan en los lugares de veraneo. Don Próculo ha redactado una tabla de consejos que sus hijas de confesión deben pegar, con un trocito de esparadrapo, en el espejo del tocador de su cuarto de vacaciones: «Huye de estar sola con un hombre en sitio oscuro o apartado y, especialmente, en ciertos rincones de las salas de cine.»[459] Si, a pesar de ello, la chica sucumbe a la tentación y peca, advierte: «Cuando beses a un hombre recuerda tu comunión última y piensa: "¿Se podrán unir en mis labios sin sacrilegio la hostia santa y los labios de este hombre?"[460] Quizá te preguntes: "¿Es pecado besar?" Un beso ligero, sin apasionamiento ni morosidad, sin conmoción orgánica, no sería, de ordinario, pecado mortal. Pero el beso puede ser una satisfacción y un deleite de la tendencia sexual [...] Aunque en ti pueda no darse ese desorden, lo experimentará el joven que te besa, y tú pecarás por cooperar a su pecado. Ese pecado será aún más fácil si eres tú la que besa. Conclusión: guarda estos cariños para el matrimonio.»[461]

459. Mazzel, Maximilian, *op. cit.*, p. 91.
460. Alonso Tejada, L., *La represión sexual en la España de Franco*, Luis de Caralt, Ed., Barcelona, 1977, p. 74.
461. Mazzel, Maximilian, *op. cit.*, p. 120.

La calle está desierta. Diez millones de españoles, incluido el Caudillo, están pendientes de la radio, que retransmite el partido de fútbol entre las selecciones de España y de Inglaterra.

En el estadio de Maracaná, Río de Janeiro, Brasil, se celebra, en un ambiente de exaltación deportiva, el primer campeonato del mundo después de la segunda guerra mundial.

—¡Señores radioyentes! —informa el locutor—. La expectación es indescriptible. Aquí se han reunido todas las naciones del mundo, las más importantes al menos. Faltan Alemania y Japón, expulsadas de la FIFA; pero está Italia, la última ganadora del Mundial, el de 1938, aunque sospechamos que no va a tener una actuación muy brillante, dado que sus mejores jugadores perecieron el año pasado en el desgraciado accidente de aviación de Superga, como los aficionados recordarán.

España se enfrenta a Inglaterra, que es clara favorita por la superioridad táctica de su juego.[462] En la primera parte del partido no se mueve el marcador.

—¡La meta española está bien guardada por el mítico cancerbero Antonio Ramallets! —señala el comentarista.

Al comienzo de la segunda parte, el delantero Telmo Zarraonandía Montoya, *Zarra*, cuela un cañonazo en la meta inglesa defendida por Williams.

—¡Gooooooooooooooooool...! —grita entusiasmado Matías Prats, el locutor que retransmite el partido; un gol tan largo que ha quedado indeleblemente grabado en la memoria de los que lo escucharon.[463]

El entusiasmo se desborda. Cohetes, fanfarrias y grupos de entusiastas ciudadanos invaden las calles de toda España, bajo la vigilancia benévola de las fuerzas de orden público.

462. El 2 de junio de 1950.

463. Al regreso tuvo que improvisar esos minutos de retransmisión que no se habían grabado, para que quedaran para la Historia y efectuó el *remake* de su grito entusiasmado para los españoles de las generaciones venideras.

Zarra, como un ciclón, bate la meta inglesa
en su memorable y patriótico gol.

El presidente de la Federación Española de Fútbol, doctor Armando Muñoz Calero, excombatiente de la División Azul, se entusiasma ante los micrófonos de Radio Nacional.

—¡Hemos vencido a la pérfida Albión! —declara.

Ya está organizado el conflicto diplomático. Protesta la embajada del Reino Unido y, aunque el doctor Muñoz Calero alega que no lo dijo con mala fe, puesto que creía que «pérfida» significa «rubia», la excusa no cuela, y lo destituyen del cargo.

—¡*Jodía* suspicacia inglesa! —declara al recoger sus bártulos del despacho oficial.

Diego Medina Jódar y José Ramón Rivas Bedmar salen a celebrar el gol y brindan por los camaradas caídos, que hacen guardia sobre los luceros y no han podido asistir al desquite de España por tantos siglos de piraterías y putadas de la *pérfida Albión*.

—Yo creo que lo están viendo desde el cielo y lo vitorean —dice Diego, sentimental, con etílico entusiasmo.

Días después, asisten al debut de Gloria Lasso, una cantante catalana de mambos, boleros, rancheras y lo que se tercie, en la sala Pasapoga. Los dos amigos asisten boquiabiertos a la actuación de la hermosa mujer, que tiene una voz prodigiosa y sensual. Canta *En la noche de bodas.*

> *En la noche de bodas, que haya en tu cama /*
> *colcha de seda, colcha de seda, / sabanitas de hilo...*[464]

El camarero que les trae los vermuts se inclina sobre la mesa y dice:

—Ya estamos en guerra otra vez.

—¿Qué guerra?

—En Corea. Lo acaba de decir la radio.

Sesenta mil soldados norcoreanos, apoyados por tanques soviéticos, han invadido la república de Corea.[465] La península de Corea, frente al Japón, tan grande como España, fue liberada al término de la guerra mundial por norteamericanos y soviéticos. Estados Unidos traspasó el mandato de su zona a la ONU, que intentó organizar elecciones libres, pero los soviéticos se negaron a admitirlas en su demarcación. Finalmente, Corea se dividió en dos: el norte comunista (la República Democrática Popular de Corea) y el sur pro occidental. La frontera aceptada es el paralelo 38, una línea recta que divide la Península en dos mitades.

—Esto es la tercera guerra mundial —dice Diego—. Los comunistas contra el bloque occidental.

Eso temen también en las cancillerías de los distintos países y en la ONU. Los implicados se esfuerzan en anudar alianzas con los neutrales.

464. La censura no la prohíbe porque se supone que los amantes protagonistas de la canción están recién casados, de otro modo no hablaríamos de noche de bodas.

465. El 25 de junio de 1950.

CAPÍTULO 72

Ava, la Diosa

España empieza a calar hondo en Estados Unidos. Se ve que el *lobby* de Lequerica da sus frutos, especialmente cuando se gana la amistad del senador por Nevada Patrick Mc Carran, furibundo e influyente anticomunista.

Por lo pronto, el Congreso ha concedido a España un crédito de 100 millones (que se quedará en 62) a pesar de la resistencia del presidente Truman, baptista radical, que no puede ver a Franco y que abomina del único país de Europa (salvando el Vaticano, claro) donde no existe la libertad de culto.

Los inversores americanos empiezan a pensar en España. Los cineastas encuentran un país con variados paisajes, con muchas horas de sol, con precios tirados y con facilidad para contratar cuantos extras necesites por una propinilla, sin miedo a sindicatos, a huelgas ni a convenios: el paraíso del peliculero.

Hollywood rueda en España películas de bajo presupuesto. Llegan famosos actores y actrices, caras conocidas que los españoles han visto en blanco y negro docenas de veces, dado que el cine es una de las pocas expansiones que se pueden permitir en los años del hambre.

Llega Ava Gardner, la Diosa, el animal más bello del mundo, una mujer superlativamente guapa y hermosa, para rodar *Pandora y el holandés errante*. Ava es amante de Frank Sinatra, que está casado con otra y que tramita el divorcio. Como detesta dormir sola, vive un romance con el coprotagonista de la película, el polifacético Mario Cabré, que además de actor, poeta y modelo es el «torero de las supremas elegancias». En realidad, Ava enhebra amantes con pasmosa facilidad y Mario Cabré es uno de tantos, pero en la mentalidad española del tiempo no se concibe que una mujer use a un hombre con fines sexuales. El país se identifica con Mario y vive, vicariamente, su romance. Cuando Ava se acuesta con el torero, se está acostando con todos los españoles. Además, los celos de Frank Sinatra, latino al fin y al cabo, que se presenta a reclamar a su novia, afianzan el prestigio de Cabré. La superioridad del macho español queda bien patente. Mario, como también es poeta romántico, se toma a pecho su propio personaje y continúa interpretándolo fuera del plató: «Cantaba serenatas en la ventana y esperaba siempre que apareciera un fotógrafo.» Al productor le encanta aquella historia, que suministra publicidad gratuita para la película.

En cuanto acaba el rodaje, Ava hace las maletas y «si te vi no me acuerdo». Mario, encalibrinado, la sigue a Londres, pero ella no quiere saber nada de él, así que nuestro hombre regresa «desilusionado y molesto». Tiempo después, Ava declarará: «Mario es un compañero de trabajo. Él quería venir conmigo a Hollywood. ¿Para qué quería yo a Mario en California? ¿Para compañero en alguna película? No tiene talento. No encaja bien fuera de los personajes de su profesión taurina. Y mi reputación artística no puede permitirse el lujo de importar actores ni yo quiero intentarlo.»[466]

Naturalmente España no puede aceptar que la actriz haya abandonado al torero. Prefiere creer la versión de Mario: «La verdad es que tuve miedo de casarme con ella.» Esto sí se entiende. Una esposa demasiado bella es un continuo sobresalto para un marido. Aparte de que no todo el mundo está dispuesto a llevar al altar a una mujer que no sea virgen, por muy Ava Gardner que sea.

Con los americanos cortejándolo y la Guerra Fría disparada, Franco está tan encantado de la marcha del negocio que hasta se atreve a coger un avión privado para girar una visita oficial por las posesiones africanas de España, tan olvidadas después del descala-

466. Revista *Sábado Gráfico*, 8 de diciembre de 1956.

Mario Cabré se arrima para la foto y Ava Gardner
interpone un puñito cerrado.
El idilio está a punto de acabar.

bro de Tánger. Le acompañan su señora y varios ministros. Comienza por Sidi Ifni, donde aterriza en una pista polvorienta, entre el entusiasmo de los cabileños, que le atribuyen la de un chaparrón que ha precedido a su llegada, un fenómeno atmosférico que sólo acaece cada diez o doce meses y del que dependen las magras cosechas y los pastos.

Después de revistar las tropas que le rinden honores, el Caudillo visita una escuela de niñas, un hospital y un faro. La gira prosigue por El Aaiún, donde le agasajan en una jaima de lujo, con pufs bordados para sentarse y con grandes bandejas metálicas repletas de toda clase de manjares étnicos, de los que el Caudillo apenas prueba alguno, por temor a que una inoportuna diarrea rebaje su dignidad cesárea.

En España avanza el otoño, con sus castañas asadas en el rescoldo del brasero y con la rutina de un país que parece camino de encontrar su lugar en el mundo después de tantos sobresaltos, un país que se anima y que echa las campanas al vuelo, literalmente, cuando el papa Pío XII proclama solemnemente la Asunción de la

Virgen, un dogma que viene a dilucidar un aspecto fundamental del Cristianismo.[467]

Don Próculo, en la catequesis de las Marías Reparadoras, no puede contener las lágrimas:

—¡La Virgen subió en cuerpo y alma a los Cielos! ¡Bendita sea la hora en que podemos añadir esta certeza al conjunto de verdades fundamentales que configuran nuestro ser como cristianos! ¡No sé cómo habíamos podido vivir hasta ahora sin esa convicción!

—¿La Asunción es como la Ascensión? —pregunta doña Eulogia, reconcomida por una duda metafísica que no la deja dormir.

—No, hija mía —corrige el cura—: Ascensión es la de Cristo, que sube al Cielo por impulso propio, podemos decir, como Dios que es; pero la Virgen, que es una persona mortal, no asciende sino que la ascienden.

—O sea —aclara doña Eulogia—, el Señor sube por su pie y la Virgen porque tiran de ella.

—Sí, podría decirse que es así —concede el sacerdote, por no meterse en mayores dibujos que puedan enturbiar la correcta percepción del dogma.

Tampoco la Asamblea General de las Naciones Unidas quiere más líos con el *caso español.* Franco no ha cambiado y sigue siendo el dictador que anatematizaron cuatro años antes, pero el mundo está cambiando a toda prisa y los generales norteamericanos exigen al Gobierno de su país un entendimiento con España por su valor estratégico en el tablero de la Guerra Fría. En vista de que el anfitrión americano está a punto de apadrinar al Caudillo, la Asamblea de las Naciones Unidas autoriza a sus países miembros a enviar embajadores a Madrid.[468]

En Corea, casi reconquistada por Occidente, 200.000 soldados de la China comunista cruzan el fronterizo río Yalú y obligan a replegarse a 100.000 soldados de las Naciones Unidas y a otros tantos civiles.[469] Cuatro días más tarde, el presidente Truman

467. El 1 de noviembre de 1950.
468. El 4 de noviembre de 1950.
469. El 26 de noviembre de 1950.

menciona la posibilidad de emplear la bomba atómica, una o las que sean necesarias. Lo malo es que los soviéticos también la tienen; no se sabe cuántas. El primer ministro británico, mister Atlee, vuela urgentemente a Washington para detener la escalada atómica de los primos *cowboys*.

Anuncio, 1939.

CAPÍTULO 73

Primavera caliente

En Barcelona la niebla no deja ver el mar, pero se escuchan potentes los 21 cañonazos de salvas con los que saluda a la ciudad condal el crucero *USS Newport News*, buque insignia de la VI flota americana, antes de enfilar la bocana del puerto escoltado por los destructores gemelos *USS Burton*, *USS Strong* y *USS Soley*. Le responden con otras 21 salvas las baterías de costa del castillo de Montjuic.[470]

Las putas del Barrio Chino están de enhorabuena. Van a tener que hacer horas extra para atender durante cuatro días a esos mocetones de la IV flota, rubios como la cerveza, que aportan dólares, tabaco virginia y tabletas de chocolate como Dios manda, sin mezcla de harina ni algarrobas.[471]

«¡Los americanos están aquí!» A Franco le ha presentado sus cartas credenciales el nuevo embajador de Estados Unidos, Stanton Griffis[472] y, además, le ha nacido su primera nieta, María del Carmen Esperanza Alejandra Martínez-Bordiú Franco.[473]

470. El 26 de febrero de 1951.

471. Hay que consignar que, mientras sus conmilitones se rebozaban en el cieno de la concupiscencia, un grupo de ellos, católicos, giraron una visita al santuario de Montserrat, donde oyeron misa ante la Moreneta.

472. El 2 de marzo de 1951.

473. El 10 de enero de 1951. La ristra de nombres de pila parece prefigurar las pretensiones aristocráticas que alberga la abuela Carmen para su nieta.

Dos marineros americanos se disponen a estrechar
lazos de amistad hispano-estadounidense con sendas nativas españolas
avecindadas en el Barrio Chino de Barcelona.

Existe una tierna foto del Caudillo asomado a la cuna, la resplandeciente calva herida por el *flash*, y acariciando con su dedo índice la manita de la niña mientras le dice, es un suponer:

—¡Cuchi, cuchi, cuchi...!

La bebé Carmen sonríe, ignorante de que este abuelo bondadoso sea, en su faceta más notoria, el Caudillo Franco.

El feliz estadista y abuelo contempla España, pacificada y en orden, bajo su benéfica égida. No advierte que, bajo la tranquila apariencia de esa balsa de aceite, se están acumulando negros nubarrones que presagian tormentas sociales, como no puede ser de otra manera en un país donde la mayoría de la población pasa hambre y necesidad porque el dinero está tan mal administrado que se dedica el 51 por ciento del presupuesto al Ejército y a la Policía, y sólo el 1 por ciento a la agricultura de la que todos comemos.

Montserrat Concustell Pabón va al mercado del Ninot, donde una prima verdulera le vende a bajo precio o le regala los géneros estropeados. El marido de Montserrat, Pau, es uno de los trabajadores que viven de hacer chapuzas después de que las restricciones eléctricas aconsejaran a las industrias despedir a parte de la plantilla y trabajar sólo media jornada. Las 2.000 pesetas al mes que sacaba antes se han reducido considerablemente. Ahora Pau tiene que alimentar a la familia, cinco miembros con la abuela, con un presupuesto de 30 pesetas diarias, mientras los alimentos no dejan de subir por culpa de las malas cosechas, de la mala administración y de los estraperlistas que los acaparan, ante la indiferencia o la complicidad de los funcionarios. El kilo de carne se vende a 50 pesetas; el de merluza, a 35; el kilo de judías, 13,50; los garbanzos, a 11; la docena de huevos, a 35.

En vista de los precios, la señora Montse decide el menú del día: guisado de patatas con bacalao. Las patatas están a 4 pesetas el kilo, la cola de un bacalao de tercera le cuesta 5 pesetas.

Montserrat no entiende mucho de números, pero sabe que el sueldo no llega a fin de mes. Ignora que el año pasado el índice de precios se disparó en un 28 por ciento mientras que los salarios se mantuvieron estables o subieron un 5 por ciento. Las restricciones de alimentos siguen.

Cargada con la compra, Montserrat llega a la parada del tranvía 27, donde un corrillo de usuarios está protestando airadamente.

—*Què passa?*

—*Què ha de passar?: que el preu d'un bitllet senzill, 50 cèntims, puja a 70 des de demà.*

—*I què més?*

—*S'ha convocat una vaga de tramvies pel dia dotze, que aquest abús ja no es pot tolerar* —le avisa una usuaria.

Barcelona está inquieta. Se forman corrillos en las calles, especialmente en los barrios pobres y marginales, los más conflictivos.

Montserrat llega a su casa. Reventadita por el esfuerzo de subir la cesta de la compra a la cuarta planta, se sienta a recuperar el resuello a la mesa de la cocina y lee un par de octavillas que ha recogido en la calle, una escrita a mano y la otra impresa con ciclostil. Las dos dicen más o menos lo mismo: «Barcelonés, si eres buen ciudadano, acuérdate, y a partir del primero de marzo y hasta que se igualen las tarifas con las de la capital, trasládate a pie a tus ocupaciones [...]. España una... y para todos igual.»

El uno de marzo los usuarios del tranvía acuden al trabajo a pie, aunque en muchos casos eso les obligue a salir de casa una hora antes.

Las autoridades han ordenado a los funcionarios que usen el tranvía. Falange ha impartido la misma orden a sus afiliados, con la advertencia de que viajarán gratis si muestran al cobrador el carnet del partido. La consigna es usar ese medio de transporte para reventar la huelga.

Poca gente los usa (un 3 por ciento). No se repiten los apedreamientos de tranvías de días anteriores porque la fuerza pública los protege. Por la tarde, se inicia una manifestación que la policía reprime con la habitual brutalidad. Un niño de cinco años, Juan Moreno Ruiz, hijo de un obrero de la Pegaso, resulta herido de bala y muere al día siguiente.

El domingo juegan, en el estadio de Las Corts, el Barcelona y el Real Santander. A la salida del partido diluvia, pero los aficionados regresan a pie a sus hogares y dejan vacíos los tranvías que los esperan, con su conductor, su cobrador y su pareja de guardias.

Tanta unanimidad no deja de ser sospechosa. En realidad, detrás de la protesta están no sólo las gentes de la izquierda, sino muchos católicos y sindicalistas verticales, tan perjudicados como ellos. Al día siguiente, el Gobierno cede y anula la subida de las tarifas.

Han ganado los ciudadanos su primer pulso con el Gobierno, lo que sienta un peligroso precedente.

El gobernador civil y jefe provincial del Movimiento, camarada Eduardo Baeza Alegría, tiene motivos para preocuparse. Mientras, en la calle, se producen algaradas y algunos manifestantes vuelven a apedrear tranvías y panaderías, en protesta por el pan, que es cada día más negro y más insípido. A Madrid ha llegado el rumor de que el camarada Baeza Alegría descuida sus deberes de gobernante por cultivar su íntima amistad con la bellísima, y sobre todo hermosísima, *vedette* Carmen de Lirio.

Los *graffitis* de los retretes públicos, unico medio de libre expresión que tolera el Régimen, le atribuyen a Baeza Alegría dos contrapuestas aficiones: «Por la mañana cirio, por la noche *lirio*», la primera en razón de su cargo, que requiere cierta connivencia con la Iglesia; la segunda por complacencia con el pecado de la carne.

Carmen de Lirio es un mito en Barcelona. En un tiempo de restricciones de luz, ella sola se basta para iluminar las noches del Paralelo. Mientras la calle arde en rumores de nuevas huelgas y protestas, la aragonesa, indiferente, luce su palmito frente a las candilejas, asaeteada por las miradas lúbricas de los estraperlistas y de los aficionados pudientes que pueden pagar el espectáculo y la consumición en la sala de fiestas. En el colofón, después de cantar el memorable pasodoble *Noche de bodas* con su voz pastosa y sensual, hace mutis, arrastrando displicentemente su abrigo de pieles por las polvorientas tablas del escenario.

—¡Carmen, que estropeas los visones! —le grita un admirador desde la platea.

—¡Barcelona paga! —replica ella con desparpajo.

Se rumorea que, en efecto, Barcelona paga, porque su gobernador desuella las paredes del Gobierno Civil para contentarla.

En los andamios canturrean los paletas:

Ella es tan buena persona
que de todos es querida,
justo es que paguen su vida
las gentes de Barcelona.

No por mucho tiempo. Después de la huelga de tranvías y de los desórdenes callejeros, el Gobierno destituye a Baeza *Tristeza*.

Montserrat Concustell sigue leyendo sobre la mesa de la cocina las octavillas que le entregan en la calle:

«¡Pueblo de Barcelona! La unanimidad que se ha manifestado contra la explotadora Compañía de Tranvías debe repetirse frente al infame sistema político que rige los destinos de España. Por eso, la CNT recomienda a todos los trabajadores que secunden con el mayor entusiasmo la huelga general que se declarará el lunes 12 de marzo. ¡Contra la carestía de la vida! ¡Contra el terror falangista!»

Se suceden las protestas ante las fábricas y en la calle. Muchos comercios echan el cierre. Los que se resisten son apedreados por los piquetes. La nota oficial define estas actividades como «reiterados intentos de subversión».

Entra la primavera, con sus parterres florecidos en el parque Güell y sus gráciles mariposas, pero el malestar social no remite en la Ciudad Condal. Cinco mil policías, llegados de Madrid y de Zaragoza, refuerzan la plantilla local. Algunas unidades de la Marina atracan en el puerto de Barcelona y desembarcan infantería. Franco reúne al Consejo de Ministros. La prensa se hace eco de la actitud del Gobierno. «Van a atajarse enérgicamente los problemas de abastecimiento.»[474]

Franco se olvida definitivamente de la autarquía y accede a que se importen alimentos.

A pesar de estas medidas tardías, el malestar social no remite. A las huelgas de Barcelona, se suceden las del País Vasco y Navarra, donde incluso muchos requetés conservadores se suman a la protesta. El detonante es un grupo de mujeres airadas que, en vista del abusivo precio de los huevos, «arremetieron contra el mercado y lo dejaron como las ruinas del Alcázar». Otro niño resulta muerto en la represión. La rebelión se extiende a Estella, Tafalla, Villalba y Sangüesa. Más despidos y más multas.

A Franco no le hacen gracia tantas protestas en el país que creía pacificado. Aprovecha su discurso ante la IV Asamblea de Hermandades de Agricultores y Ganaderos para recordar a los españoles que la huelga es un delito.[475] Dos semanas después, una pastoral colectiva de los obispos alaba la legislación social del Régimen.

La Iglesia siempre al lado del que le mantiene los privilegios.

474. El 7 de abril de 1951.
475. El 12 de mayo de 1951.

En Madrid, multitud de octavillas de inspiración comunista convocan a «una huelga blanca» para el 22 de mayo.

—¿Qué es eso de una huelga blanca?

—Consiste en no hacer uso de los servicios públicos: dejar vacíos los bares, los espectáculos, las oficinas, las salas de fiestas... todo.

—Nosotros abrimos ¿eh? —advierte la Uruguaya—, aquí no nos metemos en política, que, además, lo nuestro es como las farmacias, que siempre tiene que haber una de guardia aunque las otras cierren.

La policía detiene a cientos de sospechosos. Se advierte a los funcionarios que el día 22 deberán hacer vida normal.

A las octavillas subversivas responden otras gubernamentales: «¡Tú, rojo! Por generosidad, no por blandura, se te ha devuelto al quehacer de la Patria y se te ha perdonado. Pero, ¡ojo!, si no tuviste un arrepentimiento sincero, si sueñas con revanchas y con nuevos crímenes, debes saber que la victoria del 18 de julio estamos dispuestos a defenderla como sea. ¡Ten cuidado con lo que hablas y haces! ¡Te vigilamos! El 22, a trabajar. De lo contrario nos veremos en la calle.»

El día designado las calles amanecen patrulladas por la policía y por escuadras falangistas. El Ejército permanece acuartelado, dispuesto para intervenir donde sea necesario. No se producen incidentes, pero la huelga triunfa, aunque en menor medida que en Barcelona.

En la capital provinciana Pepe, el barbero, lee en el periódico:

—«El encarecimiento de la vida es un mal universal.»

—Eso es muy profundo —comenta el jubilado Leyva—. O sea: mal de muchos, consuelo de tontos.

—Pues atienda usted a esto: «Ni el más sucio mentiroso puede negar la realidad de la España de ayer. Que constituyó una jornada de triunfo para el Régimen, para su Caudillo y para su Gobierno, magnífico ejemplo de la cordura de un pueblo.»

—O sea que en Madrid no pasó nada —concluye Leyva—. Anda, Pepe, pasa a las páginas deportivas, que de ésas sí que nos podemos fiar.

—De ésas y de las esquelas mortuorias —precisa el fígaro.

Pepe el barbero hojea las páginas de deportes:

—Dentro de tres días se presenta oficialmente el jugador húngaro Ladislao Kubala, que ha fichado por el Barcelona.

—Veremos a ver cómo sale.

Carmen de Lirio (Zaragoza, 1926) *vedette* de revista, actriz de teatro y cine, reina del Paralelo barcelonés, galanteada por banqueros, empresarios y políticos pero nunca por el señor Samaranch al que descalificó como «bajito» y «cabezón».

CAPÍTULO 74

El patrón renueva a la tripulación

El 18 de julio, conmemoración del Glorioso Alzamiento Nacional, Franco ofrece en los jardines de La Granja su tradicional recepción al Gobierno, al cuerpo diplomático y a personalidades del Régimen. Franco ha capeado el temporal, combinando el palo de la represión con la zanahoria de una moderada subida de salarios.

Los ministros, que llevan seis años en el Gobierno, quizá esperan durar otros seis, pero el general gallego que los recibe distendidamente ya ha firmado la destitución de unos cuantos. Los afectados se enterarán cuando regresen a casa.

—Carlos, un motorista de El Pardo te ha traído un sobre —dice la mujer del ex ministro, que aún no sabe que lo es—. Lo tienes encima de la mesa de tu despacho.

Afortunadamente los duelos, con pan, son menos. Tras el oficio, que comunica que el Caudillo te agradece los servicios prestados y te releva del puesto, suele llegar el consuelo de una sinecura en el consejo de administración de alguna empresa estatal, un cómodo retiro, con el riñón bien forrado.

En el nuevo Gobierno figurarán, como siempre, monárquicos y falangistas, pero esta vez escogidos entre los que son más adictos a Franco que a sus ideologías. Seis monárquicos (Cavestany, Gómez del Llano, Iturmendi, Vallellano, Martín Artajo y Ruiz-Jiménez, estos dos últimos, además, democratacristianos) se equilibran con cuatro falangistas, ya domesticados por el Régimen

Arias Salgado, con su uniforme falangista.
Este ministro ferozmente bueno
intentó erradicar de España la concupiscencia.

y curados de veleidades joseantonianas (Arias Salgado, Fernández Cuesta, Girón y Pérez González). Y en el fiel de la balanza, garantizando su estabilidad, seis franquistas probadamente fieles (Arburúa, Carrero Blanco, González Gallarza, Moreno y Planell y Muñoz Grandes).

Los ministros que salen fortalecidos son Carrero Blanco, subsecretario de la Presidencia y mano derecha del Caudillo, y Martín Artajo.

Franco ha reforzado el sector católico y ha apadrinado a monárquicos franquistas para socavar la posición de los que todavía se emperran en entronizar a don Juan. También contenta a los falangistas, cada vez más devaluados, rescatando con rango ministerial la cartera del secretario general del Movimiento, que suprimió hace seis años, cuando, amenazado por los aliados, le vio las orejas al lobo. A estas alturas ya se habrán percatado de que el Movimiento es un perro de paja que come en su mano sin peligro de que la muerda.

El nuevo Ministerio de Información y Turismo, que engloba la censura de prensa, se confía a Gabriel Arias Salgado, un integrista católico «ferozmente bueno» (Pemán), quizá jesuita frustrado, que se cree designado por la Providencia para preservar la moralidad de España. Atrincherado en las doctrinas escolásticas del bien común y convencido de que la libertad es la opción entre dos bienes posibles, pero excluyendo siempre el mal, Arias Salgado se propone borrar de la faz de España el sexo pecaminoso y extramatrimonial. Para ello, instituye las Juntas de Censura y Clasificación, que establecen los filtros necesarios para que el Maligno no pueda colarse por resquicio alguno. Cuando le preguntan:

—¿Es cierto, señor ministro, que lleva usted la contabilidad exacta de las almas que se salvan en España?

Arias Salgado responde afirmativamente, sin captar la ironía.

En otra ocasión, el presidente de los fabricantes de medias catalanes se queja de que la censura prohíba mostrar un muslo femenino en la publicidad de su producto.

—El muslo no debe aparecer en la publicidad, porque fomenta la masturbación —se ratifica el ministro.

Al día siguiente, circula un chiste: el presidente de los fabricantes de medias objeta:

—Pero, señor ministro, ¿a quién se le ocurre que un muslo pueda fomentar la masturbación?

—¡Dígamelo usted a mí! —le replica Arias Salgado, muy serio.

El nuevo ministro de Comercio, Manuel Arburúa, es un hombre al que Franco admira porque procede de una familia humilde, y habiendo comenzado de botones en una entidad bancaria, ha conseguido amasar una fortuna considerable (fortuna que aumen-

Joaquín Ruiz-Jiménez,
alias Sor Intrépida.

tará en sus años de ministro, con la venta de concesiones de exportación de bienes de equipo, ahora que el comercio exterior se liberaliza).[476]

Finalmente, Joaquín Ruiz-Jiménez, un hombre fervoroso al que algunos apodan *el Meapilas* y, Nicolás Franco, *Sor Intrépida*, se hace cargo del Ministerio de Educación, con lo que la Iglesia completa su dominio de los tres niveles de la educación del país, incluida la universitaria, que antes quedaba en manos de Falange. La designación de Ruiz-Jiménez alumbra un tímido rayo de esperanza en los que anhelan la apertura del Régimen. Pero al nuevo ministro

476. Los nuevos Volkswagen importados se denominarán, durante un tiempo, «Gracias Manolo» que era lo que sus amigos le decían cuando les firmaba la concesión. También las firmaba por docenas para Morris, Citroën y Austin.

Martín Artajo (1905-1979)
ministro católico de Exteriores
con la venia de Pla y Deniel.

le falta la energía necesaria para defender sus ideas, moderadamente progresistas.

Franco está satisfecho, especialmente de la labor de Martín Artajo en Exteriores, al acercarnos a Washington y al Vaticano. Lo que le preocupa es la política interna, con esas huelgas de la primavera, que no está dispuesto a permitir que se repitan.

También está satisfecho, y mucho, Pedrito de la Cruz Expósito. El antiguo hospiciano hace su agosto durante el verano con un negocio que le ha traspasado su compadre el Burro Mojao. Se trata de un carro desvencijado, pintado de colorines como una barraca de feria, del que tira una mula matalona, que sigue prestando servicios cuando las de su quinta hace tiempo que ingresaron en una fábrica de embutidos.

Pedrito recorre las ferias de España con su singular espectáculo:

—¡Lo nunca visto, señores y señoras, distinguido público! —pregona por un altavoz desde el podio de una caja de cerveza invertida—. ¡Señores, pasen y vean y se asombrarán: por dos pesetas vean *La Caraba*! ¡La maravilla de la feria! ¡No se lo van a creer!

La gente, que está acostumbrada a expresar asombro con la frase hecha: «Esto es la caraba», sin saber lo que significa esa palabra, se acerca, curiosa, al carromato.

—¡Señores, entren y vean la Caraba! ¡La auténtica, la genuina caraba!

Los más curiosos satisfacen la tarifa, 2 pesetas, y entran en la barraca apartando la cortina astrosa que la cierra. Detrás de una soga, que configura un angosto pasillo, sólo encuentran una mula huesuda, vieja, carne de matadero, que mastica paja despaciosamente. O sea: la mula que tira del carromato. Un cartel explica:

«Ésta es la caraba, que ya no ara.»

—Pero ¡esto es un timo! —protesta un parroquiano estafado.

—No, señor, es legítimo —se defiende Pedrito—. Yo le enseño a usted *La Caraba,* «la que araba», dicho en fino, que ya está jubilada y ya no ara.

La verdad es que muy pocos protestan a la salida. Los timados salen alabando el contenido de la caseta para que los indecisos que aguardan afuera piquen.

—¡Si no lo veo, no lo creo! —dice uno.

—¡Hay que ver los misterios que encierra el mundo! —corrobora su acompañante.

—¡Qué barbaridad! ¡Esto sí que es una maravilla y no los rascacielos! —corrobora un tercero.

Los indecisos no se lo piensan más y aflojan las 2 pesetas para desvelar el misterio.

—Esto es un negocio que sólo se justifica por la mala leche que nos gastamos los españoles. «Ya que me he jodido yo, que se jodan los otros» —comenta Diego a su amigo Rivas.

No le falta razón.

En la barbería El Siglo, Lorenzo Hernández muestra ufano su flamante documento nacional de identidad (DNI).

—Éste es de los primeros que se hacen aquí, me lo ha dicho el comisario.

La tarjeta verde, plastificada, lleva su fotografía, su huella dactilar por duplicado, exenta y tocando la foto, para evitar falsificaciones, y su filiación: domicilio, profesión, estado civil, fecha de nacimiento. El carnet de Hernández circula de mano en mano entre los parroquianos del establecimiento.

—Mejor que la antigua cédula de identidad, dónde va a parar —comenta Castro.

Casimiro Palacios nota que en el apartado «profesión» han puesto industrial.

—¿Y tú, desde cuándo tienes una industria? —pregunta con sorna.

—Dije que era hojalatero —se excusa el aludido—, pero se han empeñado en ponerme industrial.

—Esto para lo que va a servir es para controlarnos a todos —observa Pepe *el Barbero* sin dejar de darle a la tijera.

Debe de ser verdad porque los primeros españoles a los que se ha emitido el carnet han sido los presos, empezando por los que disfrutan de libertad vigilada. Y, en cuanto pase un año, será obligatorio llevarlo encima, a no ser que uno quiera pasar por un «indocumentado» y acabar en comisaría si se lo solicita la policía.

A Franco le han asignado el carnet número uno; a *la Señora*, el dos; a su hija Nenuca, el tres; a su nietecita, le corresponderá el cuatro cuando crezca. A la familia real se le reservan los números del 10 al 99.

Cuando decae la conversación sobre el carnet, se hace un silencio. Pepe *el Barbero* pregunta:

—¿Sabéis el último? —Y sin aguardar respuesta comienza—: Esto es Franco en su discurso de fin de año: «¡Españoles! Después de tres años de guerra y de once de dura posguerra, hoy tengo la satisfacción de anunciar que por fin hemos sacado a España del atolladero en el que la metió la masonería a sueldo del oro moscovita. Hoy España se desarrolla a la cabeza de las naciones libres del mundo en una prosperidad sin precedentes; baste decir que las mujeres que antes se ganaban la vida en las esquinas... ¡Hoy son madres de vuestros ministros!»

Cédula personal (antecedente del DNI) y salvoconducto.

CAPÍTULO 75

Toda Barcelona fue un cáliz[477]

El obispo ha convocado a don Próculo en la sacristía de la catedral, a las once y media, justo antes de la misa mayor del domingo.

Se presenta don Próculo a su hora, y el sacristán le advierte que el obispo no ha llegado todavía.

—Como vive ahí enfrente... —lo excusa, aludiendo al Palacio Episcopal.

Don Próculo se sienta en un banco y entretiene la espera contemplando las columnas, las bóvedas y las admirables proporciones de la obra de Vandelvira.

A menos diez llega el obispo, rodeado de un séquito de secretarios, de seminaristas y de correveidiles. Don Próculo se llega a él, genuflexa y le besa el anillo.

Un cura guapo comienza a vestir al obispo con los arreos de gran solemnidad.

—¿Has oído hablar del Congreso Eucarístico que va a celebrarse en Barcelona? —le pregunta el prelado a don Próculo.[478]

—Sí, ilustrísima.

—Va a ser la mayor concentración de católicos jamás vista —asevera el obispo—. Sólo hay más católicos en el Cielo, a la de-

477. Así define el Congreso Eucarístico de Barcelona el fino escritor cristiano don José María Pemán.

478. Se celebra entre los días 27 de mayo y 2 de junio de 1952.

recha de Dios padre. Bueno, prepárate porque vas a acompañarme. Tú serás mi fámulo.

Don Próculo, que no esperaba tal honor, sino más bien alguna regañina pastoral, cae de rodillas, con los ojos arrasados de lágrimas, y torna a besar el anillo.

Don Próculo y el obispo, en el asiento trasero del Ford episcopal, por las regiones de España, tan una en su rica diversidad, tan grande (como que Barcelona está a casi mil kilómetros), tan libre: puedes parar donde te plazca y sólo encontrarás paz y gente atenta. Cerca de Guadalajara hacen un alto para que el señor obispo estire las piernas y efectúe una micción con su gurrumina fimósica que la edad ha desactivado sin que llegara a experimentar los sinsabores del pecado. Pasa una pareja de la Guardia Civil, máuser y mostacho, que, adivinando su identidad, le hace el saludo reglamentario, quizá porque en España se ven pocos obesos fuera del general Aranda, de los banqueros y de los obispos.

En el convento de Sigüenza donde pernoctan escuchan la radio:

—Su santidad, el Papa, ha elegido Barcelona «para premiar sus sufrimientos por la fe» —señala el locutor—. Barcelona lleva un mes preparándose para el magno evento. Ni un detalle se ha dejado al azar. El gremio de panaderos realizará una labor extraordinaria para garantizar el abastecimiento de la ciudad durante el Congreso. La Sociedad Colombófila está reuniendo miles de palomas blancas, que serán liberadas durante la consagración de una Misa solemne. Los enfermos y los inválidos de la ciudad hacen una «ofrenda de dolor» y un quinario de oración y sacrificios por el éxito del magno acontecimiento [...]. Unos jóvenes devotos vascos llegarán al congreso en piragua, desde Miranda del Ebro [...]. Homenaje del Ejército español a la Eucaristía: tres mil militares de diversa graduación, de soldado a general, pertenecientes a los tres ejércitos se alojarán en cuarteles de la ciudad y asistirán a las sesiones [...]. Entre las obras de contenido social que el Congreso va a impulsar figura una cuestación para construir casas baratas con destino a personas necesitadas, pero de recta conducta, propuestas por las parroquias. ¡Dios que está en todas partes, debe llegar a todas partes!

Otro locutor lee la emocionante carta de un sencillo productor al obispo, monseñor Mondrego, confiándole 50 pesetas para la obra social del Congreso. También resalta la desinteresada colaboración del gremio de ultramarinos, que ha aportado su granito de arena en forma de sabrosas dádivas. Finalmente, se anuncia la solemne bendición y la consagración del templo expiatorio del Sagrado Corazón del Tibidabo.

—Mañana empiezan las horas santas —recuerda el locutor.

El padre Venancio Marcos, con su voz inconfundible, modulada y sedosa, aunque un punto chillona, se dirige a las mujeres, las más devotas seguidoras de sus charlas morales.

—¡Barcelonesas! Recordad que de vosotras depende el triunfo de la Campaña de la Insignia: ni vuestros maridos, ni vuestros hijos, ni vuestros novios o hermanos deben salir a la calle sin la insignia del Congreso prendida en la solapa.

En la casa de Montserrat Concustell, el Congreso Eucarístico se vive con menos entusiasmo. Don Senén Esplugas Pi, el dueño del taller de curtidos, camisa vieja de Acción Católica, ha informado a sus empleados de que «el delegado de Trabajo ha tenido a bien declarar no laborables, pero remunerados y no recuperables, los cuatro días del Congreso».

—Bien entendido, que no son cuatro días de vacaciones, ¡ojo! sino de trabajo en otro taller, el de vuestra espiritualidad, el de la salvación de vuestra alma inmortal —prosigue don Senén, paternal—. Espero veros con una pancarta en la gran concentración sindical que se ha previsto. Ponéis, por ejemplo, «CURTIDOS ESPLUGAS: LAS MEJORES CALIDADES Y PRECIOS, SIEMPRE AL SERVICIO DEL SANTO PADRE».

Raimon, el hijo de la señora Montse, llega a casa con la gran noticia.

—Está bien que vayas —dice la madre—. Creo que va a ser lo nunca visto.

—¡Que no me apetece, madre!

—Hijo, no te *signifiques*, que a lo mejor tienen en cuenta quién va y quién no. Tú vas, que te vean bien y, si no te gusta, en cuanto puedas, te vuelves.

Raimon no es el único barcelonés indiferente al Congreso Eucarístico. Muchos otros, ahítos de nacionalcatolicismo, de incienso, de misas, de sermones, de catequesis y de comuniones han optado por encerrarse en sus casas y no salir durante los días que dure lo que irreverentemente denominan *la Olimpiada de la Hostia.*

El Correo Catalán denuncia la existencia de algunos descreídos «que se han ausentado de la ciudad durante esos días». El pío diario afea esta conducta: «Ha sido ¡una fuga en toda regla! Una fuga que significa singularizarse por desertores y caer en una incalificable grosería.»

Las que se han tenido que ausentar, a la fuerza, han sido las putas, que el gobernador ha desterrado temporalmente a Gerona, motivo por el cual ellas lo han declarado «hijo predilecto del gremio».[479] Con las putas caras, las de alto standing, no hay problema, ya que no ejercen en la calle sino en *meublés* y en apartamentos de lujo. Éstas viven unos días de intenso trabajo, por la gran afluencia de visitantes. Una de ellas lo recordará años después:

—Los más atentos y cómodos eran los de la coronilla pelada. Llegaban tan necesitados que era metértela y correrse. Éstos hablaban poco, pero te dejaban buenas propinas.

El obispo y don Próculo llegan a la gran ciudad a media mañana. El Ford discurre por las amplias avenidas de la Diagonal y el Ensanche. Don Próculo nota la profusión de banderas y de guirnaldas que adornan los edificios y las farolas. Toda Barcelona está volcada en estas jornadas piadosas. En los cines sólo proyectan *El Judas, Creo en Dios* y otras películas edificantes. En los teatros, lo único que se puede ver son autos sacramentales de Calderón y la ópera sacra *Cecilia.*

Sensacionalísimo estreno:
Producciones Ormaechea presenta:
CERCA DEL CIELO

479. Juan Goytisolo trata el tema en el cuento «Cara y cruz», de su libro *Para vivir aquí* (1960), perteneciente a su etapa legible.

Con el padre Venancio Marcos, Patrica Morán y Gustavo Rojo.
Declarada de interés nacional.
Dirigida por Domingo Viladomat.
¡Un latigazo de oprobio a la faz de la bestia soviética!
¡El glorioso martirio de fray Anselmo Polanco, obispo de Teruel!
¡La primera consigna que detuvo al comunismo internacional!
¡Cristiano! ¡Español! No dejes de verla.

En el Convento de las Esclavas de María, donde se hospedan el obispo y don Próculo, reina una actividad de hormiguero. Las monjitas le han sacado brillo a suelos, puertas y dorados, y llevan una semana en las cocinas preparando mermeladas, jaleas y las típicas yemas de santa Úrsula para agasajar a los prelados visitantes. En la habitación destinada a su ilustrísima no faltan un pequeño oratorio y un escritorio, sobre el que han dejado una servilleta de hilo bordada con una bandejita de alpaca, que contiene una docena de las famosas yemas. Don Próculo, que ha comido apenas un bocado porque tuvo que ayudar al chófer a cambiar una rueda mientras el obispo almorzaba, se apresura a deshacer las maletas de su ilustrísima y cuelga sus prendas en el armario mientras se relame, pensando que en su habitación encontrará otro plato de yemas. En la habitación del fámulo no hay yemas, pero las monjitas han tenido el detalle de dejar un jarro de agua tapado con una servilletita bordada.

Todas las emisoras de Barcelona emiten noticias del Congreso, entreveradas de música sacra y de himnos píos.

Entre los barceloneses que presencian el sacro espectáculo, encontramos a nuestro viejo conocido José Manuel Lara, aquel que fue *boy* de la compañía de Celia Gámez y, finalmente, se empleó en la Pirelli. Ahora se ha casado con María Teresa Bosch, una guapa moza de la burguesía catalana. Aunque el sueldo seguro de la Pirelli les promete una existencia sin sobresaltos, especialmente cuando los hijos comienzan a llegar, se embarcan en la aventura de fundar una academia de enseñanza, en la que ella imparte las humanidades y él, las matemáticas. Un buen día se les ofrece la oportunidad de comprar a crédito una pequeña editorial medio arruinada y se lanzan a la nueva aventura. José Manuel lleva personalmente los libros a las librerías, y consigue, con simpatía y persuasión, que se los coloquen en los mejores lugares del escaparate, que se los vendan.

Después de almorzar sopa de almejas, guisado de costilla y un barquillo relleno de crema, el obispo y don Próculo escuchan la radio en la sala de las visitas, que las monjas mantienen fresquita y en penumbra, el suelo de ladrillo recién regado.

—De los cinco continentes, por tierra, mar y aire —informa el locutor— han llegado a Barcelona doce cardenales, trescientos arzobispos, otros mil obispos y abades, más de quince mil sacerdotes e innumerables frailes, monjas, religiosos seglares y militantes cristianos.

Los hoteles y las pensiones de la ciudad no bastan para alojar a esta muchedumbre de peregrinos. Los organizadores han tenido que habilitar Casas de Ejercicios, conventos y colegios de Barcelona y su entorno. Los dueños de algunos prostíbulos y *meublés* se resarcen de las pérdidas que les acarrea el forzoso cierre temporal del negocio, y alquilan habitaciones a los congresistas.

—Oiga, la cama la encuentro un poco desvencijada —se queja uno.

—¡La primera queja que tengo! —se excusa el encargado—. Le aseguro a usted que todos los que pasan por ella se levantan satisfechos.

Barcelona se ha llenado de púrpuras cardenalicias, de trajes talares ribeteados de rojo, de túnicas frailunas, de hábitos de los más variados cortes y estilos, algunos de parda estameña, de tocas de monjas... Sólo han faltado a la cita algunos prelados, y muchos fieles, de los países que gimen bajo el terror comunista, de los que sólo se permite salir a contados delegados, y, ésos, escasos de divisas. Familias cristianas barcelonesas se han ofrecido a alojarlos. Su Santidad, el Papa Pío XII, deseaba fervientemente asistir al magno evento, pero sus obligaciones pastorales lo retienen en Roma. Ha enviado un mensaje de cristiana disculpa: «La situación del mundo

Cardenales, obispos, abades vistosamente ataviados de rasos,
sedas y encajes ponen una nota de color
en el magno congreso eucarístico de Barcelona.

no me permite salir de Roma, pero con mi corazón estoy con vosotros.»

—¡El Santo Padre es un mártir, un santo! —comenta el obispo—. Trabaja noche y día para preservar del naufragio la navecilla de san Pedro.

—¿Quiere su ilustrísima que recemos un rosario por las intenciones de Su Santidad? —propone don Próculo.

—Buena idea —aprueba el prelado—. Rézalo tú en nombre de los dos, que yo a esta hora debo retirarme a mi meditación.

En la habitación del prelado han instalado, además de la cama de matrimonio, un reclinatorio y un Cristo de un metro de altura sobre un paño de terciopelo rojo, que resalta sobre el adusto muro blanqueado.

Por la tarde, después de la siesta, los dos clérigos salen a recorrer la bella ciudad. Primero visitan una de las exposiciones de arte religioso, con profusión de custodias, copones y patenas; después, la Feria del Libro Católico. El obispo adquiere dos libros: *Horas santas para intelectuales* y *Florecillas del Carmelo*.

—¿Tú no compras nada, Próculo? —inquiere el prelado.

—Sí, ilustrísima.

Don Próculo se rasca el bolsillo y adquiere una edición actualizada del clásico *Alfalfa espiritual para borregos de Cristo*.[480]

El día 27 amanece radiante y eucarístico. Llega por mar el nuncio papal, monseñor Tedeschini, que bendice la ciudad e ingresa, con toda solemnidad y boato, por la Puerta de la Paz. Comienzan las jornadas del Congreso. El Caudillo llega al día siguiente, también por vía marítima, desde Valencia. Los congresistas le brindan un «inenarrable recibimiento» en la Puerta de la Paz.

Nuestro obispo se siente indispuesto al tercer día y delega en don Próculo su representación durante la solemne «jornada de Cuarenta Horas de Oraciones sin Interrupción» que se celebra en la Iglesia del Sagrado Corazón de los jesuitas.

La culminación del Congreso, y su acto más solemne, es la procesión del Santísimo Sacramento junto con la solemne Misa de Pontifical al aire libre. Desfila entre el fervor de la ciudad la famosa custodia de Arfe, la máxima joya del arte orfebre, traída de la catedral de Toledo para exponer el Santísimo Sacramento. La han colocado sobre una plataforma cuajada de claveles blancos, cuyas andas portan jóvenes y fornidos sacerdotes, escogidos entre los ordenados durante el Congreso. La escolta una guardia de honor integrada por «camareros secretos de capa y espada, camareros de honor, caballeros de las Órdenes Militares». Detrás, sigue el séquito del cardenal legado, los cardenales vestidos con la Capa Magna de púrpura,

A continuación, Franco, acompañado por el Gobierno, las autoridades y las jerarquías nacionales, las corporaciones locales,

480. No es broma. Así se titula un libro piadoso editado en el siglo XVII.

El invicto Caudillo avanza cirio en mano, solemne
en la magna procesión eucarística
de Barcelona.

el ayuntamiento y la diputación. De Franco al último concejal, cada cual con su cirio en la mano, en actitud recogida y fervorosa. El más emocionado es el ministro Arias Salgado, que hace unos días sostuvo ante unos periodistas que «a Stalin se le aparece el diablo en un pozo petrolífero abandonado (y de este modo) recibe las instrucciones diabólicas sobre lo que hay que hacer en política. Las sigue al pie de la letra, y esto explica sus éxitos pasajeros».[481]

Lloran los fieles y caen de rodillas al paso del Santísimo Sacramento. En el silencio impresionante que acompaña a la custodia, sólo se perciben —escribe un cronista—, «los llantos contenidos de los fieles y el chasquido de las flores aplastadas por la carroza».

Lo más emocionante, y rayano en el milagro, es ver, que incluso los aguerridos jinetes de la Guardia Mora que escolta a Franco,

481. Abella, Rafael, *La vida cotidiana en España bajo el Régimen de Franco*, Ed. Argos-Vergara, Barcelona, 1985, p. 121.

hombres duros del desierto, lloran con emoción eucarística, un celebrado milagro que Luis Carandell, testigo de los hechos, explicará años más tarde: «A alguna autoridad se le ocurrió la idea de sembrar la calles por las que había de pasar la procesión de cápsulas de gas lacrimógeno que, pisadas por el gentío, provocaron un copioso llanto colectivo.»[482]

Don Próculo, confundido entre la multitud de curas que sigue al Santísimo Sacramento, también derrama lágrimas agradecidas.

En la multitudinaria Misa de Pontifical, oficiada por el nuncio papal, cardenal Tedeschini, y concelebrada por decenas de purpurados, se administran medio millón de comuniones.

El Congreso Eucarístico de Barcelona se registra en los anales de la Iglesia como una de las más copiosas cosechas de piedad y hermandad evangélicas. Ni siquiera los carteristas disfrazados de presbíteros, que hacen su agosto en estos días, ni las comprometedoras fotografías del obispo de Calahorra en un cabaret logran restar brillo al evento.

482. Carandell, Luis, *Las habas contadas*, Espasa, Madrid, 1998, p. 28.

CAPÍTULO 76

Termina el hambre

Pasó la guerra (la nuestra y la mundial) con la duradera paz que trajo el Caudillo; pasó la Peste; pasaron el piojo verde y la tuberculosis; pasó la Muerte, llevándose a los padres de Teófilo González y a unas cuantas decenas de miles de españoles hambrientos y desnutridos; pero los que han quedado parecen gozar de buena salud y encaran el futuro con esperanza.

De los Cuatro Jinetes del Apocalipsis que asolaron España en los Años del Miedo, al principiar el decenio de los cincuenta sólo cabalga el hambre.

La descarnada, la rabiosa hambre de los pobres.

También el hambre se va a acabar, al menos oficialmente. El racionamiento del pan se ha abolido el 21 de marzo; la libertad de precios y la libre circulación de los productos tasados se ha establecido el primero de abril. En junio, se suprimen las Cartillas de Racionamiento.[483]

Franco, en pantuflas y en bata de seda, contempla desde la ventana de su despacho el crepúsculo que se abate sobre las encinas de El Pardo. Ante él, se abre un futuro esperanzador. España y el mundo están reconociendo su razón. La economía de este gran cuartel que es la Patria, marcha como nunca. Se acabaron las restricciones de agua y de electricidad, desaparecieron las cartillas de racionamiento, y

483. El 17 de junio de 1952.

el ministro de Comercio le ha pedido audiencia para anunciarle personalmente que estamos alcanzando la renta *per capita* de antes de la guerra. Pronto tendremos concordato con el Vaticano y tratado de amistad bilateral con los americanos, los nuevos defensores de la civilización cristiana contra el comunismo.

A quince kilómetros de El Pardo, El Chato Puertas, también en pijama y en bata de seda, con sus iniciales bordadas en oro sobre el bolsillo, apura su whisky mientras contempla por la ventana de su palacete las luces de la calle y el paso de los automóviles, que dejan un rastro de luz en el brillante asfalto.

El Chato Puertas aguarda el futuro sin inquietud. El estraperlo se acaba, pero él ha tenido la precaución de poner los huevos en distintas cestas. Sólo tiene que cambiar de actividad. El porvenir está en la construcción y en las licencias de importación. Ya ha conocido al ministro de Comercio en una montería, y le ha parecido un hombre abierto y asequible. Siempre habrá un buen negocio que hacer si se sabe recompensar a las personas adecuadas. En eso, no ha cambiado nada, ni va a cambiar.

Pedrito de la Cruz Expósito ha encontrado una nueva forma de ganarse la vida, más descansada que las anteriores. Aprovechando que muchos funcionarios de Abastecimientos se han transferido a Sindicatos y que aquello es la casa de tócame roque, donde nadie conoce a nadie, ni nadie da golpe, se ha agenciado en El Rastro un mono azul con el rótulo «Máquinas de escribir Iberia» en la espalda. Ataviado con esa prenda, que lo identifica como técnico de la empresa, entra una vez por semana en el vistoso edificio de Sindicatos, en el paseo del Prado, pulsa al azar un botón del ascensor y se deja transportar a cualquiera de los dieciséis pisos del edificio central. Allí, escoge un pasillo cualquiera, entra en un despacho vacío, coge una máquina de escribir, se la echa al hombro y abandona con ella el edificio, pasando ante los bedeles y ante los guardias como si nada. La vende a un perista, y con su producto, se da una vida bastante buena... hasta la semana siguiente. Hace cinco meses que emprendió el negocio y, hasta ahora, nadie echa a faltar ni pregunta por las máquinas sustraídas.

A Teófilo González le va bien en la tienda. En el pueblo se han alojado los técnicos y trabajadores de un cercano pantano en construcción, y el ingeniero jefe le ha encargado los suministros alimenticios.[484] Además de garbanzos, patatas y aceite, les vende «carne de monte», eufemismo para denominar los ciervos y jabalíes que compra, a bajo precio, a los cazadores furtivos. En los dos últimos años ha ganado tanto dinero, que ha ampliado el negocio comprando un camión Studebaker de tercera mano, equipado con una cuba para el transporte de líquidos. El mismo chófer le vende agua en el pueblo, de plaza en plaza, a cinco céntimos el cántaro y aunque le sisa algo, sigue siendo un buen negocio.

—Al alcalde, al médico, al cura y al cuartelillo de la Guardia Civil, les das el agua de balde ¿eh?

—Descuide, jefe. ¿Y al maestro?

Titubea el tendero.

—Al maestro no le cobres tampoco, que es un muerto de hambre.

Don Próculo está también de enhorabuena. El obispo lo ha retirado de la parroquia y lo ha nombrado su secretario de visita, un puesto mucho más descansado, que implica acompañar al prelado en sus visitas pastorales por la diócesis, comiendo opíparamente en casas de ricachones que tiran la casa por la ventana, como si bajara Dios a verles.

Se avecinan tiempos mejores. Los americanos no nos suministrarán locomotoras, como a los países favorecidos por el Plan Marshall, pero nos socorrerán con sus excedentes de mantequilla, de queso enlatado y de leche en polvo. Tampoco aportarán infraestructura industrial, pero enviarán al padre Peyton para que nos catequice con la Cruzada del Rosario en Familia. «La Familia que reza unida, permanece unida.» La familia española está tan unida en torno al brasero de la mesa camilla que jamás ha pensado en disgregarse. No obstante, el sueño americano reforzará la dimensión

484. Entre 1940 y 1963 se construyen 322 presas, que permiten el establecimiento de 297 embalses, de los que 132 se destinan a riego, 46 al abastecimiento de poblaciones y 107 al aprovechamiento hidroeléctrico. *El Franquismo año a año, 1952, El Mundo*, p. 13.

espiritual del vínculo. El de España y Estados Unidos es un amor correspondido: España, abierta de piernas, hechiza al americano con tablaos flamencos, vino barato y alegría; el americano pone Hollywood, la Coca Cola y el *Reader's Digest.*

Franco apaga la lucecita de El Pardo y se va a dormir satisfecho, con la conciencia tranquila.

En España empieza a amanecer.

FIN

Epílogo

Ernesto Sempere, el joven de dieciocho años condenado a veinte de prisión por dibujar caricaturas antifascistas cuando tenía quince, cumplió una parte de su condena en la prisión de Valdenoceda, Burgos. Cuando lo liberaron, encontró trabajo como contable en una constructora, y fundó una familia. En 2004, poco antes de morir de cáncer, telefoneó a los compañeros de instituto que lo habían denunciado para comunicarles que «los perdonaba». Uno de ellos había fallecido ya, después de ser un ferviente comunista en los años de la democracia.

El vagón *breik*, de lujo pero con goteras, en el que Franco acudió a la entrevista con Hitler en Hendaya sirvió al Caudillo hasta su fallecimiento. Después, quedó arrumbado y fue adquirido por un particular. Rescatado por la RENFE en 1984, ha sido restaurado en Almazán, Soria.

El protocolo secreto que determinaba la entrada de España en la guerra al lado de Alemania desapareció de los archivos del Ministerio de Asuntos Exteriores español, en un intento de preservar el mito del Franco «clarividente estadista y libre de veleidades filonazis», que supo mantener su país al margen del conflicto. La copia que los americanos encontraron en los archivos del Ministerio alemán de Exteriores ha sido publicada por el Departamento de Estado de los Estados Unidos en *Documents on German Foreign Policy* 1918-1945 (Tomo XI, pp. 466-467).

Juan March Ordines, el famoso banquero mallorquín, que acrecentó su considerable fortuna con la Guerra Mundial, murió en Madrid en 1962, a los ochenta y dos años de edad, como consecuencia de las heridas sufridas en un accidente de automóvil.

Franco estuvo usando el Mercedes modelo 1930 de tres ejes, blindado, que Hitler le regaló, hasta bien entrados los años cincuenta. Hoy, es propiedad de Patrimonio Nacional, y pieza única en el mundo.

Antonio López Guerra, el que se fue a la División Azul y, luego de trabajador voluntario en Alemania, estuvo unos años dando tumbos en diversos oficios hasta que encontró su verdadera vocación como verdugo de la audiencia de Barcelona, puesto en el que ingresó por concurso, pero sin oposición, en 1948. Antonio López Guerra ejecutó en total a veinticuatro reos entre los años 1950 y 1974, entre ellos al famoso Jarabo. Su última ejecución fue la del anarquista Salvador Puich Antich, el 2 de marzo de 1974. Murió siendo portero de una finca de Madrid, calle Ruiz, metro Bilbao.

Jorge Mistral, el popular actor, revelado en 1946 por la película *Botón de Ancla*, nunca logró digerir el éxito. Después de verse aupado a lo más alto y de haber sido novio envidiado de Amparo Rivelles, descendió a los abismos de la droga, se endeudó y tuvo que trabajar a destajo en infames culebrones de la televisión mexicana. Finalmente, se suicidó.

Aquel comercio de ropa, El Corte Inglés, donde algunos productores contratados para trabajar en Alemania compraron sus ajuares en 1941, prosperó hasta convertirse en una cadena de grandes almacenes y pasó de tener siete empleados a más de cien mil.

El cantante Miguel de Molina llegó a Buenos Aires con un traje blanco y una maleta vacía. Comenzó a trabajar en el teatro Corrientes, de donde pasó al Avenida, con gran éxito. En cuanto pudo, adquirió un descapotable con la tapicería de piel de leopardo y contrató a un chófer japonés uniformado, para que lo paseara por la avenida Mayo. En el año 1956 regresó a España y actuó sin pena ni gloria en el teatro Albéniz de Madrid. Desilusionado por este fracaso, regresó a Argentina. Falleció en Buenos Aires, viejo y casi olvidado, dos meses después de que el Gobierno español lo condecorara con la Cruz de Isabel la Católica. En sus últimos años, vivía de vender los cuadros y recuerdos acumulados a lo largo de una vida de éxitos.

El Chato Puertas prosperó a la sombra del Régimen y, a partir de los años cincuenta, se dedicó a los negocios inmobiliarios en los pueblos de la sierra madrileña y en las costas turísticas. Murió en 1994, de un ataque al corazón. En el entierro, figuraron sus dos viudas, Dora y la Casilda, que se habían hecho amigas.

El yate *Azor* sobrevivió a la muerte de su ilustre usuario y aún fue utilizado por el presidente socialista Felipe González durante unas vacaciones veraniegas. Después, el Estado se desprendió de él y, cuando lo iban a desguazar para chatarra, lo adquirió un particular. Hoy es la atracción del motel Azor, en Burgos. Queda un tanto insólito un barco varado en medio de la meseta castellana.

El comisario Morcillo, autor de la canción «La vaca lechera», el *hit parade* de 1946, continuó su carrera literaria musical con gran éxito. Colaboró con la prensa en cuentos y relatos por entregas con el pseudónimo «El cautivo Jacmor». Compuso muchas canciones publicitarias para marcas como La Casera, AEG, Cafés la Estrella, Kelvinator, Fagor y lemas tan famosos como *¿Esta noche qué? Esta noche Flex*. Más tarde, sin dejar de ser comisario, colaboró con el maestro Augusto Algueró en editoriales musicales y fue el primer representante del cantante Julio Iglesias. Al final de su carrera profesional, se especializó en la lucha contra la música pirateada.

Después de la muerte del torero Manolete, su amante, Lupe Sino regresó a Méjico, donde se casó con el hijo del director del Banco Nacional, José Rodríguez, del que se separó más tarde. Regreso a España y murió en Madrid, el 13 de septiembre de 1959.

El lector disculpará las licencias que me tomo en el episodio de la cacería de Franco en la finca del Chato Puertas. En realidad, la batida de perdices en cuestión se celebró en una finca de San Martín de Valdeiglesias, Madrid, propiedad del potentado Francisco Aritio y la idea de invitar a los artistas partió del jefe de la Casa Civil del Generalísimo, don Fernando Fuentes de Villavicencio. Todo lo demás es cierto.

Para que el melodrama fuera completo, con todos sus avíos, Evita Perón, madre de los descamisados argentinos, murió de leucemia, joven y bella, a los trenta y tres años de edad. El desconsolado general Perón la hizo momificar y la llevó consigo a todas partes. Cuando se exilió en España, le reservó una habitación-santuario en su chalet de Puerta de Hierro, Madrid. Aquella momia adorable, la santita de pechos lechosos y culito respingón, sigue brillando en las espesas siestas del estío para sus fieles, que no la olvidaron.

El padre Llanos, el que capitaneaba a los Luises en la cruzada por la moralidad, culminó su carrera en 1953, cuando el Caudillo le encomendó la dirección de los ejercicios espirituales de su familia en El Pardo. Tres años más tarde, el jesuita experimentó su particular camino de Damasco y pasó al lado oscuro: de la extrema derecha a la extrema izquierda. En horas veinticuatro, abjuró de su pasado falangista, abrazó el comunismo con ciega determinación, quemó sus naves y se fue de misionero a la jungla chabolista del Pozo del Tío Raimundo, donde perseveró en la virtud hasta su muerte en olor de santidad marxista-leninista. Algunos sospechan que siempre fue un perturbado.

La cantante Gloria Lasso triunfó en París en 1954 y permaneció en la capital francesa, como representante de la pasión latina, hasta su declive en los años setenta. Murió en México, en diciembre de 2005. Se casó seis o siete veces.

El éxito de Marcial Lafuente Estefanía, el autor de novelas del Oeste, se prolongó durante tres décadas, con más de tres mil novelas publicadas, algunas obra de sus dos hijos, y hasta cien mil ejemplares de tirada en los momentos de mayor aceptación. En total, vendió más de cincuenta millones de ejemplares de novelas de a duro.

Bibliografía

Abella, Rafael, *Vida cotidiana en España durante el Régimen de Franco,* Ed. Argos-Vergara, Barcelona, 1985.

Abellán-García, José Luis, *La cultura en España,* Ed. Cuadernos para el Diálogo, Madrid, 1972.

Alonso Tejada, Luis, *La represión sexual en la España de Franco,* Caralt editores, Barcelona, 1977.

Altarriba, Antonio, *La España del tebeo (La historieta española de 1940 a 2000),* Editorial Espasa Calpe, S. A., Madrid, 2001.

Amilibia, J. M., y Yale, *El día que perdí aquello,* Sedmay Ed., Madrid, 1975.

Anson, Luis María, *Don Juan,* Ed. Plaza y Janés, Barcelona, 1994.

Arasa, Daniel, *Por la gracia de Franco,* Volter, Barcelona, 2005.

Barrios, Manuel, *El último virrey: Queipo de Llano,* Ed. Castillejo, Sevilla, 1990.

Biescas, José Antonio, y Manuel Tuñón de Lara, *España bajo la dictadura franquista (1939-1975),* Editorial Labor, Barcelona, 1980.

Blanco Escolá, Carlos, *Franco, la pasión por el poder,* Ed. Planeta, Barcelona, 2005.

Blázquez, Feliciano, *La traición de los clérigos en la España de Franco (Crónica de una intolerancia, 1936-1975),* Ed. Trotta, Madrid, 1991.

Borràs Betriu, Rafael, *El rey de los rojos: Don Juan de Borbón, una figura tergiversada,* Ediciones B, Barcelona, 2005.

—, *El rey de los Cruzados: Juan Carlos I y la monarquía prodigiosa,* Flor del Viento Ediciones, Barcelona, 2007.

Carandell, Luis, *Las habas contadas,* Ed. Espasa-Calpe, Madrid, 1998.

—, *El día más feliz de mi vida*, Ed. Espasa-Calpe, Madrid, 2000.
Casanova, Julián, «Víctimas de la guerra civil»; Javier Tussell, *Historia de España*, Tomo XIII, *La época de Franco*, Ed. Espasa-Calpe, Madrid.
«Cincuenta años de la vida de España: Año 1943», Coleccionable de *Diario 16*, Madrid, 1990.
Claret Miranda, Jaume, *El atroz desmoche: la destrucción de la universidad española por el franquismo (1936-1945)*, Ed. Crítica, S. L., Barcelona, 2006.
Clavero Núñez, Antonio, *Antes que te cases*, Valencia, 1946.
Dampierre, Emmanuela de, *Memorias*, La Esfera de los Libros, Madrid, 2003.
De la Cierva, Ricardo, *Historias de la corrupción*, Ed. Planeta, Barcelona, 1992.
—, *Los años mentidos*, Ed. Fénix, Toledo, 1993.
—, *No nos robarán la historia*, Ed. Fénix, Toledo, 1995.
—, *Secretos de la historia*, Ed. Fénix, Toledo, 2003.
De Miguel, Amando, *Los españoles: sociología de la vida cotidiana*, Ed. Temas de Hoy, Madrid, 1990.
—, *Cuando éramos niños*, Ed. Plaza y Janés, Barcelona, 2001.
Di Febo, Giuliana, y Santos Juliá, *El Franquismo*, Ed. Paidós Ibérica, Barcelona, 2005.
Elguero, Ignacio, *Los padres de Chencho: niños de posguerra, abuelos de hoy*, La Esfera de los Libros, Madrid, 2006.
Eslava Galán, Juan, *Verdugos y torturadores*, Ed. Temas de Hoy, Madrid, 1993.
—, *Coitus Interruptus*, Ed. Planeta, Barcelona, 1997.
—, *Tumbaollas y hambrientos. Los españoles comiendo y ayunando a lo largo de la historia*, Ed. Plaza y Janés, Barcelona, 1998.
—, *Santos y pecadores*, Ed. Planeta, Barcelona, 2002.
—, *Escuela y prisiones de Vicentito González*, Muchnik Editores, Madrid, 2002.
Eyre, Pilar, *Dos Borbones en la corte de Franco*, La Esfera de los Libros, Madrid, 2005.
—, *Secretos y mentiras de la familia real*, La Esfera de los Libros, Madrid, 2006.
Fernández, José Carlos, *En Franco y negro: Homenaje a las generaciones de posguerra*, Publicaciones del Sur, Cádiz, 2002.
Figuero, Javier, *Si los curas y frailes supieran... Una historia de Es-*

paña escrita por Dios y contra Dios, Ed. Espasa-Calpe, Madrid, 2002.
Franco, Jesús, y Luis G. Berlanga, *Bienvenido mister cagada: memorias caóticas de Luis García Berlanga,* Ed. Aguilar, Madrid, 2005.
Franco Salgado-Araujo, Francisco, *Mis conversaciones privadas con Franco,* Ed. Planeta, Barcelona, 1976.
García de Cortázar, Fernando, y José Manuel González Vesga, *Breve historia de España,* Alianza Editorial, Madrid, 1993.
García Morente, Manuel, *Idea de la Hispanidad,* Espasa Calpe, Madrid, 1947.
Garriga, Ramón, *La España de Franco: de la División Azul al pacto con los Estados Unidos,* Ed. Gregorio del Toro, La Puebla, 1977.
—, *La señora de El Pardo, España a sus pies,* Ed. Planeta, Barcelona, 1980.
Gil Robles, *La Monarquía por la que yo luché: páginas de un diario (1941-1954),* Madrid, 1976.
Giménez Caballero, Ernesto, *Retratos españoles,* Ed. Planeta, Barcelona, 1985.
Gómez Pérez, Rafael, *Política y religión en el Régimen de Franco,* Dopesa Ed., Barcelona, 1976.
González Duro, Enrique, *El miedo en la postguerra,* Oberón Ediciones, Madrid, 2003.
Gracia García, Jordi, y Miguel Ángel Ruiz Carnicer, *La España de Franco (1939-1975), cultura y vida cotidiana,* Ed. Síntesis, Madrid, 2001.
Gracia, Vicente, y Enrique Salgado, *Las cartas de amor de Franco,* Ed. Actuales, Barcelona, 1978.
Herrera Oria, Enrique, *Historia de la educación española desde el Renacimiento,* Ed. Veritas, Madrid, 1941.
Izquierdo, Antonio, y Juan Blanco, *Elegía por la generación perdida,* Ediciones Dyrsa, Madrid, 1985.
Juliá, Santos (coord.) *et alii, Víctimas de la guerra civil,* Ed. Temas de Hoy, Madrid, 2004.
Juliá, Santos, *et alii, La España del siglo XX,* Marcial Pons Ediciones de Historia, Madrid, 2003.
Marchamalo, Jesús, *Bocadillos de delfín,* Ed. Grijalbo, Barcelona, 1996.
Márquez Reviriego, Víctor, *El desembarco andaluz,* Ed. Planeta, Barcelona, 1991.
Martí Gómez, José, *La España del estraperlo (1936-1952),* Ed. Planeta, Barcelona, 1995.

Martín Gaite, Carmen, *Usos amorosos de la postguerra española*, Ed. Anagrama, Barcelona, 1987.
Mascaraque Castillo, Emiliano, *Memorias de un miliciano*, Ayuntamiento de Pozoblanco, 2000.
Maza Zorrilla, Elena, *La España de Franco,* Ed. Actas, San Sebastián de los Reyes, Madrid, 2002.
Mazzel, Maximilian, *Pureza y alegría (instrucciones a las señoritas),* Ed. Paulinas, Vizcaya, 1947. (Existe otra edición de la Pía Sociedad de San Pablo, Bilbao, Zalla, Madrid, 1952.)
Merino, Ignacio, *Serrano Súñer, conciencia y poder*, Algaba Ediciones, Madrid, 2004.
—, *Serrano Súñer, historia de una conducta,* Ed. Planeta, Barcelona, 1996.
Moix, Terenci, *El Peso de la Paja,* Ed. Plaza y Janés, Barcelona, 1991.
Morán, Gregorio, *El maestro en el erial. Ortega y Gasset y la cultura del franquismo,* Ed. Tusquets, Barcelona, 1998.
Moreno Gómez, Francisco, *Memoria y olvido sobre la guerra civil y la represión franquista*, Ayuntamiento de Lucena, 2003. Del mismo autor *et alii,* «La represión en la postguerra», en Santos Juliá (coord.), *Víctimas de la guerra civil,* Ed. Temas de Hoy, Madrid, 2004.
Moreno Juliá, Xavier, *La División Azul,* Crítica, S. L., Barcelona, 2005.
Otero, Luis, *Mi mamá me mima*, Ed. Plaza y Janés, Barcelona, 1999.
—, *Flechas y pelayos*, Ed. Edaf, Madrid, 2000.
—, *He aquí la esclava del Señor,* Ediciones B, Barcelona, 2001.
Palacios, Jesús, *La España totalitaria. Las raíces del franquismo: 1934 -1946,* Ed. Planeta, Barcelona, 1999.
Payne, Stanley G., *Falange. Historia del fascismo español,* Grupo Axel Springer, Madrid, 1985.
—, *El Régimen de Franco*, Alianza Editoral, Madrid, 1987.
Peñafiel, Jaime, *El General y su tropa,* Ed. Temas de Hoy, Madrid, 1992.
Preston, Paul, *Palomas de guerra*, Ed. Plaza y Janés, Barcelona, 2001.
Puchades, Antonio, *et alii, Aquellos domingos de gloria. Los años heroicos del fútbol español, 1939-1976,* La Esfera de los Libros, Madrid, 2002.
Reig Tapia, Alberto, *Franco: el césar superlativo,* Ed. Tecnos, Madrid, 2005.

Revista *Interviú*. Serie coleccionable «La dinastía de los Franco», Madrid, 1978.
Rodríguez Arévalo, Manuel, *Historia de La Quintería*, Ayuntamiento de Villanueva de la Reina, 1997.
Román, Manuel, *Canciones de nuestra vida: de Antonio Machín a Julio Iglesias*, Alianza Editorial, Madrid, 1994.
Ros Agudo, Manuel, *La guerra secreta de Franco*, Ed. Crítica, Barcelona, 2002.
Roura, Assumpta, *Nosotros, que nos quisimos tanto*, Ed. Planeta, Barcelona, 1996.
—, *Un inmenso prostíbulo. Mujer y moralidad durante el franquismo*, Ed. Base, Barcelona, 2005.
Salas Larrazábal, Ramón, *Pérdidas de la guerra*, Ed. Planeta, Barcelona, 1977.
Salas, Nicolás, *Sevilla en tiempos de María Trifulca*, Ed. Castillejo, Sevilla, 1999.
Sánchez Soler, Mariano, *Los Franco, S. A.*, Ed. Oberón, Madrid, 2003.
Sánchez Tostado, Luis Miguel, *La guerra civil en Jaén*, Gráficas Catena, Jaén, 2006.
Santonja, Gonzalo, *De un ayer no tan lejano. Cultura y propaganda en la España de Franco, durante la guerra y los primeros años del Nuevo Estado*, Ed. Noesis, Madrid, 1996.
Sopeña Monsalve, Andrés, *La morena de la copla. La condición de la mujer en el reciente pasado*, Ed. Crítica, Barcelona, 1996.
Suárez, Luis, *Don Juan, la defensa de la legitimidad*, Ed. Ariel, Barcelona, 2007.
Summers, Guillermo, *Yo soy aquel negrito*, Ed. Martínez Roca, Barcelona, 2000.
Tecglen, Mario, *1939-1950, la juventud del morral y la canción*, Editorial Mediterráneo-Agedime, Madrid, 1999.
Togores, Luis E., *Muñoz Grandes*, La Esfera de los Libros, Madrid, 2007.
Tranche, Rafael R., y Vicente Sánchez-Biosca, *No-Do. El tiempo y la memoria*, Ed. Cátedra, Madrid, 2000.
Trevor-Roper, Hugh, *Las conversaciones privadas de Hitler*, Ed. Crítica, Barcelona, 2004.
VV. AA., *Vida cotidiana y canciones, España de los años cuarenta a los noventa*, Ediciones del Prado, Madrid, 1990.
VV. AA., *El Franquismo año a año. Lo que se contaba y lo que se*

ocultaba durante la dictadura, 37 volúmenes, Grupo Unidad Editorial, S. A. Diario *El Mundo*, Madrid, 2006.
Vázquez Montalbán, Manuel, *Los demonios familiares de Franco*, Ed. Planeta, Barcelona, 1987.
—, *Cancionero general del franquismo (1939-1975)*, Ed. Crítica, Barcelona, 2000.
Vidal, César, *Intrépidos y sucios. Los españoles vistos por Hitler*, Ed. Planeta, Barcelona, 1996.
Vilallonga, José Luis, *La rosa, la corona y el marqués rojo*, vol. IV de *Memorias no autorizadas*, Ed. Plaza y Janés, Barcelona, 2003.
Vizcaíno Casas, Fernando, *Mis episodios nacionales. Contando los cuarenta*, Ed. Planeta, Barcelona, 1983.
—, *La España de la Posguerra (1939-1953)*, Ed. Planeta, Barcelona, 1985.
—, *Zona roja*, Ed. Planeta, Barcelona, 1986.
Yllán Calderón, Esperanza, *El Franquismo*, Mare Nostrum Comunicación, Madrid, 2006.

Índice onomástico

booket